저자 김 동 일

　산촌에 밤이 깊어 '소쩍새' 우는 소리가 유난히 가슴을 헤집고 파고든다. 지난날 삶의 질곡桎梏에서 몸부림치던 처절한 절규처럼...

　바람같이 왔다가 구름처럼 스쳐가는 '바람의 아들'이나 다름없이 떠도는 방랑자처럼 살아오면서도 무언가 할 일에 대한 미련을 버리지 못해 '조선왕조 파노라마'를 펴내게 되었다.

　패자의 역사는 항상 승자의 그늘에 묻혀버리기 쉽고, 그 누구도 주목하지 않는다. 치열한 역사 속에서 비록 승자가 되지는 못 했어도 엄연히 그 현장에 존재했었고, 숨어 소리 내었던 그들의 발자취를 더듬어 보기로 했다.

　실록에 기초한 역사적 사실에다 그 역사를 만들었던 수 많은 사람들과 관계의 역학 등을 복합적으로 고찰하는 보학譜學적 기법은 많은 노력과 고증을 필요로 하는 분야이다.

　이번에 펴내는 '조선왕조 파노라마'는 그런 점에서 우리 역사를 새로운 각도에서 조명해보는 의미있는 시도가 될 것으로 믿는다. 혹여 구설수에 올라 술안주로 씹히고 괘씸죄로 불이익을 받는다고 할지라도 당당하게 공과功過를 밝혀 보고자 한다. 산비탈 언덕에 밭을 일구며 희망의 씨를 뿌리는 심정으로...

　필자는 큰 누나들이 가장 노릇을 하던 어렵던 시절에 서울 땅을 밟았다. 모든 시련을 겪으면서 대학에서 법학을 전공하고 대학원에서 동양사학을 연구했다. 지금은 서울 근교에서 자연을 벗삼아 살고 있다.

清香自遠

清香自遠
맑은 향기는 스스로 멀리 간다

[표지 설명]

오조룡五爪龍

용의 발톱은 7개이다. 예로부터 용은 제왕의 상징으로, 발톱이 4개인 사조룡은 조선 임금의 상징이었고, 5개인 오조룡은 중국 황제만 사용할 수 있었다.

1897년 대한제국의 선포와 함께 황제 칭호를 사용함에 따라 고종이 입은 곤룡포에 오조룡을 새겨 가슴과 등, 양 어깨에 붙였다.

역사는 미래의 거울이다

조선왕조
파노라마

김 동 일 지음

INNOGEN

開花熟酒出月來公

꽃이 피고 술이 익는 달밤에
그리운 벗이 찾아왔네.

용서는 하되 잊지는 말자.
이것이 역사의 혼이다.

[책을 내면서]

아득히 뻗은 길이 있으니 이름하여 '인간의 길'이라 한다면 그 길을 따라가는 '나그네'가 있으리라. 앞서거니 뒤서거니 울며 웃으며 떠나는 것이다. 이 순간에도 역사는 나그네의 여정처럼 유유히 흘러간다. 그래서 역사를 미래의 거울이라 했던가.

역사에는 정설은 있어도 정답은 없다. 법고창신法古創新의 정신으로 옛 것을 익히고 새로운 것을 찾아야 한다. 그리하여 전통 시대의 멋진 선비정신을 계승하고 비굴한 식민사관으로부터 하루 빨리 벗어나야 한다.

**반성 없는 역사는 미래가 없고
미래 없는 역사는 희망이 없다.**

승자의 기록은 햇빛을 받아 역사로 기억되지만 패자의 기록은 달빛을 받아 신화나 전설이 되는 것이다. 필자는 그늘진 패자의 기록에 좀 더 관심을 가져보기로 했다.

**현장감 없는 역사 교육,
그것은 죽은 교육이나 다름없다.**

그래서 배낭 하나 덜렁 메고 소외된 역사의 현장을 찾아 길을 나선 지어언 십여 년이란 세월이 흘렀다. 생각하면 허탈하고 가슴이 멍해진다. 흐르는 물은 웅덩이를 채우지 않고선 흘러갈 수가 없다. 이러한 원칙에 충실하려고 애를 써 보았다. 그러나 불민不敏한 나에겐 과분한 일이었다. 독자들의 냉정한 비판과 채찍을 바란다.

이 졸서를 통해서 이 시대가 요구하는 우리의 정체성과 청소년들의 역사 의식을 고취시키는 데 일조할 수 있다면 더 이상의 바람이 없겠다.

이 책이 출판되기까지 교정에 열과 성을 다해주신 도서출판 이너젠 智頂 文正周 대표께 진심으로 감사의 말씀을 드린다.

끝으로 참고할 수 있었던 여러 저서의 저자 선생님들께도 지면을 통해서나마 머리 숙여 감사를 올린다.

을사년(2025) 盛夏
안성 국사봉 心香軒에서
晩悟 김 동 일

| 차 례 |

책을 내면서 · 6

제1장 역사의 숨결 ····· 13

- 궁중의 파노라마 · 14
- 운명과 숙명 · 16
- 작위, 품계 및 용어 · 20
- 왕비의 가문 · 24
- 어찌 이런 일이 · 29
- 한나라 여후 같은 소혜왕후 · 35
- 당나라 측천무후의 화신 문정왕후 · 38
- 청나라 서태후를 닮은 명성황후 · 47
- 그 이름도 거룩한 여흥閔氏 삼방파三房派 · 53
- 금빛 찬란한 慶州李氏 ... 친일파가 거의 없다 · 55
- 왕족(전주 이氏)을 제외한 조선시대 최고의 명문가 · 59
- 현출顯出한 인물들의 뒷 얘기 · 62
- 인생은 만남의 연속이다 · 67
- 한양 천도론 · 71
- 정승들의 일화 · 76
- 영남 사림파 · 96

○ 될성부른 나무는 떡잎부터 알아본다 ·98

○ 동계 고택桐溪 古宅 ·100

○ 기대승奇大升과 기정진奇正鎭 ·102

○ 사칠논쟁(四七論爭) ·104

○ 5대 궁궐 ·107

○ 세계 건축사에 빛나는 종묘 ·115

○ 용서는 하되 잊지는 말자 ·117

○ 방랑 시인 김삿갓 ·120

제2장 왕 릉 ·127

○ 명당의 혈 ·128

○ 왕릉은 제2의 궁궐이다 ·130

○ 능의 형태 ·138

○ 능의 소재 ·142

○ 어미 게의 우愚를 범하지 마라 ·148

제3장 미니 실록 ·· **151**

- 조선왕조의 태동 ·152
- 전기 (前期, 태조~예종) · 154
- 중기 (中期, 성종~인조) · 176
- 후기 (後期, 효종~정조) · 194
- 말기 (末期, 순조~순종) · 201

제4장 조선왕조 세계도(世系圖) ······················ **211**

- '조선왕조실록' 요약 ·212
- 조선왕조 세계도 ·214
- 전기 (前期, 태조~예종) ·215
- 중기 (中期, 성종~인조) ·236
- 후기 (後期, 효종~정조) ·259
- 말기 (末期, 순조~순종) ·275

제5장 역사의 뒤안길 ································· **289**

- 조선시대 임금의 성향 · 290
- 인재등용의 산실 – 과거제도 · 291
- 조선시대의 형벌제도 · 300
- 舊 안동 김氏와 新 안동 김氏 · 302
- 步藏之와 坐藏之 · 303
- 율곡과 해주 기생 '유지'의 사랑 이야기 · 305

○ 논공행사 · 308

○ 용龍에 관한 이야기 · 309

○ 고성 이氏 · 310

○ 왜? 서지약봉徐之藥峰인가 · 313

○ 성호 이익의 가계 · 314

○ 아니, 이런 뜻이...? · 315

○ 화의냐 척화냐의 갈림길에서 · 316

○ 영조의 염원을 담은 탕평채 요리 · 318

○ 개혁군주 정조대왕의 험난한 정치 여정 · 319

○ 추사 김정희의 세한도에 얽힌 이야기 · 321

○ 조선 후기 3인의 거유巨儒 · 325

○ 기생 열전 · 327

○ 청년 장인, 연상 사위 · 332

○ 忠臣不事二君, 烈女不更二夫 · 333

○ 인재의 산실-上月亭 · 335

○ 타인능해他人能解의 류이주 선생 · 338

○ 일제때 반골성향이 강해 일본인이 정착하기 어려웠던 곳 · 338

부 록 · 337

Epilogue 역사는 미래의 거울 · **400**

제1장
역사의 숨결

나무가 흔들리면 새들이 날아가고
고기가 놀라면 물이 흐려진다.
그래도
바람은 소리를 만나고 싶다.

하, 우습구나!
何牛拾求那!

궁중의 파노라마

가는 비는 못 가운데서 볼 수 있고
미풍은 나무 끝 가지를 보면 알 수 있다.

   대궐은 고요하나 때로는 회오리 바람이 일기도 하여 궁 밖에 피어 있는 들꽃이 바람에 실려 궁 안에서 꽃을 피우기도 한다. 그 꽃은 중전의 꽃이나 후궁의 꽃으로 피어날 수도 있고, 나인의 꽃이 되어 시들어 버리기도 한다.

   생식기를 거세당한 내시들이 북적거리고 생과부나 다름없는 궁녀들이 득시글거리는 구중궁궐에도 봄은 오고 꽃이 핀다. 반짝인다고 해서 모든 것이 금은 아니듯 밖에서 보는 궁궐이 화려한 것만은 결코 아니다. 조석朝夕으로 부는 바람보다 쉽게 변하는 게 남정네의 마음이라지만 그 바람도 멈추는 곳은 있으리라.

   신분 상승을 위해 궁녀가 된 장희빈(장옥정)은 수단과 방법을 가리지 않는 밤의 요화로서 중전의 자리까지 오른다. 조선의 3대 요화는 장녹수, 상궁 김개시 그리고 장희빈이다. 반면에 인현왕후처럼 재색은 겸비했으나 정통파 중전으로서 숙종의 마음을 사로잡지 못해 허구헌 날 독수공방으로 밤을 밝혀야만 했던 왕비도 있었다. 그래서 '간교한 여우하고는 살아도 답답한 곰하고는 살기가 어렵다는 것인가.'

○ 조선의 3대 요부(자유부인)
  1. 유감동 : 세종조 한성부윤(유귀수)의 딸, 양반 상대로 통정(곤장을 맞고 노비가 됨)
     무안군수 최중기의 처, 결혼 후 김여달과 통정하여 소박맞음, 황희 정승의 장남 황치신과도 통정
  2. 어우동 : 성종조 승문원 지사(박윤창)의 딸이자 효령대군의 손자(이동)의 처.. 양반, 상놈을 가리지 않고 통정(사형당함), 남편의 모함(은장이와 통정)으로 소박맞음
  3. 나합부인 양氏 : 영의정 김좌근의 첩, 너를 부를 때 왜 합(閤)자를 붙이느냐고 묻자, 나주에서 온 조개(蛤)라고 답했다.
          (합하閤下 : 정1품 벼슬아치(특히 흥선대원군)을 높이어 이르는 말)

똑같은 누룩일지라도 잘못 다루면 부패가 되지만 잘 숙성하면 맛깔스러운 술맛을 빚어낸다. 사랑하는 사람 앞에서는 가슴이 두근거리고 좋아하는 사람 앞에서는 즐거움이 가득하다. 또한 사랑하는 사람이 울고 있으면 같이 울고 싶고 좋아하는 사람이 울고 있으면 위로를 하고 싶어진다. 그래서 지구상에서 사랑처럼 숭고하고 아름다운 미학은 없을 것이다.

사랑하는 숙종 앞에서 중전(인현왕후)은 가슴만 두근거릴 뿐 색기가 없었기에 속궁합 쟁탈전에서는 방술의 달인 장희빈의 적수가 될 수 없었다. 누구나 사랑에 눈이 멀면 모든 것이 흐려진다. 진정한 사랑의 소유자는 우산을 받쳐준 장희빈보다는 비를 같이 맞아 주는 인현왕후가 아닐까?

용장보다는 덕장의 미덕이 아름다운 것이다. 피붙이보다는 살붙이가 낫다는 것은 나를 낳아 준 부모보다는 한 이불 속에서 뒹구는 마누라를 우선하기 때문이다. 시어머니와 며느리 사이를 고부 간姑婦間이라 하는데 그 갈등의 고리는 죽었다는 부고(訃告)를 받아야만 해결되는 것이다.

고부姑婦가 같이 하면 고부가가치高附加價値가 있을 터인데…

○ 장희빈(장옥정) : 인동 장氏, 아버지는 역관(譯官) 출신인 장형(張炯)이며, 어머니는 파평 윤氏(坡平尹氏)이다. 친가와 외가 모두 역관 집안으로 손꼽히는 조선의 부호.
장희빈의 당숙(5촌) 장현은 대부호로서 정치적인 야심으로 장희빈을 궁녀로 입궁시켰다.
숙종실록에 '자못 얼굴이 아름다웠다'고 기록될 정도로 미모가 출중하였다.

• 장응인(통문관지) → 장형(역관) ─┬─ 본처 → 장희식
　　　　　　　　　　　　　　　　　└─ 후실(파평 윤氏) → 장희재
　　　　　　　　　　　　　　　　　　　　　　　　　　→ 장녀(김지중의 처)
　　　　　　　　　　　　　　　　　　　　　　　　　　→ 차녀 장희빈(장옥정)

운명과 숙명

**운명은 명命을 나르는 것이다.
운명의 화살은 앞에서 날아오고
숙명의 화살은 뒤에서 날아온다.
그래서 운명은 피할 수 있어도
숙명은 피할 수가 없다.**

내가 왜 태어났는지 언제 죽을지는 알 수가 없다. 그러나 불길한 상황은 피해 갈 수가 있다. 이것이 운명이다. 내가 사람으로 태어난 것은 안다. 그러나 사람이 싫다고 짐승이 될 수는 없다. 이것이 숙명이다.

조선 왕조에서 영조 대왕이 83세, 왕비로는 신정왕후(조대비)가 추존왕 익종(효명세자)의 비妃로서 83세로 최장수를 기록했다. 최단명한 왕은 17세에 세상을 떠난 단종이고 왕비로는 16세에 죽은 효현왕후(헌종의 후비)이다. 최고령으로 왕이 된 태조(58세), 불과 8세의 어린 나이로 왕이 된 헌종이 있다. 최장기간 재위했던 영조는 51년 7개월, 최단기간 재위했던 인종은 8개월 남짓이다.

○ 효명세자(1809~30) : 22세 졸, 헌종 즉위 후 익종으로 추존됨. 시호는 효명, 묘호는 문조, 고종이 다시 문조 익황제로 추존, 수릉(綏陵. 경기도 구리시 동구릉 소재)에 신정왕후와 합장,
  ※ KBS 드라마 '구르미 그린 달빛'의 주인공

조선시대 가족이 가장 많았던 왕은 태종으로 후궁 19명과 자녀 29명을 두었고, 아들이 하나뿐인 왕은 문종, 효종, 현종이다. 극성스러운 명성왕후明聖王后때문에 후궁 없이 정비正妃가 유일하게 하나뿐인 현종도 있다.

세종은 적자녀 8남 2녀, 서자녀 10남 2녀로 아들을 가장 많이 두었다. 후사가 없는 왕은 단종, 인종, 명종, 경종, 헌종, 철종, 순종이다.

다산의 왕비는 소헌왕후(세종의 후비)가 8남 2녀이고, 태종의 후궁 신빈 신氏는 3남 7녀이고, 성종의 후궁 숙의 홍氏는 7남 3녀이다. 사도세자를 42세에 낳은 영조가 있었는가 하면, 열두 살의 어린 나이에 아들을 낳은 예종이 있다.

적통嫡統이 있는가 하면, 방계 혈통인 세제世弟의 신분으로 왕이 된 태종, 명종, 영조가 있다. 장자가 아닌 차자로서 왕이 된 세종, 성종, 효종이 있고, 서열상 도저히 왕으로 등극할 수 없었던 선조와 인조의 경우처럼 방계 승통의 길이 열려 왕이 된 경우도 있다.

권불십년權不十年의 빗나간 예를 들어 보면, 극악을 부려 왕위에 오른 태종은 17년 10개월, 세조는 13년 3개월, 연산군은 11년 9개월, 광해군은 15년 1개월 재위했다. 험난한 고난 끝에 성공하면 그 고난 자체가 숭고하고 아름답다. 그러나 과거가 화려할 수록 추락한 모습은 그렇게도 초라할 수가 없다.

**왕 노릇하다가 쫓겨난 연산군을 보라.
떠나는 뒷 모습이 아름다워야 한다.**

아버지를 이어 아들 형제가 잇달아 왕위에 오른 경우는 태조의 아들 정종, 태종이 있고, 세종의 아들 문종, 세조가 있으며, 성종의 아들 연산군, 중종이 있다. 그리고 중종의 아들 인종과 명종, 숙종의 아들 경종과 영조가 있다.

특히 조선조 518년 기간 중 숙종과 두 아들의 재위 기간은 백 년이 넘는다. 중국의 경우 청나라가 약 296년간 존속하는 동안 4대 황제인 강희제의 61년을 포함하여 옹정제 13년, 건륭제 60년까지 3대에 걸쳐 134년간 재위했다.

화려한 것만이 역사로서 가치가 있는 것이 아니고, 그 뒤안길의 역사가 오히려 우리에게 교훈적일 때가 많다. 세계사적으로 보면 나치에 의해 유대인 학살이 자행되었던 아우슈비츠 수용소에는 오늘날에도 그 당시의 잔해물이 그대로 남아 있다. 다시는 이런 과오를 범해서는 안 된다는 묵시적 교육의 장으로 활용되고 있는 것이다.

뉴질랜드 남서부 해안에 있는 피오르드랜드(Fiordland) 국립공원 입구에는 등산객들이 버리고 간 쓰레기를 모아 쓰레기 동산을 만들어 놓고, 등산객들의 각성을 촉구하고 있다.

중국 베이징 근교에 있는 원명원은 1860년 영·프 연합군에 의해 수많은 문화재가 파손되어 그 잔재가 그대로 남아 있다. 이곳은 청대의 이궁離宮이며 함풍제가 동생인 공친왕 혁흔에게 하사한 곳이다. 새롭게 단장하는 것만이 능사는 아니다. 이것은 우리에게 역사적 교훈으로 시사하는 바가 크다.

불안한 왕위를 양위하고자 안달이 난 정종, 세자 자리도 헌 신짝처럼 버렸던 양녕대군, 조카를 죽이고 왕위를 찬탈한 세조, 천신만고 끝에 왕이 된 광해군, 궁녀에서 중전이 된 장희빈, 천한 무수리 신분으로 후궁이 된 영조의 생모 숙빈 최氏, 하극상으로 왕위에 오른 태조, 쿠데타로 대통령이 된 박정희, 전두환.

──────────────────────────────

○ 중국 주요 왕조 존속기간
  • 당나라 289년(618~907), 북송 167년(960~1127), 남송152년 (1127~1279)
    명나라 276년 (1368~1644), 청나라 296년 (1616~1912)
○ 함풍제咸豊帝 (1831.7.17~1861. 8.22) : 청나라 제9대 황제, 북경 원명원에서 출생

어떤 연유에서든 하늘이 내린 사람들이다. 하극상이라 할지라도 성공하면 혁명이고 실패하면 '쿠데타'라는 이분법적 논리가 귀에 거슬리긴 하지만...

하극상下剋上이면 역행하고 하복상下伏上이면 머무를 뿐이고 하합상下合上이면 거침없이 나아갈 것이다. 광주 민주항쟁(1980.5.18)이나, 6.10 민주항쟁(1987.6.29 이한열 열사 희생)도 한때는 폭도들의 난동이라 깎아내린 적이 있었지만...

4.19혁명(1960), 광주 5.18 민주항쟁 (1980), 6.10 민주화운동 (1987) 당시 젊은 학생, 임산부, 어린이, 꽃망울이 피지도 않은 여학생이 질서유지라는 명분으로 국가 공권력에 의한 총·칼 앞에 무참히 쓰러져 갔다.

미국 서부의 황야의 무법자인 총잡이도 도망가는 적의 뒤통수에는 총질을 하지 않았다. 조선 역사에서 가장 잔인한 형벌이 '능지처참'인데 실제로 집행한 적은 없었고 '거열형'으로 대체했다. 사람을 죽이는 것이 본업인 망나니조차도 죄수의 고통을 덜어주기 위해 겨드랑이나 사타구니에 칼집을 미리 낸 다음 팔·다리(4지)를 소나 말에 묶어서 찢어 죽인 것이다. 더 이상 짐승보다 못한 인간이 되어서는 안 된다.

작위, 품계 및 용어

역사를 기록할 때 1392년(조선 건국)이라고 기록하면 편년체編年體이고, 태조 1년이라고 하면 기년체紀年體이다. 자연스럽게 왕위를 이어받으면 원년이고 부자연스럽게 왕위를 이어받으면 즉위년이라 한다. 예를 들면, 1800년은 순조 원년이고, 1455년은 세조 즉위년이다.

나라를 세웠거나 변란에서 백성을 구한 굵직한 업적이 있는 왕에게는 조祖를 붙이고 선왕의 치적을 이어서 덕으로 다스리면 종宗을 붙인다. 조에 해당한 왕은 태조, 세조, 선조, 인조, 영조, 정조, 순조이고, 종에 해당하는 왕은 세종, 성종, 중종, 명종, 효종, 현종 등이 있다. 정리하자면 조선시대 27명의 왕 중 祖(7), 宗(16), 君(2,연산군과 광해군), 황제(2,고종과 순종)로 구분할 수 있다.

직무가 없는 문무 당상관에게 녹봉을 주기 위한 중추원, 국왕의 종친, 외척을 위한 부서로 돈녕부가 있다.

정1품에는 일인지하, 만인지상의 영의정, 이조·예조·호조를 관할하는 좌의정, 병조·형조·공조를 관할하는 우의정이 있다. 이 세 분을 삼정승 또는 재상이라 한다. 그 밖에 중추원 영사, 세자 사부(삼정승이 겸임), 부마, 국구, 춘추관 감사(영의정이 겸임), 돈녕부 부사가 정1품으로서 조선 최고의 공직자이다.

종1품에는 중추원 판사, 의금부 판사, 좌찬성, 우찬성, 종친인 숭정대부, 가덕대부가 있다. 참고로 정·종1품의 처를 정경부인이라 부른다.

정2품에는 육조 판서, 대제학, 도총관, 좌참찬, 우참찬, 한성판윤, 중추원 지사 등이 있다.

종2품에는 종친이나 왕의 외척에게 주는 봉작으로 가정대부, 가의대부, 가선대부가 있고, 외관직인 관찰사(개성, 강화, 수원, 춘천, 경기도 광주) 유수가 있으며 육조 참판, 제학, 대사헌, 승지, 동지사, 포도대장 등이다. 참고로 정·종2품 문무관의 처를 정부인이라 칭한다.

정3품에는 당상관인 통정대부, 대사간, 부제학, 병조참지, 육조 참의, 도승지, 좌승지, 우승지, 중추원 첨지사, 좌부승지, 우부승지, 동부승지 등이 있다.

참고로 정3품 당상관 이상의 처를 숙부인이라 칭한다. 정3품이지만 당하관 벼슬에는 통훈대부, 종친의 명선대부, 서반의 절충장군, 어모장군 등이 있다. 어전 회의 때 대청 위에 올라가 의자에 앉을 수 있는 자를 당상관, 대청 아래 바닥에 앉아 있으면 당하관이다.

종3품에는 홍문관의 전한, 서반의 보의장군, 전공장군 등이 있다. 참고로 정3품 당하관의 처, 종3품의 처를 숙인이라 부른다. 작은 고을 현감은 종6품 벼슬이다.

○ 3司 : 국왕의 자문 및 견제(조선시대 엘리트의 산실)
- 홍문관(옥당) : 대제학(정2품), 제학(종2품), 부제학(정3품, 당상관), 직제학(정3품, 당하관), 응교(정4품), 교리(정5품) ※ 부제학은 실무책임자
- 사헌부(대관) : 오늘날의 감사원, 검찰청 - 수장은 대사헌(종2품), 집의(정3품), 장령(정4품), 지평(정5품)
- 사간원(간관) : 왕에게 간언, 직언.. 대낮에도 음주가능(취중에 직언), 대사간(정3품), 사간(종3품), 헌납(정5품), 정언(정6품)
  ※ 사헌부와 사간원을 대간 혹은 양사라고 함.
  cf. 영남지방은 남인 몰락 후 교리, 정언 벼슬 이상을 못함. 그래서 안동, 봉화에는 교리댁, 정언댁이 많다.

가례는 왕이나 세자가 혼례식을 올리는 것을 말하며, 그 부인을 중전, 세자빈이라 칭하고 중전은 내명부의 총수이다. 원비元妃의 유고시 계비繼妃를 둘 수 있으며, 원비와 계비를 동시에 둘 수는 없다.

왕비의 자녀가 아들이면 대군大君, 딸이면 공주公主라 칭하고, 후궁의 아들이면 군君, 딸이면 옹주翁主이다. 후궁으로 인정받으려면 내명부 수장인 대비 또는 중전의 첩지를 받는 것이 원칙이나, 성은을 입어 후궁이 되는 수도 있다.

임금의 자녀는 적자녀, 서자녀 할 것 없이 중전과 같이 품계가 없으며 세자빈은 정1품, 세자의 후궁은 양제良娣(종2품), 양원良媛(종3품), 승휘承徽(종4품) 등이 있다.

세자 적실의 딸은 군주郡主(정2품)이고, 서녀는 현주縣主(정3품)이다. 상감은 전하殿下, 세자는 저하邸下, 중전·세자빈·후궁·공주·옹주·대군·군은 마마媽媽라 부른다. 대군·군의 아내를 군부인郡夫人, 중전의 모친·종친의 처를 부부인府夫人, 중전의 친정아버지를 부원군府院君이라 한다. 임금의 사위를 부마駙馬, 임금의 장인을 국구國舅라 부르며 정1품 예우를 한다.

궁녀 중 상감의 성은을 입으면, 최고로는 빈嬪(정1품)부터 최하위 숙원淑媛(종4품)까지 신분이 보장된다.

왕의 집무실을 대전, 중전이 거처하는 곳을 중궁전, 세자가 거처하는 곳을 동궁전이라 하고 대전이나 중궁전의 큰 상궁은 정5품이다.

○ 조선시대 왕비에 대한 명칭
- 대왕대비 : 현존하는 왕의 친조모
- 왕비(중전) : 왕의 부인
- 왕대비 : 선왕의 정실부인
- 부대부인府大夫人 : 왕비가 아닌 왕의 생모

내명부 총수는 중전이며, 후궁의 품계는 다음과 같다.

후 궁	품 계	후 궁	품 계
빈	정1품	귀 인	종1품
소 의	정2품	숙 의	종2품
소 용	정3품	숙 용	종3품
소 원	정4품	숙 원	종4품

인사권이 있는 이조정랑은 정5품, 이조좌랑은 정6품이지만 이 직위는 막강한 권한을 행사할 수 있었다.

오늘날 사법, 검찰권을 행사할 수 있는 직급은

직 급	품 계	직 급	품 계
의금부 판사	종1품	의금부 주부	종6품
의금부 지사	정2품	의금부 직장	종7품
의금부 동지사	종2품	의금부 봉사	종8품
의금부 경력	종4품	의금부 참봉	종9품
의금부 도사	종5품	-	-

※ 합하(각하) : 정1품 (정승), 대원군 영돈녕 부사 : 정1품
　판돈녕부사 : 종1품 대감 : 정2품(판서)
　영감 : 종2품, 정3품(승지,참의) 종친부 도정(대군의손자):정3품, 당상관
　나리 : 종3품(집의) 통덕랑 : 정5품(오늘날의 서기관)

조선시대 한성과 서울의 비교

서 울	한성판윤	서울시장
제 1대	성 석 린, 1395. 6.13 취임	김 형 민, 1946.5 취임
최장기	이 석 형, 3년 3개월	박 원 순, 8년 8개월
최단기	윤치호 : 1898.12.15~22, 1주일	김상철 1993.2.26~3.4, 1주일

○ 이조전랑(吏曹銓郞) : 이조의 정랑과 좌랑을 함께 이르던 말.
　정랑과 좌랑은 각 부서의 당하관堂下官 관원을 천거, 재야 인사의 추천 권한을 가진 직책이다.
　특히 이조정랑吏曹正郞은 사정기관인 삼사三司 관리의 추천권을 가진 핵심 요직으로, 품계는 낮았지만 막강한 권한을 가지고 있었다.

왕비들의 가문

■ 동명이인

단종의 후비 정순왕후定順王后는 여산 송씨이고, 영조의 계비 정순왕후 貞純王后는 경주 김씨이다. 그러나 두 분 모두 소생이 없었다.

현종의 후비 명성왕후(明聖王后)는 청풍 김씨이고, 고종황제의 후비는 명성황후(明成皇后)이고 본관은 여흥 민씨이다. 두 분 모두 외아들을 두었다. 후궁 자리 하나도 하늘에서 별을 따는 것보다 어려운데, 하물며 왕비의 자리는 일러 무삼하리오. 명성왕후(현종의 비)는 세자빈, 중전, 왕대비를 모두 지낸 유일한 왕비이다.

왕비를 배출한 가문을 살펴보면 파평 윤氏, 청주 한氏가 다섯 명이고, 여흥 민氏가 네 명이다. 그 다음이 청송 심氏, 경주 김氏, 안동 김氏가 세 명이고, 청풍 김씨, 거창 신(愼)氏, 반남 박氏, 풍양 조氏가 두 명이다. 그리고 안변 한氏, 곡산 강氏, 안동 권氏, 여산 송氏, 연안김氏, 문화 유氏, 능성 구氏, 양주 조氏, 덕수 장氏, 광산 김氏, 함종 어氏, 달성 서氏, 풍산 홍氏, 남양 홍氏, 해평 윤氏가 있다.

○ 정순왕후(靜順王后) : 고려 24대 원종의 妃, 전주 김씨 김약선의 딸
　정순왕후(定順王后) : 단종 妃, 정읍군 태인면 출생, 여산 송씨 송현수의 딸
　정순왕후(貞純王后) : 영조 계비, 경주 김氏 김한구의 딸.
　　　　　　　　　　서산시 음암면 유계리는 당대 최고의 세력가 집성촌
　　　　　　　　　　(정성왕후 : 영조의 원비, 대구 서氏)
　※ 학주 김홍욱(한다리 김氏) : 소현세자 빈 강氏의 사면복권을 주장하다가 효종에 의해 장살됨
　　• 후손 : 김흥경(영의정), 김귀주(김한구의 아들, 좌승지), 김관주(우의정), 추사 김정희

- **파평 윤氏**   *( )안은 왕이 된 소생이거나 대군
    - 제7대 세조의 후비 정희왕후(추존 덕종, 예종)
    - 제9대 성종의 계비 Ⅰ 폐비 윤氏 제헌왕후(연산군)
            함안 윤氏 윤기견의 딸
         성종의 계비 Ⅱ 정현왕후(중종)
    - 제11대 중종의 계비 Ⅰ 장경왕후(인종)
         중종의 계비 Ⅱ 문정왕후(명종)
- **청주 한氏**
    - 제8대 예종 후비 장순왕후(×)
         예종의 계비 안순왕후(제안대군)
    - 추존 덕종의 후비 소혜왕후(성종)
    - 제9대 성종의 후비 공혜왕후(×)
    - 제16대 인조의 후비 인열왕후(효종)
- **여흥 민氏**
    - 제3대 태종의 후비 원경왕후(세종)
    - 제19대 숙종의 계비 1인현왕후(×)
    - 제26대 고종황제의 후비 명성황후(순종)
    - 제27대 순종의 후비 순명황후(×)

- 파평 윤氏 시조 : 윤신달尹莘達, 중시조는 윤관尹瓘
- 남원 윤氏 시조 : 윤위尹威(파평 윤氏 윤관의 증손자)
- 함안(창원) 윤氏 시조 : 윤돈尹敦(남원 윤氏 윤위의 손자)
- 칠원 윤氏 : 함안군 칠원읍을 본관으로 함.
    ※ 윤석보(1442~1505) : 칠원 윤氏, 청백리, 풍기군수
        • 청렴의 덕목(四不三拒)
            – 四不 : 부업을 하지 말 것, 땅을 사지 말 것, 집을 늘리지 말 것, 특산물을 받지 말 것
            – 三拒 : 윗 사람의 부당한 요구를 거절할 것, 청을 들어주고 답례를 받지 말 것,
                경조사에 과한 부조를 하지 말 것
        • 후손 : 윤무부(경희대 조류학자), 윤상현(국회의원, 전두환의 前 사위), 윤종신(가수)
- 성종 代 노촌 이약동 : 제주목사 시절 선정을 베풀고 떠날 때 전별 선물로 몰래 실어준 '갑옷'을 찾아내
            바다에 던졌다. 그는 投甲淵이라는 고사를 낳은 인물로 다산의 목민심서에 실려있다.

- **청송 심氏**
  - 제4대 세종의 후비 소헌왕후(문종, 세조)
  - 제13대 명종의 후비 인순왕후(순회세자)
  - 제20대 경종의 후비 단의왕후(×)

- **경주 김氏**
  - 제2대 정종의 후비 정안왕후(×)
  - 제19대 숙종의 계비Ⅱ 인원왕후(×)
  - 제21대 영조의 계비 정순왕후(×)

- **안동 김氏**
  - 제23대 순조의 후비 순원왕후(추존 익종)
  - 제24대 헌종의 후비 효현왕후(×)
  - 제25대 철종의 후비 철인왕후(×)

- **거창 신(愼)氏**
  - 제10대 연산군 폐비 신氏(폐세자 이황)
  - 제11대 중종의 후비 폐비 신氏(×)

- **반남(나주) 박氏**
  - 제12대 인종의 후비 인성왕후(×)
  - 제14대 선조의 후비 의인왕후(×)

- **청풍 김氏**
  - 제18대 현종의 후비 명성왕후(숙종)
  - 제22대 정조의 후비 효의왕후(×)

- **풍양 조氏**
  - 영조 장남 추존 진종(효장세자)의 후비, 효순왕후(×)
  - 순조 장남 추존 익종(효명세자)의 후비, 신정왕후(헌종)

■ 왕비를 한 분만 배출한 가문

- 안변 한氏 : 태조의 원비 신의왕후(정종, 태종)
- 곡산 강氏 : 태조의 계비 신덕왕후(세자 방석)
- 안동 권氏 : 문종의 후비 현덕왕후(세자 단종)
- 여산송氏 : 제6대 단종의 후비 정순왕후(×)
- 연안 김氏 : 제14대 선조의 계비 인목왕후(영창대군)
- 문화 유氏 : 제15대 광해군의 폐비 (폐세자 이지李祬)
- 능성 구氏 : 추존 원종의 후비 인헌왕후(인조)
- 양주 조氏 : 제16대 인조의 계비 장렬왕후(×)
- 덕수 장氏 : 제17대 효종의 후비 인선왕후(현종)
- 광산 김氏 : 제19대 숙종의 후비 인경왕후(×)
- 함종 어氏 : 제20대 경종의 계비 선의왕후(×)
- 달성 서氏 : 제21대 영조의 후비 정성왕후(×)
- 풍산 홍氏 : 추존 장조의 후비 경의왕후(정조)
  (헌경왕후, 혜경궁 홍氏)
- 남양 홍氏 : 제24대 헌종의 계비 효정왕후(×)
- 해평 윤氏 : 제27대 순종의 계비 순정효황후(×)

○ 여산 송氏 후손
- 정순왕후(단종의 비)
- 송질의 딸 : 父 송질, 남편(홍언필), 아들(홍섬) → 3대가 영의정 역임
- 정치계
  - 송요찬 : 청양출신, 육군참모총장, 내각 수반   - 송영길 : 당대표, 국회의원
- 불교계 대선승 : 경허(송동욱), 만공(송도암)
- 연예계 : 송대관, 송승헌, 송혜교...

○ 은진 송氏 후손 : 송 해, 송강호, 송일국, 송중기, 송소희...

오늘날 우리 사회에서는 조상의 뿌리를 찾는 일이 매우 어려워졌다. 그러나 '나'라는 존재가 부모 없이는 존재할 수 없듯이, '부모' 또한 조부모 없이 존재할 수 없다. 최소한 자신의 뿌리를 알고 살아야만, 우리는 올바른 정체성을 바로 세울 수 있다.

애완견을 잃어버리면 펄쩍 뛰면서도, 정작 노부모가 실종되면 그저 방치하고 말 것인가!

색녀들의 애장품(한국. 중국)

- 어우동 (양산)   - 장녹수 (스카프)
- 정란정 (긴 치마)   - 황진이 (손수건)
- 김개시 (허리띠)   - 양귀비 (브레지어)
- 왕소군 (팬티)   - 서 시 (생리대)

○ 중국 4대 미인 : 서시, 왕소군, 우희(항우의 부인), 양귀비
　　　　　　(※ 초선은 삼국지연의에 등장하는 가공의 여인)
○ 와신상담臥薪嘗膽 : 오나라 임금 부차가 아버지(합려)를 살해한 월나라 임금 구천에게 원수를 갚기 위해 매일 섶(가시)나무 위에서 잠을 자며 맹세하고, 월나라 구천은 쓸개를 핥으며 원수를 갚겠다고 맹세함
○ 경국지색傾國之色 : 구천의 책사 범려가 서시를 오나라 왕에게 바쳐 오나라를 망하게 함.
　　　　(※ 범려 : 가난뱅이였던 그가 대부호가 되어 세 번이나 그의 재산을 흔쾌히 베풀었다.
　　　　　　　三聚三散 노블레스 오블리주의 표상이 됨)
○ 吳越同舟 : 원수끼리 같은 배를 탐

어찌 이런 일이…

　　태종과 원경왕후는 56세, 세종과 이순신은 54세, 영조와 익종의 후비 신정왕후(조대비)는 83세로 세상을 하직했다. 단종을 보위하던 영의정 황보인, 사실상 모든 실권을 쥐고 있던 좌의정 김종서는 계유정란(1453) 때 수양대군에 의해서 살해되었다. 이에 따라 양가는 멸문지화를 당했다.

　　세조의 모친 소헌왕후는 1446년에 사망하여 여주 영릉 비문에 수양대군의 자녀를 1남 2녀로 기록하였다.(정인지 글) 당시 수양은 30세, 의경세자(1438~57) 9세, 세희공주(1440 ~?)는 7세, 의숙공주(1441~78)는 6세, 차남 예종(해양대군, 1453 ~69)는 출생 전이었다. 그러나 실록에는 세희공주가 누락되었으니…

　　세조하면 사육신 얘기를 하지 않을 수 없다. 성삼문, 박팽년, 이개, 하위지, 유성원, 유응부가 그들이다. 영의정 정창손의 사위인 김질의 고변으로 이들 충신들이 극형에 처해졌다. 설잠 김시습은 정창손(1402~87)과 막역한 관계였다. 김시습은 오열을 하며,

　　"창손이 대감, 영상 자리 이제 그만 두시오."
　　학조 정창손은 고개를 숙인 채 아무 말도 하지 않았다.

○ 김시습(1435~93, 영원한 야인, 천재 시인) : 허 조(영의정)는 5세인 시습에게 "老"를 주며 시를 주문하자
　　老木開花心不老(늙은 나무에 꽃피니 마음은 늙지 않았네)라 함
　　도승지(박이창)이 시습을 무릎에 앉히고 물위에 떠 있는 정자를 가리키며 시를 지어보라고 하자,
　　　　　小亭舟宅何人在　조그만 정자같은 배에는 어느 누가 살고 있는지…

　　※ 호남의 3대 명촌 ┬ 영암 군서면 구림리 : 왕인 박사博士, 도선國師, 최지몽太師
　　　　　　　　　　├ 나주 노안면 금안리 : 설재 정가신鄭可臣, 신숙주
　　　　　　　　　　└ 정읍시 태안면 : 무수리 최氏(영조의 생모), 정순왕후(단종의 비)
　　※ 영남의 3대 명촌 : 경주 양동마을 (경주 손氏, 여주 이氏), 왜관 매원마을(廣州 이氏),
　　　　　　　　　　　달성군 화원읍 남평 문氏 세거지(매화마을) – 약25,000여권의 장서

○ 홍유손(1431~1529, 99세 卒) 남양 홍氏(당홍계), 호는 광진자狂眞者. 김시습과 절친, 76세에 초혼 80세에 득남하여 이름을 지성至誠이라 함. 후손은 포천시 내촌면 진목리에 집성촌를 이룸.

세조는 성삼문을 친히 고문했다. 쇠를 달구어 허벅지를 뚫고 팔을 잘랐다. 쇠꼬챙이에 열이 식어 가자 '삼문'은 고함을 질렀다.

"어서 다시 쇠 꼬챙이에 불을 달궈 오너라! 나리의 고문이 독하기는 하다만..."

성삼문의 삼문三問이란, 어머니의 태몽에 하늘에서 아이가 태어났는지를 세 번 물었다고 한다. 그래서 삼문이라 한 것이다. 지금도 창녕 '성'氏들은 성격이 곧고 기개가 높기로 유명하다.

집현전에서 직무를 같이 했던 둘도 없는 친구 신숙주가 세조 바로 옆에 서서 '삼문'을 바라보고 있었다. 잠시 후, 절규하는 소리가 흘러나왔다.

"보한재(신숙주)! 너와 같이 집현전에서 숙직할 때 세종께서 원손(단종)을 안고 후원을 거닐면서 '경들은 이 아이를 잘 보살펴 달라'고 당부했던 그 어명을 잊었단 말이냐! 너 이놈."

신숙주는 얼굴이 하얗게 질린 채 뒷걸음질하며 슬그머니 그곳을 빠져나갔다. 삼문의 부친 성승은 무관 출신으로 도총관을 지냈다. 삼문의 역모죄로 아버지와 형제들은 형장의 이슬로 사라졌고, 그의 아내는 관비가 되었으나 꿋꿋하게 절개를 지켰다. 삼문은 형장에 끌려가면서 체념한 듯 시 한 수를 읊었다.

**둥둥둥 북소리는 사람의 목숨을 재촉하는데
머리를 돌려 주위를 살펴보니
해는 이미 서산에 기울었네.
머나 먼 황천길에 주막 하나 없을 걸 생각하니
이 내 몸, 오늘밤은 뉘 집에서 재워줄고,**

○ 성삼문(1418~56) 부제학, 예조참의
- 홍성출신, 증조부 : 성석용(개성유수), 조부 : 성달생(판중추부사), 부 : 성 승(도총관)
  처 : 죽산 박氏(현감을 지낸 박첨의 딸)

박팽년은 형조 판서를 지낸 박중림의 아들이다. '팽년'은 재주가 출중하여 세조는 그를 회유하려고 온갖 노력을 다하였으나 허사였다. 형장으로 끌려갈 무렵, 그의 아들 '박순'의 아내 성주 이氏가 임신 중이라서 처형을 미루었다. 이것은 조정에서 배려한 것이었다.

그때 박팽년은 손자를 보게 되었고, 때마침 여종은 딸을 낳았다. 그러자 여종의 딸과 손자를 바꿔치기 하여 여종이 사내아이를 자기 자식으로 삼아 이름을 '박비朴婢'라 불렀다. 박비가 장성하자 '박순'의 동서인 좌의정 '이극균'은 조카 '박비'에게 자수를 권했다. 성종은 이를 용서해 주었고, 그 후 박비는 '유일한 산호'라는 뜻으로 '박일산朴一珊'으로 개명했다. 조선의 '종'들은 주인을 위해서라면 목숨도 불사했다. 지조와 절개가 담긴 박팽년의 단가 한 수를 소개하면,

금생려수라 한들 물마다 금이 나며
옥출곤강이라 한들 뫼마다 옥이 나랴
아무리 여필종부라 한들 임마다 좇을쏘냐.

오늘날 우리의 정치 현실을 보라. 국회에서 청문회를 열면 그 답변은 '모르쇠'로 일관한다. 누구 하나 책임을 지려 하지 않는다. 당당하게 책임질 수 있는 위정자는 없는 것일까?

"나리, 이것이 무슨 형벌이오?"

○ 신숙주 : 나주 노안면 금안리 출생, 변절자의 아이콘 (숙주 나물), 묘는 의정부시 고산동
　※ 신말주(신숙주의 동생) : 충신불사이군의 절의를 지킴, 계유정란시 공신에 오른 신숙주와 달리
　　　순창으로 낙향하여 남산대의 귀래정에서 말년을 보냄. 견형호제犬虎弟
　　　＊ 후손 : 신경준(1712~81) - 운해훈민정음과 지리서인 산경표를 저술
　※ 신평의 딸이 연산군의 외조모(신氏), 연산군의 외조모와 신숙주는 4촌간
○ 박팽년 손자 박일산 순천 박氏 후손 세거지 : 달성군 하빈면 묘골
　• 박두을 여사 : 이병철 처
　• 박준규 : 유일한 지역구 9선 의원, 박두을 여사가 고모, 공화당 정책의장 백남억은 매형,
　　　처는 조지훈의 사촌 여동생 (전 외무부 장관 조태열의 당고모 조동원)

세조는 기가 막혔다. 이들은 한결같이 세조를 임금으로 섬기지 않고 한낱 대군으로 대했던 것이다.

까마귀 눈비 맞아 희는 듯 검노매라
야월광명이 밤인들 어두우랴
임 향한 일편단심이야 변할 줄이 있으랴.

서릿발 같은 '이개'의 기상이 엿보인다.

단계 하위지는 야은 길재와 동향인 선산 출신이다. 세조는 친국장에서 단계에게 물었다.

"네 죄는 네가 알렸다."
"죄는 무슨 죄? 여필종부라 했거늘 계집이 지아비를 섬기는 것도
  죄란 말이냐? 반역죄로 몰았으면 마땅히 목을 벨 것을!"

잔말 말고 죽이라는 데 무슨 할 말이 있겠는가. 음모에 가담하지 않았다고 발뺌하면 목숨은 살려 주겠다고 회유하자, 하위지는 피식 웃었다.

"나리, 어서 목을 베시오."

그 자리에서 목을 베었다. 목에서 흰 피가 쏟아져 주변을 흥건히 적시었다. 이것은 훗날 세조의 가문에 불길한 징후를 예고한 것이다.

○ 이개 : 한산 이氏, 호는 白玉軒, 이색의 증손자, 문과 을과 급제(4등)
　　　　　　　　　　　(이색 → 이종선 → 이계주 → 이개)
○ 廣州 이氏, 둔촌공파 이인손(우의정)의 다섯 아들(五克子)
　　• 이극배(영의정), 이극감(형조판서), 이극증(병조판서), 이극돈(호조판서), 이극균(좌의정)
　　• 영릉(세종)은 원래 이인손의 묘터였다. 1469년 여주시 능서면 신지리로 이장
○ 고려 3은 : 이색(목은), 정몽주(포은), 길재(야은), ※ 이숭인(도은, 성주 이氏)
○ 조선 3대 기인(다재다능한 예언가) : 매월당 김시습, 토정 이지함, 북창 정렴
　　　　　　　(최초의 한문소설 : 금오신화, 최초의 한글소설 : 허균의 홍길동전)

유성원은 관대를 벗지 않고 반듯하게 누워서 차고 있던 칼을 빼어 목에 대고 나무토막으로 칼자루를 내리쳐서 자결했다. 아내가 사당에서 죽은 남편을 보고 아연실색을 하면서도 '왜 이랬을까' 하고 까닭을 모르다가 금부도사가 시체를 옮겨 간 뒤에야 간신히 의문을 풀었다. 유성원의 시체는 형장에서 갈가리 찢겨졌다. 어떻게 이런 일이 있을 수 있을까.

마지막으로 유일한 무관 출신인 유응부를 국문하면서 세조는 물었다.

"나를 죽이고 상왕(단종)을 복위시키려 했다니 그것이 사실이냐?"

"사실이다. 불행히도 간사한 놈(김질)이 고변하여 이리 되었다만 조금도 후회는 없다. 내 발 때꼽재기만도 못한 너, 나를 어서 죽여라."

세조는 시퍼렇게 질려 버렸다.

"저놈의 살가죽을 벗겨라. 그리고 사지를 갈기갈기 찢어 버려라."

유응부는 살가죽이 벗겨져 나가는데도 태연했다. 이들은 한결같이 세조 대에 와서 받은 국록은 쌀 한 톨도 손을 대지 않았다. 그것은 자신들은 세조의 신하가 아니라고 다짐했기 때문이었다.

요즈음 사육신을 사칠신이라 불리우기도 한다. '이개'와 같은 불 찜질을 당해 죽은 김녕 김氏 김문기가 있다. 그는 생원으로 문과에 급제하여 이조판서에 이르렀다. 영조 때 그의 9대 손 김정구의 소원으로 복관되었고 충의공의 시호도 받았다.

사육신死六臣이란 말은 중종 대의 사림파에 의해서 불리어 졌다. 그동안 그 영혼들은 구천을 떠돌아다녔을 것이다. 김시습, 원호, 이맹전, 조려, 성담수, 남효온 등은 살아서 단종복위를 꾀한 자들인데 그들을 생육신이라 부른다. 사육신이 절개로 생명을 바친 데 반하여 이들은 살아 있으면서 귀머거리나 소경인 채 세상을 배회하거나 두문불출하였다. 그리고 가슴으로 울면서 단종을 추모하였다. 이중 남효온은 사육신이 죽어 갈 때 불과 두 살이었다. 훗날 성장해서 세조의 부도덕성을 맹렬히 비난한 사람이다.

    정치와 권력은 중독성이 있어서 한번 빠져들면 그 영화를 끝까지 누리고 싶어한다. 권력을 향한 정략과 모략은 예나 지금이나 다를 바 없이 오늘날에도 계속되고 있다. 아쉬워할 때 물러설 줄 알아야 떠나는 뒷모습이 아름답게 보인다.

그래서 삼지론三知論을 익혀야 한다.

지지知止 : 그칠 줄을 알자.
지분知分 : 분수를 알자.
지족知足 : 족함을 알자.

○ 유응부 兪應孚 : 기계 유氏, 무과급제, 창덕궁에서 명나라 사신을 위한 연회에 참석한 세조를 시해하려다 실패
  ※ 후손 : 유길준(서유견문록), 유진오(고려대 총장), 유홍준(나의 문화유산답사기), 유세윤(개그맨)
○ 김문기 : 김녕 김氏 (후손으로는 김재규 전 중앙정보부장, 김영삼 전 대통령)
  ※ 세진정洗塵亭 : 세상의 도리에 어긋난 곳을 씻어내는 정자, 김녕 김氏의 정신을 대변하며, 경북 문경시 산양면 과곡리 369에 소재. 가선대부 한성부 판윤 김철성을 기리기 위해 후손 김용찬이 1959년 건립
  ※ 三重臣 : 조국관(이조판서, 조말생의 조카), 민신(병조판서), 김문기(공조판서)
○ 이맹전(1392~1480) : 벽진 이氏, 선산출신, 거창현감, 생육신
                조부. 이희경 (도원수), 부. 이심지 (병조판서)
○ 조려(趙旅, 1420~89) : 함안 조氏, 생육신, 함안 서산 아래에서 일생을 보냄
    ※ 후손 : 조홍제 ┌ 조석래 (효성그룹)
                  ├ 조양래 (한국타이어) – 차남 (이명박 사위)
                  └ 조욱래 (대전피혁) – 권노갑 아들이 사위

한나라 여후같은 소혜왕후

항우를 쓰러뜨리고 천하를 통일하여 한나라를 세운 유방은 재위 8년만에 세상을 떠났다. 그 후 여자의 몸으로 한 제국의 기초를 닦은 이가 바로 유방의 처 여후이다.

결혼하기 전 여후의 아버지가 장쑤성의 수령 댁에 몸을 피신해 있던 중 일개 하급관리인 유방이 찾아와 위로금 1만 냥을 내놓겠다고 허풍을 떨었다. 이때 관상을 본 여후의 부친이 유방이 보통 인물이 아니라는 것을 알아보고 애지중지 키운 딸을 시집보내게 된다.

유방 대신 한나라를 통치한 여후는 항우를 쓰러뜨리는 데 일등 공신인 한신을 장락궁으로 유인하여 주살했다. 약골인 아들 효혜제를 대신하여 정무를 맡았는데, 유방의 첩 '척 부인'과 그의 아들 '여의'를 아들(효혜제)이 사냥 나간 틈을 이용하여 독살하였다. 그녀는 척 부인의 사지를 잘라 화장실에 버렸다. 이러한 일은 사람의 탈을 쓰고는 도저히 할 수 없는 일이라고 한탄하며 효혜제는 정무를 접고 23살에 세상을 떠났다. 자식이 죽었음에도 정권욕에 사로잡힌 여후는 눈물 한 방울 흘리지 않았다.

살인마 같은 수양대군에게도 두 아들이 있었으니, 의경세자와 해양대군이다. 두 아들은 모두 오래 살지 못했다. 그것은 어린 조카 단종을 잔인하게 죽이고 왕위를 찬탈한 죗값이라고 야사는 전한다. 큰아들 의경세자는 큰어머니 현덕왕후의 원혼에 시달려 스무 살에 세상을 하직한다.

차남 해양대군(예종) 역시 즉위한 지 1년 2개월 만에 죽음을 맞이하니 모후인 정희왕후는 당황하지 않을 수 없었다. 의경세자는 죽은 뒤 덕종으로 추존된다.

소혜왕후는 덕종의 후비로서 월산대군과 자산대군을 낳았다. 소혜왕후 한氏는 한 확의 막내딸이자 좌리공신 한치인의 누이동생이다. 그의 고모는 명나라 영락제의 후궁(여비 한氏)이었고 막내고모는 선덕제의 후궁이다. 언니는 세종의 후궁 신빈 김氏의 소생 계양군의 아내가 되었다.

소혜왕후는 경전에 조예가 깊어 범어(산스크리트語)까지 익혀 불경을 언해하기도 했으며, 부녀자의 도리를 기록한 '내훈'을 편찬하기도 했다. 그녀의 성격은 강직하고 매우 유교적이었던 것으로 알려졌으며, 며느리 중전 윤氏가 자신의 기대에 미치지 못했고 게다가 투기가 심해 성종의 용안에 손톱자국을 내자 진노하여 폐비로 만드는 데 결정적인 역할을 했다. 뿐만 아니라 성종의 후궁 귀인 정氏, 귀인 엄氏와 합세하여 끝내는 사약을 폐비 윤氏에게 내리게 한다.

할머니의 사랑을 받지 못하고 성장한 연산군이 왕위에 오르자 생모인 윤氏가 폐비된 사실이 오로지 소혜왕후에 의한 계략이었음을 알고 고의적으로 이복동생인 안양군, 봉안군을 강제로 끌고 와서 할머니더러 손자들에게 술을 따르라고 윽박질렀다.

○ 정희왕후 가계   (일부 인물들만 발췌한 가계도임)

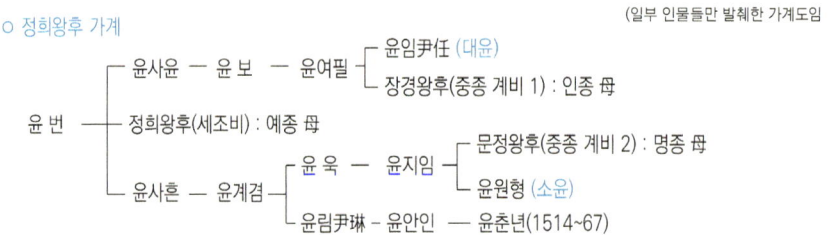

○ 선덕제 : 명나라 5대 황제, 홍희제의 장남
　　　　　영락제가 어린 손자 선덕제를 총애하였으며, 영락제는 武에, 홍희제는 文에
　　　　　선덕제는 文武에 능하였다.

성격이 칼칼한 소혜왕후는 그 수모를 어떻게 감당했을까? 음지가 양지가 되고, 양지가 음지가 되는 순간이다. 예종이 승하하자 원자인 제안대군이 당연히 왕통을 이어받아야 했지만, 자신의 둘째 아들 자을산군에게 왕위를 잇게 하니, 그가 바로 성종이다.

서오릉에 있는 '경릉'은 남편 덕종보다 윗자리에 소혜왕후 유택이 자리 잡고 있다. 아마도 조선 최고의 페미니스트가 아닐까? 인수대비(소혜왕후)와 한명회는 사돈 관계를 맺고, 그 힘을 바탕으로 서로를 의지하게 된다. 한명회와 인수대비는 10촌간이다.

수양의 좌장격인 권남은 죽마고우인 한명회를 수양대군에게 소개한다. 이를 계기로 한명회는 마치 물을 만난 물고기처럼 수양대군의 장자방 노릇을 하게 된다. 그는 무소불위의 권력을 휘두르면서도 소혜왕후 앞에서는 좌불안석했다고 하니, 그녀는 한 고조의 여후와 같은 여인이었다.

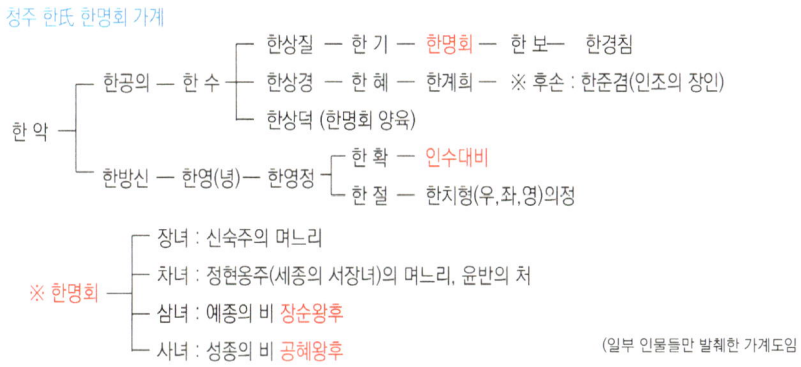

당나라 측천무후의 화신 문정왕후

측천무후(625~705)는 당나라 3대 고종의 황후로서, 성은 무武氏이고 이름은 조照이다. 고종이 죽은 후 10년 이상 여제女帝로 군림했다. 14세 때 간택되어 제2대 태종의 후궁으로 들어갔으나, 재인(정5품)이라는 낮은 지위에 있었기 때문에 태종의 총애를 받지 못했다. 이때 태종 이세민이 붕어하자, 그녀는 비구니가 되어 '감업사'라는 절에 들어갔다.

태종의 아들 고종이 황위에 오르자, 고종은 슬그머니 무조를 후궁으로 맞이했다. 비구니의 신분에서 후궁이 되었으니 운명이 바뀐 것이다. 당시 고종의 황후인 왕氏와 후궁 소숙비 사이에 알력이 벌어졌다. 이 틈을 타 무조는 고종의 총애를 받아 아들 홍을 낳으면서 소의(정2품)로 올라가게 된다.

어부지리로 총애를 얻은 무조는 자신이 낳은 딸의 목을 졸라 죽이고, 이 일은 황후의 소행이라고 허경종과 이의부와 같은 관료들을 사주하여 소문을 퍼뜨리게 했다. 이는 황후 자리를 노린 무조의 계략이었다.

드디어 영휘 6년(655) 10월, 고종은 저수량(596~658)을 비롯한 중신들의 반대를 뿌리치고 황후를 폐위시키고 무조를 황후 자리에 앉힌다. 무후는 왕 황후와 소숙비를 죽이고, 자신을 반대했던 관료들을 몰아내고

○ 허경종 曰,
　　春雨如膏行人惡其泥濘　봄비는 기름과도 같은데 행인은 진창길을 싫어하고,
　　춘 우 여 고 행 인 오 기 니 녕
　　秋月揚輝盜者憎其照鑑　가을 달은 휘영청 밝은데 도둑은 환하게 비춤을 미워한다.
　　추 월 양 휘 도 자 증 기 조 감
○ 이의부(614~666) : 중국 당나라 고종의 신하. 허경종과 더불어 양대 간신
　(증.영의정)　　　무후에게 살인 미소로 아첨(笑中有刀, 웃음 속에 칼이 있다)

측근들을 그 자리에 앉혔다. 그녀가 집권한 뒤 명문가 출신은 한 명도 없었다. 오로지 실력이 있는 자만 등용시켰다. 유인궤, 대지덕, 학처준 등이 바로 여기에 해당한다.

상원 2년(657)에 자신이 낳은 황태자 이홍을 독살시키고 차남 이현을 왕위에 올린 후 그 역시 독살하였다. 셋째 아들 이철을 황태자로 책봉하고, 이때부터 자신이 제위에 오를 것을 생각하고 있었다. 고종이 붕어하자 셋째 아들을 황위에 즉위시켰는데 그가 바로 중종이다. 그를 또 폐위시켜 그 동생인 이단을 재위케 하니 그가 바로 예종이다.

그 후 무후는 불경 대운경에 여제 출현이 이미 예언되어 있다고 널리 알리면서 측천무후라는 글자체를 제정하였다. 천수 원년(690) 9월, 국호를 '주'로 개명하고 제위에 올랐으니, 중국 역사상 유일한 여제이다. 황후에서 황제까지 25년이 걸렸다. 수도는 장안에서 낙양으로 옮겼다.

반면에 조선 중종의 계비 문정왕후의 태동은 이렇다. 윤지임은 시집 못 간 딸이 병약해서 위독하게 되자 천안통이 열린 족집게 점쟁이를 찾아가서 딸의 사주팔자를 보게 되었다. 사주팔자를 풀어 본 점쟁이는 '윤지임'에게 큰절을 올렸다.

"따님이 병중에 있지만 이 나라 국모가 될 사주라서 나리는 머지않아 국구國舅가 되실 것이외다."

중종은 이때 파성군 윤금손의 딸을 간택하기로 마음을 굳히고 있었으나 간택이 미뤄지고 있었다. 이런 일이 있은 지 얼마 후 조정에서 전갈이 와서 윤지임의 딸은 열 일곱살에 중전에 간택되었다. 왕비가 된 지 18년 만에 경원대군을 낳았으니 중전으로 28년, 인종 시절 8개월, 명종 시절 20년을 배후에서 직간접으로 막강한 권력을 행사하였다.

도덕군자 같은 인종은 하늘이 내린 효자였다. 태어난 지 일주일 만에 생모를 잃고 계모인 문정왕후 품에서 성장했다. 젖먹이 때부터 길러 준 계모에게 극진한 효도를 하였다. 그리고 이복동생인 경원대군과는 각별한 우애를 갖고 지냈다. 그러나 성격이 포악한 계모는 인종을 여러모로 괴롭히고 있었다. 문안을 드릴 적마다 홀로 된 자신과 유약한 이복동생을 언제쯤 죽일 것이냐고 다그쳤다. 이 말을 들은 인종은 자신의 효도가 부족한 탓이라 생각하고 햇볕이 내리쬐는 뜨거운 땅바닥에 엎드려 석고대죄를 드리곤 했다.

인종은 동궁 시절 '소년 요순'이라고 일컬어질 정도로 모든 행동 규범에 있어서 한 치의 어긋남이 없었다. 피가 끓을 나이인 삼십에 등극하였지만 어찌하여 후사가 없었을까? 성불구자는 분명 아니었을 터인데…

인종은 집정 9개월이 접어든 6월 17일 대비(문정왕후)전에 문후를 드렸다. 이날따라 대비는 반색하며 인종을 맞이했다. 오랜만에 웃음을 보인 계모의 모습이 그렇게도 아름다워 보였다. 어가를 따른 시종들에게도 극진한 환대를 하였다. 대비전에서 인종은 계모와 차 한 잔을 나누어 마셨다. 대낮에 차를 나눈 직후부터 인종이 이질(설사) 증세를 보이다 급사하였는데 이를 '주다례 사건'이라 부른다.

임금의 시신을 앞에 두고 윤원형과 이기는 주청을 올렸다. 재위 1년을 넘기지 못한 왕이니 대왕의 예로 드릴 수가 없다는 것이었다. 정상적인 상황 같으면 대역죄로 다룰 주청이었다. 할 수 없이 인종의 관에 흑칠이 마르기도 전에 갈장渴葬(급히 장사를 지냄)을 지냈다. 왕위를 하루를 지켰어도 임금은 임금이다.

문정왕후의 본색이 드러난 것을 보면 측천무후와 별반 다를 바가 없다. 만약에 하늘이 인종에게 좀 더 재임할 수 있는 천운을 주었더라면 조선의 그 어떤 임금보다도 화려한 문화정치를 펼칠 수 있었을 것이다.

중종 22년(1527)에 최세진의 '훈몽자회'라는 한자 학습서가 보급되어 백성들의 한문교육에 대변화가 일어났다. 국가적으로 경사스러운 이 날에 동궁에서는 세자(인종)의 열두 번째 생일(2월 25일) 잔치가 벌어지고 있었다. 사지와 꼬리가 잘리고 입과 귀를 불로 지져 놓은 쥐 한 마리를 동궁 북쪽에 있는 은행나무에 걸어놓고 세자를 저주한 사건이 발생했다. 이때도 문정왕후를 의심했으나 경원대군을 낳기 전이므로 의심만 무성하였다. 의심의 화살이 경빈 박氏에게 기울게 되어 그녀는 아들 복성군과 함께 서인으로 강등되어 궁 밖으로 쫓겨났다. 드라마 '여인천하'에서 '뭬야!'라는 유행어를 만들어 낸 경빈 박氏가 화를 입은 것이다.

경빈 박氏는 중종반정의 일등 공신인 박원종의 양녀이다. 그러나 이 사건의 주범은 5년 후 김안로의 아들 '김희'라고 밝혀졌다. 김희는 인종의 누나 효혜공주의 남편이었다. 이것을 제1차 '작서灼鼠의 변'이라고 부른다.

또 한 차례의 변은 세자가 성인이 될 나이에 동궁에서 불이 난 것이다. 여러 마리의 쥐 꼬리에 화선지를 묶어 불을 붙여 동궁에 몰아넣은 것이다. 세자를 죽일 목적으로 문정왕후는 그렇게 무모한 작태를 부린 것이다. 자식이 된 도리로 조용히 죽어주는 것이 오히려 효도하는 길이라 생각한 세자는 동궁에서 꼼짝도 하지 않았다. 그런데 밖에서 화급한 목소리로,

"백돌아! 백돌아!"

세자를 부르는 소리가 들렸다. 아버지, 중종의 목소리였다. 이렇게 불에 타서 죽으면 계모에겐 효행이 될지 모르지만, 부왕에겐 크나 큰 불효라는 생각이 들었다. 그래서 세자빈과 같이 동궁 밖으로 황급히 나온 것이다. 이것이 제2차 '작서의 변'이다.

이런 상황에서도 중종은 어느 궁녀의 실화였을 것이라고 중전인 문정왕후를 감쌌다. 의지하고, 기댈 곳없는 세자의 신분이 얼마나 위태로웠을까 하는 가엾은 상상이 머리를 휘감는다. 어머니가 없는 자식의 서러움을 절실히 느꼈던 세자였다. 이렇게 영욕은 교차하는 것이며 권력의 쟁탈전에는 피도 눈물도 없는 것이다.

문정왕후는 오빠 윤원로보다 동생 윤원형을 더 지척 간에 두었다. 윤원형은 누나 덕에 20년간 생살권을 쥐고 권력을 휘두르며 부귀영화를 누렸다. 그는 형인 윤원로와 세력을 다투다가 6촌 동생인 윤춘년을 시켜 형을 살해하고 심지어는 정실부인 연안 김氏를 독살하는 천인공노할 범행을 저질렀다. 그리고 부총관을 지낸 정윤겸의 서녀(정난정)를 애첩으로 맞아들여 정경부인에 오르게 했다.

권력이란 비정하면서도 때로는 힘이 있는 것이다. 윤임이 인종의 후비 인성왕후 박氏와 결탁하여 희빈 홍氏의 차남 봉성군을 옹립한다는 소문을 퍼뜨려 그 죄를 뒤집어 씌워 윤임과 영의정 유관, 이조 판서 유인숙을 반역 음모죄로 유배시켜 사사했다. 이것이 '을사사화'이다.

소위 대윤 윤임(인종의 외숙)과 소윤 윤원형(명종의 외숙)의 한판 대결은 문정왕후가 배후에 있는 소윤의 한판승으로 막을내렸다. 그리고 '양재역 벽서사건(丁未士禍)'을 허위로 꾸며서 정적을 대숙청했다. 이것은 윤임과 사림들의 잔당을 대숙청하기 위한 일대 사기극이었다.

벽서의 내용은 이렇다.

'여왕(문정왕후)은 위에서 누르고
간신 '이기'는 아래서 권력을 농락하니 나라가 곧 망할 것이다.'

○ 유관 柳灌(1484~1545) : 문화 류氏, 좌의정, 을사사화의 윤원형, 이기, 정순붕이 윤임, 유관, 유인숙을 을사 삼흉이라고 모함
○ 유관 柳寬(1346~1433) : 호는 하정, 문화 류氏, 우의정, 88세 卒
  • 고려 공민왕~조선 세종에 이르는 8대 왕을 섬긴 청백리,
  • 지봉유설을 집필한 이수광의 5대조 외할아버지, 유관이 살던 초가집 鹿雨堂에서 지봉유설을 집필

이기는 윤원형의 오른팔인 심복이었다. 고로 오누이 간에 손 발이 척척 맞아 떨어진 것이다. 이 벽서사건으로 봉성군과 송인수, 이약빙, 임형수 등을 처형시키고 권발, 이언적 등 20여 명을 유배시켰다.

문정왕후를 등에 업고 윤원형의 오른팔 노릇을 했던 '이기李芑'는 영의정까지 올랐으나 갑자기 급사하고 말았다. 윤원형도 문정왕후가 죽자 삭직 박탈되어 유배지인 강음의 정난정의 무덤 앞에서 자살하였다. 윤원형의 하수인 정순붕은 유관의 집을 적몰하고 그의 가족을 노비로 삼았는데 갑이라는 여종이 주인 유관의 원수를 갚기 위해 염병을 퍼뜨려 정순붕 가족을 몰살시켰다. 남을 이롭게 하면 복덕을 누릴 일이 있는 것이고 남을 해롭게 하면 죽을 일이 기다리고 있는 것이다. 여종 갑이의 묘비에 '忠婢'라 새겨졌다.

효혜공주의 시아버지가 된 희락당 김안로는 날아가는 새도 떨어뜨릴 수 있는 권세가였다. 문정왕후 폐위를 도모하려다 중종의 밀령을 받은 윤안인과 대사헌 양연에게 체포되어 유배지에서 사사되었다. 허항, 채무택, 김안로를 '정유(1537년) 삼흉'이라 한다. 참고로 '을사 3간'(乙巳三奸)에는 임백령, 정언각, 정순붕이 있다.

○ 문정왕후 사망 (1565. 5.15, 음 4.6)
  정난정 사망 (1565.11. 3) : 사림의 탄핵으로 독술을 마시고 자살. 윤원형 사망 (1565.11.18)
  ※ 윤원형과 정난정의 작태를 보면 오늘날 우리나라의 정치현실이 주마등처럼 스쳐간다.
○ 아버지와 아들을 동시에 섬긴 여인들
  • 무후 : 태종과 그 아들인 고종   • 양귀비 (양옥환) : 당 현종과 그 아들(수왕 이모李瑁)
  • 김개시(개동이) 상궁 : 선조와 그 아들인 광해군
○ 犬父虎子(개와 같은 아버지와 호랑이 같은 자식)
  • 정순붕(을사사화 주범) ↔ 정렴 (충신),   • 원 균(간신) ↔ 원사웅 (충신)
  • 민겸호(친일파) ↔ 민영환(우국충신),   • 홍순목(친일파) ↔ 홍영식(개화파)
  • 우범선(명성왕후 시해범) ↔ 우장춘 (씨없는 수박 발명)
  • 윤택영(윤덕영의 동생) ↔ 윤홍섭(신익희의 절친) ※ 윤덕영 : 이완용보다 더한 매국노.
○ 이기李芑 : 을사사화의 주역, 이원수(율곡의 부친)의 당숙

전라 감사 송인수는 숨은 학자를 찾아다니며 담소를 즐겼다. 특히 남평 현감 유희춘, 무장 현감 백인걸과 마음이 통했다. 송인수는 글만 좋아하는 딱딱한 선비만은 아니고 풍류도 있었다. 부안의 기녀 '산홍'이를 은근히 마음에 두고 해를 거듭하며 풍류를 즐겼다. 전라 감사를 마치고 떠나는 길에 두 현감과 산홍이가 여산까지 따라와서 전송을 했다. 송인수가 '산홍'에게 말을 건넸다.

"나는 자네가 영리해서 좋아는 하지만 이불 속의 사랑에 빠지지는 않았네. 만약에 한 이불 속에서 뒹굴면 사랑에 취해 내가 죽을 것만 같았네." 기생의 입에서 재치있는 답이 흘러나왔다.

"저기에 있는 무덤들을 보시오. 모두 제 남편들의 무덤이오."

이 소리를 들은 두 현감은 박장대소를 했다. 기녀의 눈에는 눈물이 서려 있었다. 그녀는 송인수를 진심으로 사랑하고 존경하였다. 이처럼 지고지순한 순애보의 사랑은 최경창과 경원 기생 홍랑의 사랑에서도 엿볼 수가 있다. 최경창이 함경도 경원 현감에서 물러나 고향인 한양에서 병석에 누워 있었다. 그 소식을 접한 홍랑은 즉일로 경원을 떠나 49일 동안 걸어서 한양 땅을 밟았다. 불철주야 사모했던 님을 만났지만 시 한 수를 남기고 병석을 기웃거리다가 떠났다. 기생의 신분이라서 그럴 수밖에 없었던 조선의 악법에 몸서리를 쳤다.

○ 송인수(1499~1547) : 자는 규암, 송시열의 종증조부, 사헌부 지평, 외손자 신흠(홍문관 교리),
　　　　　송기수의 사촌형
　　　　　박세채(신흠의 외손자), 박세채의 외손자 신방(신립 장군의 6대손)
○ 송기수(1507~1581) : 형조참판, 문정왕후가 죽자 윤원형의 관직을 삭탈하고 귀양보냄
○ 정언각(1498~1556) : 부제학 재임시 양재역백서를 발견하여 이기와 정순붕에게 알림
　　　　→ 子. 정 신 → 孫. 정문부(임란때 의병, 함경도에서 왜군 대파 : 북관대첩)

※ 정중부 : 고려때 무신, 이의방을 제거하고 실권자가 됨

**묏버들 가지 꺾어 임에게 보내오니
님이 주무시는 창밖에 심어두고 보소서
봄비에 새잎이 돋거든 홍랑이라 여기소서.**

영혼 속을 파고드는 시구이다.

문정왕후는 정난정을 통해서 봉은사 주지 보우 스님과 인연을 맺게 된다. 서삼릉에 인종의 모후 장경왕후와 나란히 누워 있는 꼴이 보기 싫어 중종의 유택을 봉은사 가까운 서울 강남 삼성동으로 천장했다. 그러나 삼성동에 있는 중종의 유택(정릉)은 지대가 낮아 수맥이 흐르는 흉터이다.

사림의 성리학이 융성하던 시절에도 문정왕후의 지극한 불심에 힘입어 회암사와 봉은사에서 두 차례나 무차 대회無遮大會를 거행했다. 무차대회란 보시의 정신으로 만백성에게 차별을 두지 않는 불교의식의 최대 행사이다. 이때 무려 오천 명의 승려가 모여들었다.

명종이 12세에 왕위에 오르자 8년간을 섭정했고 그가 성인이 되어 친정 시에도 자신의 일을 소홀히 하면 회초리를 가하고 뺨을 때렸으니 과연 이럴 수가 있는 일인가. 문정왕후는 자신을 봉황이나 학에 비유하며 자신의 위상을 높이려고 애를 썼다. 봉황은 오동나무가 아니면 깃들지 않고 예천醴泉이 아니면 물을 마시지 않으며 대나무 열매가 아니면 먹지를 않는다. 천하에 道가 있으면 땅에 내려왔다가 道가 다하면 날아가 버린다.

**학이 천년을 살면 백학白鶴이라 하고
이 천년을 살면 청학靑鶴이라 하고
삼 천년을 살면 현학玄鶴이라 하는데
이것을 불사조라 부른다.**

봉황이면 뭘 하고, 학이면 뭘 하나. 심성이 고와야 진정한 여자가 아닐까.

○ 심순문 → 심연원 → 심 강 → 인순왕후(명종의 비) / 심의겸(서인의 영수)
  → 심달원 → 심 전 → 심우승(기대승의 문인)
  → 심봉원 → 심 건 → 심희수
  → 심통원 → 심 뇌 → 심언명(양자)

○ 심희수와 기생 일타홍의 사랑
  • 기생 일타홍 : 남자를 출세시키는 여자의 팔자인 명관과마明官跨馬를 타고남
  • 심희수(1548~1622) : 청송 심氏, 조부는 심봉원으로 동지돈녕부사를 지냄. 인순왕후(명종비)는
    6촌 누나, 외조부는 이연경, 이모부는 노수신이다. 그는 3세 되던 해 부친을 잃고 홀어머니 슬하에서
    자랐다. 15세 때까지 기생집(일타홍)에서 구걸을 하며 살다가 관상학에 일가견이 있는 일타홍을
    만나 면학에 힘쓰게 된다. 일타홍 덕에 양관(홍문관, 예문관) 대제학, 우·좌의정, 청백리에 녹선됨
    경기도 고양시 덕양구 원흥동 406-1의 낮은 능선에 있는 그의 묘(본부인 광주 노氏와 쌍분) 옆에
    일타홍의 제단이 있다.   ※ 그의 후손으로 심형래 코메디언이 있다.
      ※ 光州 노氏 후손 : 노수신, 노신영, 노재봉, 노무현 대통령
         교화 노氏 후손 : 노태우 대통령(노재현, 노소영), 노승환(노웅래)

○ 광주 이氏 이연경 : 대학자, 장녀(영의정 노수신의 처), 차녀(심희수 부친 심건의 처),
                    삼녀(생원 강유선의 처)

○ 단언하면, 明官이 跨馬하니 有等婦人이요, 夫明子秀하니 夫榮子貴라   (等 : 무리 등, 기다릴 등)
           밝은 관이 말을 타고 있으니 기다리는 부인이 있음이요
           지아비는 밝고 자식은 빼어나니 남편은 영화롭고 자식은 귀하다.

○ 태고 보우 스님(1301~82) : 태고종의 종조 (북한산 태고사)
   허응당 보우 스님(1515~65) : 문정왕후 신임을 받았으나, 왕비 사후 사림들의 탄핵으로 제주도에
   유배시 제주목사 변협에 의해 장살됨

청나라 서태후를 닮은 명성황후

서태후(1835.11.29~1908.11.15)는 청나라 함풍제의 후궁이자 동치제의 생모이다. 황제를 뛰어넘는 권력으로 50년 동안 중국 대륙을 통치했다. 낙수당은 서태후의 침전이고, 이화원은 그녀의 정원이었다.

중국의 황제는 황룡포를 입었고 제후국인 조선의 왕은 곤룡포를 입었다. 중국의 황제는 황룡포에 5조룡, 세자는 4조룡, 세손은 3조룡을 금사로 수를 놓았다.

서태후는 아들 동치제를 죽이고 여동생의 아들 광서제를 청나라 제11대 황제로 등극시켰지만, 실권은 서태후가 장악했다. 일본의 명치유신을 본받아 캉유웨이康有爲의 변법자강책(국정개혁운동)을 받아들였으나 실패하고 만다.

죽음 직전에 서태후는 청대 제12대 황제로 '푸이'(1906.2.7~ 67.10.17)를 지명한다. 세 살에 마지막 황제가 되고, 아홉 살에 신해혁명(1911)으로 퇴위하여 1934년 일본에 의해 만주국의 황제가 되었으나 일본의 패전으로 소련군에 체포되었다가 중국으로 송환되었다. 푸이는 광서제(1871~1908)의 이복동생 순친왕 재풍의 아들이다.

○ 청왕조(1616~1912) : 1. 태조(누르하치), 2. 태종(홍타이지), 3. 순치제, 4. 강희제
                  5. 옹정제,   6. 건륭제,   7.가경제,   8. 도광제(선종)
   9. 함풍제(문종, 혁저) → 10. 동치제(목종) : 마지막 적통嫡統
      돈근친왕(혁종)
      공중친왕(혁흔)
      순현친왕(혁현) → 11. 광서제(덕종, 재첨)
                    → 5남 (방계혈통) 순친왕(재풍) → 12. 푸이(선통제)

    ※ 광서제는 도광제의 7남 순현친왕(혁현)의 차남이고, 모친은 서태후의 여동생 '예허나라완전'이다.
      모계로 보나 부계로 보나 동치제의 4촌 동생임. 서태후는 큰 어머니이자 이모다.
      '예허나라완전'은 "내 아들(광서제)를 데려다 죽인 것도 모자라 손자(푸이)까지 데려 가느냐"고
      서태후에게 항변하였음 (광서제나 푸이는 서태후의 꼭두각시에 지나지 않았기 때문이다).

○ 서태후 : 함풍제의 추존황후, 동치제의 모친
           11대 광서제의 큰 어머니이자 마지막 황제 푸이 선통제의 큰 할머니,

서태후는 동치제(1856-74)와 광서제의 뒤를 잇기 위해 교서를 발표하고, 1908.11.14일 광서제가 죽자 세 살짜리 푸이가 선통제가 된다. 푸이는 말년에 베이징 식물원에서 정원사로 일했으며, 1967년 10월 17일에 신장암으로 사망하여 베이징 시내 팔보산 인민납골당에 안치되었다가 1980년 5월 팔보산 혁명공원묘로 옮겨졌다. 지금은 허베이성 이현에 있는 청나라 황릉에 죽은 지 28년 만에 천장되었다.

조선의 명성황후는 민치록의 외동딸로 여주읍 능현리에서 태어났다. 민치록은 인현왕후의 아버지 민유증의 5대손이고 어머니는 한산 이氏 이규년의 딸이었다.

민승호는 11촌 아저씨인 민치록의 양자이고 민자영(명성황후)의 오빠가 된다. 민승호(1830~74)는 1864년 과거에 급제하여 형조판서, 병조판서를 역임했으며 대를 잇기 위해 12촌 동생인 민태호閔台鎬(1834-84)의 아들 민영익을 양자로 들였다.

민영익(1860~1914)은 1884년 김옥균 등 급진 개화파가 갑신정변을 감행할 때 가장 먼저 기습을 받아 중상을 입었으나 구사일생으로 살아났다. 민영환(1861~1905)은 1878년 문과에 급제하여 대사성에 올랐다. 아버지 민겸호(1838-82)는 임오군란(1882) 때 피살되었다. 큰아버지는 민승호, 명성황후는 고모가 된다. 당시 송병준은 민영환의 식객에 불과했다. 1905년 '을사늑약' 체결을 개탄하여 1905년 11월 4일 자결하였다.

○ 푸이(선통제) : 부친은 광서제의 이복 동생인 순친왕이고, 모친은 과이가 유란瓜爾佳幼蘭. 광서제는 후사가 없었다. 서태후는 광서제가 세상을 떠나는 다음날 죽었다. 그래서 선통제는 아버지 순친왕과 큰 어머니(효정경황후)가 섭정.
　※ 효정경황후는 서태후의 동생 계상(아편중독자)의 딸로서 서태후의 조카 세살짜리 푸이가 즉위식 날 지루해서 울자 부친은 別哭別哭 快完了快完了 (울지마 울지마 곧 끝나 곧 끝나)라고 했다.
○ 민태호閔泰鎬 : 민영환의 양부로서 갑신정변 때 개화파의 편을 들어주었는데 수구파 하층민에 의해 피살되고, 생부인 민겸호는 수구대신이라고 개화파에 의해 살해되었는데 이 또한 역사의 아이러니가 아닌가?

민겸호는 민승호의 친동생이고 흥선대원군의 처남이다. 민승호의 친아버지는 민치구(1795-1874)이고 양아버지는 민치록(1799-1858), 양자는 민영익(민태호閔台鎬 친자)이다.

민태호는 친아버지가 민치오, 양아버지는 민치삼, 친아들은 민영익, 양아들은 민영린, 딸은 순명효황후(순종비)이다. 민겸호는 아버지가 민치구이고, 친아들은 민영환이다.

대원군으로 대접받기 전, 이하응은 안동 김氏들의 애경사를 찾아다니면서 구걸도 서슴치 않았으며, '궁도령'이라는 하대에도 아랑곳하지 않았다. 이것은 살아남기 위한 생존전략이라서 일부러 파락호破落戶의 생활을 즐겼던 것이다.

1863년 12월 철종이 후사가 없이 갑자기 세상을 떠나자 조정의 어른이신 조 대비(추존 익종의 후비)는 이하응의 둘째 아들 명복을 양아들로 삼아 익종의 뒤를 잇게 했다. 이것은 안동 김氏의 전횡을 차단하기 위한 흥선군과 조 대비의 밀약이기도 하다. 이렇게 해서 변죽만 울리던 풍양 조氏가 조정의 전면에 등장하게 된다. 혈통으로 따져 보면 명복은 도저히 왕이 될 수 없는 사람이었다. 그러나 하늘은 이럴 수밖에 없는 형국을 만들어 놓고 명복을 왕위에 오르게 하니 이가 바로 열두 살에 왕이 된 고종이다.

○ 흥선 대원군의 가계도 (일부 인물들만 발췌한 가계도임)

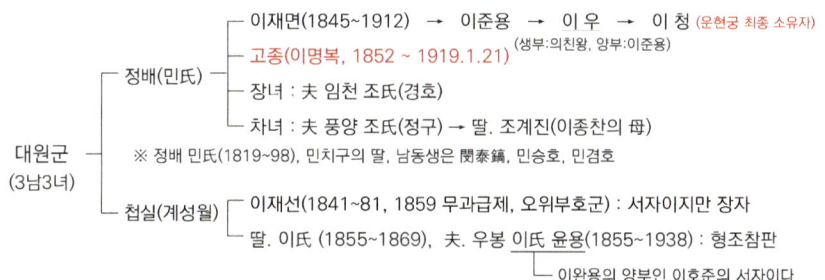

대원군 섭정 3년 차 되던 해(1866), 고종이 열 다섯이 되자 열여섯이 된 민자영과 가례를 올리니 '자영'은 명성황후가 된다. 대원군의 중전 간택의 첫째 조건은 몰락한 양반 가문의 규수라야 했다. 그 이유는 순조 이래 철종 대까지 60년간의 외척 세도에 환멸을 느꼈기 때문이었다.

여주 신륵사 맞은 편 강 건너 마을 능현리에서 성장한 민氏는 8세에 부모를 여의고 양 오빠 민승호와 어렵게 살고 있었다. 이런 민氏를 만난 대원군은 하늘이 내린 며느릿감으로 생각하고 아들인 고종과 가례를 결정하게 된다. 다시 말해 힘없고 끈줄 없는 가문의 힘없는 고양이 새끼를 선택한 것이다. 그러나 민氏는 해를 거듭할수록 호랑이 기질로 변모해 갔던 것이다.

대원군은 제 발등에 도끼질을 한 꼴이 되었으니, 그 누구를 원망하리오. 특히 민비는 고종의 후궁 귀인 이氏의 소생 완화군을 총애하는 대원군이 싫었다. 완화군(1868~80)은 고종의 서장자이다. 그는 열세 살에 갑자기 죽었으니 명성황후의 모략이 개입되었다고 생모인 귀인 이氏와 대원군이 민氏를 몰아 붙였다. 이에 따라 귀인 이氏는 실어증에 걸려 시름시름 앓다가 세상을 떠나고 말았다.

1873년 대원군 섭정 10년 차가 되던 해에 치세治世의 실정을 화서 이항로의 수제자 면암 최익현으로 하여금 고종에게 상소를 올리게 했다. 이 상소문을 여러 차례 읽어 본 고종은 마누라 민비의 손을 들어 준 것이다. 이렇게 해서 시아버지와 며느리의 대접전이 일어났다. 결과는 대원군의 참패로 막을 내렸다.

대원군이 안동 김氏로부터 괄시를 받고 파락호破落戶의 생활을 하던 시절, 김조근의 딸은 헌종의 후비 효현왕후이고, 김문근의 딸은 철종의 후비 철인왕후이다. 안동 김氏 세도는 순조의 장인 김조순으로부터 철종대 김병기까지이다. 순淳자 항렬은 김삿갓의 조부 김익순도 같은 항렬이다.

그 다음이 근根자 항렬이고 김조근, 김문근, 김좌근, 김흥근이다. 그 다음이 병炳자 항렬인데 김병교. 김병국, 김병기가 있다.

김병기金炳基는 갑신정변의 주동자 김옥균의 양부이고, 또 다른 김병기金炳冀는 영의정 김좌근의 아들인데 대원군 집정 때 좌찬성을 지냈다. 그 이유는 자기에게 괄시를 덜 했기 때문이다.

자하문을 지나 상명대학 입구 좌편에 '석파'라는 한정식 간판이 눈에 들어온다. 이곳은 유관재라는 김흥근의 별장이었다. 김흥근(1796~1870)은 이조 참판 '명순'의 아들로서 중추부판사(종1품)까지 지냈다. 대원군은 자신의 집권시대에 유관재를 몰수하여 장안의 잡놈들과 명월관 기생 10여 명을 불러놓고 흥을 돋았다. 이렇게 난장굿을 한판 벌인 다음, 유관재라는 현판을 떼고 석파산장이란 현판을 달았다.

천하를 호령하던 대원군이라 할지라도 며느리 앞에서는 꼼짝 을 못했다. 민비의 개혁정치에 희생양이 된 대원군은 예산군 덕산면에 있는 가야산 중턱에 자리 잡은 선친 남연군 묘소에 성묘를 마치고 양주군 곧은 골 '직곡산장'에서 며느리 민氏에 대한 와신상담을 하며 복수의 칼을 갈았다.

때는 바야흐로 을미년(1895)이 되었다. 대원군의 쇄국정책에 반대한 민비는 일본과 수교를 하였으나 임오군란, 갑신정변의 위기를 맞이하여 청나라와 러시아의 힘을 빌려 일본 세력을 추방하려다 1895년 10월 8일 새벽 5시 일명 '여우 사냥'이라는 작전을 일으킨 일본 낭인들에게 시해당했다. 이것이 '을미사변'이다.

- 김달행 → 김이경 → 김명순(이조참판) → ┬ 김흥근(좌의정)
  ├ 김응근(형조판서)
  └ 김흥근(영의정)
- 김병기(金炳冀,1818~75) : 친부 김영근(판돈녕), 양부 김좌근(영의정)
- 김병기(金炳基,1814~91) : 양아들 김옥균 (22세 알성시 장원급제), 김옥균 친부는 金炳台(훈장)
- 유관재는 삼계동산정, 그리고 석파산장으로 명칭이 바뀐 것은 권력이동을 상징
- 치하포 살인사건(1896. 3. 9 07:00) : 황해도 안악군 치하포의 주막에서 20세인 **백범**이 **약재상 '쓰치다 죠스케'를 일본군 중위로 오인하여 살해한 것이다.**

이 사건에서 대원군이 일본 자객들의 편에 서서 동조했다고 하니 과연 믿어야 하는 것인가? 백범 김구 선생은 명성황후 시해의 주범인 일본군 중좌를 살해하여 인천교도소에서 복역 중에 탈옥해 공주 마곡사에 은신하여 원종이라는 법명으로 스님 생활을 하였다.

임금이 입던 정복 곤룡포에는 용의 발톱이 다섯인 오조룡(五爪龍)을 둥글게 금사로 수를 놓았다. 청나라의 간섭을 받던 시절 서태후의 복장에는 오조룡, 청나라 황제의 복장에는 사조룡, 조선의 황제 복장에는 삼조룡을 하도록 해서 서태후는 자신의 위상을 높였다. 명성황후는 이를 무시하고 고종황제의 곤룡포에 오조룡의 수를 놓았다. 서태후에게도 비굴함이 없었던 대담한 조선의 황후였다.

오조룡보五爪龍補
용의 발톱은 7개이다. 예로부터 용은 제왕의 상징으로, 발톱이 4개인 사조룡(四爪龍)은 조선 임금의 상징이었고, 발톱이 5개인 오조룡은 중국 황제만이 사용할 수 있었다. 1897년 대한제국의 선포와 함께 황제칭호를 사용함에 따라 곤룡포에 오조룡을 새겨 가슴과 등, 양 어깨에 붙였다.

건청궁(사적 제117호) : 1895년 을미사변 전까지 고종황제와 명성황후의 거처로 사용

그 이름도 거룩한 여흥閔氏 삼방파三房派

여흥 민씨驪興閔氏는 경기도 여주시가 관향이며, 고려 인종때 평장사平章事를 역임한 민영모閔令謨의 증조부인 민칭도閔稱道가 시조이다.

여흥 민氏 삼방파三房派의 파조派祖인 민광훈閔光勳(1595~1659)은 알성시에 장원급제하고 강원도 관찰사를 역임하였다. 병자호란 때 원손元孫을 데리고 인근 섬으로 피신하여 무사히 원손을 지킨 공으로 통정대부로 승진했으며, 사후 영의정에 증직되었다.

큰 아들인 민시중閔蓍重은 대사헌을 역임하였고, 둘째 아들 민정중閔鼎重은 좌의정에, 그의 아들 민진장閔鎭長은 우의정에 올랐다. 세째 아들 민유중閔維重의 딸이 숙종의 왕비 인현왕후仁顯王后가 되면서 민유중은 여양부원군驪陽府院君에 봉군되었고, 인현왕후의 오빠인 민진후閔鎭厚는 좌참찬左參贊에, 민진후의 동생인 민진원閔鎭遠은 영조 때 노론의 영수로서 좌의정에 이르렀다. 민진후의 현손인 민치록閔致祿의 딸이 고종의 비인 명성황후明成皇后가 되면서 여흥 민氏의 세도정치가 시작되었다. 민태호閔台鎬의 딸은 순종의 비 순명효황후純明孝皇后가 되었다.

---

o 조선조 6대 국반國班 : 여주(여흥) 이氏, 광산 김氏, 은진 송氏, 반남 박氏, 덕수 이氏, 진보(진성) 이氏
　　　　　　※ 양반 순서 : 동방 18묘현 – 종묘 배향공신 – 대제학,청백리 – 정승 – 판서

o 진령군 : 명성황후가 무당인 이성녀에게 내린 작호(君이라는 작호는 후궁 소생 아들에게만 내리는 칭호인데 무당에게 진령군이라는 작호를 내린 것은 상상할 수 없는 작태이다)
　　　　조선을 쥐락펴락했던 망국의 요화, 구국기도 및 세자(순종)의 병을 고친답시고 금강산 일만 이천 봉우리마다 쌀 한 섬과 돈 열냥씩을 놓게 하여 국가재정을 파탄시켜 망국을 초래했다.
　　　　이에 사간원 정언 안효제가 고종에게 이를 통렬히 규탄하는 상소를 올렸으나 오히려 추자도로 귀양을 보냈다.

여흥 민氏 삼방파(숙종 계비 인현왕후) 가문 – 삼세문과 장원(三世文壯)
(일부 인물들만 발췌한 가계도임)

민광훈 (1595~1689, 알성시 장원, 강원도 관찰사)

민시중(대사헌) — 민정중(1628~1692) — 민유중(1630~1687)
문과 장원   (정시문과 장원, 좌의정)   (숙종의 장인) 정실 : 덕수 이氏(순화군 외손녀)
                                    계실 1 : 은진 송氏(송준길의 딸)
민진장 (1649~1700)   계실2 : 풍양 조氏
(별시장원, 우의정)

민안수

민백징

민경혁 (사위 : 남연군)

민진후(1659~1720, 한성판윤) — 민진원(1664~1736, 좌의정) — 민진영   차녀 인현왕후
(母 은진 송氏(송준길의 딸))   (母 : 은진 송氏, 송준길의 딸)   (母 : 풍양 조氏)   (母. 은진 송氏)

민익수   민형수   민낙수

민백분(대사성)   민백상(우의정)   민백술

민기현(도승지)   민홍섭(참판)   민단현

민치록(1800~1858) 민치삼 — 민치오   민치구
 (증. 영의정)   (대원군의 장인, 고종의 외조부)

민승호 — 명성황후   장녀 — 장남(閔泰鎬) — 차남 (민승호) — 삼남(민겸호)
(양자,   (1851.11~1895.10.8) 대원군의 처   민영환 양자
친부는 민치구)

                  閔台鎬
                 (1834~84, 친부 민치오)

민영익 (모. 파평윤氏) — 순명효황후 — 민영린   兄.민영환 — 弟.민영찬(1874~1948)
(민승호에 양자)   (순종비)   (생부 민술호)   駐 불란서 공사
                    모 : 진천 송氏   초배 : 금천 강氏, 계배 : 중국인 胡氏
                                            민범식

                                            민병기(1927~86) : 고대 정외과 교수

※ 민태호閔台鎬는 친아들 민영익을 12촌 형 민승호에게 양자로 보내고, 먼 친척 민술호의 아들(민영린)을 양자로 삼았다.
※ 민복기(1913~2007, 前 대법원장), 대전 국립현충원 안장
 - 조부 : 민관식, 부 : 민병석(중추원 부의장), 이등박문 사망 49제에 참석, 친일 반민족 행위자
 - 1975. 4. 8 : 중앙정보부가 조작한 희대의 사법살인 확정 판결 (인혁당 재건위 사건, 8명 사형)

금빛 찬란한 廣州 李氏 ... 친일파가 거의 없다

시조는 이자성이고, 중시조는 둔촌 이집이다. 문과 급제자가 188명, 상신(정승) 5명, 대제학(문형) 2명, 청백리 5명, 공신 11명을 배출했는데 상신, 대제학, 청백리 중 이중경 만이 이예손 후손이고 나머지는 모두 이인손의 후손이다.

[핵심 계보]

(일부 인물들만 발췌한 가계도임)

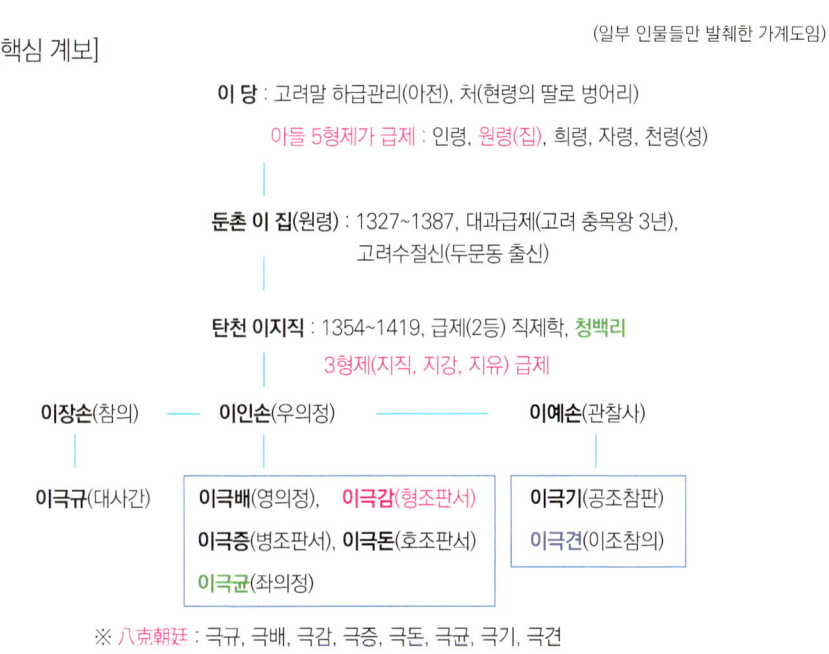

이 당 : 고려말 하급관리(아전), 처(현령의 딸로 벙어리)

아들 5형제가 급제 : 인령, 원령(집), 희령, 자령, 천령(성)

둔촌 이 집(원령) : 1327~1387, 대과급제(고려 충목왕 3년), 고려수절신(두문동 출신)

탄천 이지직 : 1354~1419, 급제(2등) 직제학, **청백리**

3형제(지직, 지강, 지유) 급제

이장손(참의) — 이인손(우의정) — 이예손(관찰사)

이극규(대사간)   이극배(영의정), 이극감(형조판서)   이극기(공조참판)
                이극증(병조판서), 이극돈(호조판서)   이극견(이조참의)
                이극균(좌의정)

※ 八克朝廷 : 극규, 극배, 극감, 극증, 극돈, 극균, 극기, 극견

○ 光州 李氏 (광산 李氏)
- 이발(1544~89) 동인 영수. 정여립 사건(기축옥사)에 연루되어 희생됨
- 정철에게 어린애와 부녀자까지 워낙 많은 집안 사람들이 당해서인지 아직도 광산(광주) 李氏 제삿날 제수를 준비할 때 칼로 고기를 다지면서 "철철철"하며 정철을 저주

이극감 (문경공파)	이극돈 (광원공파)	이극균 (좌의정공파, 좌의정)	이극견 (좌통례공파)	
이세좌(註 참조)	이세경 — 이세정	이세준	이 지 (칠곡 입향조, 매원마을)	이 반

이수원 이수정   이수훈   이수충   이영부   이인부
                                                    (석전마을, 성주목사)
                                                    ※ 이준석의 17대조

이영경 이준경   이 범   이진경   이중경
(대학자) (영의정)   (1519~69, 이조참판, 청백리)

         이덕열   이우선   이민성

         이사성   이이첨(1560~1623)   이덕형
                  광해군代 최고권력자, 문과장원 (최연소 대제학 31세)
                  아들 4형제 등과
                  (원엽, 대엽, 흥엽, 익엽)
                  문과장원

                  ↓
                  이세정
                  (전라감사, 이극돈의 3남)

                  이수관 (보성 입향조)
                  (1500~72)

※ 후 손
· 이수성 (서울대 총장, 국무총리)
· 이종석 (헌법재판관)
· 이수인 (국회의원)
· 이준석 (당대표, 국회의원)

※ 영남 3대 명촌
· 안동 하회마을 (류성룡)
  (후손 류시민, 류시원)
· 경주 양동마을 (손중돈, 이언적)
  (후손 손봉호, 손봉숙)
· 칠곡 매원마을 (이지)

※ 후 손
· 이용훈 (대법원장)
· 이용식 (검사장) : 장남 이인재(파주시장),
                  차남 이경재(한의사)
· 이중재 (6선 의원) : 장남 이종구(3선 의원)
· 이경재 (이중재 사촌, 2선 의원)
· 이원석 (前 검찰총장)

※ 후손 집성촌
  · 보성 득량면 오봉리 : 이준회 고택
                        보성 열화정
                        이진래 고택
  · 보성 득량면 강골길 : 이정래 고택

※ **이세좌** : 좌승지로 폐비 윤氏 사약전달, 갑자사화로 화를 당함(사천 양포역에서 자진하라는
                                                         명을 받고 목메달아 죽음)
        아들 4형제가 급제 : 수원, 수형, 수의, 수정

○ 지파 확인이 안된 후손 : 이태영(최초 여성인권변호사), 이휘소(천재 물리학자), 이승엽(야구선수),
                        연예인(이순재, 이미연, 이윤석, 이광수...)
  ※ 10대가 연속 급제 : 이(집, 지직, 인손, 극감, 세우, 자, 약빙, 홍남, 민각, 연면)
  ※ 8대가 연속 급제 : 이(집, 지직, 인손, 극감, 세좌, 수정, 준경, 덕열)

■ **廣州 이氏 이당李唐 묘가 왜, 경북 영천에 있을까?**

也字形으로 조선 8대 명당. "也"는 천자문의 끝 글자인 언.재 호.야이다. "也"의 마지막 획순 "乚"이 백호로서 길게 뻗어 청룡의 아래턱까지 감싸주고 있어 수구가 꽉 조인 형태이고, 반면에 좌청룡은 짧고 낮게 묘를 감싸고 있다. 이 묘 위에는 최원도 대감의 모친 영천 이氏의 묘가 있고, 이 묘의 청룡 입구에는 계집종 제비의 묘가 조성되어 있다. 주위 산세가 이 묘역을 둘러싸고 있으며 물(水)도 왼쪽으로 튼 산에 대하여 오른쪽에서 나와 묘 앞을 돌아가니 귀한 물이 되어 山과 水의 조화가 매우 좋은 길지吉地이다.

천곡 최원도(영천 최氏)와 둔촌 이집(廣州 이氏)은 대과(문과) 동기생으로 절친한 친구였다. 고려말 요승 신돈이 득세해서 세상이 어지럽게 되자 고향인 영천땅에 은둔하며 살고 있는 천곡을 어느날 둔촌이 찾아간 것이다.

당시 개성에 살고 있던 둔촌이 신돈의 측근인 채판서(대감)란 자에게 신돈을 신랄하게 비판했다. 그런데 이 말이 신돈의 귀에 들어가는 바람에 큰 화를 자초하게 되었다. 둔촌은 화를 피해 늙은 아버지를 모시고 친구 천곡이 은둔하고 있는 영천 땅을 몇 달이나 걸려 천신만고 끝에 찾아갔는데 하필이면 그 날이 천곡이 주민들에게 생일잔치를 베풀고 있는 날이었다. 툇마루에 앉아 있는 둔촌 부자에게 천곡이 대노하여,

"망하려거든 혼자나 망하지 어찌하여 나까지 망치려고 이곳까지 왔단 말인가? 복을 가지고 오지는 못 할 망정 화를 싣고 오지는 말아야 할 것이 아닌가?"라고 소리치며 그들을 내쫓았다.

사태가 이렇게 되자 둔촌은 老父를 등에 업고 그곳을 떠났다. 한편 천곡은 둔촌이 늙은 아버지를 업고 갔으니 멀리는 가지 못 했으리라 생각하고 이웃 손님들이 돌아가자마자 등불을 들고 산길을 더듬어 이들을 찾

아 나섰다. 이윽고 둔촌 부자를 발견하고 기뻐 얼싸안으며 산을 내려와 자신의 집 다락방에 부자를 숨겼다. 이렇게 해서 둔촌 부자는 4년이란 긴 시간 동안 다락방에서 피신생활을 하게 되었다.

천곡은 가족들에게도 이 사실을 비밀로 했지만 식사대접이 문제였다. 여종에게 내가 식욕이 왕성해졌다며 큰 그릇에 고봉으로 밥을 담아 오게 하고, 반찬도 넉넉히 가져 오도록 해서 세 사람이 나눠 먹었다. 이를 의아하게 생각한 몸종이 문틈으로 들여다 보니 세 사람이 밥을 먹고 있어 이 사실을 안방마님에게 고했다. 천곡은 할 수 없이 부인과 몸종에게 입단속을 부탁하며 말을 이었다.

"만약 이 사실이 밖으로 새어나가면 두 집 가족 모두가 멸문지화를 당하게 될 것이다."

이 사실을 들은 몸종이 며칠 동안을 비밀이 누설될까 봐 고민하다가 '자결'하고 만다. 천곡의 집에도 포졸들이 들이닥쳤으나 당시 천곡이 둔천 부자를 쫓아버렸다는 동네 사람들의 증언으로 화를 면할 수 있었다. 그 이듬해인 1369년 둔촌의 부친(이당)이 세상을 떠났다. 천곡은 어머니 묘 아래에 둔촌의 부친 묘를 만들어 비밀리에 장사를 지냈다. 그리고 비밀누설이 될까 봐 고민하다가 자결한 제비의 가상함에 대한 고마움의 표시로 그의 이름을 따서 '연아총燕娥塚'이라고 무덤 앞에 비석을 세워주었다. 그런데 이곳이 조선 8대 명당일 줄이야!

광주 이氏 시조 이당의 묘소 (조선 8대 명당터)
경북 영천시 북안면 도유리 산85

충비 연아燕娥의 비석

왕족(전주이氏)을 제외한 조선시대 최고의 명문가

Ⅰ. 동방 18현(문묘에 從祀)

十相이 不如一賢　三大提學이 不如一廟配享이라

10명의 정승이 현(賢)인 1명에 못 미치고
대제학 3명이 문묘배향 현인 1명에 못 미친다.

東 배향	西 배향
제1위　홍유후　설 총 (경주 설氏)	제1위　문창후　최치원 (경주 최氏)
제2위　문성공　안 유 (순흥 안氏)	제2위　문충공　정몽주 (영일 정氏)
제3위　문경공　김굉필 (서흥 김氏)	제3위　문헌공　정여창 (하동 정氏)
제4위　문정공　조광조 (한양 조氏)	제4위　문원공　이언적 (여흥 이氏)
제5위　문순공　이 황 (진성 이氏)	제5위　문정공　김인후 (울산 김氏)
제6위　문성공　이 이 (덕수 이氏)	제6위　문간공　성 혼 (창녕 성氏)
제7위　문원공　김장생 (광산 김氏)	제7위　문열공　조 헌 (배천 조氏)
제8위　문경공　김 집 (광산 김氏)	제8위　문정공　송시열 (은진 송氏)
제9위　문정공　송준길 (은진 송氏)	제9위　문순공　박세채 (반남 박氏)

Ⅱ. 대제학大提學(文衡) : 문과 대과 급제자라 할지라도 湖堂출신만 가능(벼슬의 꽃)

○ 3대 대제학 배출 가문 : 三政丞이 不如一大提學이다.
　　　　　　　　　　　　3명의 정승이 대제학 1명에 못 미친다.

　· 전주 이氏 백강 이경여 家 : 이민서 → 이관명 → 이휘지
　　　　　　　　　　　　　(왕족으로 세종12남 밀성군 후손)
　· 광산 김氏 사계 김장생 家 : 김만기 → 김진규 → 김양택
　· 달성(대구)서氏 약봉 서성家 : 서유신 → 서영보 → 서기순
　· 연안 이氏 월사 이정귀家 : 이정귀 → 이명한 → 이일상

○ 약봉 서성의 모친 : 청맹과니. 고성 이氏, 그 집터는 약현성당(중림동)임
　　　※ 약주, 약과, 약밥을 만들어서 서성을 율곡 이이, 성혼의 문하생으로 교육시킴
　　　　　(부친 서해는 동인이었으나, 아들 서성이 서인으로 당적을 이동한 것은 정치적인 대전환이었다)

o 광산 김氏 : 문과급제자 256명, 정승 5명, 대제학 7명, 왕비1명, 공신 9명, 청백리 5명
· 대제학 7명은 모두 김장생 한 사람의 자손이다.
· 형제 대제학 : 김만기(형), 김만중(동생)
o 대구(달성) 서氏 : 문과 140명, 정승 9명, 대제학 6명, 왕비 1명, 공신 1명, 청백리 1명
※ 서문상 一門에서 3代 정승, 3代 대제학을 배출한 유일한 가문
· 3대 정승(서종태(영의정)→서명균(좌의정)→ 서지수(영의정)
· 3대 대제학 : 서유신 → 서영보 → 서기순 배출
o 연안 이氏 : 조선 최초의 3代 대제학 배출 가문
문과 250명, 정승 8명, 공신 12명, 청백리 7명

■ 3대 정승 가문
  o 청송 심氏 : 심덕부(좌의정) → 심 온(영의정) → 심 회(영의정)
  o 청풍 김氏 : 김구金構(우의정) → 김재로(영의정) → 김치인(영의정)
  o 동래 정氏 : 정광필(**영의정**) → 정복겸(강화부사) → 정유길(**좌의정**)
      → 정창연(**좌의정**) → 정광성(형조판서) → 정태화(**영의정**)
      → 정재숭(**우의정**)

  ※ 정유길은 김상헌의 외조부 (어릴 적에는 외가에서 성장)
  서명균의 부인 청풍 김氏는 김구의 딸로서 친정과 시댁 모두 3代 정승집안

  o 청풍 김氏 ┌ 시댁 : 서종태(영의정) → 서명균(남편, 좌의정) → 서지수(영의정)
           └ 친정 : 김구金構(우의정) → 김재로(오빠, 영의정) → 김치인(영의정)

■ 조선 역사에서 삼정승이 366명이고, 그 가운데 영의정이 158명, 대제학은 135명, 그중 여흥 민氏가 3명 : 민정, 민암, 閔台鎬(순명효황후 父)

---

o 김구金絿(1488~1534) : 호 자암, 광산 김氏, 부제학으로 지조와 절개가 있는 유학자
o 조선전기의 4대 서예가 : 안평대군, 김구(왕희지 필체, 초서에 능함), 양사언, 한호

■ **경기도 의왕시 왕곡동 오봉산 자락에 있는 안동 권씨묘로 인한 청풍 김氏 발복현황**

조선중기 이후로 크게 번창한 가문이다. 특히, 효종~정조 代까지 정승 8명, 대제학 3명, 왕비 2명이 배출되었다. 이 중 3대 정승, 부자간 영의정을 내어 장안에 화제가 되기도 했다. 조선시대를 통틀어 3대 정승을 낸 집안은 청송 심氏, 대구 서氏, 청풍 김氏이다. 이 처럼 청풍 김氏가 명문가가 된 것은 오봉산 자락에 있는 김인백 처인 안동 권씨의 묘때문이라고 한다. 그래서 이 터를 조선 8대 명당 중 하나라고 한다.

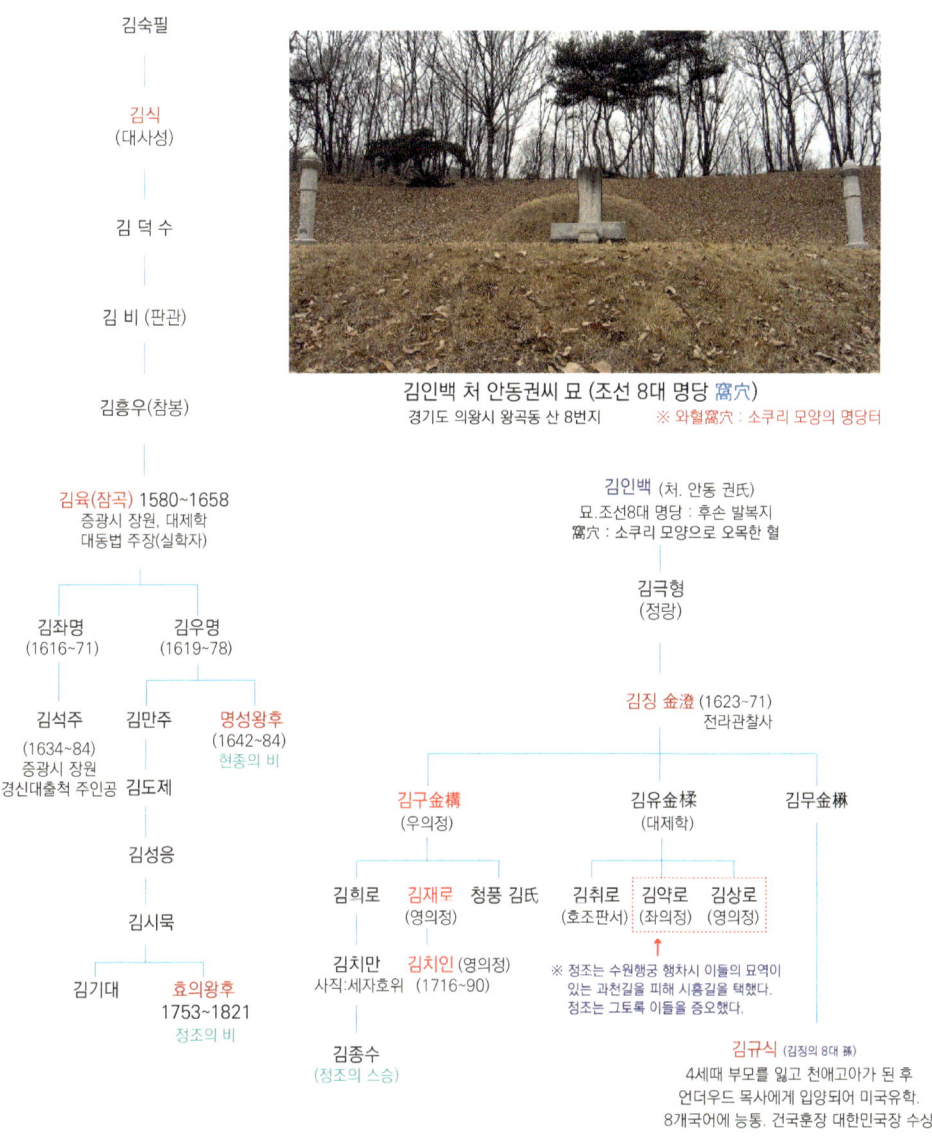

청풍 김씨 청로상장군공파 계보도
(일부 인물들만 발췌한 가계도임)

김인백 처 안동권씨 묘 (조선 8대 명당 窩穴)
경기도 의왕시 왕곡동 산 8번지   ※ 와혈窩穴 : 소쿠리 모양의 명당터

김숙필

김식 (대사성)

김덕수

김비 (판관)

김흥우 (참봉)

김육(잠곡) 1580~1658
증광시 장원, 대제학
대동법 주장(실학자)

김좌명 (1616~71)   김우명 (1619~78)

김석주 (1634~84)   김만주   명성왕후 (1642~84)
증광시 장원   현종의 비
경신대출척 주인공   김도제

김성응

김시묵

김기대   효의왕후 1753~1821
          정조의 비

김인백 (처. 안동 권氏)
묘.조제8대 명당 : 후손 발복지
窩穴 : 소쿠리 모양으로 오목한 혈

김극형 (정랑)

김징 金澄 (1623~71)
전라관찰사

김구金構 (우의정)   김유金楺 (대제학)   김무金楙

김희로   김재로 청풍 김氏   김취로 (호조판서)   김약로 (좌의정)   김상로 (영의정)
          (영의정)

김치만   김치인 (영의정)
사직:세자호위 (1716~90)

김종수 (정조의 스승)

※ 정조는 수원행궁 행차시 이들의 묘역이 있는 과천길을 피해 시흥길을 택했다. 정조는 그토록 이들을 증오했다.

김규식 (김징의 8대 孫)
4세때 부모를 잃고 천애고아가 된 후 언더우드 목사에게 입양되어 미국유학. 8개국어에 능통. 건국훈장 대한민국장 수상

현출顯出한 인물들의 뒷 얘기

　세종 때 '청백리' 하면 맹사성과 황희 정승을 가리킨다. 고불 맹사성은 온양 태생으로 그 고택은 고려 말 무신 최영 장군의 집으로 그의 손녀 사위인 맹사성이 물려받은 후 대를 이어 살았다. 고불이 대사헌 시절 태종의 부마 조대림을 문초하다가 왕족을 능멸한 죄로 처형될 뻔했으나 황희의 도움으로 유배에 그쳤다. 그 후 조정에 복귀되어 세종 때 좌의정을 지냈다.

　조대림은 태종의 둘째 딸 경정공주의 남편이다. 방촌 황희는 개성 태생으로 고려가 망하자, 두문동에 은거했으나 이성계의 간청으로 벼슬길에 올랐고 양녕대군 폐세자의 부당함을 상소하다가 태종의 진노를 사서 남원으로 유배되었고, 세종 때 영의정을 지냈으며, 묘는 파주시 탄현면 금승리에 있다.

　고불이나 방촌은 녹봉을 모아 집 한 채를 마련하지도 못했을 뿐만 아니라 자녀의 혼사 때 걸칠 만한 옷 한 벌이 없었다 하니, 오늘날 국무총리나 각 부의 장관들께서 이런 정신으로 검약 생활을 하며 소외된 국민을 위한 정책을 소신껏 펼쳐 주었으면 한다.

○ **최영 장군** : 동주 최氏, 최원직(부), 봉산 지氏(모) 고려말의 명장으로 10여 차례에 걸친 왜구 소탕과
　　　　　　 내란 평정의 공을 세움
　　　　　　　• 최영 장군 부친의 유언 : 見金如石 황금보기를 돌같이 하라
　　　　　　　• 맹사성 고택 : 맹사성이 최영 장군의 손녀 사위로서 물려받음
○ 반구정伴鷗亭 : 갈매기와 벗한다. 조선 최장수 재상인 **황희** 정승(24년)이 노년을 보낸 곳
○ 최석정(1646~1715) : 전주 최氏, 정치가 겸 수학자, 숙종 代에 우,좌의정을 거쳐 영의정만 여덟번
　　　　　　　　　　역임. 기존에 전해진 수학 지식을 체계적으로 정리하고 새롭고 독창적인
　　　　　　　　　　내용을 담은 구수략 저술(마방진은 스위스의 오일러보다 60여 년 앞섬)

인종, 명종 대의 명재상에는 류관과 청백리 박수량이 있다. 인종은 임종 전 유월 그믐날 밤 영의정 유인숙과 좌의정 류관을 불러 보위를 전하는 단자와 계자를 이복동생 경원대군에게 전하라는 어명을 내렸다. 류관은 대윤(윤임)당으로 몰려 서천으로 귀양 가던 도중에 온양에서 정순붕의 상소로 대역죄의 누명을 쓰고 처형되었다. 그는 성품이 소탈하고 검소하며 일평생 학문에 힘써 경사에 밝았으며 시문에 능했다.

박수량은 어려서 고향 장성에서 고향 선비인 김개에게 글을 배워 문과에 급제하여 중추부지사에 이르렀다. 고향인 전라도 관찰사로 자원해서 노모를 봉양했던 효자였다. 주세붕과 깊이 교유하였고 유림에서 대학사로 존경을 받았다. 묘지는 전남 장성군 황룡면 금호리에 있다.

현대판 청백리로는 대법관을 퇴임하고 모교인 부산 동아대학교에서 석좌교수로 재임하고 있는 조무제 씨를 소개한다. 그는 고위 공직자 재산을 공개할 때 고향 부산에 있는 30평형 아파트 한 채가 전부였다. 대법관 출신으로 변호사 개업을 하면 수임료도 쏠쏠할 텐데 변호사 업무를 사양하였다고 하니 오늘날 청렴한 공직자상의 사표가 되고 있다. 힘이 있는 자는 권력을 남용하지 말고 투철한 준법정신으로 힘없고 정직한 이웃을 보살펴야 한다.

오늘날에도 살아 있는 성자를 도처에서 찾아볼 수 있다. 시장에서 김밥을 팔고 새우젓을 팔아 평생 모은 전 재산을 사회에 환원하는 사람들은 재벌이 아닌 우리 주변의 보통 사람들이었다. 비록 빌 게이츠나 워런

○ 박수량朴守良(1491~1554) : 태인 朴氏, 청백리
- 백비白碑의 유래 : "나는 본래 초야의 출신으로 외람되게 성은을 입어 판서대열에 올랐으니, 분수에 넘치는 영광이다. 내가 죽거든 절대로 시호를 첨부하거나 묘비를 세우지 말라."
  죽어서 상여를 메고 갈 형편도 못 되었으니 그의 청백리 정신은 후세에 많은 교훈을 주고 있다.
  이 세상은 탐욕과 허영에 사로잡혀 "명예"를 좇는 사람들은 되새겨 보길 바란다.
- 지금도 도백(전남도지사)으로 부임하면 박수량의 백비에 참배하고, 의제 허백련 화백이 거처하던 무등산 삼애원에서 춘설 곡우차와 함께 하며 정신수련을 한다. (관리로서 청렴과 결백을 다짐)

버핏처럼 많은 재산가는 아니지만 정신적으로는 그들에게 조금도 뒤지지 않는다.

부자간에 영의정을 지낸 가문은 장수 황氏 황희와 그의 아들 황수신이 있고, 남양 홍氏 홍언필과 그의 아들 홍섬이 있다. 황수신은 과거에 응시하지 않았지만, 조상의 후광으로 비슬길에 올랐다.

평안 감사 가족으로 평양에서 세 번씩이나 살았던 여산 송氏는 처녀시절엔 아버지 송질을 따라서 평양에서 살았고, 결혼해선 남편 홍언필을 따라서, 늙어선 아들 홍섬을 따라서 평양에서 살았던 조선 최고의 복 많은 여인이다. 세 분 모두 평안 감사를 마치고 영의정까지 올랐다. 옛날에도 평안 감사를 '관찰사의 꽃'이라 칭송했다. 오늘날에도 '중앙지검 검사장'을 '검찰의 꽃'이라 부른다.

명종시대 3흉, 속칭 '뇌물 삼총사'에는 명종의 외숙 윤원형, 명종의 후비 인순왕후 심氏의 작은 할아버지 심통원, 인순왕후의 외숙 이량이 있다.

명종 역시 이복형 인종을 닮아 성품이 너그럽고 어진 임금이었다. 그리고 여자와 사냥을 좋아하지 않았고 신하들의 뇌물이나 청탁에는 엄격하게 벌을 내렸다. 그러나 명종의 외숙 윤원형은 정난정을 내세워 팔판동, 사직동에 고래등 같은 기와집을 열 다섯 채를 소유하고 수십만 평의 전답을 가졌다. 명종은 이것을 견제해 보려고 처외숙 '이량'을 등용하였으나 오히려 화만 더 불러 일으켰다. 언제나 그의 집 앞은 시장터 국밥집처럼 북적거렸고 청탁꾼들의 행렬이 줄을 이었다.

○ 송질의 딸 여산 송氏 : 친정 아버지(송질), 남편(홍언필), 아들(홍섬) – 세 사람 모두 영의정.
송氏 부인이 어릴 적 평안감사인 아버지를 따라서 살면서 복숭아 나무를 심었고, 그 후 남편이 평안감사로 부임하자 그 복숭아 열매를 따서 먹었고, 아들이 다시 평안감사로 부임할 때 따라가서 그 복숭아 나무를 다시 보았을 때 감회가 어떠 했을까?
　※ 평안감사 (평안도 관찰사), 평양부윤(평양시장)
○ 현대판 여산 송氏 김윤남 : 부친 김신석(호남 은행장), 남편(홍진기 법무부 장관),
　　　　　　　　　　　　아들(홍석현 중앙일보 회장), 사위(이건희 삼성그룹 회장)

그는 조카 심의겸에 의해서 삭탈 관직되었다. 심의겸은 인순 왕후의 동생이다. 고양이에게 생선 궤짝을 맡긴 꼴이 되었다. 심통원은 중종 때 별시 문과에 장원하였다. 좌의정까지 올랐으나 30년 이상 국록을 받으면서도 뇌물에 눈독을 들였다. 꼬리가 길면 잡히는 법이어서 끝내는 삼사三司의 탄핵을 받고 관직을 삭탈당했다.

성종 때 한성부윤을 지낸 '홍심'에게는 '홍응', '홍흥'이라는 두 아들이 있었다. 홍응은 증광시에 장원급제해서 좌의정에 이르렀고, 홍흥은 사마시에 합격해서 개성유수와 호조 참판을 지냈다. 홍흥은 성품이 강직하여 아부를 하지 않았고, 인물이 출중하여 명나라 사신으로 발탁되어 조선인의 인물됨을 뽐내기도 했다.

영의정을 지낸 홍섬이 전라도 흥양(고흥)으로 귀양살이를 떠나던 도중에 과거길에 오른 임형수 일행을 금강 나루터에서 만나게 되었는데, 이 때 홍섬은 바지와 적삼이 벌겋게 피가 배어 곤장을 맞은 흔적이 역력했다. 임형수가 큰 소리로 말했다.

"대감은 사류士類라 들었소. 지금도 죄없는 자가 곤장을 맞고 유배를 가는 걸 보니 필시 소인배들이 나라의 정사를 어지럽히고 있는 것 같소, 우리가 과거를 봐서 뭘 하오? 그만 돌아가야겠소이다."

홍섬은 곤장독을 앓고 있으면서도 임형수의 말이 신선하게 들렸다. 언젠가는 저 자도 중신의 한 사람이 될 사람이라고 느껴졌다. 세월이 흘러

○ **심의겸**(1535~87) : 청송 심氏, 서인의 영수
이황의 문인임에도 이이, 성혼과 어울린 탓에 자연스럽게 서인이 되었다. 율곡 이이는 심통원을 탄핵한 장본인이다. 심통원은 심의겸의 작은 할아버지, 심연원은 친할아버지

○ **홍심**(한성부윤) ─ **홍응**(좌의정) → 홍상 (추존 덕종의 장녀 명숙공주와 혼인)
남양 홍氏(당홍) ─ **홍흥**(대사헌) : 당대 최고의 호남好男 Handsome boy

○ 홍형(승지) → 홍언필(1476~1549) : 우,좌,영의정 → **홍섬**(영의정)
남양 홍氏(토홍)
※ 홍섬의 좌우명 : 독립불구(獨立不懼) 둔세무민(遁世無悶)
홀로 있어도 두렵지 않고, 세상과 떨어져 있어도 근심이 없다.

임형수는 명종 때 부제학에 올랐으나, 윤원형에게 미움을 받아 제주 목사로 좌천되기도 했다.

어느 날 윤원형은 임형수를 자기 사람으로 만들어 보려고 술 자리를 마련했다. 임형수는 윤원형을 한참 노려보다가 거만스럽게 내뱉었다.

"대감이 나를 죽이지만 않는다면, 주량껏 마실 수 있소."

"어디 한번 마음 푹 놓고 마셔 보시오." 윤원형이 말했다.

그의 주량은 끝이 보이지 않았다. 윤원형은 겁에 질려 자리를 떠났다. 그는 1547년 양재역 벽서사건良才驛壁書事件으로 대윤의 일파로 몰려 무인도에 '위리안치'되어 사약을 받았다. 금부도사가 가져온 사약을 임형수는 한 사발을 들이켰으나 죽지 않았다. 무려 열 사발을 들고 나서 웃으며 말했다.

"이 술은 주고받을 사람이 없어 홀로 마시는 독주라 불러야겠네."

사약으로는 죽일 수가 없자, 마침내 목을 졸라 죽였다. 권벌과 이황은 그를 일컬어 참다운 대장부라 불렀다.

---

o 임형수(1514~1547) : 평택 林氏, 부제학, 좌천되어 제주목사
　　　※ 林氏 : 나주(백호 임제), 평택(임형수), 조양(미원그룹 창업자 임대홍), 진천, 예천
　　　　 任氏 : 풍천(임사홍, 임숙영), 장흥(임종석, 전 대통령 비서실장)

o **충절세향忠節世鄕**
　- 봉화 유곡(닭실)마을 : 오백 년을 이어온 전통마을
　　충재 권벌(權橃,1478~1548)의 출생지로서 청암정, 석천계곡(석천정)의 경관이 빼어남(삼남의 사대
　　길지로 금계포란형). 특히 청암정은 퇴계 이황과 번암 채제공의 찬시로 유명한 곳이다.
　　충재는 사림파로서 개혁정치에 참여하였으나, 양재역 벽서사건으로 평안도 삭주로 유배된 후 사망.
　　이 지역 일대는 안동을 본향으로 한 김氏, 권氏, 장氏 외에도 진주 강氏, 의성 김氏, 평산 신氏, 봉화
　　금氏의 세거지이기도 함.
　　※ 이 지역에서는 진주 강氏를 法田 강氏라고도 하는데 법전을 경상도 방언으로 '버저이'라 부른다.
　　　 이 지역은 전통적으로 남인이 자리를 잡았으나 법전 강氏는 서인(노론, 소론) 출신이다.
　　※ 후손 : 과거 급제자 25명 중 노론 13명, 소론 12명 / 강신욱(대법관), 강신조(국회의원)
　　　　　 유곡마을과 이웃인 바램마을은 소수의 급제자를 배출 (4선 의원과 초대 환경부 장관을
　　　　　 지낸 김중위는 바램마을 출신)
　　※ 김대중 대통령의 차남 김홍업(전 국회의원) : 의성 출신 신현수 전 감사위원의 사위
　　　　금진호(1932-2024) : 봉화 금氏. 노태우 전 대통령과 동서지간 (노소영의 이모부)

인생은 만남의 연속이다

　하늘과 땅, 남편과 아내, 부모와 자식, 모든 것이 만남으로써 이루어진다. 부부 사이의 대화가 '어쩌다가 저런 인간을 만나 이 고생을 할까'라고 말하면 여호와 이래 가장 잔인한 말이다.

　'가인'과 '아벨'은 형제로서의 만남이지만 미움과 증오의 만남인 것이다. 그러나 단테는 '베아트리체'라는 여인을 만나 불후의 명작 '신곡'을 발표했다.

　만남의 결과는 일희일비一喜一悲의 연속이다. 그렇지만 슬픔보다는 기쁜 일이 많고 만남 그 자체가 진일보進一步할 수 있는 바람이기를 누구나 염원한다.

■ **이성계와 퉁두란은 활 솜씨를 겨루다가 친한 벗이 되었다.**

　백 보 전방에서 퉁두란이 활을 쏘면, 이성계는 그가 쏜 화살을 손으로 잡아 들고 웃고 있을 정도였다. 영웅은 영웅을 서로 알아보는 것이다. 이성계는 조선을 세운 후 퉁두란과 의형제를 맺어 여진족 이름 퉁두란을 '이지란(청해 이氏 시조)'으로 개명시켜 주었다.

아들 이방원의 정권욕에 실망한 '이성계'는 고향으로 낙향을 결심한다. 고향(함흥)으로 내려갈 때까지 '이성계'를 따랐다. 그동안 수많은 목숨을 빼앗은 죄책감에 사로잡힌 이지란은 머리를 깎고 수도승이 된다. 만남이란 이별의 전주곡이다. 회자정리會者定離, 이자정회離者定會. 그래서 만나면 헤어지고, 헤어지면 만나는 것이다.

■ **무학 대사와 이성계의 만남은 해몽 때문이다.**

이성계는 해몽을 부탁하려고 수소문 끝에 어느 촌로의 소개로 무학 대사를 알게 된다. 함경도 안변에 있는 설봉산 기슭에 토굴을 파고 면벽삼매경에 빠져 있는 무학 스님을 찾아갔다. 헛기침을 하면서 인기척을 해도 스님은 미동도 하지 않았다. 해가 서산에 기울자 꿈에서 깨어난 듯 지는 해를 바라보며 혼잣말로 중얼거렸다.

"무슨 짐승이 왔나?"

"스님, 이제야 기척을 하시는구려."

"그대는 안변 땅 병마사가 아니요?"

"스님, 저를 아시나이까?"

"고려의 명궁, 송헌 장수가 아니오?" '송헌'이란 이성계의 호이다.

○ 대표적인 귀화 성씨
- 몽골계 : 연안 印氏 (김근태 부인. 인재근 - 2선 국회의원)
- 여진계 : **청해 李氏 (이지란)**   ※ 후손 : 영화감독 이장호. 축구선수 이청룡
- 위구르계 : 경주 偰氏(설민석),   덕수 張氏 : 장유(효종 비妃 인선왕후의 부친)
- 베트남계 : 화산 이氏 (이용상 : 베트남 왕족)
- 일본계 : 김해 김氏 사성파 (김충선 : 임란때 가등청정의 선봉장 사야가)
    配. 진주목사 인동 장氏 장춘점의 딸
  ※ 세거지 : 대구 달성군 가창면 우륵리
    후손 : 김치열(전 검찰총장). 사위는 백낙서(인제대 석좌교수, 백낙청의 동생)
  ※ 백인제 : 백병원 설립자, 백인제 가옥은 1977 서울시 민속문화재로 지정
     (압록강 흑송으로 지은 전형적인 사대부의 집 : 안국동)
○ 희귀 성氏
  - 경주 偰씨 : 후손 설성웅, 설민석(역사 강사)
  - 순창 薛씨 : 후손 설인수(10代 국회의원), 설동근(교육감), 설경구/설수현(배우), 설기현(축구감독)

"스님, 꿈이 너무 기이해서 해몽을 듣고자 왔나이다."
"기이한 꿈이라는 게 뭐요?"
"무너진 집에서 소생이 서까래 세 개를 짊어지고 가는 길에 꽃이 떨어지면서, 거울이 깨진 것을 보았나이다."

스님은 깜짝 놀라며,
"쉿!" 하면서 낮은 목소리로 말했다.
"임금이 될 꿈이오."
"설마, 제가…."
"서까래 셋을 등에 짊어졌으니 '임금 王'자요, 꽃이 떨어지면 열매가 맺고, 거울이 깨지면 소리가 나는 법이오."

이것이 인연이 되어 무학은 왕사가 되었고 꿈을 해몽한 토굴 은 석왕사釋王寺가 되었다. 이 절은 조선 왕조와 관계가 깊어 왕실의 보호를 받으며 번성했다. 일제 강점기에도 이 절은 본사 사찰로서 함경도 지역의 모든 사찰을 관할했다.

■ 이성계와 정도전의 만남

고려 우왕 1년, 정도전은 친원파인 좌의정 이인임의 노여움을 사서 2년의 유배 생활을 하다가 풀려나, 고달프고 힘든 시절에 동북면 병마사로 있는 이성계를 만나러 안변 땅을 찾으면서 만남이 시작되었다.

"아니, 삼봉! 어인 일로 이 먼 곳까지 오셨소?"
"세상을 떠돌며 이 생각 저 생각 끝에 이곳까지 찾아왔소이다."
"그래요? 앞으로 어찌 하실 참이오?"
"그저 막막할 뿐입니다."

"우선 이곳에 머물면서, 조정에 들어갈 궁리를 합시다."
"거두어 주시니 그 은혜 백골난망이외다."

이때 조정에는 친원파가 진을 치고 있어 친명파는 발붙일 곳이 없었다. 그 당시 이성계는 전쟁터나 누비는 일개 장수였고, 정도전은 그 밑에서 밥이나 축내는 식객에 불과했다. 그 후 그는 조선 개국에 온 정성을 쏟아 일등 공신이 되었다.

삼봉 정도전

자고로 시대가 영웅을 만들고, 영웅이 시대를 만들기도 한다.

○ 정도전(1342.10.6~98.10.6) : 봉화 정氏, 호는 삼봉, 단양출생, 제1차 왕자의 난때 '남은'의 집에서 암살당함
- 배우자 : 경주 최(습)의 딸
- 할아버지는 정균, 외할아버지는 우연, 아버지는 운경, 어머니는 단양 우氏 (우연의 딸)

○ 지도자의 멘토 : 책사, 국사, 도사
- 진시황 : 이사   • 한나라 유방 : 장자방   • 조조 : 순욱   • 칭기스칸 : 야율초재
- 張良(장자방) : 한나라 유방의 책사, 策士(지도자를 보필하는 일급 참모)
- 유비 : 제갈량(삼고초려, 초가집을 세번 찾아가다), 읍참마속泣斬馬謖 '울며 마속을 베다'
- 주원장 : 유기(호. 伯溫)   (대의를 위해 제갈량이 아끼던 장수인 마속의 목을 베다)
- 이성계 : 무학도사, 정도전   • 이방원 : 하륜   • 수양대군(세조) : 한명회
- 박정희 : 구인사 상월조사(월남파병 결정)

○ 간언諫言과 직언直言
목숨을 걸고 옳은 것은 옳다고 주장하고, 밥줄이 끊어지는 한이 있더라도 틀린 것은 틀렸다고 주장할 줄 아는 소신있는 자가 진정한 나라의 일꾼이다. 한 나라의 지도자는 불편하더라도 이런 사람들을 주변에 많이 두고 자신을 스스로 경계할 줄 알아야 한다.
  - 간언 : 상사에게 잘못된 것을 고치도록 하는 말
  - 직언 : 옳고 그른 것에 대한 소신있는 발언

한양 천도론

정도전은 아버지 봉화 정氏 '운경'과 어머니 단양 우氏 사이에서 장남으로 태어났다. 어머니 우氏는 우연의 딸이다. 정도전의 외할머니 김氏는 출생이 복잡하게 얽혀 있다. 소위 배꼽 밑 사랑이 문란하기 짝이 없는 분의 소생이었다. 정도전의 외할머니의 친정 아버지가 승려 김전인데, 노비인 수이의 처와 간통해서 낳은 자식이 바로 정도전의 외할머니였다. 정도전의 처 역시 장인 최습이 첩에서 얻은 자식이다.

한평생을 자신의 출생 콤플렉스에 빠져 괴롭고 울적할 때마다 단양의 도담을 거닐다가 묘하게 생긴 괴석 세 봉우리에 심취하여 자신의 호를 '삼봉'이라 했으니 이곳이 오늘날 '도담삼봉'이다.

도담삼봉

한양은 백제 초기에 하남 위례성이라 불렸고 통일 신라 이후에는 한양이라 하였다. 고려시대에는 개경(개성)의 지기地氣가 떨어지자 서경(평양)이나 남경(한양)에 천도하기를 원했다. 특히 고려 숙종 6년(1101)에는 북악산 기슭에 궁궐을 짓고 최사추와 윤관으로 하여금 관장토록 했다.

북악산과 경복궁

　신라의 고승 도선의 도참설에 의하면 한양은 전국 산수의 정기가 결집된 곳이라서 반드시 왕궁이 들어설 것이며, 왕궁의 주인은 이氏가 될 것이라는 기록이 담겨 있었다. 그래서 북악산 남쪽에 오얏나무(자두)를 심었다가 그것이 무성히 자라면 베어 버리게 했다. 이것은 왕氏의 고려조가 이氏의 왕조를 세우지 못하도록 방편을 쓴 것이다.

　고려 왕조의 이와 같은 다방면에 걸친 방해 공작에도 불구하고 왕이 될 수밖에 없는 천운을 타고난 이성계의 기운을 막을 수는 없었다. 역성혁명으로 나라를 세운 이성계는 국명을 짓기 위해 중국어에 능통한 한상질 예문관 학사를 명나라에 특사로 보내 조선朝鮮이란 국명을 하사 받았다.

　오늘날 청와대를 지나 세검정으로 넘어가는 고갯길에 '자하문'이 있다. 1623년 인조반정 당시 반군이 자하문을 통해 창덕궁으로 진입하여 반정을 성공으로 이끌었다.

'새 술은 새 부대에 담아야 한다.' 그래서 한양 천도설에 무게가 실렸다. 풍수지리에 밝은 조정 신료들이 모여 천도설을 놓고 격론을 벌였다. 특히 개경은 지기地氣가 다해 더 이상 융성할 수 없다는 설이 돌자 한양 천도설이 공론화되기 시작한 것이다. 그러나 한양은 서북쪽이 높고 동남쪽이 낮아 장자보다는 차자次子, 장손보다는 지손이 성할 것이라는 우려도 있었다. 그래서 신도안 도읍설이 나왔으나 계룡산의 신도안은 형세가 좁고, 물길이 멀어 도읍지로는 적합하지 않다는 것이었다. 어느 날 태조의 꿈에 도사가 나타나서 '이곳은 그대의 터가 아니니 머무르지 말고 빨리 떠나라'고 호통을 쳤다.

예부터 논산시 두마면 신도안과 영주시 풍기읍 금계동은 십승길지十勝吉地이다. 십승지는 풍기의 금계촌, 봉화의 춘양, 보은 속리산, 남원 운봉의 두류산, 예천의 금당동, 공주의 유구와 마곡, 영월의 동강 상류, 무주의 무풍, 부안의 변산, 성주의 만수동이다. 십승지는 천재나 난리가 일어나도 안심하고 살 수 있다는 곳이다.

한양 천도를 전제로 한다면 궁터를 정하는 일이 우선이 된다. 궁터(경복궁)에 대한 무학의 견해를 살펴보자. 무학은 인왕산을 진산으로, 백악(북악산)을 청룡, 남산을 백호, 낙산을 안산으로 주장했다. 그러나 정도전은 백악을 진산으로 인왕을 백호, 낙산을 청룡, 목멱산을 안산으로 주장했다. 무학은 언짢은 표정을 지으며,

"삼봉, 무슨 말을 그리하시오? 낙산에 비해 인왕이 드세어
 청룡의 기맥이 백호의 기맥보다 약하니 장자보다는 차자가
 드세진다는 걸 왜 모르시오?"

"허면, 장손보다는 지손이 드세진다는 말이오?"

○ **풍기** 인견의 유래 : 십승지의 하나인 풍기 땅에 1934년 평안남도 덕천에서 월남하던 사람 들이 직조하기 시작. 인견은 낙엽송 목재펄프와 면 씨앗에서 분리한 잔털의 셀루로오스(cellulose)가 주원료이며, 가볍고 시원해 '에어컨 섬유'로 불리우고 있다. '풍기하면 인견'이며 국내 인견 생산량의 80%를 점유하고 있다.

"그렇습니다."
"대사께서는 어전에서 말씀을 삼가시오. 풍수나 도참은 참고로
 삼아야지 전적으로 믿으시면 낭패를 당하는 법이오.."

무학은 입을 다물었으나 온 몸에 소름이 끼쳤다. 정도전은 막강한 개국공신이요, 자신은 일개 임금의 자문역에 지나지 않는다는 것을 잘 알고 있었다. 그렇지만 무학은 궁궐의 대문이라도 동향으로 해야 한다고 주장했다. 왕조의 세세 안녕을 위한 소신이라고...

하지만 궁궐 대문을 남향으로 했을 때 정궁으로서 위엄이 있다고 주장한 정도전의 판정승으로 끝이 났다. 그때가 1394년 10월이다. 결정된 궁터 경복궁은 뒤로 북악산을 주산으로 하고 북한산을 조산祖山으로 하고 있다. 좌청룡은 낙산, 우백호는 인왕산, 안산安山으로는 남산, 조산祖山으로는 관악산이 자리잡고 있다.

이런 위치로 결정이 되고 보니 무학의 걱정은 태산같았다. 돌산인 관악산이 정면으로 마주하고 있어 화기의 기운이 뻗쳐 훗날 우환이 끊이지 않을 것이라고 호언장담을 했다. 반면에 정도전은 관악산의 화기 정도는 한강수가 막아 주고 불을 삼킨다는 전설의 동물 해태를 석상으로 만들어 궁궐 앞에 세워두면 별 탈이 없을 것이라고 주장했다.

근심지영根深枝榮이라고 했던가! 이왕이면 길지에 궁터를 잡아야 했다. 사실상 명당의 정확한 기준은 설명하기 어렵지만 명당에 들어오면 마음이 편안하고, 피로가 빨리 회복되어 피곤함을 모른다. 그것은 상서로운 기氣가 흐르기 때문이다.

정도전과 이방원은 조선 개국에 있어서 어느 누구보다도 일등공신이다. 그러나 정도전은 태조의 계비 강氏 편에 서서 방석을 후계자로 추대하면서 방원과 금이 가기 시작했다. 어제의 벗이 오늘은 적이 된 것이다.

태조 7년(1398), 8월에 이성계가 병들어 자리에 눕게 되자, 이 틈을 노려 방원은 대궐에 들어가 이복동생 방번, 방석을 차례로 죽여 버렸다. 이 과정에서 정도전과 남은은 방원에게 무참하게 살해되었다. 이것이 '1차 왕자의 난' (무인정사/방원의 난, 1398.8.26~27)이다. 현재의 성북구 안암동 3가 궁말에서 일어났다.

풍운아 정도전은 보잘 것없는 가문에서 태어났지만, 아버지 정운경이 직제학을 지낸 탓에 이색 문하에서 글을 배웠고 이로써 이숭인, 정몽주와 교분을 가졌다. 이런 신분에서 자란 정도전은 새 세상을 꿈꾸던 중 야심가인 이성계와 궁합이 맞아 떨어진 것이다. 정도전은 자신을 한나라의 장량에 비유하면서 조선의 개국에 자신의 공이 컸음을 공공연하게 자랑으로 늘어놨다. 한 고조 유방이 장량(장자방)을 이용한 것이 아니라 장량이 한 고조를 이용해 한나라를 세웠다고 역설하면서 자신이 이성계를 이용해 조선을 개국했노라고 당당히 말했다.

경복궁 야경

정승들의 일화

■ 남이 장군

남이(南怡.1441~68)는 17세에 무과에 장원급제한 후 세조의 사랑을 극진히 받아서 27세에 병조판서에 이르렀다. 이때 이조판서 한계희는 종실이나 외척에게 병권을 맡기는 것은 부당한 일이라고 간하였다.

어느 날 남이가 대궐에서 숙직을 할 때, 때마침 하늘에서 갑자기 혜성이 나타나자 혼잣말로 중얼거렸다.

"혜성이 나타나니 필시 묵은 것이 제거되고 새로운 것을 받아
 들일 징조로다."

이 말을 유자광이 몰래 엿듣고 예종에게 고변했다.

"전하, 남이가 지위를 남용하여 반역을 꾀하고 있나이다."

○ **남이 장군** 北征歌
　　　백두산석 마도진 (白頭山石 磨刀盡)　　두만강수 음마무 (豆滿江水 飮馬無)
　　　남아이십 미평국 (男兒二十 未平國)　　후세수칭 대장부 (後世誰稱 大丈夫)
　　백두산 돌은 칼을 갈아 다 없애고, 두만강 물은 말을 먹여 다 없애리.
　　사나이 스물에 나라를 평정하지 못한다면 후세에 누가 대장부라 부르리오.
　　※ 묘소 : 경기도 화성시 비봉면 남전리 (춘천시 남이섬에 있는 남이장군의 묘는 가묘임)

　　　　　남휘　━━━━━━→ 1남 남빈　→　남이장군(배.권남의 딸)
　　(처.태종4녀 정선공주)　┗→ 1녀(의령 남氏) : 夫.신자승 → 신숙권 → 신명화 → 신 사임당
　　　　　　　　　　　　※ 정선공주 : 친손자(남이), 외손자(신숙권)
※ 유자광(1439~1512) : 영광 유氏,　父.류규(경주 부윤),　母.나주 최氏(첩)
　　　　　　　　　서자로 태어났지만 1등 공신을 두차례나 책봉(익대,정국)공신
　　　　　　　　　병조판서, 좌천성,
　　　　　남이 장군의 北征歌중 男兒二十 未平國을 男兒二十 未得國으로 변조
　　　　(사나이 스물에 나라를 평정하지 못한다면 → 사나이 스물에 나라를 얻지 못 한다면 ...)

원래 예종은 어린 시절부터 부왕(세조)이 남이를 총애하는 것을 보고 은근히 남이를 싫어하고 꺼렸다. 남이가 청년(18세)이던 시절 예종은 9살에 불과했다. 예종은 모사꾼 유자광의 말을 믿고 남이에게 물었다.

"죄인은 낱낱이 고하라, 반역에 가담한 공범자가 누구이더냐?"

이때 영의정으로 있는 '강순'이 자신의 결백을 변호하지 않으며 모른 척했다. 남이는 화가 치밀어 거짓을 고했다.

"영상대감도 역적모의에 참여했사옵니다." 강순은 예종 앞에 엎드렸다.

"전하, 모함이옵니다. 신은 본디 평민이었으나 밝으신 성군을 만나 영의정에 이르렀나이다. 신이 무엇이 부족하여 역모에 가담했겠나이까. 굽어살펴 주시옵소서."

"경의 말이 옳다. 과인은 경을 믿노라."

"아니옵니다. 전하. 역모에 가담한 자의 죄를 면하면 어디서 다른 죄인을 찾겠나이까."

남이가 간절한 목소리로 외쳤다. 심약한 예종은 오락가락한 끝에 국문을 다시 하라고 명하자, 남이는 회심의 미소를 띠었다. 이때 강순의 나이가 80세였으니, 심한 고문을 이기지 못해 허위자백을 했다. 오늘날 법치주의 국가에서는 상상도 할 수 없는 일이다. 왜냐하면 강압에 의한 허위자백은 이를 증거로 형벌을 가할 수가 없기 때문이다. 원통하게 걸려든 강순이 남이에게 부르짖었다.

"네 이놈, 남이야. 네가 나에게 무슨 원한이 있다고 나를 모함하느냐?"
"원통한 것은 나도 대감 못지 않소이다. 대감은 영의정으로서 나의 원통함을 알고도 구해 주지 않으니 나도 어쩔 수가 없소이다."

처형장에 끌려가면서 두 사람이 나눈 마지막 대화이다. 이 사건을 '남이의 옥사'라고 하는데 임진왜란 전까지는 역모로 인정되었지만, 그 이후 모두 날조된 사건으로 밝혀졌다.

이긍익의 '연려실기술'에서 유자광의 천인공노할 계략이라고 밝혀졌다. 권선징악으로 가치관이 굳어진 사림士林들은 유자광을 극악무도한 간신배로 인식하고 있었다. 그 이후 남이는 순조 때 그의 후손 우의정 남공철의 상소에 의해 신원되었다. 남이섬에 있는 남이의 묘는 허묘이고 실묘는 경기도 화성군 비봉면 남전리에 있다.

■ 한미寒微한 가문에서 태어난 명재상 상진尙震

상진尙震(1493~1564)은 5세에 모친, 8세에 부친을 잃고 큰 매형 성몽정(1471~1517, 문과장원, 도승지, 대사헌)의 집에서 자랐다.

목천 상氏는 부친 상보의 찰방(종6품, 오늘날 시골의 역장)을 지낸 이 외에는 벼슬을 지낸 선대가 없는 한미한 가문이다. 그러나 파주 3현중 하나인 성혼(1535~98)의 아버지 성수침(1493~1564)과 교유하면서 면학에 힘써 별시 문과에까지 급제했다.

그 이후 상진은 어떻게 우의정, 좌의정을 거쳐 영의정을 14년이나 하면서 국정을 총괄했을까? 그것은 세상을 비켜 사는 지혜와 도량이 커서 남의 단점을 말하는 일이 없고, 자유분방하면서도 대립되는 의견을 능수능란하게 조화시킨 난세의 명재상이기 때문이다.

○ 남이 장군을 모함하여 탄핵시키고 출세한 공신들
  - 1등 공신 : 유자광, 신숙주, 한명회, 신운(환관), 한계순(우 부승지)
  - 2등 공신 : 밀성군(세종의 서자), 덕원군(세조의 서자), 구성군(임영대군의 아들)
             이극증(이인손의 아들), 정현조(세조의 사위)
  - 3등 공신 : 정인지, 정창손, 노사신, 박중선, 어세겸(대제학, 좌의정), 강희맹, 한계희
    ※ 이들은 남이와 강순을 모함하여 억울하게 탄핵케 한 공로로 대대로 부귀영화를 누렸다. 온갖 간신배들이 활보하는 사태를 보면 인과응보와 천도가 '과연 존재하는 것인가' 의문이 든다.

한미한 집안 출신으로 현실권력과 타협은 했지만 청렴해서 권간 權奸 소리를 듣지는 않았다. 포용력이 큰 왕건조차도 목천 상氏의 끝까지 투항하는 정신을 높이 평가하면서도 경계를 했으니 고려때는 물론 조선조에도 큰 인물이 없었다. 그가 홍문관 부제학 시절 올린 차자(箚子,약식 상소)의 내용을 보면,

"총명한 사람은 은미한 것을 통해 드러날 것을 알아차리고,
 사리를 아는 사람은 그림자만 보고서도 그 형체를 살펴 아는
 법이다."

드러날 것을 알기 때문에 은미한 것을 통해 미리 방지하고, 형체를 살펴 알기 때문에 그림자를 보고도 끊어버릴 수 있다는 뜻이다. 상진이 재상 반열에 오르자 한미하기 그지없던 집안은 3대가 추은을 받아 증조부는 이조판서, 조부 좌찬성, 부친은 영의정을 증직받는다. 세종 때의 황희, 허조가 있었다면 명종 때에는 상진 재상이 있다. 판서를 지낸 오상吳祥(1512~73)은 이런 시를 지었다.

義皇樂俗今如掃　只在春風酒杯間
희 황 락 속 금 여 소　지 재 춘 풍 주 배 간

복희씨 시대의 음악과 풍속은 지금 쓸어낸 듯 없어져 버렸고,
다만 봄바람부는 술자리에만 남아 있구나.

상진의 재치있는 답시

義皇樂俗今猶在　看取春風酒杯間
희 황 락 속 금 유 재　간 취 춘 풍 주 배 간

복희씨 시대의 음악과 풍속은 오히려 지금도 남아 있어
다만 봄바람 부는 술자리에서 찾아볼 수 있네.

상진이 세상을 보는 시각은 말할 것이 없고 스케일도 남달랐다. 서울특별시 서초구 방배동에 있는 목천 상氏 종문 땅에 설립된 상문고등학교 교문에서 운동장으로 가는 길옆에 그의 묘역이 있다.

　ㅇ 상문고 출신
　　- 6회 : 유　하 (말죽거리 잔혹사, 감독)
　　- 12회 : 김범수 (프리랜서, 전 SBS아나운서)
　　　　　　최승돈 (KBS 아나운서)
　　- 18회 : 이종혁(배우)
　　- 22회 : 강승화(KBS 아나운서, 진품명품 MC)

■ 홍섬, 홍서봉

　홍섬(洪暹,1504-85)은 선조 대에 영의정을 세 번씩이나 역임했으며 부친 홍언필은 중종 대에 영의정, 외조부 송질은 성종 대에 영의정을 지냈다.

　인조 때의 일이다. 홍서봉이 열 세 살 되던 초가을에 친구들과 어울려 이웃집 홍섬의 집 연못가에서 서로 장난을 치며 놀다가 연꽃을 함부로 꺾었다. 마침 외출에서 돌아 온 홍섬이 이를 보고 깜짝 놀라서 지팡이를 휘두르며 호령을 하였다. 그러자 다른 아이들은 모두 혼비백산하여 도망을 갔지만, 홍서봉만은 피하거나 도망가지 않았다. 이를 가상히 여긴 홍섬은 홍서봉에게 가을 추(秋), 놀 유(遊), 일 사(事), 소 우(牛) 자로 시를 지어 보도록 했다. 이 말을 들은 서봉은 시작詩作에 들어갔다.

相公池閣 冷如秋 童子携朋 月下遊
상 공 지 각　냉 여 추　동 자 휴 붕　월 하 유

昇平大業 知何事 但想蓮花 不問牛
승 평 대 업 지 하 사　단 상 연 화　불 문 우

정승댁 연못은 냉기가 가을 같아
소년은 친구와 같이 달밤에 놀았네
태평세월인데 무슨 일이 있으리오
어찌 연꽃만 생각하시고 소는 아니 물으시오

홍서봉은 병자호란 때 남한산성에서 인조를 보필하였다. 그리고 병조판서 최명길과 화의를 주장하였고 인조 19년(1641) 영의정에 올랐다. 남양 홍氏는 성종 대에 홍응, 홍언필, 홍섬, 홍서봉에 이르기까지 대과(문과)에 한 번도 거르지 않았던 조선 최고의 명문가였다.

■ 정 철

송강 정철(1536~93)은 한양 출신으로 판관 정유침의 아들이다. 판관은 포도청에 속한 직급으로 종5품 벼슬을 말한다. 송강의 큰누나는 인종의 후궁 귀인 정氏이고 작은누나는 계림군의 부인으로 어려서부터 동궁에 출입하면서 두 살 위인 명종과 친하게 지냈다.

10세 때 을사사화가 일어나 매형(계림군)이 피살되고 아버지가 유배되는 등 가계가 몰락했다. 이런 연유로 16세 때 담양의 창평에 내려가서 그때 스승으로 김인후, 기대승 등에게 수학했다. 비교적 늦게 26세에 진사 시험에 장원급제하고 문과 별시에 장원급제하여 관찰사를 거쳐 좌의정까지 오르면서 파란만장한 고역을 겪게 된다. 이런 벼슬을 지내는 동안 동·서 당쟁은 날로 격화되었는데 송강은 서인 파의 거두가 되어 동인 세력과 맞붙어 여러번 파직 및 유배를 당했다.

○ 정철 : 용소에서 목욕하던 정철을 보고 영특하고 총명한 인물임을 알아보고 沙村 김윤제가 그를 제자로 삼는다. 星山 기슭의 松江에서 10년 동안 수학하면서 임억령 문하생이기도 했다. 김윤제의 조카 김성원, 고경명 등과 동문수학. 김윤제의 사위 류강항의 딸과 혼인(김윤제는 처 외조부). 처 당숙부 김성원의 경제적 도움을 받아 근근히 연명하고 살았다.

○ 정홍명(1582~1650) : 송강 정철의 4남으로 12세에 부친잃음. 송익필, 성혼, 김장생의 문하생으로 좌의정 역임

예조 참판, 대사헌 등을 거치면서 큰아들 '기명'이 요절하자 벼슬을 그만 두고 창평에 내려갔다가 1589년 10월 정여립이 모반했다는 소식을 듣고 한양으로 달려와 선조에게 밀지를 올렸다.

　충절을 지킨 정철은 우의정에 올라 정여립 모반의 주모자 최영경을 옥에 가두었다. 그러나 56세 때 세자 책봉 문제가 일어나자, 송강은 광해군을 추대하다가 '양사'의 탄핵을 받고 파직되어 명천으로 유배되었다가 곧 진주로 이배, 또 다시 강계로 옮겨졌다. 유배 중에도 1592년 임진왜란 때는 선조를 평양에서 배알하고 의주까지 호종扈從하였다.

　송강은 학문이 깊어 강원도 관찰사로 있을 때 '관동별곡'을, 담양 창평의 성산 기슭에서 지낼 때는 '성산별곡'을 위시하여 '사미인곡', '속미인곡', '장진주사' 등 70여 수를 지었다. 이 작품들은 가사 문학의 백미로서 지금까지 전해지고 있다.

담양 소쇄원

○ 최산두(1482~153690) : 광양 최氏, 화순동복 나복산 유배 시절에 화순적벽을 보고 삼국지에 나오는 적벽에 비견된다고 감탄. 김인후,유희춘은 그의 문하생이다.
○ 최영경(1529~90) : 화순 최氏, 조식의 문인(동문수학:정구,김우옹,오건). 정철의 무고(정여림사건)로 옥사, 증. 대사헌
○ 유영경(1550~1608) : 전주 유氏, (우,좌,영)의정 , 소북파의 영수. 유배지(경흥)에서 사사

서인의 영수 송강이 광해군을 세자로 옹립할 때 동인의 영수 이산해는 선조의 총애를 받는 인빈 김氏의 차남 신성군을 옹립하려는 김氏의 오빠 김공량에게 '정철이 당신과 신성군을 죽이려는 음모를 꾸미고 있다'고 거짓말을 했다. 신성군은 신립 장군의 사위로서 부왕의 지지를 얻고 있었으나 임진왜란 때 병사했다. 이로 인해 정철은 강계로 유배를 떠나고 이산해를 중심으로 한 과격파 북인과 유성룡을 중심으로 한 온건파 남인으로 갈라서게 된다.

처음에는 동·서인으로 당쟁을 벌이다가 동인은 다시 북인, 남인으로 갈라져서 당파싸움을 일삼았다. 서인은 동인 김효원을 향해 '윤원형의 식객'이라고 비난하자 동인은 서인 심의겸을 향해 '명종의 후비 인순왕후의 동생으로서 왕의 척신'이라고 비난했다.

오늘날에도 같은 당내에서 계파끼리 싸우는 꼴과 다를 바가 없다. 같은 민주당에도 상도동파(Y.S)와 동교동파(DJ), 한나라당 내에서도 친박(근혜), 친이(명박)으로 갈라져 있었다.

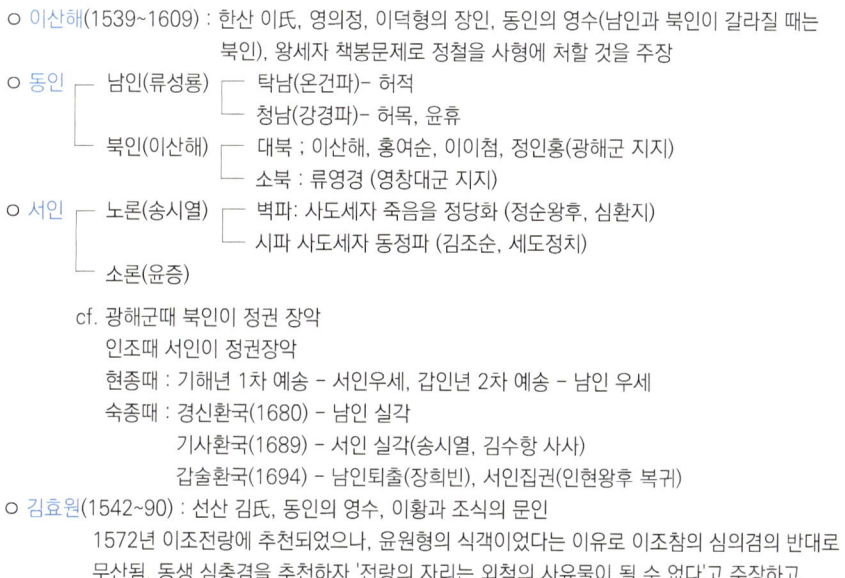

○ 이산해(1539~1609) : 한산 이氏, 영의정, 이덕형의 장인, 동인의 영수(남인과 북인이 갈라질 때는 북인), 왕세자 책봉문제로 정철을 사형에 처할 것을 주장
○ 동인 ─ 남인(류성룡) ─ 탁남(온건파)– 허적
　　　　　　　　　　　└ 청남(강경파)– 허목, 윤휴
　　　　└ 북인(이산해) ─ 대북 ; 이산해, 홍여순, 이이첨, 정인홍(광해군 지지)
　　　　　　　　　　　└ 소북 : 류영경 (영창대군 지지)
○ 서인 ─ 노론(송시열) ─ 벽파: 사도세자 죽음을 정당화 (정순왕후, 심환지)
　　　　　　　　　　　└ 시파 사도세자 동정파 (김조순, 세도정치)
　　　　└ 소론(윤증)

　　　cf. 광해군때 북인이 정권 장악
　　　　　인조때 서인이 정권장악
　　　　　현종때 : 기해년 1차 예송 – 서인우세, 갑인년 2차 예송 – 남인 우세
　　　　　숙종때 : 경신환국(1680) – 남인 실각
　　　　　　　　　기사환국(1689) – 서인 실각(송시열, 김수항 사사)
　　　　　　　　　갑술환국(1694) – 남인퇴출(장희빈), 서인집권(인현왕후 복귀)
○ 김효원(1542~90) : 선산 김氏, 동인의 영수, 이황과 조식의 문인
　　　　　1572년 이조전랑에 추천되었으나, 윤원형의 식객이었다는 이유로 이조참의 심의겸의 반대로 무산됨. 동생 심충겸을 추천하자 '전랑의 자리는 외척의 사유물이 될 수 없다'고 주장하고 '이발'을 추천하면서 동인,서인으로 당쟁이 시작됨

동인에서 남인·북인으로, 북인에서 대북·소북으로, 이것이 계파 정치의 효시이다. 정당은 공당성이 있어야 하고 사당이나 붕당화朋黨化되면 이렇게 도당으로 변질되는 것이다.

임진왜란을 일으킨 일본의 도요토미 히데요시는 '아즈치모모야마'의 영주로서 존속기간(1573~1603)은 불과 30년밖에 되지 않는다. 임진왜란 후 많은 도공들이 인질로 잡혀가고 가뭄으로 흉년이 계속되어 기근과 질병으로 백성은 도탄에 빠져들고 있었다. 이런 상황에서도 유식하고 잘난 양반들은 밥그릇 싸움이나 일삼는 자중지란으로 나라를 망치고 있었으니 오늘날 우리의 현실을 보고 있는 것같다.

변란이나 질병은 예고없이 찾아오는 것이라서 항상 유비무환의 정신으로 대처했어야 하고, 이율곡의 십만양병설을 위정자는 귀담아 들었어야 했다. 임진왜란 전 일본의 동태를 살피러 여당인 동인의 김성일과 야당인 서인 출신 황윤길을 파견했었다.

그런데 김성일의 무사안일을 받아들였고 충정어린 황윤길의 우국정신을 선조는 묵살해 버렸다. 임진왜란은 '도요토미 히데요시'의 계획적이고 야심에 찬 호전성의 발로였다. 나라가 어려울 땐 우국 충신이 필요하고, 가정이 어려울 땐 현모양처가 절실한 것이다.

○ 아즈치모모야마 시대 (1534~82) : 오다 노부나가와 도요토미 히데요시가 정권 장악
○ 에도시대(1603~1868) : 에도 막부의 초대 쇼군(將軍) 도쿠가와 이에야스(덕천가강) 아들 '마쓰다이라 노부야스'를 오다 노부나가 딸 '도쿠히메'와 결혼시켜 성을 '마쓰다이라'에서 '도쿠가와'로 바꾼다.
　※ 덕천가강(1543. 1.30~1616.6.1) : 일본 센고쿠 시대부터 에도 시대 초기의 무장이자 센고쿠 다이묘(영주)이다. 오다 노부나가, 도요토미 히데요시와 함께 향토삼영걸로 불린다.
　※ 오다 노부나가 자녀 : 11남 9녀 (장남 : 오다 노부타나, 차남 : 오다 노부카츠)
　　　　　　　　　　　이들 장남과 차남은 오다 노부나가의 정실 부인인 노히메에게 자식이 없어
　　　　　　　　　　　그가 가장 사랑한 '이코마카츠노'(측실)의 자식들임
○ 임진왜란 일지
　• 1592. 음4.13　08시 고니시 유키나가가 1진으로 대마도에서 출발, 17:00 부산포 상륙
　　　　　　　　　부산진 수군 첨절제사 정발(1553~92.4.13) 전사
　• 1592. 음4.14　동래부사 송상현(1551~92.4.14) 전사
　• 1592. 음4.28　충주 탄금대 패배 (신립 자살)
　• 1592. 음4.30　선조 의주로 피신
　• 1592. 음5. 3　한양 함락

정철은 당파싸움에 넌더리가 났다. 이 시 한 수를 통해 그의 심정을 살펴보면,

新年祝, 新年祝　　所祝新年 朝著淸
신 년 축 , 신 년 축　　소 축 신 년　조 저 청

痛掃東西 南北說　一心寅協 做昇平 (寅 범(虎) 인, 강할 인)
통 소 동 서　남 북 설　　일 심 인 협　주 승 평

새해에 비네, 비는 바는 새해들어 정치가 청명하여
동서니 남북이니 편당을 없애 버리고
한맘으로 일치해서 편한 세상 만들세

정철의 사망 소식을 들은 성혼은 '나도 죽고 싶네'라고 했다. 정철의 묘는 충북 진천군 문백면 봉죽리에 있다. 광해군의 세자 책봉을 옹호하는 정철, 유성룡, 정인홍과 선조가 총애하는 인빈 김氏 소생 신성군을 옹립을 옹호하는 이산해, 인목대비 소생 영창 대군을 옹호하는 유영경이 있었으나 결과는 광해군이 왕위에 올랐다.

당시의 벼슬아치들은 나라를 말아 먹어도 뻔뻔스럽고 도도하게 거드름을 피우는 파렴치한들이었다. 과거에 급제해서 벼슬길에 오르면 녹봉을 받는데도 불구하고 그것도 모자라 사리사욕이나 챙기는 탐관오리들, 눈만 뜨면 잔머리나 굴리고 권모술수에 정신이 팔려 국사를 등한시한 정치꾼(Politician)보다는 진정으로 국가와 민족을 위한 존경받는 정치가 (Statesman)는 없는 것일까...

○ 간신들의 예
- 원균 : 이순신 장군을 모함하여 삼도수군통제사가 됨. 그러나 칠천량 해전에서 참패
- 김자점 : 소현세자 부부를 죽이는 데 앞장 서고, 청태종이 조선을 침략하는 계기 유발
- 민겸호 : 임오군란 유발 - 군인들 봉급으로 쌀을 주었는데 쌀에 모래와 왕겨를 섞어 줌

민생과 국방은 뒷전인 채, 야합으로 당리당략이나 일삼는 패 거리 정치꾼이나 기생충만도 못한 모리배 노릇은 그만두자. 그리고 가을 모기처럼 뻔뻔스런 행동은 하지 말았으면 한다. 공권력의 남용으로 민초들의 인권이 짓밟히고 소외계층이 국가의 보호를 받지 못하고 점점 추락하여 가는 모습은 예나 지금이나 크게 다를 바가 없다. 민심은 천심이다. 국민이 무섭다는 걸 위정자는 가슴 깊이 간직하고 살아야 한다.

※ 君舟民水 : 순자의 왕제편 출전
  임금은 배이고 백성은 물이다. 물은 배를 띄우기도 하고 배를 뒤집기도 한다.
  민심이 흉흉하면 배가 뒤집힌다. (예 : 홍경래의 난, 진주 농민 봉기)

■ 5극자(五克子)

이인손(1395~1463)은 세조 때 우찬성을 지냈으며 이덕형의 6代 조상이다. 조선을 통틀어 아들 농사를 가장 잘 지은 가문이다. 5극자라 함은 5형제 이름을 '이길 극克'자로 지었기 때문이다.

큰아들 이극배(1421~95)는 성종 대에 영의정을 역임했고, 학문을 좋아하여 독서를 즐겼다. 사적으로는 절대로 손님을 만나지 않았으며 노년에도 손에서 경서를 놓은 일이 없었다.

둘째 아들 이극감(1423~65)은 평생에 남을 대접하고 사사로운 일로 흥청거리지 않았다. 그러나 형조 판서를 지낼 때 불행하게도 뇌물 사건에 연루 되어 잡음이 일기도 했다. 폐비 윤氏에게 사약을 전달한 이세좌는 아들이다.

셋째 아들 이극증(1431~1494)은 예조 판서를 지내면서 국가경비 지출에 관한 식례를 통일하여 문묘와 학사를 쇄신하였다.

넷째 아들 이극돈(1435~1503)은 벼슬이 좌찬성까지 이르렀다. 전라감사 시절, 정희왕후(세조의 후비) 상중에 한양을 향해서 배향을 올리지도 않고 '장흥 기생'과의 색탐에 넋을 잃었다. 이것이 '주술화시' 사건이다. 세조의 왕위 찬탈을 비방한 '조의제문'이나 '주술화시'가 사초에 실린 것을 발견하고 분노를 금할 길이 없던 이극돈은 모사꾼 '유자광'을 찾아갔다. 마침 유자광 역시 함양 관아에 붙어 있던 자신의 현판을 불태워 버린 김종직과 극한 대립을 하고 있을 때였다. 게다가 김종직은 남이를 무고로 죽인 모리배라고 유자광을 멸시했다.

조의제문이나 주술화시를 사초에 실은 김일손 역시 김종직의제자로서 극악무도한 짓을 저질렀다 하여 사림을 싫어했던 연산군에게 유자광, 이극돈은 상소를 올렸다. 이에 격분한 연산군
은 사림들을 대숙청하였으니, 이것이 무오년의 옥사인 '무오사화'이다.

다섯째 아들 이극균(1437~1504)은 이덕형의 5대조이고 연산군 때 좌의정까지 지냈다. 그러나 갑자사화에 연루되어 경상도 칠곡에 유배된 뒤 사사賜死된다.

■ 한음과 오성

한음 이덕형(1561~1613년)은 본관이 廣州 李氏이고 동인의 영수 이산해의 사위(토정 이지함이 추천)이다. 시인 묵객 양사언과 막역지간이었고, 이항복과는 친형제처럼 지냈다.

○ 전남 보성군 득량면 오봉리 廣州 李氏 세거지 : 이극돈의 3남 이세정(전라감사)의 5남 이수관이 입향조. 오늘날 후손으로는 이용훈(대법원장), 이용식(검사장), 이경재(한의사), 이중재(국회의원 6선), 이종구(국회의원 3선)이 있다.

○ 경북 칠곡군 왜관읍 매원마을 廣州 李氏 세거지 : 이인손(우의정, 이극돈의 부)의 막내동생 이예손 → 아들 이극견 → 손자 이지가 칠곡에 입향조. 오늘날 후손으로는 이수성(국무총리), 이수인(국회의원), 이준섭(당대표,국회의원)이 있다.

1580년 20세에 문과에 급제하여 31세에 최연소 대제학, 38세에 우의정, 43세에 영의정을 역임했다. 옛말에 '정승 열 명을 배출한 가문보다 대제학 한 명을 배출한 가문을 더 존경한다'했는데, 이는 정신적 가치를 더 존중했기 때문이다.

홍문관 수장인 대제학은 '학문의 산실이요, 벼슬의 꽃'이라 일컫는다. 한강을 중심으로 북쪽은 한양漢陽이고, 남쪽을 한음漢陰이라 한다. 그래서 이덕형은 한강 남쪽 경기도 광주 출신이기에 한음이라고 했다. 그는 이황의 맥을 잇는 남인이었으며 필력이 뛰어났다. 영의정에 오른 이덕형은 이렇게 상소를 올렸다.

"영창대군이 반역의 모의에 가담했을지라도, 이제 나이가 겨우 여덟 살 이온데 형벌로 다스리기는 어렵지 않겠습니까?"

이 간언을 이유로 광해군은 그를 삭탈관직하고 낙향하게 한다. 영창대군을 강화도 교동으로 위리안치圍籬安置시키고 이이첨의 사주를 받은 강화 부사 정항은 광해군의 이복동생인 영창의 '살려 달라'는 비명에도 아랑곳없이 방을 뜨겁게 달구어 증살蒸殺시켰다. 이이첨은 대북파의 영수로서 정인홍과 합세하여 유영경, 김제남을 사사하고 인목대비를 폐모시키는 데 일조했다.

오성 이항복(1556~1618)의 본관은 경주이고, 고려의 명재상 이제현의 후손이다. 아버지는 좌참찬 '이몽량'이었고 권율 장군의 사위이다. 1580년 25세에 문과에 급제, 한음과 고시 동기생이었다. 그는 아홉 살에 부친을 잃고 16세에 모친까지 잃었다.

당색이 없던 그는 '폐모론'을 극구 반대했다. 인목대비를 폐출시키려는 음모가 이이첨의 계획대로 순조롭게 진행되어 갔다. 여기에 동조한

신·구 관료들은 930명이나 되었고 이 중에는 종실 170명이 포함되었다. 폐모론에 반대한 사람은 영의정 '기자헌'과 좌의정 '이항복' 을 비롯한 불과 손가락으로 헤아릴 정도였다. 그만큼 대북파의 권력이 기고만장했던 것이다.

3사(사간원, 사헌부, 홍문관)의 합세로 영의정, 좌의정의 탄핵이 빗발치자 기자헌은 회령으로, 이항복은 경원으로 귀양을 떠난다. 불행히도 분통을 삼키지 못한 좌의정 이항복은 유배 생활 5개월 만에 울화병으로 세상을 떠났다.

○ 대제학 3대   ※ 대제학은 벼슬의 꽃
  • 이경여 家 (이민서 → 이관명 → 이휘지)   • 김장생 家 (김만기 → 김진규 → 김양택)
  • 서 성 家 (대구 서氏, 서유신→서영보→서기순)   • 이정귀 家 (연안 이氏, 이정귀→이명한→이일상)
○ 이이첨(1560~1623) : 廣州 이氏로 1608년 문과 重試에 장원, 대북파의 영수로서 소북파를 숙청했다.
                    영창대군을 죽게하고 김제남을 사사, 인목대비를 유폐시켰으나 인조반정 후 참형당함
○ 이항복(1556~1618) : 경주 이氏, 호.백사, 오성대감, 권율장군의 사위
   ※ 후손 : 이광좌(좌의정), 이태좌(영의정), 이종성(영의정), 이유원(영의정)
         우당 이회영 (신흥무관학교 건립) , 동생은 이시영(초대 부통령)

이유승 → 이회영
이조판서 무정부
        주의자
            ┌ (初配. 달성 서氏) → 이규학 → 이종찬(국회의원,중정부장)
            │   (配.조계진 : 흥선대원군 외손녀)
            │   ※홍세화 : 전 노동당 대표, 외증조부와 조계진은 남매지간. 경기중고등학교를 거쳐
            │   서울대 외교학과 졸. 파리로 도피하여 택시운전을 함.
            └ (繼配. 한산 이氏) → 이규동 → 이종걸(국회의원)
                  이은숙   配. 변봉섭

○ 변계량(1369~1430) : 호 춘정, 초계 변氏. 학문의 최고봉인 대제학을 20년 역임.
   [내해 좋다 하고]
   내해 좋다 하고 남싫은 일 하지 말며, 남이 한다하고 義(의) 아녀든 쫓지마라
   우리는 천성을 지키어 생긴대로 하리라.
      ※ 그의 18代 후손 천재 3형제
       - 산강 변영만(1889~1954) : 사법권이 일본으로 이양되자 판사직을 사퇴한 강직한 법조인.
       - 일석 변영태(1892~1969) : 前 국무총리. 출장비를 남겨 올 정도로 청렴
       - 수주 변영로(1897~1961) : 시인(논개). 성균관대 교수. 창씨개명과 신사참배를 거부한 지조있는 시인
          논개 : 거룩한 분노는 종교보다 깊고, 불붙은 정열은 사랑보다도 강하다.
                아! 강남콩보다도 더 푸른 그 물결 위에 양귀비 꽃보다도 더 붉은 그 마음 흘러라.
         ※ 시인 변영로는 두주불사하는 애주가, 시인 오상순은 줄담배하는 애연가.

경주 이氏 백사공파

(三韓甲族 : 삼한에서 가장 으뜸인 집안)

(일부 인물들만 발췌한 가계도임)

이몽량(1499~1564) + 配 전주 최氏
대사헌, 형조판서

이항복(1556~1618)

이항복

配 안동 권氏(권율의 딸) ／ 측실. 나주 오氏

- 이성남(부사) + 配 안동 권氏
  - 이시현(공주목사)
    - 이세구(홍주목사) + 配 박장원의 딸
      (1646~1700) (박문수 고모 할머니)
      - **이광좌**(1674~1740)
        문과장원(약관 20세), 영의정
        소론의 거두
        - 이종익(양자, 생부 이형좌)
          장원급제

- 이정남(예빈시정)
  - 이시술(이조참판) + 配 홍영의 딸
    ※ 홍이상(洪之慕堂)→홍영→홍현주(配.선조의 딸 정명공주)
    - 이세창(1628~68)
      - 이문좌(증.좌찬성)
        - 이종악(증.영의정)
          - 이경일(영의정)
            (양자, 생부 이종열)
            - 이수영
              - 이계상
                - 이유현
                  - 이주영(특진관, 친일)
    - 이세필(1642~1718)
      사복시정
      - **이태좌**(6조판서, 우,좌,영의정)
        (1660~1739)
        - 이종성(영의정)
          (박문수와 동문수학)
          - 이경륜
            - 이정규
              - 이계선
                - **이유승**(이조판서)
                  - 건영
                  - **석영**(출계)
                  - 철영
                  - 회영
                  - **시영**(초대 부통령)
                  - 호영
                    - 初配. 달성 서氏 - 규룡, 규학→이종찬(전 국회의원)
                      配.풍향 조氏
                    - 繼配. 한산 이氏 - 규창, 규동→이종걸(전 국회의원)
                      配.변봉섭
      - 이정좌
        - 이종주
          - 이경관
            - 이석규
              - 이계조
                - ★ **이유원**(영의정)
                  配.동래 정氏 ─ 측실
                  - **석영**★(양자)
                  - 표영
      - 이형좌
        관찰사

- 측실. 나주 오氏
  - 이규남
  - 이기남(지중추부사)

★ 이유원은 당대 조선 최고의 갑부였으나 후사가 없어 12촌 동생인 이유승의 여섯 아들 중 가장 잘 생기고 반듯한 이석영을 양자로 삼았다.
　이석영은 양부로부터 물려받은 수천만 평의 땅(남양주에서 동대문까지 남의 땅을 밟지 않고 지나갈 정도)과 동생 이회영(우당)의 명동 일대의 땅을 정리하여 함께 중국으로 건너가 만주 삼원보에 신흥무관학교를 세우고 독립자금을 지원했다.
　그리고 3.1운동 이후에 이석영의 두 아들이 독립운동에 투신하였다가 비명횡사하였다. 이후 이석영 부부는 일흔아홉 살까지 중국의 봉천, 북경, 천진, 상해 등지를 떠돌아 다니다가 빈털털이가 되어 두부공장에서 비지를 얻어 먹으며 비참하게 연명 하면서도 일말의 원망이나 후회의 기색도 없이 오히려 태연하여 대장부다운 풍모가 있었을 뿐이었다.
　조국광복을 위해 모든 것을 바치고, 희생하며 독립운동의 밑거름이 되신 이분들 이야말로 우리가 영원히 기리고 기억해야 할 애국애족의 표본이다.

온 가족이 독립운동가인 우당 이회영 선생의 6형제

건영　석영　철영　회영　시영　호영

※ 칼레시민 전체의 목숨을 살리기 위해 자신의 목숨을 내놓은 칼레의 지도층 인사 6인이 있었다면, 한국에는 우당의 여섯 형제가 있었다.

※ 경주 이氏 후손 : 이명박 (17대 대통령), 이재명 (21대 대통령)
　　　　　　　　　　이재용 (삼성그룹 회장)

■ 휴정 서산대사

서산대사는 선조 대 고승이며 법명은 휴정이고, 호는 서산·청허이다. 평안도 안주 태생으로 9세 때 모친, 10세 때 부친을 잃고 천애 고아가 되어 승려가 되었다. 임진왜란 때 의승 5천 명을 모집하여 관군을 도와 공을 세우고 제자 처영과 사명대사 유정에게 유언을 남기고 묘향산의 원적암에서 입적했다.

사명대사와 서산대사의 일화,

사명대사 曰,
　"여기 오다가 고운 새 한 마리를 잡았는데, 대사님(서산대사)
　한테 드려야 할지, 놓아주어야 할지 모르겠소이다"

서산대사 曰,
　"나는 대사께서 소승을 찾아오시는데 나가 마중을 해야 될지
　안으로 모셔야 할지 몰라 망설이는 중이오" 하자, 이 한마디에 사명대사는 무릎을 꿇고 그날로 제자가 되었다.

　　　　空手來空手去是人生 生從何處來 死向何處去
　　　　공 수 래 공 수 거 시 인 생　생 종 하 처 래　사 향 하 처 거

빈 손으로 왔다가 빈 손으로 가는 인생이여
날 때는 어느 곳에서 왔으며, 갈 때는 어느 곳으로 가는가

　임종 詩
　　　　生也一片浮雲起 死也一片浮雲滅
　　　　생 야 일 편 부 운 기　사 야 일 편 부 운 멸

　　　　浮雲自體本無實 生死去來亦如然
　　　　부 운 자 체 본 무 실　생 사 거 래 역 여 연

태어난다는 것은 한 가닥 구름이 일어나는 것이고
죽는다는 것은 한 가닥 구름이 없어지는 것이다.
뜬구름은 본래 그 형체가 없는 것이고,
사람이 나서 죽는 것 또한 그와 같구나.

제자인 유정(사명 대사)에게 남긴 '전법계송'은 백범 김구 선생이 어려운 결단을 내릴 때마다 되새겼던 계송이다.

踏雪夜中去　不須胡亂行
답 설 야 중 거　불 수 호 란 행

今日我行跡　遂作後人程
금 일 아 행 적　수 작 후 인 정

눈 덮인 광야를 지날지라도 함부로 걷지 말아라.
오늘 내가 걷는 이 발자국은 뒤따라 오는 사람들의 이정표가 된다.

■ 허엽과 자녀들

허엽(1517~80)은 조선 중기의 문신으로 30년간 관직 생활을 하였으나 청렴결백하여 청백리로 녹선錄選되었다. 장남 허성, 차남 허봉, 삼남 허균, 딸 허난설헌을 두었다.

허성(1548~1612)은 서장관이 되어 정사 황윤길, 부사 김성일을 따라 일본에 다녀왔다. 함께 다녀온 김성일과는 같은 동인이면서도 견해를 달리하여 일본의 침략 가능성을 선조에게 직고하였다. 벼슬은 이조판서에 이르렀으며 이름난 문장가로 성리학에도 통달하였다. 미암 유희춘의 문인이다.

임진왜란이 일어나자 이조 좌랑으로 강원도 '소모어사召募御使'를 자청하여 군병 모집에 진력하였다. 그의 아버지 허엽은 동지중추부사, 중추부 동지사가 되어 주유천하를 하다가 상주 객관에서 병사했다.

허봉(1551~88)은 창원 부사로 있던 시절 병조판서 이이를 상소했다가 갑산에서 유배 생활을 했다. 그 후 1585년 영의정 노수신의 주선으로 재기용되었으나 거절하고 백운산, 춘천 등을 유랑하다가 병을 얻어 금강산을 가던 길에 금화에서 객사했다. 유희춘의 문인으로 성리학에 심취하였다.

　　허균(1569~1618)은 조선 중기 문신 겸 소설가이다. 그의 저서 '홍길동전'은 사회 모순을 비판한 조선시대의 대표적 걸작이다.

　　1613년 계축옥사 때 평소 친교가 있던 박응서 등이 처형되자 신변의 안전을 위해 권신인 이이첨에게 아부하여 예조 참의를 지냈다. 1617년 폐모론을 주장하는 등 대북파의 일원으로 왕의 신임을 얻었다. 같은 해 좌참찬으로 승진하여 광해군의 전횡에 항거하여 이듬해 하인준, 김개, 김우성 등과 반란을 계획하다 실패하여 1618년 가산이 적몰되고 능지처참을 당했다.

○ 양천 허氏 五文章 : 허엽, 허성, 허봉, 허초희(허난설헌), 허균
○ 허엽 ┌ 초배 : 한숙창(한확의 증손녀) → 허성
　　　　└ 계배 : 강릉 김氏 (허봉, 허초희, 허균)
　　　　　・허엽은 서경덕의 문인, 호는 초당 (강릉초당 순두부 유래)
　　　　　・허성, 허봉 형제는 유희춘 문인
　　　　　・허난설헌, 허균은 손곡 이달의 문하생
　　　　　　※ 三唐시인 : 최경창, 백광훈, 손곡 이달
　　　　　　　명나라 사신 주지번은 손곡의 시가 이태백의 시를 능가한다고 극찬.
　　※ 쪽집게 가정교사 표옹 송영구 : 명나라에 사신으로 갔을 때 주지번이 아궁이에 불을 때면서 경을 읊고 있는 것을 들었다. 그것은 장자의 남화경에 나오는 내용이었다. 그래서 송영구는 주지번에게 조선의 과거 시험에서 통용되는 모범 답안을 가르쳐 주었고, 2년 뒤 주지번은 장원급제하였다. 그 후 조선에 주지번이 사신으로 왔을 때 그 은혜에 보답하기 위해 송영구 집에 망모당(望慕堂)이라는 당호를 써주고, 身後之地(묘자리)를 골라주었다.
　　전주객사의 현판을 豊沛之館이라 써주었는데 이는 전주가 조선의 발원지라는 뜻이다.

허균의 큰형 허성은 이복형제이고, 둘째형 허봉과 누님 허난설헌은 동복형제이다. 허난설헌(1563~89)은 천재 여류시인임에도 인정을 받지 못한 것은 유작이 별로 없어서이다. 그녀는 안동 김氏 '김성집'과 결혼하여 남매를 두었으나 어려서 잃었고 남편 역시 과거시험에 매달린 무능한 사람이었다. 오빠 허봉이 금화에서 객사하는 등 친정의 겹친 액운과 남편없이 독수공방을 하며 자식까지 잃었으니 그 외로움을 시로써 달랜 것이다.

※ 조선시대의 남귀여가혼男歸女家婚
- 신사임당(신인선) : 남귀여가혼으로 '장가간다', 남편 이원수가 처가살이
- 허난설헌(허초이) : 친영제도로서 '시집간다', 허초이가 시집살이
  ※ 만약에 허초이가 남귀여가혼 제도로 결혼을 했더라면 시집살이를 하지 않아도 되었기 때문에 신사임당 이상의 예술작품을 남겼을 것이다.

유희춘의 '미암일기'에는 아내의 자랑이 대단하다. 그의 아내 송덕봉은 시와 문장에 있어서 신사임당, 허난설헌에 못지 않고 미색으로는 황진이에 버금간다고 소개했다. 그러나 그것은 자화 자찬일 뿐이다. 오늘날 허난설헌의 유작이 베이징 대학에서 발견되어 관심을 불러일으키고 있다.

- 광해군 10년 1618년 8월 10일 "서자로 외람되게 왕위에 올라 형제를 죽이고, 법모인 인목대비까지 폐위시킨 패륜아"라는 벽서가 남대문에 나붙었는데, 허균의 심복 현응민의 소행으로 밝혀지면서 허균도 체포됨. 하지만, 이 흉서를 사주한 것은 이이첨이었지만, 이 사실이 탄로날 것을 걱정하여 광해군의 친국을 국구 만류하고 이튿날 허균을 역모로 죽임.
- 4대 여류 시인 : 황진이, 신사임당, 허난설헌, 매창(계생)
- 조선시대의 요리서 : 수운잡방(광산 김氏 김유), 음식디미방(장계향), 규합총서(빙허각 이氏)
  도문대작(1611. 유배지에서 허균, 푸줏간에서 입맛을 쩝쩝다신다는 뜻)
- 여중군자女中君子 장계향(1598~1680) : 안동 장氏 장흥효의 외동딸, 한글 조리서인 '음식 디미방' 저술.
  - 19세에 부친의 제자인 이석명과 결혼해서 7남3녀(전처 소생 1남 1녀 포함)를 두어 이휘일,이현일 (이조판서)을 대학자로 길러냈다. '나눔의 실천, 정직한 생활'을 교육.
  - 조선시대 골수 야당(남인) 이조판서 갈암 이현일이 송시열과 맞서다 집안이 풍비박산됨.
  - 송나라 정호(정명도), 정이(정이천) 형제를 대학자로 키운 '후 부인'에 비견됨
    ※ 재령 이氏 집성촌(두들마을) : 경북 영양군 석보면 원리. 이곳에 樂飢臺를 짓고 도토리 묵을 쑤어 굶주린 자들을 구휼하였다.
  • 후손 : 이문열 작가, 이용태 삼보컴퓨터 창업자

o **조경남(1570~1641, 남원 의병장, 성이성의 스승)과 몽룡의 시**
   저서 : 난중잡록(난중일기에 버금), 춘향전, 성이성이 실제 이몽룡임

(스승 조경남)

淸香旨酒千人血　細切珍羞萬姓膏 (旨 뜻 지, 맛있을 지)
청 향 지 주 천 인 혈　세 절 진 수 만 성 고

燭淚落時人淚落　歌聲高處怨聲高
촉 루 락 시 인 루 락　가 성 고 처 원 성 고

맑은 향내나는 맛 좋은 술은 천 사람의 핏국이오
갖가지 음식들은 만백성의 기름이다.
촛물이 떨어질 때 민초들의 눈물도 떨어진다
노랫가락 높은 곳에 원망소리 높구나.

(제자 이몽룡)

金樽美酒千人血　玉盤佳肴萬姓膏
금 준 미 주 천 인 혈　옥 반 가 효 만 성 고

燭淚落時民淚落　歌聲高處怨聲高
촉 루 락 시 민 누 락　가 성 고 처 원 성 고

금동이에 담은 술은 천 사람의 핏국이요
옥반에 그득한 안주는 만백성의 기름이다
촛물이 떨어질 때 백성의 눈물 또한 떨어지나니
노랫가락 높은 곳에 원망소리 또한 높구나.

---

o 북송代 3소蘇(소순蘇洵, 소식蘇軾(동파), 소철蘇轍)에 비견되는 조선의 3사(양사준, 양사언, 양사기)
　※ 양희수 ┌ 정실(은진 송氏) → 양사준
　　　　　 └ 첩 (문화 류氏) → 양사언, 양사기

　※ 양사언 생모(문화 류氏)의 기도 : 야밤 삼경에 알몸으로 북두칠성의 기운을 받아 백일기도 끝에
　　두 아들을 낳았다. 그러나 서자라는 이유로 출세길이 어렵게 되자 남편 양희수가 세상을 떠난 날을
　　택하여 적자인 양사준에게 사언과 사기를 적실 자식으로 족보에 올려줄 것을 간곡히 부탁하고
　　자결한다. 모친의 살신성인의 정신을 기려 양사언은 "태산이 높다 하되 하늘 아래 뫼이로다"라는
　　시를 지었다.

영남 사림파

사림士林들의 출신 지역을 살펴보면
안향(영주),   이제현(경주), 이숭인(성주), 이색(영해),
정몽주(영천), 길재(선산),   김숙자(밀양), 김종직(밀양)
이언적(경주), 권벌(안동),   이황(예안)

영남 인재의 절반은 선산, 구미 출신이란 말이 있다. 그것은 기름진 넓은 선산 들에서 풍기는 훈훈한 인심과 금오산의 상서로운 기운 때문일 것이다.

야은 길재를 비롯해서 단계 하위지가 선산 사람이다. 경상 우도 쪽이 좌도 쪽보다 성격이 대쪽 같은 반골형이 많다. 남명(조식) 선생은 철저한 절제로 불의와 타협하지 않았으며 당시의 사회 현실과 정치적 모순에 대해서는 적극적인 비판의 자세를 견지하였다. 단계적이고 실천적인 학문 방법을 제자들에게 가르쳤다. 이것이 경상 우도의 학풍이다. **경상 좌도**의 대학자 이황과 쌍벽을 이룬다.

퇴계 이황이 성리학을 추구하였다면 남명 조식은 여러 학문을 접하여 소위 '남명학파'라 불리운다. 남명은 지리산을 사랑해 천황봉이 잘 보이는 산청에서 은거하며 후학을 양성했다. 임진왜란 때 의병장 곽재우는 조식의 손녀사위이고 정인홍, 김천일 등은 그의 제자이다.

이황 선생은 '아홉 길 높이 토성을 쌓으려거든, 평지부터 한 삼태기씩 시작하라'고 했고 남명 선생은 '출거를 분명히 하여, 나가서 싸울 때는 싸우고 머무를 땐 머무르라'고 가르쳤다. 이런 가르침에 의병장들은 그를 따랐다.

　　남명 선생의 묘는 경남 산청군 시천면에 있다. 지금도 선산 태조산 자락에 '해동국 최초 가람' 도리사가 있으며 아도 화상이 고구려 소수림왕 2년에 세운 절이다.

　　성리학의 계보는 설총 → 최치원 → 안향 → 이색 → 정몽주 → 길재 → 김숙자 → 김종직 → 김굉필 → 조광조 → 이황 → 이이 → 송시열 → 간재 선생까지 이어진다.

○ 경상우도(지리산쪽 산청) : 남명 조식(1501~72)으로 대표되는 정치 참여와 현실개혁 성향의 학파
　- 제자 6哲 : 최영경, 정인홍, 김면, 김우옹(동강), 정구(한강), 곽재우.
　　　　　※ 기득권 세력의 부패와 억압에 결연히 저항한 경상우도는 인조반정 이후 약 300년 동안 반역 성향으로 매도되어 혹독한 탄압과 차별대우를 받았다.

○ 경상좌도(안동, 예안) : 퇴계 이황(1501~71)으로 대표되는 정통 유학의 본산, 성리학적 이상주의 학파
　- 제자 5賢 : 조목(월천), 김성일. 류성용, 박성임, 정구 (한강)
　　　　　※ 정구는 남명과 퇴계, 두 스승을 모셨으나 남명의 사상을 더 깊이 연구

○ 김종직(1431~1492) : 선산 김氏, 사림파의 영수, 함양군수, 선산부사 역임
　(유학의 종장宗匠)　　문하생 : 김굉필, 정여창, 김일손, 유호인, 남효온 등 등..
　　　　　　　　　　1498년 무오사화 : 조의제문 사초에 수록됨
　　　　　　　　　　(초나라 회왕懷王(의제)가 어린 나이에 항우에게 희생당한 것을 어린 조카 단종을 죽인 숙부 수양대군에 빗대어 비판한 내용.
　※ 고령 유氏 兪好仁 : 노모를 봉양하기 위해 사임하려 하자 성종이 여러차례 만류하였으나, 할 수 없어 친히 주연을 베풀어 주고 '있으렴 부디 갈다 아니 가든 못할소냐...' 라는 시조를 읊었다.

될성부른 나무는 떡잎부터 알아본다

후사가 없는 명종은 어느 날 왕손들을 궁궐에 불러 왕재王材를 골랐다. 이복형 이초(덕흥 대원군)의 세 아들인 하원군, 하릉군, 하성군을 불러 임금이 정무를 볼 때 쓰는 '익선관翼蟬冠'을 차례로 써보라고 하자, 두 왕자는 커다란 익선관을 써보고 시시덕거렸다. 그러나 나이가 제일 어린 하성군은 두 손으로 관을 받들어 어전에 공손히 가져다 놓으며 말했다.

"전하, 이 관을 어찌 소신들이 쓰겠나이까? 하명을 거두어 주소서."

명종은 하성군이 유난히 눈에 들어왔다. 글을 써서 올리라 하여도 하성군의 글이 단연 빼어났다.

"충효본무이치 忠孝本無二致"라고 썼다. '충성과 효도는 본디 둘이 아니다'라는 뜻이다.

명종은 병석에 누워 영의정 '이준경(廣州 이氏)'을 불렀다. 그는 다른 중신들과 3사의 수장들을 불러 명종의 전교를 전했다.

"경들은 덕흥군의 셋째 아들 하성군에게 대통을 잇게 하라." 라는 어명을 내렸다. 이로써 조선의 제14대 임금인 선조가 탄생하게 된다.

○ 전교傳敎 : 임금의 칙령(양위)
　교지敎旨 : 임금이 종4품 이상의 벼슬아치에게 주는 임명장
　첩지帖旨 : 중전이 후궁에게 내리는 간택지(최종 승인은 임금이 함)

선조는 6명의 후궁으로부터 13남 10녀를 두었으나 적자녀는 인목대비 소생인 1남 1녀밖에 없었다. 선조 역시 왕사 때 선왕이 익선관으로 자신의 왕재를 알아보듯, 자신도 왕자들을 불러 보석과 문방사우를 비치해 놓고 하나씩 가져오라고 어명을 내렸다. 많은 왕자들은 쓸 만한 보석을 가져왔는데 반해, 광해군은 '붓과 먹'을 가져왔다. 이때 선조는 이것을 가상히 여겨 다른 일을 물어 보게 되었다.

"너는 반찬 중 무엇이 으뜸이라고 생각하느냐?"

"소금입니다."

"그 이유가 뭐냐?"

"소금이 없으면 만 가지 맛을 이룰 수 없기 때문입니다."

"그렇다면, 너에게 가장 기쁜 일이 무엇이더냐?"

"어머니 젖을 먹을 때가 가장 기쁩니다."

"그러면, 가장 슬픈 때는 언제더냐?"

"어머니가 일찍 돌아가신 것이 가장 슬픕니다."

두 살 때 광해군은 어머니를 잃었으니 당연한 대답이 아닐 수 없다. 어려서 영특하고 성인이 되어서는 문무를 겸했으나 서출이라는 이유로 등극하기 위해서 많은 인고를 겪어야 했다.

동계 고택(桐溪古宅)

동계 정온(1569~1642)은 초계 정氏이고 1610년(광해군 2) 진사로서 문과 급제하여 1614년에 부사직에 있으면서 영창대군 처형의 부당함을 주장하고 가해자인 강화부사 정항의 참수를 주장하다가 제주도 대정에서 10년간 유배 생활을 하였다.

병자호란 때는 이조 참판으로서 김상헌과 척화를 주장했으나 조정이 화의로 돌아서자 사직하고 낙향하여 덕유산에서 여생을 보냈다. 조식의 학풍을 닮아 혁명 기상이 충만한 강골이었다. 지금도 한국의 명가로 손꼽히는 이 고택은 경남 거창군 위천면 강산리에 있으며 중요민속자료 제205호로 지정되었다.

이 집터는 기운이 강강해서 '무림 고수'나 '도인'들의 수련터이지 평범한 민초들이 살기에는 기운이 넘치고 벅차다. 이 집안에는 광해군 대에 정치가로 살아온 '정온'이 있는가 하면, 영조 대에 혁명가로 살아온 '정희량'이 있다. 그래서 일치一治는 정온이요, 일란一亂은 정희량을 가리킨다.

예지에 밝은 정희량의 누나가 말하기를,

"네가 큰 일을 할 운명을 갖고 태어났지만, 지금은 때가 아니 니 조금만 기다렸다가 가을에 벼가 고개를 숙일 때 거사를 하라"고 일러주었다.

그러나 더 이상 미룰 수 없다고 동생은 단호하게 거절했다.

그러자 누나는,

"더 이상 미룰 수 없는 것도 너의 운명이자 우리 집안의 가운家運이니 어쩔 수가 없구나. 네가 지금 거사를 일으키면 너는 훗날 목이 없는 귀신이 되고 무덤 없이 구천을 떠돌아다닐 것이다."

이런 예측이 사실로 다가왔다. 정희량은 조선 후기 영조 4년(1728) '이인좌의 난'을 이끄는 주동자가 되어 초계 정氏 가문은 멸문지화를 당했다.

노론 4대신(김창집, 이이명, 조태채, 이건명)을 무고한 바 있는 소론파 김일경, 목효룡이 죽임을 당하자 이에 앙심을 품은 일부 세력인 김일경의 아들 김영해와 이준경의 후손 이인좌, 그리고 정온의 후손 정희량 등이 주동이 되어 소현세자의 적손 밀풍군(탄)을 왕으로 세워 왕통을 바르게 한다는 것이었다.

그러나 소론의 원로 '최규서'가 이를 알고 조정에 고변하니 반군은 패하고 탄은 자결했다. 주동자는 한양으로 압송되어 '압슬형'을 당하고 참수되었다.

○ 신임사화(1721~22) : 노론 4대신 희생
- 김창집(1648~1722) : 우·좌·영의정, 김상헌의 증손자, 부친은 영의정 김수항
- 이이명(1658~1722) : 전주 이氏 밀성군 8代孫, 우·좌의정 역임
  조부는 영의정 이경여이고 부친은 대사헌 이민적
- 조태채(1660~1722) : 양주 조氏, 우의정, 인조계비 장열왕후 4촌인 조희석의 아들
  소론의 영수 조태구의 4촌(동갑나이), 조태채만 그의 가족 중 유일한 노론이다.
- 이건명(1663~1722) : 전주 이氏, 우의정. 조부는 이경여, 부친은 이민서, 이이명은
  사촌형, 모친은 정승 원두표의 딸이다.

※ 소현세자　┌ 경선군(석철,1636~48)　┐
　嬪 민혜빈　├ 경완군(석린,1640~48)　┤ 제주도 유배시 병사(돌림병)
　(금천 강氏)　└ 경안군(석견,1644~65) → 임창군(이혼, 1663~1724) → 밀풍군(탄,1698~1728)

기대승奇大升과 기정진奇正鎭

고봉 기대승(1527~72)은 전남 광주에서 출생하여 하서 김인후를 비롯한 호남의 사림과 교류하면서 당대 성리학의 대가로 성장하게 된다. 그가 퇴계 이황과 벌인 '사단칠정론四端七情論'은 성리학적 원칙론과 철학적 심화를 가져와 한국 성리학의 지평을 한층 심화시켰고, 신유학의 금자탑을 이룩한 것이다. 임진왜란 때 순절한 고경명, 최경회의 절의와 기정진의 민족사상에 큰 영향을 주었다.

노사 기정진(1798-1879)은 순창에서 태어나 장성에서 성장했다. 과거에 급제한 후 거듭 관직에 천거되었으나 연연하지 않고 재야 유학자로서 당당하게 살았다. 그는 '이일분수설理一分殊說'의 유리론을 확립하여 18세기 이후 주기, 주리론의 극단적인 철학 전개를 극복하고 유리론唯理論으로 합치하는 데 큰 역할을 하여 근세 성리학의 대가로 칭송받았다.

○ 기대승 : 퇴계 이황과 1559년부터 1566년까지 8년간 '사칠리기논쟁四七理氣論爭', 1566년 이황을 스승으로 섬김, 그의 후손으로는 기세훈(서울고등법원장), 기모란(문재인 정부 비서실 방역기획관), 기보배(양궁선수)가 있다.
　　※ 지금도 광주광역시의 향반 순서가 奇(기대승)→高(고경명)→朴(박순)이다.
○ 기정진 : 행주 기氏, 부인은 하서 김인후 후손 진사 김의휴 딸과 혼인, 18세때 부모가 동갑인데 거의 동시에 별세. 위정척사파
○ 유리론唯理論 : 理一分殊說 - 우주의 본체 본원이 오직 理이며 인간도리의 기본 근저가 오직 理에 있다.

어릴 때 천연두를 앓아 한 쪽 눈을 잃었던 그는 임종 때 유언으로 자신의 글은 100년 후에나 꺼내어 보라 했다. 기정진은 한 쪽 눈으로 세상을 볼 수밖에 없었음에도 출중한 한문 실력으로 청나라 사신까지도 놀라게 하여 '장성의 일목이 장안의 만목보다 낫다'라는 칭송을 들은 민족의 보배로서 진정한 근세 유림의 거목이었다.

기정진의 아들 기만연, 기만연의 아들 송사 기우만은 할아버지의 척사론을 이어받아 척양, 왜척의 민족자존 논리를 외친 호남의 대표적 선비이다. 기우만은 김평묵과 함께 1881년(고종 18) '만인의 소'를 올렸고 의병으로 활동하다 참패하자, 처자식의 봉양도 뿌리치고 장성군 황룡면 마곡리에 있는 삼성산에 삼산재라는 움막에서 은거하였다.

장성 고산서원은 산세가 아름답고 물이 맑은 진원면에 있다. 이곳에 기정진, 기우만의 신위를 모시고 있다.

고산서원

○ 진원면 : 진원 박氏(필자의 숙모의 성氏) 세거지

사칠논쟁四七論爭

4단四端은 맹자가 인간의 본성에서 우러나온 이상적인 마음씨, 인仁, 의義, 예禮, 지智를 말하고, 7정은 예기에서 제시한 사람의 일곱 가지 감정으로 희喜, 노怒, 애哀, 락樂, 애愛, 오惡, 욕慾이다. 4단 7정론四端七情論의 핵심은 인간의 본성을 밝히는 것이다. 퇴계 이황과 고봉 기대승 사이에 4단 7정이 이발理發이냐, 기발氣發이냐를 놓고 벌인 논쟁이다.

명종 14년(1559)부터 21년(1566)까지 8년에 걸쳐 편지로 논쟁을 거듭한 끝에, 이황은 4단은 이지발理之發이요, 7정은 기지발氣之發이라는 견해를 수정하여 4단은 이발이기승지理發而氣乘之이고 7정은 기발이이승지氣發而理乘之라고 했다.

이황은 '이기이원론理氣二元論'에 입각하여 4단은 도심(理)이고 7정은 인심(氣)이라 했고, 기대승은 '이기일원론'에 기초하여 사단과 칠정은 분리할 수 없고 사단이 칠정에 포함되어야 한다고 했다. 이 논쟁은 영남학파와 기호학파의 학맥을 이루는 성리학의 큰 쟁점이었다.

퇴계 이황(1501~70)은 본관은 진보이고, 경북 예안에서 출생, 7개월 만에 부친을 여의고, 춘천 박씨인 홀어머니와 숙부 이우의 슬하에서 성장하였다. '동방의 주자'라고 일컬을 정도로 성리학의 대가이다.

**이理는 순선무악純善無惡한 것이고,
기氣는 가선가악可善可惡한 것인즉,
이理는 절대적 가치를 가졌고,
기氣는 상대적 가치를 가진 것이라 했다.**

이러한 학설은 일본 명치 시대의 교육이념이 되었다.

고봉 기대승(1527~72)은 행주 기氏이다. 그는 어려서부터 독학으로 경서를 익혔고, 퇴계와 하서 김인후에게 수학하였다. 그러나 퇴계는 고봉을 후배로 대하지 않고 동학으로 입론하였다. 고봉은 4단 7정을 모두 정情이라 주장하고 주기설을 강조했다.

　　영남에 '도산서원'이 있으면, 호남에는 '월봉서원'이 있다. 장성의 '필암서원'에는 '동문선'의 대가 하서 김인후가 있었고, 지금은 변시연 선생 후학들이 그 맥을 잇고 있다. '동문선'은 신라에서 조선조 숙종 대까지의 시문을 모은 책이다. 정편은 130권, 속편은 21권으로 되어 있으며, 정편은 성종 대에 서거정 등이 편찬했고, 속편은 중종 대에 신용개 등이 편찬했다. 그리고 숙종 대에 대제학 송상기 등이 개편한 것이다. '동문선'은 우리나라 한문학의 총결산이다. 호남을 중심으로 한 '기호학파'는 율곡 이이를 비롯해서 우암 송시열, 간재 전우艮齋 田愚로 이어진다.

　　필자의 조부 김상훈(金商勳, 1868-1939)은 간재 선생의 문하생으로 16세에 동몽초시童蒙初試를 했다. 조선시대에 초급시험으로 생원이나 진사가 될 수 있는 사마시司馬試가 있었고, 이 시험에 합격하면 유생으로서 성균관에 입학할 수도 있고 문과(대과) 시험에도 응시할 수 있었다.

　　필자는 경주 김氏 상촌공파이다. 인관仁琯 태자태사 27대 손이고 고려 말 충신 김자수(상촌공파 시조)의 18대 후손이다.

○ 남한의 3대 고택 : 강릉 선교장, 청송 송소고택, 보은 우당고택(관선정觀善亭)
　- 보은 우당고택(관선정) : 연화부수형蓮花浮水形. 보성 선氏 남헌 선정훈 선생이 후학을 양성하기 위해
　　　'觀善亭'을 지어 퇴계의 정통 학맥을 이은 김흥락의 제자 '겸산 홍치유' 훈장을 초빙하여
　　　자비로 운영　　　※ 우당 선영홍 → 남헌 선정훈 → 선병우
○ 관선정 홍치유 문하생
　- 산암 변시연(1922-2006) : 동문선 이래 가장 방대한 한국 시문집으로 꼽히는 '문원文苑'을 완성
　　※ 변시연 선생의 좌우명 : 무자기구방심毋自欺求放心
　　　　　　　　　　　　　　(자기 자신을 속이지 말고, 본래의 참된 마음을 되찾으라)
　- 청명 임창순 : 독학으로 중등 교원자격 취득 후, 대구사범 강사를 거쳐 1953년 역사학자 신석호 교수 추천
　　　으로 성대 교수 역임, 지곡서당(태동고전연구소)
○ 안동 전주 류氏 삼산종택 : 류정원(사도제자의 스승)의 부친이 1693년 건립, 후손 10여 명이 독립투사
○ 이계양 → 이식(진사) ┬ 초배 (의성 김氏) : 6남 1녀
　　　　　　　　　　　 └ 계배 (춘천 박氏) : 1남(퇴계 이황)

도산서원 (경북 안동시)　　　　　필암서원 (전남 장성군)

월봉서원 (광주광역시 광산구　　　소수서원 (경북 영주시)

※ 백운동 서원 : 1543년 경북 영주시 백운동에 주세붕이 세운 우리나라 최초의 서원
　소수서원 : 1550년 명종이 친필 사액을 내리면서 백운동 서원을 소수서원으로 고쳤다.

5대 궁궐

경복궁은 조선왕조 태동과 함께 태조 4년(1395)에 창건한 궁궐이다. 근정전은 정전으로서 국왕의 즉위식이나 공식적인 대례를 거행하던 곳이다. 문무백관이 임금에게 새해 인사를 드리는 조하朝賀를 비롯한 국가 의식을 거행하고, 외국 사신을 접견하는 장소이다. '근정勤政'이란 '천하의 일은 부지런히 하면 잘 다스려진다'는 의미를 담고 있으며, 정도전이 지었다.

'사정전思政殿'은 왕이 거처하는 편전이다. '천하의 이치를 깊이 생각하면 이를 얻을 수 있다'는 의미를 담고 있다. 임금과 신하가 직접 만나 정사를 논하고 집행하던 장소이다.

강녕전康寧殿은 왕의 침전으로 용마루가 없다. 교태전交泰殿은 왕비의 침소로서 하늘로 솟은 양陽과 땅으로 가라앉은 음陰의 교합으로 자손이 생한다는 의미이다.

경 복 궁

동궁은 왕세자의 생활공간으로, 세자궁이라 부른다. 경복궁이 정궐이라면 나머지 궁궐은 이궁 또는 별궁이다.

경회루

향원정

창덕궁은 1405(태종 5년)에 이궁으로 지어졌으나 임진왜란 때 경복궁이 소실되어 조선 말기에 복구될 때까지 약 300년간 정궁의 구실을 했다. 경복궁의 질서정연한 대칭적 구성과는 달리 지형 조건에 맞추어 자유로운 구성을 하였다. 정문인 돈화문, 정전인 인정전, 편전인 선정전, 내전으로 정침인 대조전 등이 있다. 성종 이후부터 창덕궁에서 정사를 보았으며 중종반정, 인조 반정이 이곳에서 일어났다. 지금은 유네스코 문화유산으로 등재되어 있다.

○ 박자청(1357~1423) : 노비출신으로 공조판서를 지낸 입지전적인 인물. 한양을 설계한 정도전 뒤에는 박자청이 있었다. 경회루와 향원정은 그의 걸작 중의 걸작이다.
　※ 儉而不陋 華而不侈 검소하지만 누추하지 않고, 화려하지만 사치스럽지 않다
　　－고려때 김부식이 백제의 궁궐건축을 묘사하면서 처음 사용한 말이었으나, 정도전이 경복궁을 지으면서 경회루를 보고 儉而不陋, 향원정을 보고 華而不侈라고 격찬하였다.
　　경국대전에도 같은 말이 기록되어 있음
○ 경복궁 영건일기 : 경복궁 재건(1865.4~68.7)할 때 원세철이 기록한 건축일지로 총 9권으로 구성되어 있다. 그간 국내에서는 1권만 전해져 왔으나, 2018년 일본 와세다 대학 도서관에서 9권의 완본을 공개함.

창덕궁

창경궁의 본디 이름은 수강궁이다. 1418년 세종이 상왕인 태종을 편안히 모시기 위하여 수강궁을 지었다. 성종 14년(1483) 수강궁 터에 궁궐을 창건하여 창경궁이라 하고 성종의 할머니 정희왕후, 성종의 어머니 소혜왕후, 성종의 숙모 안순왕후가 살았다.

숙종의 총애를 받던 장 희빈이 인현왕후를 독살하려는 못된 행동을 저지르다가 처형을 당한 취선당, 사도세자 임오화변(餓刑) 장소인 휘령전도 창경궁 내에 있다. 정조, 순조, 헌종을 비롯한 많은 왕들이 태어난 궁이다. 특히 명정전은 창경궁의 정전으로, 경복궁의 근정전과 같은 역할을 했다. 명정전은 남향이 아닌 동향으로 고려풍의 양식을 닮았다. 융희 1년(1907), 일제에 의해 창경원이라 하여 동·식물원을 꾸미고 봄이면 벚꽃놀이 명소로 인산인해를 이룬 곳이다.

창경궁

경희궁은 원래 원종의 집터이다. 원종(1580~1619)은 선조의 다섯째 아들이자 인조의 아버지이다. 광해군이 왕기王氣가 서려있다는 이유로 경희궁을 압수하여 광해군 8년(1616)에 경덕궁으로 세웠으나 영조 36년(1760)에 경희궁으로 바뀐 것이다. 일제는 경희궁을 강제로 철거하여 경성중학교를 설립하여 오로지 일본인 자녀만의 교육장으로 사용하다가 광복 이후 서울 중·고등학교로 이용하였다. 지금은 서울고등학교가 강남으로 이전되고 다시 경희궁으로 복원되었다.

경희궁

덕수궁은 본래 경운궁으로 광해군, 인조, 고종이 즉위한 궁이다. 이곳은 월산대군의 사저였으며 1618년에 인목대비가 유폐된 곳이기도 하다. 중화전은 정전이고, 즉조당은 인조의 즉위 장소였고, 석조전은 대한제국시대(1900~10) 영국인 건축기사 하딩과 데이비슨 감독하에 지은 서양식 건축물의 효시이다. 이곳은 미소공동위원회 회담 장소로 이용되었고 지금은 미술관으로 사용되고 있다. 덕수궁 돌담길은 청춘남녀의 추억의 길로도 유명하다. 광화문 교보문고 옆에 있는 비각은 고종 재위 40주년을 기념하는 징표이다.

덕수궁

서울 4대문의 명칭은 유교의 다섯 덕목인 오상五常에 따라 인仁·의義·예禮·지智·신信에 맞춰 4대문과 보신각을 배치한 것이다.

이에 따라 동대문(흥仁지문), 서대문(돈義문), 남대문(숭禮문), 북대문(흥智문), 중앙에 보신각(보信각)으로 명名하였으며, 돈의문 터에는 현재 강북 삼성병원이 자리하고 있다.

정도전은 숭례문이 불에 타면 나라의 운이 다한다고 말했다.
- 1592년 숭례문 화재 발생 – 임진왜란
- 1910년 숭례문 현판 추락 – 한일합방
- 1950년 숭례문 외곽 붕괴 – 6.25 한국전쟁
- 2008년 2월 10일 저녁 8시 남대문 전소

어떤 일이 일어날까 심히 걱정스럽다. 다행히 현판은 소실되지 않았다. 현판은 안평대군의 글씨라는 설이 있으나, 이수광이 지은 '지봉유설'에는 양녕대군이 쓴 것으로 되어 있다.

유교의 다섯 덕목인 오상에 따라 인의예지신에 맞춰 4대문과 보신각을 명명하여 배치
흥인지문/돈의문/숭례문/홍지문/보신각

숭례문의 禮는 오행五行에서 火를 뜻한다. 현판의 글을 불꽃이 타오르는 것처럼 세로로 써서 '불 기운이 강한 관악산의 화기를 막기 위해 맞불을 놓는다'는 뜻을 담았다.

숭례문의 본래 모습은 양옆으로 독수리의 날개처럼 성벽이 길게 쌓여 있었으나, 일제강점기에 일본 왕세자 방문과 전차 선로공사를 위해 양쪽 성벽이 철거되고 숭례문만 덜렁 남았다. 웅장한 날개를 부러뜨려 고립된 성으로 만들어 버린 것이다.

숭례문 현판 글씨는 양녕대군이 썼다.

1396년(태조 5년) 축조된 남대문(숭례문)

광해군은 풍수의 신봉자로서 왕기가 서린 땅은 모두 궁궐로 만들어 역모를 꾀할 수 없도록 하였다. 이를 위해 4개의 궁궐 복원과 신축으로 국가재정이 파탄에 이르자, 민심이 이반되어 인조반정으로 파국을 맞게 되었다. 이런 허황된 방법으로 왕기를 차단하는 것보다는 자기의 왕기를 만드는 것이 우선되었어야 했다.

'我生然後에 殺他'인 것을...

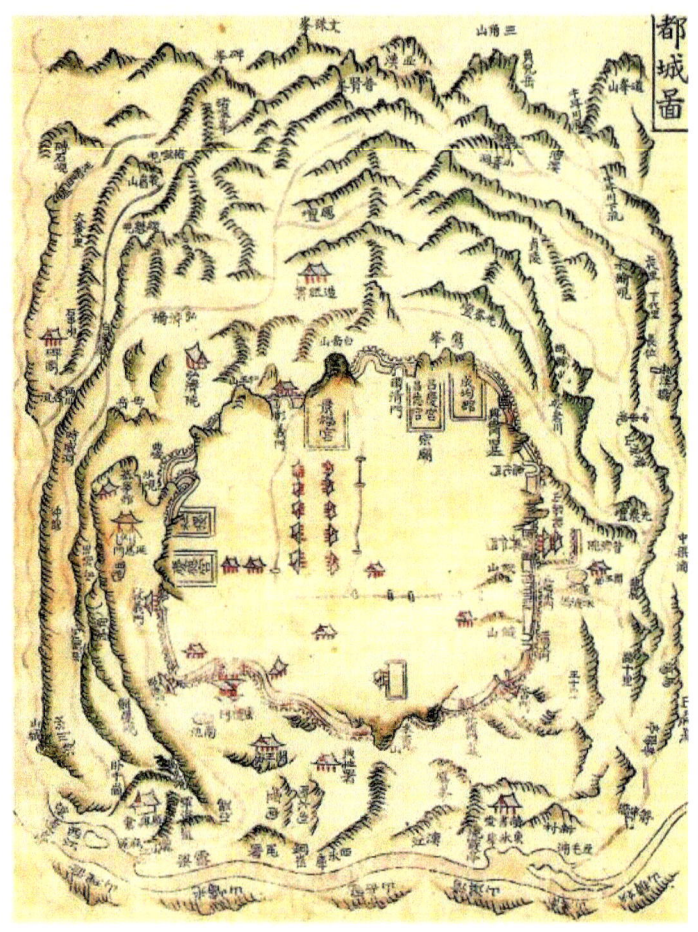

도성도都城圖 (조선시대 서울의 모습)

○ 5대 궁궐 : 경복궁, 창덕궁, 창경궁, 덕수궁(경운궁), 경희궁(경덕궁)
- 덕수궁 : 남이 장군의 역모사건에 엮인 조영달의 집터였으나 역적의 집이라 몰수하고, 의경 세자 장남 월산대군이 제사(부친)를 모시던 곳이었다. 임란때 3대 궁(경복궁, 창덕궁, 창경궁)이 모두 소실되어 몽진을 떠난 선조가 돌아와 거처하던 곳이다. 그때부터 '정릉행궁'이라 불렸다.
- 경희궁 : 정문은 흥화문, 광해군이 지은 서궁(서궐). 경복궁 중건을 위해 흥선대원군이 경희궁의 전각 90%를 사용하였다. 1910년 일제 고위층 자녀를 교육하기 위해 경성중학교를 설립한 곳이며, 해방 후 1946년 김원규 초대교장이 서울공립중고등학교를 재건하였다. 1980년 서초동으로 서울고등학교 이전
- 숙청문(북문) : 종로구 삼청동 북악산 동쪽에 있다. 지금은 숙정문(실질적인 성문 기능을 못함 (산속에 묻혀 있다)
- 홍지문(북문) : 탕춘대 성문은 한양도성과 북한산성을 연결하기 위하여 만든 성문
  ※ 숭례문은 태조 4년(1395)에 짓기 시작하여 3년 뒤(1398)에 완공

세계 건축사에 빛나는 종묘宗廟

종묘사직宗廟社稷

　종묘는 태조의 선대왕(목조,익조,도조,환조)과 임금, 왕비, 추존왕 내외, 배향 공신들을 모신 사당이고, 사직(단)은 토신과 곡물신에게 제사를 지내는 곳으로 서울시 종로구 훈정동 1번지에 소재한다. 태조가 1394년 11월 21일에 개성에서 한양으로 천도한 그해 12월에 착공하여 이듬해 1395년 9월에 완공하였다. 임진왜란 때 전부 소실되었으나 선조 41년(1608년) 1월에 재건 공사를 시작하여, 5개월후 광해군이 즉위하고 나서 완공되었다.

종묘의 구성

　종묘에는 정전, 영녕전이 있다. 영조 2년(1726)에 4칸을 증축하고, 헌종 2년(1836)때 4칸을 증축하여 총 19칸으로 지어졌으며, 정전의 길이는 101m이다. 정전 앞뜰인 월대가 동서로 109m, 남북이 69m에 달한다.

- 정전 : 정식으로 왕위에 오른 선왕과 왕비의 신주를 순위에 따라 모심
- 별묘 영녕전 : 추존된 왕과 왕비를 모심
- 궁묘 : 적실의 출생이 아닌 왕이나 그 私親(생부, 생모)을 모심
- 종묘대제는 사직단(임금이 토신과 곡물신에게 제사)과 함께 예절을 중시
- 폐위된 왕(연산군과 광해군)은 제외
- 서상제 : 서쪽부터 순서대로 신위를 모심

종묘의 귀곡성

임진왜란때 종묘에 주둔한 '우키타 히데이에'부대는 밤만 되면 곡소리와 괴성이 들려 병사들이 정신착란이나 비명횡사하는 괴변이 속출하자 종묘에 불을 질러버렸다. 선조는 종묘의 모든 신주를 챙겨 의주로 몽진하였다.

종묘의 월대와 정전 모습

종묘제례

건축학계의 노벨상이라 불리는 '프리츠커상'을 수상한 바 있는 '프랑크 게리'는 한국계 미국인인 둘째 며느리와 가족들을 동반하고 2012년 종묘를 방문하였다. '종묘는 화려하지 않고 단순한 목조 건물로서 이렇게 장엄한 공간은 세계 어디에서도 찾아보기 어렵고, 아테네의 파르테논 신전에 비견된다'고 극찬하였다. 또한 건물 앞의 계단인 월대 아래의 분위기와 위의 건물 본체 분위기는 별개의 세계라고 놀라워했다.

용서는 하되 잊지는 말자

　일제는 1923년 9월 1일, 관동 대지진(진도 8.1)으로 칸토·시즈오카, 야마나시 일대가 쑥대밭이 되었을 때 조선인이라는 이유 하나만으로 7천여 재일 조선인을 무차별 학살하였다. 대지진의 재난으로 가족과 집을 잃고 당장 생계가 어려워진 이재민들이 조선인을 사냥하는 폭도로 돌변한 것이다.

　제7대 조선 총독 미나미 지로는 감언이설로 조선 처녀 1만 명을 꾀어 만주 선양에 주둔한 일본군의 섹스 제물로 만들었다. 이분들이 오늘날 '정신대 할머니'이시다. 이렇게 역사를 왜곡한 이들을 우리는 어떻게 해야 하나...

○ 악랄한 조선총독 3인방
- 데라우치 마사타케(1852~1919) : 총감으로는 3대이지만 총독으로는 초대
  (재임기간 : 1910.10.1~1916.10.14),
  이토 히루부미와 데라우치는 우리 문화재를 훔쳐간 희대의 "도둑놈들"이다.
- 미나미 지로(1874~1955) : 재임(1936.8.5~1942.5.29), 창씨개명, 민족말살 정책
   (한국어 사용금지)
- 고이소 구니아키(1880~1950) : 재임(1942.5.29~1944.7.22), 강제 징병, 강제 징용,
   근로 정신대(위안부)
  ※ 보성전문대(현 고려대) 재학생인 이철승(전 신민당 대표)은 고이소 구니아키와 면담했던 대장부였다.
  ※ 보천교普天敎(항일운동의 구심점) : 교주 월곡 차경석, 재무담당 栗齋 김홍규金洪奎
     (탄허스님 부친, 만석군 대부호, 김구와 김좌진에 독립운동자금 지원)
  보천교는 1925~1929년 기간 중에 본당(가로 30m, 세로 16.8m), 부속건물(45동)을 준공. 당시 전국민이 2,000만 명일 때 보천교 교인은 600만 명에 달하였다. 그 위세에 놀란 미나미 지로 총독은 차경석(1880~1936) 사후에 보천교 해체명령을 내리고, 해체된 건물 자재를 서울 조계사 대웅전, 내장사 대웅전, 전주 역사 등에 사용하였다.

너그럽게 생각해서 '용서는 하되, 잊지는 말자.'

세계사는 아메리카 신대륙을 1492년에 콜럼버스가 발견했다고 기술하고 있다. 그러나 발견이라면 발견 이전부터 살아온 원주민(인디오)들은 인간이 아닌 유인원이란 말인가? 점령과 약탈이라는 엄연한 사실 앞에서도 발견이라고 할 수 있을까? 이것은 힘없고 미개한 족속이라서 힘의 논리로 밀려난 것이다.

프랑스의 떼제베(TGV) 고속철도 회사는 경부선 고속철 수주를 위한 선심성으로, 병인양요(1866) 때 약탈해 간 휘경원 '원소도감의궤 상권'을 미테랑 대통령이 김영삼 대통령에게 전달하면서 생색을 냈다. 현재 '원소도감의궤 하권'의 소유권 반환을 위해 국제심판소에 제소 중이다.

영국하면 '신사의 나라', '해가 지지 않는 나라'로 알고 있다. 초등학교 교과서를 보면 꽃밭에 굴러온 모자를 정장차림의 신사가 지팡이를 사용해서 끌어내는 모습을 보고 감탄한 바 있다. 그러나 그들의 역사를 들여다보면 가증스럽다는 생각이 든다. 그들은 일찍이 해상을 무대로 활약하던 스칸디나비아 상인들을 상대로 약탈을 일삼던 해적이었다. 많은 보화를 강탈해서 부자가 된 나라이다. 배가 부르면 누구나 가무를 즐기면서 여유를 부린다.

오늘날 우리 사회에도 투기를 일삼다가 운 좋게 벼락부자가 되면 철없이 행동하는 졸부들의 작태를 보게 된다. 정신적으로 여유로운 멋을 보여 주자. 우리는 세계적 부호들의 '노블리스 오블리주(noblesse oblige, 가진 자의 책무)'를 배워야 한다. 세계를 정복했던 칭기스칸이나 알렉산더 대왕도 죽은 흔적을 남기기 않았다. 어차피 인생은 공수래공수거空手來空手去로서 빈손으로 왔다가 빈손으로 가는 것이다.

우리의 문화재 34,157점이 임진왜란과 일제강점기 때 일본으로 유출되었고, 미국에는 신미양요, 하지 군정, 6.25 전쟁 등을 거치며 16,812점이 유출되었다. 그 외에도 영국에 6,650점, 러시아에 5,289점, 프랑스에 1,960점, 네덜란드에 820점, 스웨덴에 804점, 오스트리아에 679점, 바티칸에 500점이 유출되어 있다. 특히 일본과 미국에서는 박물관에 소장되어 있는 것보다는 개인이 소장하고 있는 것이 훨씬 많은 걸로 봐서 파렴치한들의 약탈이나 강탈에 의한 것임이 틀림없다.

일본에 유출된 문화재 중에는 국보급인 '고려불화', '수월관음도', 안견의 '몽유도원도' 그리고 청자, 백자 등이 있으며 프랑스에는 혜초의 '왕오천축국전', 금속 활자본인 '직지심체요절' 등이 있다.

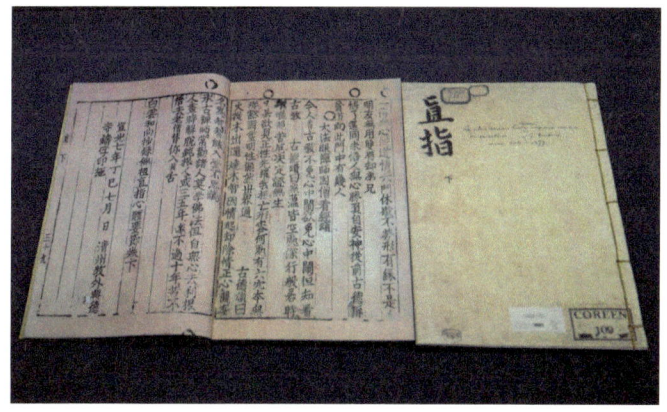

직지심체요절(直指)
보물 제1132호/유네스코 세계기록유산

○ 1962.11.21 한일간 수차례에 걸친 협상끝에 기본안에 합의 (김종필 중앙정보부장과 오히라 마사요시 외무대신)
 • 한일협정체결(1965. 6.22) : 한국측 대표-외무부장관 이동원
  일본측 대표-외부대신 시이나 에쯔사부로
 • 주요 내용 : 무상 $3억, 정부차관 $2억, 상업차관 $3억 이상, 어업협력 $9천만, 선박협력 $3천만 등의 금액과 제공기간(10년), 정부차관 금리(3.5%)와 상환기간
  (7년 거치 포함 20년)

방랑 시인 김삿갓

김병연金炳淵(1807~63)의 아버지는 김안근이며, 경기도 양주에서 태어났다. 외척 세도를 누리던 당당한 신안동(장동) 김氏 '병炳'자 항렬이다. 김병연의 9代祖 김상준(1561~1635, 형조참판)은 청음 김상헌(1570~1652, 좌의정)의 4촌 형님이다.

할아버지 김익순은 선천방어사로서 가산 군수 정가산의 직속상관이었다. 1811년 '홍경래의 난'이 일어났을 때, 김익순은

영월 김삿갓 문학관에 있는 김삿갓 동상

부임한 지 3개월밖에 되지 않아 지역 사정에 어두워 반군에게 항복하고 말았다. 그러나 정가산(본명 정시)은 문관출신이지만 끝까지 저항하다가 장렬하게 전사하였지만 김익순은 무관출신임에도 싸우기는 커녕 즉석에서 항복하여 대역죄로 참수를 당하고, 그 자손은 폐족이 되어 관직에 오를 수가 없었다. 이것은 오늘날 연좌제로서 범죄인과 특정 관계에 있는 사람에게 연대책임을 지게 하는 형벌이다.

홀로 된 어머니는 형제를 데리고 강원도 영월군 하동면 어둔 마을로 피신하게 되었다. 병연의 나이 스물이 되던 해 영월현 동헌에서 군 단위 백일장이 열렸다. 이에 응시를 해서 김병연은 장원을 했다.

시제는,

> 論, 鄭嘉山忠節死
> 논, 정가산충절사
> 嘆, 金益淳罪通于天
> 탄, 김익순죄통우천

김익순을 천하의 역적 놈이라고 시를 지어 장원을 한 것이다. 상금으로 받은 옥양목 한 필을 둘러메고 집에 돌아와 가족들 앞에서 당당하게 얘기를 늘어놓았다. 이때, 어머니는 통곡하면서 말을 더듬거리기 시작했다.

"익益자, 순淳자는 너의 조부님이시다. 네가 네 발등에 도끼질을 했구나!"

김병연은 문을 잠그고 사흘 밤을 흐느꼈다. 조상을 욕되게 했으니, 고개를 들고 하늘을 쳐다볼 수가 없어 머리에 삿갓을 쓰고 방랑 삼천리를 결심했다. 집을 떠날 때 한 살 연상의 아내 장수 황氏와 차남 '익균'이 있었다. 한평생을 방랑하다가 철종 13년(1863), 57세로 전남 화순군 동북면 구암리 안 참봉의 사랑에서 생을 마감했다. 한평생을 풍자와 해학으로 세상을 개탄하고 저주하고 조롱했던 시를 쏟아냈다. 그의 묘는 강원도 영월군 김삿갓면 와석리에 있다.

어느 서당에서 패담시悖談詩를 읊었다.

> 書堂乃早知　房中皆尊物
> 서당내조지　방중개존물
> 生徒諸未十　先生來不謁
> 생도제미십　선생래불알

여기가 서당인 줄 알고 왔건만
방안에는 모두 귀한 분들이구나
생도는 모두 열 명도 안 되는데
선생은 와서 만나주지도 않는구나

● 파자시

안주인	인량복일(人良卜一)하오리까	밥상을 드릴까요
남 편	월월산산(月月山山)커든	벗이 나가거든
삿 갓	정구죽천(丁口竹天)이라	가소롭구나

서 진사의 애첩 가련이 김삿갓에 반해 앙숙이 되자 서 진사를 조롱하는 시 한 수를 읊었다.

鳳飛淸山 鳥隱林
봉 비 청 산 조 은 림

龍登碧海 魚潛水
용 등 벽 해 어 잠 수

봉황(삿갓)이 청산에 날아드니
좀새(서 진사)는 숲속으로 숨어버리네
용(삿갓)이 벽해에 거동하니 좀고기(서 진사)는 물속에 잠기네.

● 해석하기 나름이다

내불, 왕(來不,往) 래, 불왕(來,不往)
오지 말라고 해도 갔는데, 오라고 하는데 왜 가지 않겠나.

七十生男非吾子家產傳之吾婿外人勿侵
칠 십 생 남 비 오 자 가 산 전 지 오 서 외 인 물 침

아들 쪽에서 해석하면, 70에 생남인들 내 아들이 아닐쏘냐. 전 재산을 아들에게 전하노니 사위는 남이니 재물을 탐하지 마라.

사위 쪽에서 해석하면, 70세에 아들을 낳을 수 있겠는가. 그러니 내 아들이 될 수 없다. 재산을 내 사위에게 전하노니 타인은 침범하지 마라.

- 운우지정雲雨之情

為為不厭更為為　不為不為更為為
위 위 불 염 갱 위 위　불 위 불 위 갱 위 위

해도해도 싫지 않아 다시 하고 또 하세
하지 않겠다 다짐해도 다시 하고 또 하네.

- 농처녀弄處女 - 풀이는 필자에게 문의 바람

삿갓	毛深內闊 모 심 내 활	
처녀	溪邊楊柳不雨長 계 변 양 류 불 우 장	
삿갓	必過他人 필 과 타 인	
처녀	後園黃栗不蜂坼(拆) 후 원 황 률 불 봉 탁	

- 죽타령

此竹彼竹化去竹　風打之竹浪打竹
차 죽 피 죽 화 거 죽　풍 타 지 죽 랑 타 죽
飯飯粥粥生此竹　是是非非付彼竹
반 반 죽 죽 생 차 죽　시 시 비 비 부 피 죽
賓客接待家勢竹　市井賣買歲月竹
빈 객 접 대 가 세 죽　시 정 매 매 세 월 죽
萬事不如吾心竹　然然然世過然世
만 사 불 여 오 심 죽　연 연 연 세 과 연 세

이대로 저대로 되어 가는 대로 바람이 불면 부는 대로
물결이 치면 치는 대로 밥이면 밥 죽이면 죽 이대로 살아가세.

옳은 것은 옳고 그른 것은 그르다고 저대로 부쳐두세
손님 접대는 가정 형편대로 하고 시장 흥정은 시세대로 하세.
모든 일은 내 맘대로 되는 것은 아니니.
그렇고 그런 세상 그런대로 지내세

서당 훈장이 문전박대하자 떠나면서 쓴 시구이다.

天脫冠而得一點　乃失杖而橫一帶
천 탈 관 이 득 일 점　내 실 장 이 횡 일 대

파자로 풀어 보면?
천天에서 관冠을 벗으면 대大, 다시 점을 얻으면 견犬,
내乃에서 막대기를 잃으면 료了, 다시 일대一帶를
가하면 자子 견자犬子 즉 개들, 개새끼를 표현한다.

삐뚤어진 세상을 농락하고 기성 권위에도 도전하고 민중과 함께 숨쉬는 '참여시인'이었고 민중 시인이었다. 그의 불평과 반항은 계급적 몰락에서 오는 개인적 입장에서 시작되었으나 세월의 흐름과 함께 폭넓은 사회 경험을 함에 따라 세계관과 사회관에 급격한 변화가 일어나기 시작했다. 즉 조선 왕조에 대한 은근한 반대의 감정을 표시한 것은 물론 봉건 질서와 제도를 부정하고 빈부의 차가 심한 사회적 불합리를 저주하고 양반 귀족들의 불의와 거만, 허식을 증오하고 있다.

만약에 김삿갓이 세상을 소극적으로 비관하는 데 그치지 않고 적극적으로 개혁적인 선동가로 나섰다면 조선의 근대화는 빨라질 수도 있었다. 그러나 김삿갓은 충忠을 근본으로 하는 성리학도였기에 왕조를 꺾는 일만은 할 수 없었다.

삿갓을 쓰고 방랑하며 조상에 대한 도덕적 문제를 해결하려고 했으며, 집안 몰락에 따른 개인적인 반항을 극복하고 신분제도와 빈부 격차 등으로 고통받는 민중에 대한 깊은 애정을 가졌기에 방랑하며 만난 권세가나 탐관오리를 탁월한 시 몇 수로 골탕을 먹이는 기교와 청렴한 삶의 자세는 본받아야 할 점이다.

그의 사상에서 가장 중심적인 것은 강한 의분과 정의감에 기초한 반항정신이며 풍자정신이다. 이는 인도주의로 뒷받침되는 평민 사상이었다.

- **풍속박風俗薄**

斜陽鼓立兩柴扉　三被主人手却揮
사 양 고 립 양 시 비　삼 피 주 인 수 각 휘

杜宇亦知風俗薄　隔林啼送不如歸
두 우 역 지 풍 속 박　격 림 제 송 불 여 귀

(宇 : 집 우, 헤아릴 우)

석양에 사립문 두드리며 멋적게 서 있는데
집주인은 세 번씩이나 손 내저어 물리치니
저 두견새도 야박한 풍속을 알았는지
돌아가는 게 낫다고 숲속에서 울어대며 배웅하네

- **일찍 알고 싶다면...**

自知면 晩知고, 補知면 부知라　(해학적)

혼자 알려고 하면 늦게 알고,
도움을 받아 알려고 하면 일찍 알게 된다.

○ 참여시인(저항시인)
- 김수영(1921~68) : 서울출생, 연희전문(현 연세대) 영문과 4년 중퇴, 선린상고 영어교사
  대표시 : 어느 날 고궁을 나오면서, 푸른 하늘을
  '낙엽따라 가버린 사랑'의 가수 차중락과는 이종사촌간, 가장 존경한 문인은 임화
  그는 진정한 문화검투사(A cultural gladiator) 였다.
- 김규동(1925~2011) : 함남 경성고보 졸업, 삼중당 편집주간, 신상옥 영화감독과 동문
  디아스포라(Diaspora) 시인, 대표시(육체로 들어간 진달래)
- 신동엽(1930~68) : 부여출생, 대표시 '껍데기는 가라'
- 김지하(1941~2022) : 목포 출생, 본명 김영일, 서울대 미학과 졸업, 박경리('토지' 작가)의 사위,
  천주교 지학순 주교(원주교구장)가 후원, 대표작 : 타는 목마름, 오적(五敵)
- 김남주(1946~1994) : 해남 출생, 머슴의 아들로 성장하여 광주일고를 다니다 중퇴하고 검정고시를
  거쳐 전남대 영문과에 입학, 인혁당 및 남민전 사건으로 투옥,
  ※ 저서 : 진혼가(교도소 복역중에 씀), 나의 칼 나의 피
- 박노해(1957) : 함평 출생, 선린상고 졸, 첫 시집 '노동의 새벽'이 100만 부 판매됨
  (본명 : 박기평)　김우중의 '세상은 넓고 할 일은 많다'에 대하여 '세상은 좁고, 할 일도 없다'고 반박함

- 호지무화초 胡地無花草

    胡地無花草　　胡地無花草
    호 지 무 화 초　　호 지 무 화 초

    胡地無花草　　胡地無花草
    호 지 무 화 초　　호 지 무 화 초

    오랑캐 땅에 화초가 없다고 하나
    오랑캐 땅엔들 화초가 없을까
    어찌 땅에 화초가 없으랴마는
    오랑캐 땅이라 화초가 없네　　　(胡: 오랑캐 호, 어찌 호)

- 미륵彌勒

    다가올 미륵彌勒 시대가 오면 너의 활로서 개혁하라

    彌 = 爾(너 이) + 弓(활 궁)
    勒 = 革(개혁할 혁) + 力(힘 력)

강월도 영월군에서 매년 10월 초순에 풍자의 시선詩仙 김삿갓의 시대정신과 문화예술혼을 추모하기 위해 '김삿갓 문화제'기 열리고 있다. 김삿갓 문화재 참석자들이 김삿갓 행장으로 김삿갓 체험을 하고 있는 모습

제2장
왕 릉

명당의 혈(穴)은 새 을(乙)자로 흐른다.

명당의 혈

■ 양택(집터)

경남 거창에 있는 동계 고택 앞에는 내당수內堂水가 흐른다. 내당수란 집터를 기준으로 청룡·백호 범위 내에 흐르는 물줄기를 말한다. 물은 재물의 기운으로 보기 때문에 집 앞에서 합수合水되는 곳이 길지吉地인 것이다.

외곽에서 안으로 들어오는 물줄기는 여러 곳일수록 좋고, 이 물이 모아져 한 군데로 흘러가는 형국이면 좋은 집터가 된다. 그래서 물줄기는 서출동류西出東流여야 하며, 이렇게 흐르는 물은 '똥물이라도 약수가 된다'고 했다. 그 이유는 물은 서쪽에서 동쪽으로 흘러야 햇볕을 쬐는 일조량이 길어 산소 함유량이 많아 인체는 물론 생태계에도 유리하기 때문이다. 필자의 거처인 안성 국사봉 자락에 있는 심향헌心香軒의 형국도 이와 다를 바 없다.

문무겸전文武兼全을 갖췄다 할지라도 재물이 곁들어 있을 때 여유가 있어 보인다. 그래서 집터는 물의 방향을 제일 먼저 살피는 것이다. 좋은 집터에는 상서로운 운기가 흐른다. 그래서 여름에는 서늘하고 겨울에는 따뜻하다. 항상 마음이 편안하고 어머니 품안처럼 포근하고 아늑하다.

집터를 중시한 일본은 건축사 자격시험에 미학과 풍수지리학을 필수과목으로 하는 이유는 집터의 기운을 무시할 수 없기 때문이다. 음습하고 황량하면 집터로서는 불길하다.

거창에 있는 동계 고택은 기암괴석으로 된 금원산이 조산祖山으로 뒤를 받쳐 주는 형국이라서 무림 고수나 살 수 있는 강강한 터라고 할 수 있다. 문경 봉암사 역시 기암괴석으로 된 대머리산(희양산)이 뒤를 단단히 받쳐주는 조산으로 되어 있어 강인한 도승의 기질이 없으면 이곳에서 생활하기가 어렵다. 이곳은 화금체火金體의 형국인 강강한 터라서 화기로 가득하다.

지금 이 글을 쓰고 있는 북한산 역시 골산骨山이라서 무림 고수나 견딜 수 있는 곳이다. 반대로 지리산은 육산肉山이라서 풍요롭고 포근한 엄마의 품속같은 기운을 느낀다. 그래서 재물을 발원하는 기도터로는 적격이다.

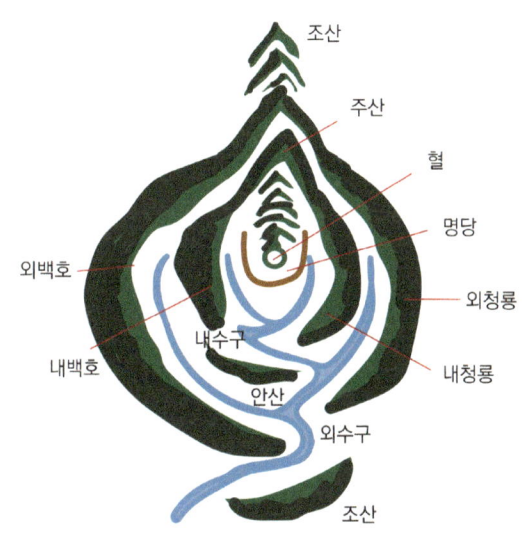

※ 명당터 : 結穴地에 돌아가신 분의 배꼽과 명당의 중심이 일치되어야 한다.

왕릉은 제2의 궁궐이다
남한에 있는 42기는 유네스코에 등재 (2009년)

■ **건원릉(健元陵)**

조선의 제1대 왕인 태조 이성계의 능묘이다. 1408년 5월 24일 향년 74세로 태조가 승하하자 태종은 박자청으로 하여금 능을 조성하게 하였다. 능을 조성하는 데 약 6,000여 명이 동원되었으며, 푸른 잔디로 되어 있는 여느 왕릉과 달리 억새로 봉분을 만들었다. 이는 태조가 고향인 함흥 땅에 묻어 달라고 유언하였지만 한양에서 멀리 떨어져 있는 함흥에 모신다면 제사문제나 자신의 정통성에도 문제가 될 것을 염려하여 유언에 따르지 못 하는 대신 함흥에서 가져온 흙과 억새를 덮어 봉분을 조성하였다. 사적 제193호로 소재지는 경기도 구리시 인창동이다.

후에 8기의 능이 추가로 조성되어 오늘날의 동구릉이 형성되었다.

건원릉 (태조 이성계의 묘)

■ 영릉(英陵)

　세종과 소헌왕후가 잠들어 있는 영릉은 세조 때 대제학을 지낸 이계전의 묘와 우의정을 지낸 이인손의 묘터이다. 원래 세종의 능은 경기도 광주에 있었는데 예종 때 여주군 능서면 왕대리로 천장되었다. 왕릉으로 결정되면 주변의 4신사四神砂 안에 있는 모든 땅은 몰수를 당한다.

　여주군 북성산 아래에 자리잡은 영릉은 용이 돌아와서 정남향을 바라보는 형국으로 '회룡고조형回龍顧祖形'이다. 주위의 산세는 봉황이 날개를 접고 알을 품고 있는 형국으로 조선 최고의 길지이다. 안성시 금광면 오흥리에 세종의 장모 안氏의 묘터가 있다. 이곳은 용맥과 수구가 잘 어우러진 만대 영화지로 알려져 있다.

영 릉 (경기도 여주시)

○ 이계전(1404~59) : 한산 이氏, 할아버지는 이색이고, 아버지는 이종선, 어머니는 권근의 딸이다. 5세 신동 김시습에게 중용과 대학을 가르침, 계유정란때 1등 정란공신이 되었지만, 조카 이개는 사육신으로 죽어 아이러니하다. 서거정과는 이종사촌, 권남과는 외사촌
○ 금계포란형'(金鷄抱卵形) : 닭이 알을 품고 있는 형국의 묘자리.

■ 장릉(莊陵)

단종은 열두 살에 왕위에 올라 열다섯 살에 수양대군에게 왕위를 양위하고 '상왕'으로 뒷방 신세를 진다. 열 일곱 살에 노산군으로 강등되어 영월의 청령포로 유배되었고, 4개월 후에 사약을 받았다. 시중들던 통인이 목에 줄을 메어 당기도록 하여 자진했다는 설도 있다.

시신을 소나무 숲에 방치했다고 하니 임금의 신분도 죽음 앞에서는 어쩔 수가 없는 것이다. 영월 영흥리에 있는 장릉은 목마른 용이 물을 마시는 '갈룡음수형'이다. 영월호장寧越戶長이었던 '엄흥도'는 단종의 시신을 관까지 준비해 장례를 치르고 피신했다. 지금도 그의 충절을 높이 받들어 '창절사'에 배향, 그 후손 중에 고종의 후궁 엄귀비(영친왕 母)가 있다.

■ 사릉(思陵)

양주 진건면 사릉리에 있는 사릉은 단종의 후비 정순왕후(定順王后) 송氏의 능이다. 원래는 단종의 누님 경혜공주의 아들 '정미수'의 선산이었다. 정순왕후는 시누이의 선산에 묻히게 된 것이다.

경혜공주는 영양위 정종鄭悰과 결혼하였는데 남편이 형조 판서로 단종의 신임을 받았다. 1455년 금성대군의 사건에 연루되어 '역모죄'로 광주 무등산 자락에 위리안치되었다. 유배지에서 공주가 아들을 낳았는데 세조와 정희왕후는 궁궐에서 양육하도록 보살펴 주었고, 미수라는 이름까지 지어 주었다. 이것을 받아들인 경혜공주 심정이 어떠했을까? 죄는 미워도 인간은 밉지가 않았던 것일까. 정순왕후는 비운의 왕비로서 82세까지 살았다. 이곳은 '모란 반개형'으로 왕비의 유택으로는 최고의 길지임에 틀림없다.

사 릉 (경기도 남양주시)

■ 장릉(章陵)

김포시 풍무동에 있으며 인조의 아버지 원종과 어머니 인헌왕후의 무덤이다. 쌍릉으로 병풍석이나 난간석은 설치하지 않고 보호석만 둘렀다. 무덤 아래 영조 29년(1753)에 세운 '조선국 원종대왕 장릉 인헌왕후 부좌'라고 새긴 비각이 있다. 영조와 정조는 매년 능에 행차하여 제사를 지냈다.

■ 장릉(長陵)

파주시 탄현면 갈현리에 있는 장릉은 인조와 인열왕후를 합장한 능이다. 인조는 선조의 5남 정원군의 첫째 아들인 능양군이다. 그의 나이 29세에 김유, 이귀, 김자점, 이괄과 함께 광해군을 쫓아내는 반정으로 왕위에 올랐다.

인열왕후는 강원도 원주에서 태어나 1610년 능양군과 혼례를 올렸으며 1635년(인조 13) 용성대군을 낳은 후 산후병으로 승하했다. 원래 파주 운천리에 있었으나 전갈과 뱀이 능 주위로 무리를 이루고 살자 탄현면 갈현리로 이장한 것이다. 이곳은 17세기의 석물을 볼 수 있는 왕릉이나 현재는 일반인에게 공개되지 않고 있다. 묘역은 10만 평이 넘는다.

■ 광릉(光陵)

원래 이곳은 정흠지의 선산이다. 그의 아들 정창손은 성종 대에 영의정까지 올랐으나 왕릉으로 결정이 되자 조상의 묘 8기를 천장할 수밖에 없었다. 세조와 정희왕후가 묻혀 있는 광릉은 동원이강릉으로 두 언덕에 능이 하나씩 있다. 마치 여인의 젖꼭지형인 유두혈이다. 입구에 정자각 하나만 세운 유일한 능으로 남양주시 진접읍 부평리에 있다.

세조는 유언으로 '내가 죽으면 속히 썩어야 하니 석실과 석관은 생략하고 병풍석도 세우지 말라'고 했는데 다른 왕릉과는 다르다. 조선 왕릉의 일대 개혁이나 다름없었다. 원찰은 광릉 내에 있는 봉선사이다. 봉선이란 선왕의 능을 받들어 모신다는 뜻이다.

광 릉 (경기도 남양주시)

■ 선릉(宜陵)

성종의 능으로 결정되자 작은 할아버지 되는 세종의 5남 광평대군의 묘가 하루 아침에 천장되었다. 세조 이후 병풍석을 세우지 않았던 것을 성종의 선릉부터는 다시 세웠다.

12면의 병풍석을 세우고 그 안에 동물의 머리에 사람의 모습을 한 십이지신상을 새겼으며 양의 형상(羊石), 호랑이상(虎石) 망 주석, 문인석 등의 석물이 있다. 선정릉(宣靖陵, 사적 199호)은 서울특별시 강남구 삼성동에 있으며, 세 개의 능이 있다고 하여 삼릉공원이라고도 불린다.

이 곳에는 성종과 계비 정현왕후 윤氏의 무덤인 선릉, 중종의 무덤인 정릉이 있다. 모두 임진왜란때 파묘되어 현재는 시신이 없는 허묘이다. 또한, 중종과 함께 안장되기를 바랐던 문정왕후는 그 뜻을 이루지 못하고, 현재 태릉泰陵에 홀로 안장되어 있다.

선 릉 (서울시 강남구 삼성동)

○ 단종과 후비 정순왕후 송氏의 애틋한 사연이 깃들어 있는 사적지
- 영이교(영도교) : 지금의 황학동과 숭인동 사이 청계천에 있는 다리로, 단종이 세조에게 왕위를 빼앗기고 노산군으로 강등되어 영월로 귀양갈 때 정순왕후 송氏가 이곳까지 배웅을 나와 작별을 고한 다리. '영이별다리'라고도 함
- 동망봉東望峰 : 서울시 종로구 숭인동에 있는 산으로 청룡사라는 절이 있다. 1456년 단종이 유배지에서 죽은 후, 정순왕후定順王后 송氏가 청룡사에 머무르며 날마다 이 봉우리에 올라 영월 쪽을 바라보며 통곡을 했다.

■ 남연군 묘

충남 예산 가야산 중턱에 있는 흥선대원군의 아버지 남연군의 묘터는 원래 가야사의 절터였다. 지관의 말에 의하면 남연군 묘의 좌향坐向은 해좌사향亥坐巳向으로 남동향이고, 물은 백호白虎(오른쪽) 자락에서 득수得水하여 우수도자右水到左로 혈을 감아주면서 좌측은 진辰 방향으로 흘러간다.

주산이 석문봉과 그 좌우에는 가야봉이 천을天乙이 되고, 옥양봉이 태을太乙이 되어 각각 혈을 호위하고 있다. 또한 백호白虎는 금성과 목성의 산들이 연이어 혈을 감싸며 수구水口를 막고 있고, 청룡靑龍은 목성의 산들이 서로 이어져 또 혈을 감싸며 백호 끝자락의 수구를 겹겹이 관쇄關鎖하고 있다.

이곳은 한 마디로 용장호단龍長虎短의 형세로 주의의 산들을 마치 만조백관(조정의 모든 벼슬아치)이 혈을 향해 절을 하는 모양이니 가히 천자지지天子之地라 할 만하다. 그러나 옥에도 티가 있는 법인데 청룡이 몽둥이를 들고 묘를 향해 공격하는 듯 머리를 내밀고 있다. 그래서 이대천자지지二代天子之地, 2代 발복지에 그친다는 것이다.

남연군 묘터는 안산案山의 기운이 낮아 발복의 운이 길지 못하다는 것이다. 남연군은 인조의 아들 인평대군의 6세손 병원의 둘째 아들이자 고종의 할아버지이다. 그는 정조의 이복동생 은신군의 양자가 되었다.

○ 헷갈리는 왕릉 : 영릉(英陵, 세종대왕 릉), 영릉(寧陵, 효종의 릉), 영릉(永陵, 문효세자의 묘를 격상시켜 영릉이라 함)
○ 정만인(지관,풍수) : 2대 天子 발복지(남연군 묘)와 광천 오서산 (만대 영화지지)를 추천하였으나 덕산 상가리에 있는 2대 天子 발복지를 선택
  ※ 독일인 오페르트의 남연군 묘 도굴사건(1868.4.21) : 흥선대원군의 기세를 꺾어 협상카드로 활용하기 위하여 시도하였으나 실패로 끝남 (관을 석회석으로 밀봉)
○ 좌향坐向 : 등을 진 방위에서 정면으로 바라보는 앞이 向, 뒤는 坐 (背山臨水)
○ 일본에서 독도를 한국 영토로 확인한 사료 : 태관령지령(1877, 메이지 정부때 발간)
  1987년 교토대학 호리가즈오 교수가 태관령지령을 근거로 독도는 한국영토라고 밝힘
  ※ 독도는 울등에서 87.4km, 일본 오키섬에서는 157.5km

인평대군은 효종의 동생으로 시·서·화에 능했다. 정조의 이복동생이 은신군이니 남연군은 정조대왕의 조카이다. 그래서 양조모 혜경궁 홍氏의 능을 조석으로 참배했다. 남연군이 양자로 들어오기 전에는 왕실과는 거리가 멀어 흥선대원군(이하응)은 파락호 생활을 했다. 남연군과 순조는 4촌간으로 이하응은 5촌 조카로서 순조의 신임을 얻어 종친 대접을 받았다.

순조는 이하응의 5촌 당숙이다. 헌종은 순조의 손자이니 대원군은 헌종의 7촌 재당숙이다. 그래서 선대 왕릉을 관리하는 재릉관을 제수받아 헌종의 신임을 얻어 궁중 출입을 하게 되었다. 게다가 서예에 재능이 있어 추사 김정희에게 글씨를 배울 수 있는 계기가 마련되었다.

석파(흥선대원군)의 석란도는 국보급 문화재에 속한다. 조선조의 양반들은 유학을 공부해서 과거급제로 입신하고 조상의 유택을 명당에 자리잡아 그 운기로 자손만대의 영화를 누리고자 했던 것이다.

남연군 묘

능의 형태

　우선 능원에 오르면 봉분 바로 앞에 상석(혼유석)이 있고 그 좌우에는 망주석이 있다. 상석 아래에 귀신의 얼굴(귀면)을 새긴 둥근 돌 4~5개가 상석을 받치고 있다. 한가운데 상병등을 세우고 좌우에 문인석이 배치되어 있고 갑옷을 입은 무인석이 석마를 대동한 채 장검을 빼들고 서 있다. 장명등長明燈이란 석물은 왕릉과 정1품 이상 재상의 묘에만 허용했다.

　왕릉은 봉분을 중심으로 북쪽은 주산을 뒤로하고 있으며, 좌우에 청룡·백호 산세를 이루고 능 앞쪽으로 물이 흐르면서 남쪽으로 앞산이 바라다보이는 안산案山이 확실해야 한다. 왕릉은 보통 그러한 형국에 자리하고 있다.

　왕릉은 탐방할 때 개울을 건너가는 다리를 인위적으로 만들어 놓았다. 이것이 금천교禁川橋로서 함부로 건너가는 것을 금하는 곳이다. 왜냐하면 금천교를 건너가면 고인이 된 임금의 혼령이 머무는 신성한 곳이기 때문이다.

　홍살문 안의 오른쪽이 고인이 된 선왕께 현존하는 왕이 절하는 곳이다. 홍살문에서 절을 한 다음 정자각까지 엷은 돌을 깔아 놓았는데 참도參道라고 한다. 이때 왕이 걸어가는 오른쪽 길은 어도御道이고 왼쪽에 한 계단 높게 만들어 놓은 신도神道가 있다. 이곳은 선왕의 혼령이 다니는 곳이다.

정자각은 동쪽으로 들어가서 서쪽으로 나오는 동입서출東入西出의 순서를 따른다. 올라가는 계단이 동쪽에 두 개가 있고 내려가는 계단이 서쪽에 하나만 있는 것은 선왕의 혼령이 능으로 올라가기 때문에 내려가는 길에는 신도가 필요없다. 그래서 한 계단을 생략한 것이다.

정자각 바로 앞 좌·우에는 수복방(제사를 담당하는 노비와 관원들이 거처하던 방)과 수라간이 있고 다시 동쪽에는 비각이 있다. 이 비각 안에 왕릉의 묘비가 세워져 있으며 정자각 뒤 서쪽에는 제향 후에 축문을 태워서 묻는 예감이 있다. 또한 정자각 북쪽에는 흙더미를 쌓아 동산처럼 조성한 사초지莎草地가 있고 그 길을 따라 오르면 능원이 펼쳐진다. 묘비에 휘諱라고 쓰여 있으면 생전의 이름을 이르는 말이고, 시諡라고 쓰여 있으면 생전 신하의 공덕을 기리어 임금이 망자에게 내려주는 이름이다.

■ 능·원·묘

왕이나 왕비의 유택을 능陵이라 하고, 왕세자나 세자빈 그리고 왕이나 왕비에 오르지 못한 왕의 부모의 유택을 원園이라 하며, 대군이나 공주의 유택은 일반인과 같은 '묘'라고 한다. 명종의 장남 순회세자의 순창원, 영조의 장남 효장세자의 생모 정빈 이氏의 묘는 수길원, 영조의 생모 숙빈 최氏의 묘는 소령원이다. 경기도 안성시 일죽면 은석 마을에 있는 인목대비의 소생 영창대군의 묘를 예로 들 수 있다. 수길원이나 중종의 정릉靖陵은 지금도 수맥이 흐르고 있는 흉터이다.

중종의 능은 이곳이 아니라 서삼릉내 제1계비 장경왕후와 동원이강릉同原異岡陵으로 조성되었으나 1572년 제2계비 문정왕후의 질투로 선정릉(현 선릉역)으로 옮긴 것이다. 자신이 죽으면 그 옆에 묻히고 싶었지만...

■ **능의 구조**

　단릉은 태조의 건원릉, 단종의 장릉, 중종의 정릉이 있으며 한 봉분에 한 분만을 안장한 능이다. 쌍릉은 한 묘역, 한 곡장 안에 왕과 왕비를 좌우로 나란히 안장한 능이고 봉분이 2개로 되어 있다. 합장릉은 세종의 영릉이나 인조의 장릉처럼 하나의 봉분 안에 왕과 왕비를 함께 안장한 능이다. 삼연릉은 헌종의 경릉처럼 왕과 왕비, 계비, 3위를 한 곡장 안에 봉분 3개를 조성한 능이다.

　조선 왕조의 능 중에서 가장 아름답게 단장한 익릉은 숙종의 원비 인경왕후 김氏의 유택이다. 비록 단릉이지만 규모나 시설 면에서는 서오릉에서 단연 으뜸이다. 광산 김氏인 그녀의 고조부는 김장생, 증조부는 김반, 조부는 김익겸, 아버지는 김만기, 숙부는 서포 김만중, 오빠는 김진구, 조카는 김춘택이다.

　천대받은 능은 태조의 계비 신덕왕후의 정릉이다. 전실 자식 이방원에 의해 능에 있는 석물이 몽땅 파헤쳐져 광교, 수표교 다리를 놓는 데 사용되었다. 동구릉에 있는 영조의 원릉은 정조에 의해서 철저히 보복당했다. 효종의 천장 자리에 그대로 묻어 버렸으니 등골이 오싹하다. 물론 할머니 뻘 되는 정순왕후에 대한 앙갚음이다. 선조의 목릉 역시 동구릉의 후미진 구석에 자리 잡고 있는 걸로 봐서 광해군의 슬픔이 베어 있는 것 같다.

○ 김장생 → 김반 → 김익겸 → 서석(김만기) --┬ 김진구 → 김춘택
　　　　　　　(처 : 해평윤氏)　서포(김만중)　├ 김진규 → 김양택
　　　　　　　　　　　　　　　　　　　　　　└ 인경왕후(후사없이 천연두로 사망)

- 김만기 어머니 해평윤氏는 할아버지가 윤신지, 할머니가 선조의 딸인 정혜옹주
- 김만기와 김만중 형제는 대제학
- 김만기와 김진규, 김양택은 3代가 대제학을 지냄 (광산 김氏 김장생 후손들의 명예)
    ※ 김양택은 아들 김하재(1745~84)의 역모사건으로 관직 삭탈됨
        (선소리꾼의 예언 : "양택의 맑은 물을 가재(김하재)가 흐려 놓는다."
            ※ 선소리 : 묘터를 닦으면서 한 사람이 앞서 부르는 노래

■ 칠궁

　영조의 생모 숙빈 최氏처럼 왕비로 대접받지 못하고 후궁으로 남아 있는 분을 위해 신주를 모시는 곳이다. 칠궁은 조선 왕조 문화의 그늘에서 피었다가 진, 덧없는 영화의 주인공들이었다.

　선조의 후궁 인빈 김氏의 소생 정원군은 인조의 생부로서 원종으로 추존되었다. 그래서 인빈 김氏를 모신 곳이 저경궁이다. 숙종의 후궁 장희빈은 경종의 생모이다. 희빈 장氏를 모신 곳이 대빈궁, 숙종의 후궁인 영조의 생모 숙빈 최氏를 모신 육상궁毓祥宮, 영조의 후궁 효장세자의 생모 정빈 이氏를 모신 연호궁延祜宮, 영조의 후궁이자 사도세자의 생모인 영빈 이氏의 선희궁, 정조의 후궁이자 순조의 생모인 수빈 박氏의 경우궁, 고종의 후궁 엄 귀비의 덕안궁을 합하여 7궁이라 부른다. 7궁은 종로구 궁정동(청와대 內)에 신위를 모신 사당이다.

칠궁七宮
서울시 종로구 궁정동(청와대 경내)에 소재

능의 소재

조선 왕조의 왕과 왕비의 능은 모두 44기가 있는데 왕릉이 42기, 연산군, 광해군 묘 2기가 있다. 왕릉 42기 중 남한에 40기, 북한에 2기가 있는데 태조의 원비 신의왕후의 제릉과 정종과 정안왕후의 후릉이 있다.

※ 기基는 봉분의 숫자가 아니고 능터의 숫자이다.

■ 경기도 구리시 인창동 산 21에 9기(동구릉)가 있다.
- 태조 이성계 건원릉, 단릉
- 문종과 현덕왕후 현릉, 동원이강릉
- 선조, 의인왕후, 계비 인목대비 목릉, 동원이강릉同原異岡陵
  (같은 산줄기에서 다른 언덕에 따로 조성된 릉)
- 인조의 계비 장렬왕후 휘릉, 단릉
- 현종, 명성왕후의 숭릉, 쌍릉
- 경종의 원비 단의왕후 혜릉, 단릉
- 영조와 계비 정순왕후 원릉, 쌍릉
- 추존 익종과 신정왕후 수릉, 합장릉
- 헌종, 효현왕후, 효정왕후의 경릉(景陵) - 삼연릉
  ※ 삼연릉 : 묘 3기가 나란히 동일선 상에 있음

■ **경기도 고양시 덕양구 용두동 산 30-1에 있는 서오릉**

· 추존 덕종과 소혜왕후의 경릉(敬陵), 동원이강릉
· 예종과 계비 안순왕후의 창릉, 동원이강릉
· 숙종과 제1계비 인현왕후의 명릉 : 쌍릉
　　　　　제2계비 인원왕후의 명릉 : 쌍릉 서쪽 위 언덕
· 숙종의 원비 인경왕후 익릉, 단릉
· 대빈 묘 (장희빈 묘)
· 영조의 원비 정성왕후 홍릉(弘陵), 단릉

　혼인한 첫날밤 연잉군(영조)이 그녀의 손을 보고 왜 이리 곱냐고 묻자,

"손에 물을 묻히지 않고 곱게 자라서 그렇사옵니다"고 대답하니 영조가 무수리였던 생모 최氏를 깔본 것으로 생각하고 다시는 정성왕후를 찾지 않았다고 하니...

　천하의 명당에 누웠건만 죽어서도 혼자 외롭기 그지 없구나. 후사가 없었으니 더욱 그럴 수밖에....

■ **경기도 고양시 덕양구 원당동 산 38-4에 있는 서삼릉**

· 중종의 계비 장경왕후 희릉, 단릉
· 인종과 인성왕후 효릉, 쌍릉
· 철종과 철인왕후 예릉, 쌍릉
· 연산군의 생모 폐비 윤氏의 묘는 경희의료원 터에 있다가
　　1969년 서삼릉에 이장됨(회묘懷墓)
　　연산군이 제헌왕후로 추존, 묘도 회릉으로 추대

■ 서울 서초구 내곡동 산 13-1에 있는 헌인릉
  · 태종과 원경왕후 헌릉, 쌍릉
  · 순조와 순원왕후 인릉, 합장

■ 경기도 화성시 태안읍 안녕리 산 1-1에 있는 융건릉
  · 추존 장조와 혜경궁 홍氏(경의왕후) 융릉, 합장
  · 정조와 효의왕후 건릉. 합장

■ 서울 강남구 삼성동 131에 있는 선정릉
  · 성종과 계비 정현왕후 선릉, 동원이강릉
  · 중종의 정릉(靖陵), 단릉

■ 경기도 파주시 조리면 봉일천리 산 4-1에 있는 공·순·영릉
  · 예종의 원비 장순왕후 공릉, 단릉
  · 성종의 원비 공혜왕후 순릉, 단릉
  · 추존 진종과 효순왕후 영릉, 쌍릉

영조의 장남 효장세자(진종)의 영릉永陵은 공·순·영릉에서 가장 아름답게 꾸며진 명당터이다. 장순왕후와 공혜왕후는 한명회의 딸로서 두 자매는 죽어서도 나란히 영면하고 있다.

■ 경기도 남양주시 금곡동 141-1에 있는 홍유릉
  · 고종과 명성황후의 홍릉, 합장릉
  · 순종, 원비 순명효황후, 계비 순정효황후의 유릉

홍릉(洪陵)은 고종이 대한 제국을 선포한 이후에 만들어진 무덤이므로 황릉이라고 칭하고 능의 제도에 있어서도 이전의 다른 왕들과는 다르다.

왕릉에는 문·무인석, 말, 사자, 양 같은 석물이 봉분을 중심으로 세워졌는데 반해 황제의 황릉은 신도라 하여 무덤으로 들어 가는 입구부터 봉분이 있는 언덕까지 긴 길을 두고 이 길 양옆으로 말, 호랑이, 낙타, 기린 등 여러 가지 석물을 세웠다.

유릉은 순종과 원비 순명효황후, 계비 순정효황후의 무덤이다. 조선 왕조의 무덤 중 한 봉분에 3개의 무덤을 만든 유일한 '동봉삼실릉'이다.

■ **영릉은 경기도 여주군 능서면 왕대리 산 83-1에 있다.**
- 영릉(英陵)은 세종과 소헌왕후의 합장릉
- 영릉(寧陵)은 효종과 인선왕후의 쌍릉
- 정릉(貞陵)은 태조의 계비 신덕왕후의 단릉이다.
- 사릉(思陵)은 남양주 진건면 사릉리에 있으며, 단종의 후비 정순왕후의 단릉이다.
- 장릉(莊陵)은 영월군 영흥리에 있는 단종의 단릉이다.
- 장릉(章陵)은 김포시 풍덕동 산 14-1 추존 원종과 인헌왕후 구氏의 쌍릉이다.
- 장릉(長陵)은 파주시 탄현면 갈현리에 있는 인조와 후비 인열왕후의 합장릉이다.
- 광릉은 경기도 남양주 진접읍 광릉수목원로 354에 있고, 세조와 정희왕후 동원이강릉이다.
- 온릉은 경기도 양주군 장흥면 일영리 산19에 있으며, 중종의 원비 단경왕후 신(愼)氏 능이다. 살아서 쫓겨난 비운의 왕비가 죽어서도 찾아오는 사람 없이 외로이 잠들고 있다.
- 서울 노원구 공릉동 313-19에 있는 태릉은 중종의 계비 문정왕후가 홀로 영면하고 있는 단릉이다. 살아서 그렇게도 극성을 부리더니….

- **강릉**은 명종과 인순왕후의 능으로서 서울 노원구 공릉동 313-19에 있으며 쌍릉으로 되어 있어 모후(문정왕후)옆에서 영면하고 있다.

- **의릉**은 경종과 계비 선의 왕후의 동원상하릉으로서 성북구 석관동 산 1-5에 있으며, 이 터에 1962년 중앙정보부가 들어섰고, 1995년 국가 안전기획부로 이름을 바꾸어 서초구 내곡동으로 이전하였다. 현재는 국가정보원이다.

■ 묘 2기
- 서울 도봉구 방학동에 있는 연산군과 부인 신氏의 묘. 쌍릉
- 경기도 남양주 진건면 송릉리에 광해군과 부인 류氏의 묘. 쌍릉

■ **왕이나 왕비가 승하하면 국장을 치른다.**

국장은 보통 5개월 이상 걸리며 이 기간에 후임자의 왕권을 다지기도 한다. 왕이나 왕비가 죽으면 보통 습을 하는 데, 흰 비단으로 아홉 겹을 입힌다.

일반 평민은 삼베옷으로 수의를 하고 주머니는 만들지 않는다. 그래서 수의에는 주머니가 없다. 이것은 빈손으로 왔다가 빈손으로 떠난다는 표상이다. 숨 한번 들이켰다 밖으로 뱉지 못하면 죽는 것이다. 생生과 사死의 갈림길은 순간이 아닌 찰나刹那에서 결정된다.

왕의 임종에는 내시나 환관이, 왕비의 임종 시에는 나인이나 상궁이 어의御醫의 입회하에 솜털을 코에 얹어 흔들리지 않으면 임종이라고 본다. 왕이 붕어하면 편전 용마루 위에서 평상복을 세 번 흔든다. 이때 상위복上位復이라 외친다.

"전하, 다시 돌아오소서."

대명당 길지는 천장지비天藏地祕라서 누구에게나 보이는 것은 아니다.

■ **명당 터의 주인이 되려면,**

첫째, 망인이 덕망이 있어야 하고
둘째, 자손이 번성하고 효심이 따라야 하고
셋째, 제대로 된 옳은 지관을 만나야 한다.

명혈은 임자가 따로 있고 때를 잘 맞춰야 한다.
그래서 명혈 각유주名穴各有主요, 명혈각유시名穴各有時라 했다.

1919년 3월 3일에 거행된 고종 황제의 국장國葬

어미 게의 우愚를 범하지 말라

태조 이성계는 직속상관인 최영의 명을 어기고 위화도 회군으로 정권을 장악했다. 오늘날의 군사 쿠데타이고 하극상이다.

태조의 원비 신의왕후는 금슬琴瑟이 좋아 6남 2녀를 낳았으나, 단 하루도 중전 노릇을 하지 못했다. 조선 건국 전인 1391년에 세상을 떠났기 때문이다. 그래서 계비인 신덕왕후 강氏가 중전을 하게 된다.

그녀의 소생 2남 1녀 중 2남 '방석'이 세자 책봉을 받고 세자 빈은 대제학 심효생의 딸과 가례를 올렸다. 원비 소생 5남 방원은 1398년 무인정사를 일으켜 이복형제 방번, 방석, 그리고 정도전, 남은, 경순공주의 남편 이제를 살해했다. 이것이 '제1차 왕자의 난'이다. 태조는 경순공주의 머리를 깎아 주며 흥천사의 여승이 되게 했다. 경순공주는 방번과 방석의 누님이다.

그 후 이성계가 딸이 수행하고 있는 절을 찾아가 만나게 되었지만, 묵언수행 중이었던 딸은 그리운 아버지에게 한마디 말도 하지 못 했다. 그 마음이 어떠 했을까...

성왕인 세종대왕도 세자 책봉만은 실패했다. 병약한 장자(문종)을 굳이 세자로 책봉하지 않고, 문무를 두루 갖춘 수양에게 왕위를 양위했더라면 피비린내 나는 단종애사는 없었을 것이다.

성종 역시 어려서부터 포악한 연산군보다 성품이 너그럽고 인자한 진성대군을 세자로 삼았더라면 무오사화나 갑자사화와 같은 피의 숙청은 피할 수 있었을 것이다.

선조 역시 어린 영창대군보다 차라리 광해군에게 순순히 왕위를 물려주었더라면 어린 이복동생 영창을 증사시키는 잔인한 참극은 일어나지 않았을 것이다.

자식은 아비의 흉을 보면서 그대로 따라서 배운다. 하지만, 아비(태종)의 우愚를 자식(양녕)은 따르지 않았다. 어미 게는 옆으로 기어가면서 새끼 게더러 똑바로 걸어가라고 한다면, 이는 앞뒤가 맞지 않는다.

태조 이성계

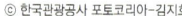

영릉의 세종대왕상

제3장

미니실록

인생무상 (人生無常)
제행무상 (諸行無常)

조선왕조의 태동

고려 말 격동의 시기, 태조 이성계의 고조부이자 전주 이씨 가문의 중흥조로 꼽히는 목조木祖 이안사(李安社, ?~1274)는 한 시대의 정치적 긴장과 지역 간 갈등 속에서 현명한 판단으로 가문의 운명을 이끌었다.

이안사는 본관인 전주에서 스물일곱 살 무렵에 산성별감과의 갈등에 휘말리게 된다. 산성별감은 고려 후기 지방 산성에 파견된 중앙 정부의 군 지휘관으로, 당시 이안사와의 불화는 관기官妓를 둘러싼 문제에서 비롯되었다. 상황이 격화되자 그는 중앙 권력과의 충돌을 피하고 가문을 보존하기 위해 결단을 내린다. 바로 고려 고종 24년(1236) 무렵 연로한 부모와 친족, 그리고 170여 가구에 이르는 식솔들을 이끌고 외가가 있는 삼척으로 이주한다.

본래 이안사는 형편이 좋은 의주宜州로 갈 계획이었으나, 수백 명에 달하는 대규모 인원이 한꺼번에 이동하기가 어렵자 그는 삼척을 중간 정착지로 택하여 새 삶을 시작하였다. 삼척에 정착한 지 1년 만에 부친 이양무가 세상을 떠나자, 그는 두타산 자락 미로면 할기리에 유택을 마련하고 아버지를 모셨다. 이곳이 훗날 준경묘(濬慶墓)와 영경묘(永慶墓)로 지정되며, 조선 왕조 시조의 성지로 받들어지게 된다.

삼척에 머물렀던 약 17년 동안, 이안사는 여진계 평창 이씨 가문의 여인이자 후일 조선왕조의 국모가 되는 효공왕후(孝恭王后)와 결혼하였다. 그러나 평화도 잠시. 전주 시절 악연을 맺었던 산성별감이 강원도 안렴사(按廉使)로 승진하여 부임하게 되자, 장차의 화를 염려한 이안사는 다시 한 번 과감한 결단을 내린다. 그는 다시 170여 호의 대규모 가족과 추종 세력을 이끌고, 바닷길을 따라 함경도로 향했다.

동북면 선주 용주리(지금의 함경도 지역)에 새로 정착한 이안사 일가는 농업과 무역을 기반으로 세력을 다졌으며, 본래 고려에 충성하던 태도에서 벗어나 점차 원의 체제에 귀화하고 여진족을 다스리는 역할까지 맡게 되었다. 이렇게 함경도는 전주 이씨 가문이 뿌리를 내리고 성장한 북방 기반이 되었으며, 이안사로부터 태조 이성계에 이르기까지 몇 대에 걸쳐 이곳에 거주하였다가 훗날 개경으로 옮겨 조선 왕조의 창업을 이루게 된다.

태조 이성계는 1335년 10월 27일, 함경도 동북면 화령에서 태어났다. 그의 아버지 이자춘(李子春)은 원나라의 행정 구역인 쌍성총관부의 만호萬戶로, 군사적 실권을 지닌 인물이었다.

이성계의 탄생에 얽힌 전설도 흥미롭다. 어느 날 이자춘이 꿈을 꾸었는데, 오색 구름을 타고 내려온 선녀가 이자춘 앞에 엎드려 절을 하며, "하늘의 뜻에 따라 이 물건을 당신께 드리니, 장차 동방의 나라를 측량하는 데 쓰십시오."라고 하면서 소매 속에서 침척(針尺, 바느질용 자)을 꺼내 주었다. 이자춘이 꿈속에서 침척을 받은 뒤, 그의 부인 최씨가 임신하게 되었고, 그렇게 태어난 아이가 바로 훗날 조선의 태조가 되는 이성계이다.

전기(前期, 태조~예종)

태조는 출세를 위해 고려 말 권문세가인 문화찬성사(정2품) 강윤성의 딸을 계비(신덕왕후)로 맞이했다. 사나이는 출세를 위해 본처를 버리고 재혼하는 경우도 있고, 본처를 그대로 두고 첩실을 두는 경우도 있다.

자유중국(대만) 초대 총통 장개석은 본부인(마오푸메이毛福美)와 이혼하고 벌죽한 가문의 송미령과 재혼하였다. 도덕적으로는 용납할 수 없었으나 혁명가의 기질을 가진 자로선 어쩔 수 없었을 것이다.

신덕왕후 강氏는 태조의 총애를 한 몸에 받았다. 그래서 세자 책봉을 강氏 소생인 방석으로 했으니 본처의 자식들이 복수의 칼을 갈았다. 유난히 방원은 더욱 더 그랬다. 1396년 8월 신덕왕후는 세상을 떠났고, 1398년 8월 태조가 병석에 누워 있는 틈을 이용해서 방원은 그의 심복 이숙번과 사병들로 하여금 정도전, 남은 그리고 방번, 방석 등 자신의 반대 세력을 일거에 제거했다. 이것이 무인정사戊寅定社, 제1차 왕자의 난 이다.

세자를 살해한 방원은 한양에서 경기도 廣州로 가는 길목인 은고개에 세자의 시신을 버렸으니 이 일을 어찌하면 좋을꼬. 이곳이 일명 '여우고개'이다. 부귀영화가 무슨 소용이 있을까. 마음이 지옥인데…

제1차 왕자의 난에 논공행상에서 밀려난 박포는 노골적인 불평불만을 털어 놓았다. 그래서 방간을 등에 업고 난을 일으키려 했던 것이다. 방간의 아들 맹종은 할아버지(태조)를 닮아 활의 달인이었다. 방원의 선봉장

이숙번을 향해 활을 겨냥했으나 빗나가 버렸다. 명사수는 바람 탓을 않는 법이다. 이런 살육전이 벌어진 상황에서 형(방간)이 살해될까 봐 진중을 돌며 방원은 우렁찬 소리로 외쳤다.

"내 형을 쏘지 마라!"

방간은 방원의 친위 세력에 밀려 성균관 뒤쪽에 숨어 부들부들 떨고 있었다. 박포는 이 날 방간을 도와 주지 않고 말로만 돕는 척 했을 뿐이다. 그러한 박포를 체포하여 참수형에 처했다. 이것이 방간의 난, 제2차 왕자의 난이다.

태상왕으로 물러난 이성계는 쓰린 가슴을 가눌 수 없어 고향인 함흥으로 떠났다. 세상과 인연을 끊어 버린 부왕(태조)의 응어리진 가슴을 풀어 드리려고 함흥으로 차사差使를 여러 명 보냈으나 살아서 돌아오는 자가 거의 없었다. 이로 인해 '함흥차사'라는 말이 유래되었다.

이러한 태종의 딱한 사정을 지켜보던 성석린이 차사로 자청했다. 베옷 차림으로 백마를 타고 이성계가 거처하는 가까운 곳에서 불을 피우며 여장을 풀었다. 연기가 모락모락 피어오르자 태상왕은 내관을 시켜 누구인지 알아보도록 했다.

"태상왕마마, 불을 피우는 과객은 독곡 대감이었나이다."

"뭣이야! 성석린이라고?"

"예, 그렇사옵니다. 성 대감께서는 벼슬을 그만두고 팔도를 유람 중이라 하옵니다."

"어서 모시도록 해라."

분명 이 자는 그 못된 놈(태종)이 보낸 차사는 아닌 듯싶었다.

"태상왕 마마, 신臣 성석린 문안드리옵나이다."

"오, 독곡, 오랜만이오. 어서 오시오."

"이곳에서 마마를 뵈니 신의 가슴이 찢어지옵나이다."
"어인 일로 여기까지 오셨소?" 이성계는 '이 자도 역시 차사로 구나' 하는 생각이 퍼뜩 스쳐 갔다.

"유람차 여기까지 오게 되었나이다." 지나친 예는 내면에 무언가 비밀이 있는 법이다.

"성석린, 차사 노릇이나 하려고 광대 짓을 하는 게요. 그렇다면 내 칼을 받으시오."

독곡은 모골이 송연해졌다.

"마마, 신이 차사로 왔다면 신의 자손은 분명 눈이 멀어 앞을 보지 못할 것이옵니다."

이렇게 해서 죽음을 면한 독곡은 자리에서 일어났다. 끝내 이성계의 마음을 돌리지 못하고 한양으로 돌아왔다. 그 후 성석린의 맏아들 '성지도'는 눈이 멀었고, 그의 아들 '성귀수'가 태중에서 장님이 되어 태어났으니 거짓말 한 마디가 이렇게 큰 낭패를 가져올 줄이야...

태종의 고민은 날로 깊어만 갔다. 그때 박순이 차사로 다녀오겠다고 자청을 했다. 박순은 위화도 회군 당시 이성계와 의형제를 맺은 사이였다.

"성 대감도 살아서 돌아왔는데 신인들 죽어서 돌아오겠나이까?"

박순은 장담을 하고 새끼가 딸린 어미 말을 타고 함흥 '이성계'의 궁궐 바로 앞 개울가에 새끼 말을 매어 놓고 어미 말을 타고 궁궐을 향했다. 이때 어미 말과 새끼 말이 동시에 울었다.

"마마, 박순이란 자가 지나가는 길에 마마를 뵙고자 하나이다."
"그 자도 차사가 아니더냐?"
"그렇진 않은 것 같사옵니다."

이때 개울가에 매어 놓은 새끼 말이 구슬프게 울었다.
"가만, 가만, 저 울음소리가 박순이 몰고 온 새끼 말의 울음 소리냐?"
"그렇사옵니다."
"들여보내라." 태상왕은 옛 친구를 반갑게 맞았다.
"마마, 신臣, 박순이옵니다."
"어서 오시오."
"태상왕마마, 전하(태종)께서 애타게 기다리고 계시옵니다. 노여움을 거두시고 한양으로 돌아가시옵소서."
"아니, 그대도 차사란 말인가?"
"그러하옵니다."
"어서 돌아가시오."

박순은 읍소를 하며 작별을 고했다. 그러나 박순의 목이 베어지고 말았으니 태종은 더 이상의 차사를 보내지 않기로 결심을 했다. 박순의 죽음에 태종은 물론 태상왕도 눈물을 흘렸다. 마지막 차사로 태종은 회암사에 있는 무학 대사를 생각했다. 무학 대사는 곧장 바랑을 짊어지고 함흥으로 떠났다. 무학 대사를 만난 이성계는 대사 역시 나를 달래러 온 게 틀림없다는 생각이 들었다.

"대사, 나를 달래러 왔소이까?"
"빈도貧道의 마음을 이렇게도 모르시오까? 전하를 위로하러 왔나이다."

두 사람은 차를 마시며 푸념을 털어놓았다.
"상감의 불효가 극에 달했나이다. 마마를 함흥 구석에 두고 모른 척 하다니 천하에 불효자이옵니다."
"그놈의 불효를 말해서 뭘 하오. 제 아우를 죽이고 심지어 제 형까지 밀어내고 용상을 차지한 무지막지한 자요."
"그렇나이다."

"그놈을 용서할 수가 없소."

무학은 일부러 태종을 불효자로 몰면서 맞장구를 쳤다.

"그렇다고 인연마저 끊어 버리면... 어떻게 이룬 대업인데
 그러하옵나이까?"

"대사의 말이 백 번 옳소, 환궁을 합시다."

"그러십시다."

무학과 이성계는 환궁 길에 올랐다. 한양으로 오는 길에 소요산에서 두어 달을 보냈고, 포천에서 여드레를 보냈다. 지금도 그곳을 '팔야촌'이라 한다. 드디어 태상왕이 환궁한다는 전갈이 왔으나 노여움이 다 풀리지 않았을 것이라고 하륜 대감은 태종에게 귀띔했다.

"대감, 그것이 무슨 말이오?"

"장막을 치고 향연을 베풀 때 장막을 받치는 기둥은 큰 나무를
 사용하소서. 꼭 그리하셔야 하옵니다. 신의 말을 명심하소서."

차일을 받치는 기둥을 열 아름이나 되는 나무를 사용했다. 태상왕은 장막 가까이 다가와 반대편에서 들어오는 태종을 향해 갑자기 활시위를 당겼다. 백우전白羽箭이란 화살이 '쉿' 소리를 내며 기둥에 깊숙이 꽂혔다. 태종은 등골이 오싹해서 진땀이 흘러내렸다. 갑자기 웃음소리가 들려 왔다.

"핫, 핫, 핫! 하늘이 막는 것을 낸들 어이하리."

"아바마마, 소자 불효의 죄를 용서하시옵소서."

태종은 태조 앞에 엎드려 감격의 눈물을 흘렸다.

"여봐라, 내관, 옥새를 금상에게 주어라."

함흥까지 가지고 갔던 옥새를 그제야 태종에게 넘겨주었다. 이때 하륜은 태종에게 또 한 번 귀띔했다.

"전하, 태상왕께 술잔을 직접 올리지 마시고 내관을 시키도록 하소서."

"화가 다 풀리셨는데 굳이 그럴 것까지야 있겠소."

"아니옵나이다. 신의 말대로 하소서."

태종은 할 수 없이 하륜의 말을 따랐다. 태상왕은 단숨에 술잔을 비우더니 박장대소를 했다.

"우하하하.... 이 역시 하늘이 시킨 것이야."

태상왕은 소매에서 쇠방망이를 꺼내어 옆으로 던져 버렸다.

태종의 심복 이숙번(안성 이氏)은 벼슬이 우찬성에 이르렀다. 칠원부원군 윤자당은 그와 성이 다른 동복형이다. 동생 이숙번 덕택에 그는 출세했다. 이숙번의 권세는 날아가는 새도 떨어뜨릴 만했다. 돈의문 앞에 있던 이숙번의 집은 그 규모가 대궐을 방불케 했다. 그러나 말년에 토사구팽을 당해 함양으로 유배를 떠났다. 아쉬워할 때 떠날 줄 아는 지혜가 절실히 필요하다.

세종은 어려서부터 학문을 숭상하고 독서를 즐겼다. 재위 시절 학자를 우대하고 연구에 전념하도록 '집현전'을 두었다. 비단 노비의 신분이라 할지라도 재능을 인정하여 장영실과 같은 과학자를 탄생시킨 것이다. 아무리 좋은 명마라 할지라도 주인을 잘못 만나 짐수레나 끌고 다니면 조랑말에 불과하다. 그러나 관우와 같은 명장을 만났더라면 조랑말이라 할지라도 준마인 '천리마'가 되는 것이다.

○ 이부형제異父兄弟 (아버지가 다른 동복 형제) : 윤자량(대제학), 윤자당(좌찬성), 이숙번
　※ 이숙번의 어머니 영양 남氏는 윤공(칠원 윤氏)의 부인이었으나, 윤공의 사후에 이경(안성 이氏)과 재혼하여 이숙번을 낳음

군왕에도 암군이 있고 성군이 있듯 왕노릇에 그치지 않고, 애민정신과 군신간의 원활한 의사소통을 중시했던 세종과 정조를 성왕이라 부른다.

세상을 살아가면서 만남처럼 중요한 일은 거의 없다. 세종임금이 성군으로 칭송받는 것은 어진 재상들이 있었기 때문이다.

선초삼청鮮初三淸이란 조선 초기 청백리 세 사람 황희, 맹사성, 류관을 말한다.

■ 황희 정승의 일화

진눈깨비가 내리는 어느 겨울날, 퇴궐한 영의정 황희는 부인에게 말했다.

"부인, 옷을 서둘러 빨아 주시오. 내일 아침 입궐할 수 있도록 말이오."

겨울 옷이 한 벌이라서 그가 속옷 차림으로 경서를 뒤적이고 있을 때 입궐하라는 급한 어명이 떨어졌다. 이때 그의 부인은 당황하며 '남편이 무엇을 입고 입궐해야 하나'하고 태산같은 걱정을 하고 있었다. 황희는 잠시 생각하다가,

"부인, 하는 수 없소. 그 솜바지를 뜯어 빨았으면 솜이라도 주시오."
"대감, 어느 안전이라고 솜만 꿰고 입궐하신단 말이오?"
"그럼, 어찌 하겠소?"

부인이 굵은 실로 얼기설기 솜만 이어주자 황희는 솜만 걸치고 그 위에 관복을 입고 서둘러 입궐했다. 중신들을 불러놓고 경상도에 침입한 왜구를 물리칠 대책을 강구하라고 이르던 세종의 눈에 황희의 관복 밑으로 삐쭉 나온 하얀 것이 얼핏 보였다.

"청렴하고 검소하기로 소문난 황 정승이 양털로 속옷을 지어 입다니... 과인이 듣기로는 경의 청렴은 하늘에까지 상달된 것으로 아는데 어찌 오늘은 양털 옷을 입으시었소?"

황희는 몹시 곤혹스러웠다.

"전하, 아뢰옵기 황송하오나, 실은 저어... 이것은 양털이 아니오라 솜입니다."

"솜? 왜 솜을 걸치고 다니시오?"

"예, 전하. 실은 겨울옷이 단벌이라서... 오늘은 마침 대궐에서 일찍 퇴궐하여 그 옷을 뜯어서 빨았나이다."

"아니, 이럴 수가..."

○ 황희 정승은 진정한 청백리는 아니다.
  황희(1363-1452) : 90세 후. 고려말에는 공민왕, 우왕, 창왕. 공양왕을, 조선조때는 태조, 정종. 태종, 세종, 문종까지 아홉 분의 임금을 섬김. 14세때 음서로 관직에 입문하여 고려 공양왕 1년(1389년)에 문과 대과에 급제하여 73년간 녹을 먹었다. 6조 판서를 두루 역임하고 우의정 1년, 좌의정 5년, 영의정 18년으로 정승을 24년간 역임한 조선 최장수 관료이다.
  황희는 87세까지 세종의 최측근 막료 생활을 하였으며, 강직한 성품과 포용력있는 재상임에는 틀림없으나 그 당시 사초를 기록한 사관(이호문)에 의하면,
  * 황희는 부친 황군서의 몸종에게서 태어난 얼자이다. 사위인 '서달'이 자기에게 인사를 하지 않았다는 이유만으로 시골 아전을 곤장 50대를 쳐서 죽였다. 하지만 부친이 형조판서(법무부장관)이고, 장인이 좌의정(총리)이었기에 사건을 담당한 고을 현감이 6급 공무원에 불과했기 때문에 무죄로 방면할 수 밖에 없었다. (황희의 직권남용)
  * 박포(개국공신)의 처가 황희의 집에 피신해 있을 때 간통한 혐의
  * 장남 황치신은 난봉꾼으로 조선 초 자유부인 유감동과 통정, 차남 황보신은 이복동생인 황중생이 세자궁에서 훔쳐온 금 술잔을 착복. 삼남 황수신은 음보로 세조때 영의정을 지냄.
  * 집안에 가노가 지나치게 많았던 것은 매관매직으로 인한 뇌물임에 틀림없다.

○ 진정한 청백리는 최윤덕(1376~1445)으로 삼군부사 최운해와 창원 李氏 사이에 태어났으나, 모친이 출산 직후 사망하자 이웃에 사는 양수척(천민)이 양육함. 소설에서는 임꺽정은 양수척의 후손이라 소개. 식년무과에 급제하여 함경도 북방에서 여진족을 섬멸하였으며, 백두산 호랑이라고 불리운 김종서는 그의 부하였다. 부과 출신이었지만 우의정, 좌의징까지 역임. 세종때 4군 6진을 개척, 여진족을 정벌한 공로로 우의정, 무장이라는 이유로 문반 최고위직인 좌의정을 여러번 사양했지만 끝내는 받아들였다. 무술에 능했지만 다른 무신들과 달리 폭행사건 하나 일으키지 않아 문신들도 그를 존경했다.
사후에 장례를 치루기가 어려울 정도로 형편이 곤궁했다. 그는 용장과 덕장을 뛰어넘는 仁將이었다.
  * 최윤덕 장군의 아들 4형제 모두 무과에 급제했으나, 막내 아들 최영손이 단종 복위에 참여한 금성대군(세종 6남)사건에 연루되어 통천 崔氏(최윤덕) 가문은 멸문지화를 당함.

세종은 황희의 옷 밑으로 빠져 나온 솜을 만져 보았다.

"일국의 영상이 청렴한 것도 분수가 있지요. 단벌옷으로 겨울을 나다니..."

"여봐라!. 영상대감께 비단 열 필을 내리도록 하라!"

그러자 황희는 정색을 하며 아뢰었다.

"방금 내리신 어명을 거두어 주시옵소서. 지금 이 나라 백성들은 계속된 흉년으로 헐벗고 굶주린 자가 많사옵나이다. 이런 때에 어찌 영상인 제가 비단옷을 걸친단 말입니까? 한 벌도 과분하오니 이 점 통촉하여 주시옵소서."

"오! 과연 경다운 말이오. 과인이 곤룡포를 걸치고 있음이 부끄럽소이다."

결국 세종은 비단 하사를 그만 두었다고 한다.

■ 맹사성의 일화

고불 맹사성은 온양이 고향이고 좌의정까지 오른 분이다. 맹사성이 고향에 내려갈 때 고을 사또가 길을 쓸고 야단법석이 났지만, 맹사성이 허술한 옷차림으로 황소를 타고 갔기 때문에 사또는 맹 정승을 알아볼 수가 없었다고 한다.

맹 정승은 고향에서 한양으로 올라올 때 비를 만나 용인의 어느 주막에 들렀다. 마침 그곳에 녹사취재錄事取才(하급관리 채용시험)를 보러 영남에서 올라온 선비가 먼저 와서 묵고 있었다. 한참 뒤 그 선비의 요청으로 바둑을 두게 되었는데 초면에 상대방을 어떻게 불러야 할지 몰라 망설이다가 맹 정승이 먼저 제의를 했다.

○ 청수무어淸水無魚라.
맑은 물에는 고기가 없다. 사람이 너무 청렴하고 결백하면 주변에 사람이 모이지 않아서 고단하다는 뜻. 그러나 너무 고인물이나 썩은 물에는 물고기는 물론 사람도 살 수 없다.

"우리 서로 묻는 말끝에는 '공'을 붙이고, 대답 끝에는 '당'을 붙이기로 합시다."

맹 정승이 먼저,

"어디로 가는공?" 하고 묻자,

선비는 "한양으로 간당!" 하고 대답했다.

그래서 맹정승은 "무슨 일로 가는공?"하고 묻자,

"녹사취재 보러 간당!" 하고 답했다.

그래서 맹정승은 "내가 힘써 줄공?" 하고 말하자,

"자네 같은 촌부는 택도 없는 소리당!" 하고 대답했다.

이렇게 환담을 나누다가 선비는 다음날 한양으로 올라가 녹사취재에 응시하여 마지막으로 3정승 6판서가 모인 정청政廳에서 면접을 보게 되었다. 감히 얼굴을 들지 못하고 쩔쩔매는 선비를 본 맹 정승은 먼저,

"어찌 된 일인공?" 하고 말을 건넸다.

귀에 익은 목소리에 선비가 얼굴을 들어 바라보니 금관 조복을 차려 입은 좌의정은 바로 전날 주막에서 무례하게 대했던 촌부였다. 선비는 정신이 아득해져서,

"주... 죽고만 싶당!" 하고 대답했다.

그 뒤 선비는 맹 정승의 지도로 청렴한 관리가 되었고 다시는 외모만 보고 판단하는 실수를 범하지 않았다고 한다.

맹사성의 또 다른 일화는 이러하다. 열 아홉에 장원급제한 맹사성은 파주 군수로 부임했다. 이때 자만심에 가득 찬 그는 어느 무명 선사를 찾았다.

"스님이 생각하시기에 이 고을을 잘 다스리려면 무슨 덕목을 좌우명으로 삼아야 할까요?"

"그건 어렵지가 않소. 나쁜 일을 하지 말고 선정을 베푸시오."

그러자 맹사성은 화를 벌컥 내며,

"그런 건 삼척동자도 아는 일이오."

그러자 선사는 고불에게 차를 권하며 찻잔이 넘치도록 차를 따랐다.
"스님, 방바닥이 젖었어요." 라고 고불이 말하자 스님은,

"방바닥이 적시는 것은 알고 지식이 넘쳐 인품을 적시는 것은 왜 모르십니까?"

스님의 말에 부끄러움을 감추지 못한 그는 황급히 일어나 방문을 열고 나가려다 문틀에 머리를 세게 부딪치고 말았다. 그러자 스님은 빙그레 웃으며,

"고개를 숙이면 부딪치는 법이 없습니다."

그 후 정승이 된 그의 집에 비 오는 어느 날 병조 판서가 찾아왔는데 맹 정승의 집은 비가 새어 옷이 젖을 정도였다. 병조 판서는 스스로 부끄러운 나머지 새로 짓던 행랑채를 헐어 버렸다고 한다.

맹사성이 75세로 세상을 떠나자, 세종은 정무를 그만두고 문무백관과 함께 애도를 표했다고 한다.

■ 류관(柳寬, 1346~1433)의 일화

류관은 우의정이란 벼슬을 지내면서도 비가 새는 초가집에서 담도 없이 살았다. 장마 때 천장에서 비가 줄줄 새자, 우산으로 비를 막으며 부인에게,

"부인, 우산도 없는 집에선 어찌 사는지 궁금하오.?"
부인은 화가 나서,

"우산이 없으면 발가벗고 있으면 되겠소"라고 쏘아붙이자 류관은 껄껄 웃었다고 한다.

■ 유방선과 조수의 일화

유방선은 서거정, 권남, 한명회를 제자로 두었다. 송월당 조수 역시 유방선과 쌍벽을 이룬 대학자였다. 어려서 그는 권근과 변계량에게 글을 배웠고 안평대군도 송월당의 문장에 매료되어 칭찬을 아끼지 않았다. 한윤이란 선비가 조수를 찾아가 당호를 부탁하자 3외당三畏堂이라고 써 주었다.

- **하늘의 명을 두려워하고**
- **인품이 훌륭한 사람을 두려워하고**
- **성인의 말씀을 두려워하라는 뜻이다.**

한윤이 조수에게 말했다.

"선생께서도 두려움이 있나이까?"

조수가 빙그레 웃었다.

"나는 세 가지 두려움이 없소. 술 마시고 취해서 잠이 들면 천둥 벼락도 두렵지 않고, 궤짝에 옷이 없고 쌀독에 쌀이 없으니 도둑이 두렵지 않고, 벼슬에 관심이 없으니 재상이 두렵지 않소"

"선생님, 아무나 따를 수 없는 규범이나이다."

"아닐세, 욕심을 자르면 얻을 수 있는 것들일세."

부귀는 뜬구름이요, 공명은 헌 신짝인 듯했다.

○ 유방선(1388~1443) : 서산 유氏. 유일(遺逸)로 천거되어 주부主簿에 추천되었으나 사양하였다.
　　※ 유일遺逸 : 과거를 거치지 않고 높은 관직에 천거될 수 있는 학식과 덕망이 높은 선비
　　유방선 수필 : 서파삼우설
　　　- 친구인 이이립의 호가 서파. 서파가 양수, 불잔, 쇠칼을 좌우명으로 삼고 살아 오던 중에 유방선에게 이 삼우三友를 글로 잘 표현해 달라고 부탁을 하였다고 전해짐.
　　　　* 양수(불을 밝히는 도구, 밝은 마음을 뜻함), 불잔(넓은 아량), 쇠칼(예리한 판단력)

○ 조 수 : 서거정, 김시습의 스승으로 집현전 학자들을 가르침

■ 문종의 일화

천성이 너그럽고 효성스러운 문종은 세자 시절이 30년이나 되었다. 부왕(세종)이 앵두를 좋아하자, 대궐 후원에 앵두나무를 가득히 심어 앵두를 따서 바치곤 했다. 백성들은 태평성대를 바랐으나 문종은 왕위에 오른 지 2년 만에 병이 들었다. 하루는 집현전 학사들을 불러놓고 어린 세자(단종)를 무릎에 앉혀 놓고 머리를 쓰다듬으며 말을 꺼냈다.

"과인은 경들에게 부탁드릴 것이 있소."

"전하, 하문하시옵소서." 성삼문이 말문을 열었다.

"이 어린 세자를 잘 돌봐 주시오."

"전하, 어찌 그런 말씀을 하시나이까?"

성삼문, 박팽년, 신숙주 등이 문종의 어탑御榻 아래 엎드렸다. 임금이 신하에게 손수 술잔에 술을 부어 권하자, 이들은 술이 목에 넘어가지 않았으나, 술이 술을 먹은 다음부터는 술술 잘도 넘어 갔다. 술에 취해 세 사람은 정신을 차리지 못했다.

그날 따라 눈이 펑펑 내려 제법 쌓이게 되었다. 문종은 내관을 불러 입직청入直廳에 눕히게 하고 그들의 몸에 일일이 담비 가죽을 덮어 주며 잠자리를 보살펴 주었다. 세 사람은 감격하여 눈시울을 적시며 문종의 은혜에 보답하기로 맹세를 했다. 그러나 신숙주는 끝내 변절하고 말았으니 훗날 변절자를 가리켜 '숙주나물'에 비교했다.

문종은 호남이었으나 병약하여 여복까지 없었다. 세자 때 첫 번째 세자 빈 김氏는 방술을 구사하면서 세자의 마음을 사로잡으려 했다가 발각되어 폐출당했고, 두 번째 세자빈 봉氏는 세자가 학문에만 전념하고 자신에게 관심을 소홀히 하자 하녀인 나인들과 동성애를 즐기다 폐출되었다. 이것이 최초의 '레즈비언' 사건이다.

세 번째는 세자궁 시비 출신으로 왕후가 된 현덕왕후 권氏이다. 시부모와 신랑의 사랑을 듬뿍 받았으나 단종을 낳은 지 3일 만에 산후통으로 세상을 떠났다.

세조가 사람을 시켜 안산에 있는 현덕왕후의 능을 파헤치자 갑자기 맑은 하늘이 캄캄해지면서 비바람이 몰려왔다. 얼마 후 관이 바닷가에 둥둥 떠 있자 지나가던 노승이 관을 끌어내 육지로 옮기고 풀을 베어 관을 덮고 흙을 쌓았다. 이런 일이 있고 난 후 어느 날 밤 세조는 꿈을 꾸었다. 꿈에 나타난 형수(현덕왕후)가 불같이 성을 내며,

"네가 죄도 없는 내 자식을 죽였으니, 나도 네 자식을 죽이겠다.
 이놈 세조야, 알아들었느냐?"

세조가 소스라치게 놀라 일어나자 동궁에서 의경세자가 죽었다는 기별이 왔다. 꿈에서 깨어난 세조는 울화가 치밀어 사람을 보내 현덕왕후 능으로 달려가 석실을 쪼개고 관을 꺼내려 했으나 전혀 움직이지 않았다. 이래서 여자의 한恨은 오뉴월에도 서릿발이 내린다고 했을까.

단종은 열두 살의 어린 나이로 왕위에 오르긴 했지만 부모가 없는 처지라서 수렴청정해야 할 대비는 물론이고 곁에 있어 줄 중전도 없었다. 나이가 어려 정사를 돌볼 수 없었기에 모든 정사를 의정부와 육조가 맡아야 했고 왕은 단지 형식적인 결재를 하는 데 그쳤다. 특히 인사문제에 있어서는 황표정사黃票政事라는 제도를 썼는데 이는 조정에서 지명된 일부 신하들의 이름에 황색 점을 찍어서 올리면 왕은 그 자를 임명하는 형식이었다. 그래서 선왕(문종)의 고명대신 황보인과 김종서에 의한 신권정치를 할 수밖에 없었다.

한편 왕족인 수양, 안평대군 등은 서서히 왕권을 위협하기 시작했다. 계유년 봄에 전쟁 이야기인 '역대병요'를 편찬한 신하들에게 포상하자는 수양대군의 청을 단종은 두말없이 들어 주었다. 그리하여 편찬에 참여한

성삼문, 박팽년, 유성원은 포상과 표창을 받았으나 하위지는 사양했다.

그는 수양대군의 야심에 쐐기를 박고 신병을 이유로 낙향하였다. 이때 수양대군의 심복인 한명회는 개국공신 한상질의 손자이고, 권남은 권근의 손자였다. 한명회는 수양대군의 대권을 위해 군사를 이끌고, 권남은 돈의문 성곽 쪽으로 향하고, 수양대군은 임운과 양정을 데리고 돈의문 밖에 사는 김종서의 집으로 갔다. 김종서의 큰아들 승규가 아버지를 보필하고 있을 무렵 수양이 김종서의 집에 닿았다.

"좌의정 대감을 뵈러 왔네."
"어서 안으로 드시지요." 승규가 안내하자 임운, 양정 등이 따라나섰다.
"아버님, 수양대군 나리께서 오셨습니다."
김종서가 방에서 서둘러 나오며,
"나리, 석양에 어인 일이시오?"
"긴히 드릴 말씀이 있어서 왔습니다."
"무슨 일이오?"

김종서의 좌우에는 아들 형제(승규, 승벽)가 버티고 있어서 쉽사리 불장난을 할 수 없었던 수양대군은 임운을 시켜 철퇴로 김종서의 뒤통수를 내리치게 했다. "으윽!" 하고 땅바닥에 쓰러지는 김종서를 향해 달려온 승규와 승벽을 양정은 칼로 찔렀다.

수양대군은 거사를 마치고 이들을 데리고 달빛을 받으며 기다리고 있던 한명회와 서서히 사라졌다. 살생부는 한명회가 손에 쥐고 있었다. 한명회의 지시를 받은 홍윤성, 구치관 등이 쇠몽둥이로 잔인하게 단종의 친위 세력을 없앴다.

김종서(1383~1453)는 순천 김氏로 좌의정을 역임하였으며 슬하에 3남2녀를 두었다. 세조(1455~68 재위)에 의해 김종서의 아들 3형제(승규, 승벽, 승유)중 막내 승유만 피신하여 살아남아 후손을 이어가고 있다.

<u>계유정란</u> 당시 피의 숙청에 환멸을 느낀 세조의 맏딸 세희공주(당시 14세)는 유모와 함께 대궐을 도망쳐 나왔다. 그녀가 피신 길에 오른 첩첩 산중에서 날이 저물었다. 불행 중 다행인지 몰라도 백악산(경북 상주시 화북면 중벌리와 충북 괴산군 청천면 사당리 사이에 있는 855m의 산) 끝자락에 있는 석문사 보굴암에서 행색이 궁한 '나무꾼 도령'에게 길을 묻게 되는데 이것이 평생의 인연이 될 줄이야... 하필이면 나무꾼 도령이 김종서의 손자였으니 견원지간犬猿之間의 자손끼리 만난 것이다. 이것이 한국판 '로미오와 줄리엣'이다. 그러나 역사는 세희공주는 묻어 버리고 의숙공주만 소개한다. (금계필담, 1873년 의령현감을 지낸 서유영이 쓴 야담집)

※ 2011년 KBS 드라마 "공주의 남자"에서는 위의 내용을 각색하여 김종서 아들 김승유(배역 박시후)와 세조의 장녀 이세령(배역 문채원)이 열렬히 사랑하는 관계였으나, 신숙주의 차남 <u>신면(1438~67)</u>이 끼어들면서 갈등이 얽혀 재미를 더해 인기리에 방영되었다. 부인은 영광 丁氏, 아들 신용개(좌의정)

간교한 수양대군은 힘없는 혜빈 양氏를 팔아 중전 책봉을 서둘렀다. 그는 심복 황효원을 불러 우상대감(정인지)에게 보내어 중전 간택 문제를 상의했으나 그는 호통만 당하고 말았다. 어차피 권력이 수양대군에게 넘어갔으니 화를 자초할 필요는 없다고 정인지는 마음을 먹었다. 며칠 뒤 왕비 책봉에 적극 관여하여 여산 송氏 '현수'의 딸과 단종은 백년해로를 기약한다. 이 분이 바로 비극의 동반자 정순왕후이다.

세조는 극악을 부려 왕위를 찬탈했지만 그래도 많은 업적을 남겼다. 보위에 오른 이듬해 의경세자가 세상을 떠나자 인간적인 슬픔을 맛보게 되었다. 부왕(세종)이 편찬한 '월인천강지곡'과 자신이 편찬한 '석보상절'을 합쳐 '월인석보'를 1459년(세조 5년)에 간행했다.

○ <u>계유정란</u>(癸酉靖難)은 엄격히 표현하면 癸酉政亂이 옳은 것같다. 세조의 명분없는 쿠데타이다. 조선 사림들은 癸酉士禍라고 부른다. ※ 政亂(정계의 혼란), 靖難(난리를 안정시킴)

○ <u>김종서</u> : 순천 김氏, 세종 대인 1433년부터 1437년까지 6진을 개척했으며 단종 대에는 좌의정에 올라 고명대신으로서 섭정을 했다. 1453년 계유정난때 수양대군에게 죽임을 당함.

○ <u>멸족</u>滅族 : 죄인의 일가를 몰살시키는 것(연좌제의 끝판왕), <u>멸문</u>滅門
　폐족廢族 : 조상이 큰 죄를 지어 처형당하고 후손들은 벼슬을 할 수 없다.

○ <u>조대비</u> : 장열왕후(인조의 계비, 자의 대비, 양주 조氏)
　　　　　신정왕후(효명세자(익종)의 비, 풍양 조氏)

석가의 공덕을 찬양한 '월인천강지곡'과 '법화경', '지장경', '아미타경' 등에서 발췌한 경전을 한글로 번역한 '석보상절'을 합쳐 요절한 아들과 부모의 명복을 위해서 '월인석보'를 만들어 지난날 자신의 과오를 뉘우쳤다.

밤마다 악몽에 시달린 세조는 온 몸에 부스럼이 돋아 흉측한 몰골로 변해갔다. 병 치료를 위해 백방으로 수소문해서 명의를 찾아 처방을 받았으나 백약이 무효였다. 불심이 깊은 세조는 어느 노승의 소개로 십승지의 하나인 속리산을 찾게 되었다. 충청도 보은 땅 말티고개를 지나 법주사로 가는 길목에 소나무 가지가 축 늘어져 길을 막았다. 이때 동행하던 승지 한 사람이,

"나랏님 행차길인데 이래서야 되겠는가."하고 애정어린 호통을 치자 이 소나무가 고개를 서서히 들었다. 세조는 이를 가상히 여겨 판서 벼슬인 정2품이란 벼슬을 하사했다. 그래서 지금까지 '정2품 소나무'라고 일컫게 된 것이다.

속리산 제2정봉 문장대로 가는 길에 복천암이란 호서 제일 기도 도량이 나온다. 복천암 청정수로 삼칠일(21일) 동안 목욕재계하고 부처님께 치성을 드리면 피부병이 치유될 수 있을 거라는 노승의 말을 믿고 열심히 기도를 드렸다. 그렇지만 별로 효험이 없자 오대산 상원암을 찾게 되었다. 계곡에 정좌하고 천지신명께 기도를 올리자 꿈에서 나타난 동자가 몸을 씻겨 주겠노라고 자청하며 다가왔다. 얼굴에서 허리춤까지 골고루 씻어 주고 나서 작별을 고하자, 세조가 말했다.

"나는 이 나라 군왕이니라."
"나는 문수동자니라. 그러하니 서로의 신분을 비밀로 하자" 라고 말하고 곧장 사라져 버렸다. 그 이후 세조의 몸에서 부스럼이 놀랍게도 사라져 버렸다.

지금도 상원사 앞 계곡엔 '문수동자의 비'가 초라하게 그 자리를 지키고 있다. 지성이면 감천이다. 지성에 이르면 하늘이 감응한다는 뜻인데 우리들의 삶도 지성至誠을 하면 뜻이 이루어진다. 성誠이란 말대로 이루어진다는 뜻이다. 한번 뱉은 말을 지키기 위해 목숨을 버렸던 수많은 충신과 열사들을 그래서 존경하고 흠모하는 것이다.

一言正天下定
일 언 정 천 하 정

한마디의 말이 바르면 천하가 안정된다.

君子出基言善,則千里之外應
군 자 출 기 언 선, 즉 천 리 지 외 응

出基言不善,則千里之外違之
출 기 언 불 선, 즉 천 리 지 외 위 지

군자가 선한 말을 하면 천 리 밖에서도 그 말을 따르게 된다. 그러나 선하지 못한 말은 천리 밖에서도 귀에 거슬리게 들린다.

포은 정몽주의 손자 정보의 서매庶妹가 한명회의 첩살이를 하고 있었다. 정보는 한명회의 집을 찾았다.

"매제(한명회)는 출타 중이신가?"
"죄인(사육신)들을 국문하느라 대궐에 있습니다."

○ 정몽주 → 정종성 ┌ 정실의 아들 : 정 보 (사위 이석형 : 연안 이氏, (생원시,진사시,식년시 문과)장원)
　　　　　　　　　│　　　　　　※ 이석형은 정몽주 선생의 묘역(용인시 처인구 모현읍 능원리)에
　　　　　　　　　│　　　　　　　안장되어 있음
　　　　　　　　　└ 측실의 딸 : 한명회의 첩

"아니, 그들이 무슨 죄가 있다고, 그 짓을 하는 겐가?"

"오라버니, 말씀 삼가시오. 역모를 다루는 일입니다."

"매제가 그 일에 가담하고 있다면 만고의 역적이 될 걸세."

정보는 손을 휘휘 내저으며 서매의 집을 빠져나왔다. 저녁에 퇴청하여 이 말을 첩에게서 들은 한명회는 곧바로 입궐하여 세조에게 고변했다.

"전하, 정보라는 자가 난언을 늘어놓고 다닌다 하옵니다. 그를 잡아다가 죄를 물으소서."

"잡아들이도록 하시오."

얼마 후 정보가 세조 앞에 끌려왔다.

"네가 무슨 연유로 '삼문'과 '팽년'을 두둔하고 다니느냐?"

"신은 그 두 분을 성인군자로 생각하고 있나이다."

"뭣이라? 성인군자라?"

"그러하옵니다."

"전하, 이 자의 죄상이 백일하에 드러났사오니 극형에 처하시옵소서! 이 자 역시 역모의 방조자이옵니다."

정보는 자신의 매제(한명회)가 구더기보다 못해 보였다.

"다시 묻겠노라. 정보 너는 성삼문과 박팽년이 지금도 성인군자라고 생각하느냐?"

"그러하옵니다."

세조는 어명을 내렸다

"저 자(정보)의 다리를 하나씩 수레에 묶어 찢어 죽여라!"

"저 자는 누구인가?" 세조가 한명회에게 물었다.

"정보는 포은의 손자이자, 신의 처남입니다."

세조는 생각을 바꾸었다.

"자고로 충신의 자손은 죽일 수는 없다. 극형을 삼가고 그를 연일 땅으로 귀양을 보내라."

한명회의 자는 자준이고 호는 구정이다. 오늘날 압구정동은 여기서 유래된 것이다. 출생부터 특이했던 그는 칠삭둥이로서 집안 식구들조차 꺼릴 정도로 원숭이에 가까운 형상이었다. 그의 등에는 검은 사마귀가 있어서 보는 사람마다 괴이하게 여겼다.

장모가 그를 면전에서 괄시했다.

"아이쿠, 저것도 사람이라고…"
장인은 한명회를 보고 느낀 바 있어 아내를 나무랐다.

"말 삼가시오. 비록 한 서방이 추한 몰골로 생겼지만 큰 일을 할 것이오. 다른 사위들과 똑같이 대하시오."

"아이쿠, 어느 세월에 한답디까? 사람 되기는 글렀소."

"어허, 입 닥치시오."

○ 狎鷗亭 한명회에 대한 조롱 詩
- 靑春扶社稷(청춘부사직) 白首臥江湖(백수와강호)
젊어서는 나라를 위해 몸 바쳤고, 백발이 되어선 강호에 누웠노라.
- 한명회의 시에 대하여 김시습의 조롱 詩
靑春危社稷(청춘위사직) 白首汚江湖 (백수오강호)
젊어서는 사직을 위태롭게 하더니, 늙어서는 강호를 더럽히네.
- 포의 이윤종 조롱 詩
有亭不歸去(유정불귀거) 人間眞沐猴(인간진목후)
정자를 지어놓고 돌아가지 않으니 이 인간 참으로 멱감은 원숭이일세

한명회와 동문수학하던 권남이 그를 수양대군에게 소개하자 마치 물고기가 물을 만난 듯 활개를 쳤다. 한 고조 옆에 장자방이 있듯이 세조 옆에 한명회가 있었다. 부귀영화를 누렸던 그는 1504년(연산군 10년) 갑자사화甲子士禍때 폐비 윤氏 폐출사건을 막지 않은 책임이 있다고 하여 정창손 등과 함께 12간奸의 한사람으로 지목되어 관작이 추탈되고 부관참시剖棺斬屍를 당했다.

오늘날에도 한명회와 같은 사람이 정치를 한다면 세상은 혼 탁의 연속일 수밖에 없다. 죽마고우인 권남과 한명회는 젊은 시절 책 보따리를 말에 싣고 명산 고적을 찾아다니며 학문에 몰두했다.

남자로 태어나서 무공을 세우지 못할 바에는 만 권의 책을 읽어 불후의 대학자로 이름을 남기자고 언약했다. 소위 남아라면 다섯 수레의 책을 읽어야 한다고 두 사람은 다짐했다.

男兒須讀五車書
남 아 수 독 오 거 서

세조 때 금부도사 왕방연은 노산군을 영월 청령포에 데려다 주고 한양으로 돌아오는 길에 늦은 밤 언덕에 앉아 통곡하며 시한 수를 읊었다.

천만리 머나먼 길에 고운 님 여의옵고
내 마음 둘 곳 없어 냇가에 앉았으니
저 물도 내 마음같아 울어 밤길 예는구나.

단종의 숙부 금성대군이 순흥부사 이보흠과 모의하여 세조를 제거하고 단종을 복위하려다 발각되어 이들은 처형되고 노산군에게도 사약이 내려졌다. 사약을 들고 간 왕방연의 손은 부들부들 떨고 있었다.

이때 노산군을 모시고 있던 통인 하나가,

"내 손으로 죽이겠소, 조정에 들어가시거든 내 공을 말해 주시오."

왕방연은 기가 막혔다. 통인이 노산군의 목에 노끈을 걸고 뒤에서 잡아 당기자 숨을 거두었다. 이 광경을 지켜본 시녀와 시종들은 동강에 몸을 던졌는데 이때 하늘엔 먹구름이 깔리고 천둥과 뇌성을 동반한 폭우가 쏟아져 내렸다. 열 일곱의 나이에 비명에 간 노산군의 원통함에 하늘이 노한 것일게다.

노산군이 죽던 날 촌로들의 꿈속에서,

"상왕께서 어디로 행차하시나이까?"라고 묻자,

"태백산으로 놀러 가는 것일세"라고 답했다.

단종은 백마를 타고 산신령이 되어 천제단에 올랐다.

예종 때에 대제학을 지낸 서거정은 호가 사가정이다. 권근의 외손자로서 권남과 외사촌이었다. 그리고 김시습과 막역지우였으나 세조 즉위부터는 사이가 멀어졌다. 그것은 서거정이 풍전 세류에 흘러 세조의 편에 있었기 때문이다. 그의 저서로는 '동국여지승람', '동문선' 등이 있다.

단종이 유배되었던 강원도 영월군 청령포에 있는 단종이 기거한 어소

단종이 한양을 그리워하며 쌓아 올렸다는 망향탑 어린 단종의 애절함이 배여 있다.

중기(中期, 성종~인조)

조선 역사상 선왕이 승하한 그날로 왕위에 오른 성종은 왕대비 정희왕후를 극진히 창경궁에서 모셨다. 날마다 소연을 베풀고 속악俗樂을 들려주었다. 왕으로 등극하게 한 은혜를 갚기 위해서일까? 성종은 하루에 세 번씩 경연에 나왔고, 종친들을 불러 후원에서 술도 마시고 활쏘기를 즐겼다. 그리고 반드시 소연장에는 기생과 음악을 따르게 했다. 연산군이 어려서부터 이것을 보고 훗날 주색잡기에 빠져든 것이다. 자식은 아비의 흥을 보면서 그대로 따라 하게 마련이다.

성종 때 사간원 수장인 대사간에 임사홍이 발탁됐다. 조회 때 휘숙옹주의 집이 법도에 지나치다고 사간원 헌납(정5품) 안침이 탄핵을 올렸다.

○ 속악俗樂 : 우리 고유의 전통 궁중 음악을 중국계의 아악이나 당악에 상대하여 이르는 말.
　　　　　　고려 이후로는 향악과 같은 뜻으로도 쓰인다.
○ 임사홍任士洪(1445~1506) : 풍천 任氏, 어머니는 남규의 딸, 남곤과는 외사촌, 효령대군의 아들
　　　　　　보성군(이합)의 사위, 연산군 시대 최고의 권력자 신수근과 함께 폐비 윤氏 사건을
　　　　　　연산군에게 알림(갑자사화의 원인이 됨)
　• 4남 임숭재 : 성종의 사위(처, 휘숙옹주), 궁중연회를 주관하는 장악원을 세워 처남인 연산군의
　　　　　　흥을 도왔던 일등 공신
※ 노종 : 임숭재의 사위, 노동유의 아들이자 노사신의 손자 (노사신→노동유→노종)
※ 노사신(1427~98) : 교화 노氏, 어머니는 소헌왕후의 여동생, 후손 : 노태우 대통령
※ 노수신(1515~90) : 광주 노氏, (우,좌,영)의정 역임, 대학자 이연경(廣州 이氏)은 스승이자 장인,
　　　　　　유배생활 19년(양재역 벽서사건), 선조는 유성룡보다 노수신을 더 신뢰하였다. 후손 : 노무현 대통령
※ 노회찬魯會燦 : 강화 노氏. 전 정의당 국회의원, 진정한 정치가(Statesman)
　- 魯 노나라 로(노)
　- 努 힘쓸 노(로) : 2015년 통계에 처음 등장, 남한에 고작 6명
　　　　　　북한 전 인민무력부장(국방부 장관) : 노광철

임사홍의 장남 광재는 예종의 딸 현숙공주의 남편이었고, 사남 숭재는 성종의 딸 휘숙옹주의 남편이었다. 임사홍은 그 당시 권세가 하늘을 찔렀다. 그런데 부하인 안침이 상관인 자신을 탄핵했으니 이는 분명 하극상이라고 격노하였고 안침은 이에 불복하였다.

성종의 인사 조치로 임사홍은 도승지, 안침은 홍문관 응교(정4품)로 옮겨졌다. 안침은 '언관'이란 임금의 귀와 눈이 되어야 하고 옳은 일이다 싶으면 목숨을 내놓는 한이 있어도 신념을 굽히지 말아야 한다고 항변했다. 오늘날 청와대 비서관들께서도 안침의 소신을 한 번쯤 숙고하기 바란다.

성종은 마누라가 태종 다음으로 많은 임금이다. 연산군의 생모 폐비 윤氏의 비극은 유교적 법도가 낳은 '악법 제도'에서 비롯되었다. 일부다처제를 만들어 왕은 이삼십 명의 후궁을 거느려도 투기의 대상이 될 수 없었다. 이는 사대부들이 부인이나 첩을 내쫓을 수 있는 악법 중의 악법이었다. 자손을 늘린다는 명분으로 남자의 외도는 합리화하고 여성의 질투는 이를 방해하는 장애물로 규정했던 것이다.

투기는 여자의 본능이다. 아무리 고매한 인품을 갖춘 왕비라도 투기는 있기 마련이다. 단지 참고 견디고 있을 뿐이다. 고매하다는 양반 계급들이 불합리한 논리로 여성들을 옭아맨 것이다. 그 희생자 중 하나가 바로 폐비 윤氏이다. 인품이 높은 성군인 성종도 여인을 통치하는 악법만은 끝내 고수한 것이다.

희대의 폭군 연산군을 다룰 수 있는 여자는 오직 장녹수밖에 없었다. 그녀가 인상을 찡그리면 연산도 덩달아 찡그렸고 웃으면 덩달아 웃었다. 녹수는 여러 번 시집을 간 이력에 걸맞게 연산군보다 열 살 위였다.

그리고 연산은 교과서적인 정비 신氏에게서는 느낄 수 없는 어머니 품속같은 따스함을 녹수에게서 느꼈다. 녹수의 아버지는 문과에 급제하여

문의 현령文義縣令을 지낸 장한필이었고 녹수는 그의 서녀였고, 어머니는 장한필의 노비였다. 당시 조선은 모계법에 따라 어머니가 천한 신분이면 어머니 쪽을 따라 천인이 될 수밖에 없었다. 이것은 양반의 급증을 막기 위해서이다.

어린 시절에 곤궁하게 성장했던 녹수는 여러 남자에게 몸을 의탁했고 여러 명의 자식까지 두었다. 그러던 중 제안대군의 가노와 혼인을 하여 제안대군의 여종으로 살면서 가무를 익혔다. 영리한 녹수는 장안 제일의 풍류 한량인 제안대군의 몸종 노릇까지도 불사했다.

연산군은 미복 차림으로 당숙인 제안대군의 집으로 행차하여 술자리를 가졌다. 이때 녹수로 하여금 술 시중을 들게 하니 연산군은 한 눈에 반해 버렸다. 이렇게 해서 후궁이 된 녹수는 예종의 딸 현숙공주와 친한 사이가 되었다. 현숙공주의 집에 연산군의 외할머니 신氏가 기거하고 있었고, 녹수는 이 사실을 연산군에게 알리고 그는 어머니의 죽음을 여기서 알게 된다. 이것이 갑자사화인데 월탄 박종화의 소설 '금삼의 피'로 유명하다.

부왕의 후궁인 귀인 정氏와 엄氏는 연산군 생모 윤氏를 폐출하는 데 일조를 했다는 이유로 귀인 정氏의 아들 안양군과 봉양군으로 하여금 그들에게 곤장 백 대를 치라고 명했다. 두 후궁을 포대에 한꺼번에 넣고 때리니 누가 누구를 때린 지도 몰랐지만, 포대를 벗기니 아들이 어미를 때린 것이 드러나게 되었다.

이들은 잔인하게 장살杖殺을 당했고 두 왕자도 참형을 당했다. 그들이 숨지자 젓갈로 담가 산과 들에 뿌렸다. 또한 귀인 정氏의 부친인 초계 정氏 정인석의 뼈를 갈아 강물에 날려 버렸다. 그리고 정氏 소생인 정혜옹주, 엄氏 소생의 공신옹주는 작위를 박탈당하고 관노가 되었다.

연산군은 흥청興淸이라는 제도를 만들어 처녀든, 유부녀든 가리지 않고 수청을 명했다. 이 흥청이라는 제도 때문에 몰락한 가정이 수백 호가 넘었다. 연산군의 황음에 어떤 고관의 부인이 궁중에 불려 갈 때 온 몸을 명주로 동여매고 들어갔지만 밀실의 황홀한 분위기에 취해 제 손으로 명주를 풀어야 했기에 강간도 화간으로 변했다.

장녹수가 임신해 옹주를 생산하자 종3품인 숙용의 지위에 올랐고 외할머니 신氏는 엄청난 호사를 누렸다. 연산군은 휘숙옹주와 결탁하여 민가 100채를 허물어 사냥터로 만들기도 했다.

이를 보다 못한 내관 김처선이,

"조정이 이렇게 어려운데 어찌 주색을 탐하옵니까?"라고 주청을 드리자 화가 난 연산은 김처선의 두 다리를 자르고 자신에게 걸어오라 명하자 그는,

"전하 같으면 두 다리가 없는데 걸어가겠습니까?"라고 하자, 연산군은 그의 두 팔을 자르고 목을 잘라 저잣거리에 매달아 백성들이 보게 하였다. 그리고 김처선의 본관인 전의 김氏를 없애버리고 8촌 이하는 모조리 잡아 죽였으며, 여름 절기 처서를 '조서詛署'로 바꾸었다. 김처선의 주청 하나로 전의 김氏는 멸문지화를 당한 것이다.

연산군이 큰어머니 박氏에게 모성의 정을 느껴 강간을 했다는 추악한 소문이 돌자 박氏는 결백을 증명하기 위해 목숨을 끊었다. 이로 인해 박氏의 동생 박원종이 내심 반감을 품고 있다가 1506년 중종반정을 일으켰다. 하루 아침에 폐주가 된 연산군은 강화도 교동으로 유배되어 3개월 만에 죽고 임사홍, 휘숙옹주, 외할머니 신氏, 장녹수 등이 저잣거리에서 포박당한 채 형장으로 가다가 백성들이 던진 돌에 맞아 거리에서 비명횡사했다.

연산군도 어머니 사건만 아니었더라면 좋은 군주가 되었을 인물이다. 아마도 장녹수와 동시대를 살면서 서로의 아픔을 달랬을 것이다. 악어와 악어새처럼... 연산은 제 정신이 아니었고 스스로 운명을 아는 듯 패륜의 길을 택하여 그 끝을 기다리고 있었다. 폐위되기 며칠 전 후원에서 풀피리를 두어 곡 불고 난 후 이렇게 시를 읊었다.

人生如草露　會合不多時
인 생 여 초 로 　 회 합 불 다 시

인생은 풀잎의 이슬 같아서
만날 날이 많지 않을 것 같구나.

아마도 죽음이 가까이 온 것이 느껴졌기 때문이었을 것이다. 이때 거사 계획을 가장 먼저 준비한 사람은 성희안이었다. 성희안의 모친은 정종의 후궁 성빈 지氏의 맏아들 덕천군의 딸이다. 왕족인 어머니 덕택에 궁궐 출입이 잦아 성종의 총애를 받았던 인물이다. 그는 학식이 깊고 매사에 치밀하였으며 대단한 성격의 소유자였다. 연산을 비판하는 '임금은 본래 청류淸流를 좋아하지 않는다'라는 시를 올렸다가 미관말직 종9품 부사용副司勇으로 좌천된 상태였다. 성희안은 가장 먼저 박원종을 찾아갔다.

박원종은 한때 연산군의 신임을 받아 동부승지, 좌부승지를 거치면서 국가의 재정문제를 맡았던 인물이었다. 그러나 연산군의 사치 행각을 간언하다가 평안도 병마절도사로 좌천된 상태였다. 그는 연산군이 월산대군의 아내인 누이를 궁으로 자주 불러 불륜을 저질러 누이가 자결하자 연산군을 극도로 미워하기 시작했다.

○ 부사용副司勇(종9품 최하위 말단 벼슬) : 참봉(능지기), 부사용(무관), 수문장 등의 벼슬.
　　　　　연봉으로 백미 8석(16가마), 田米 1석, 黃豆 2석, 소맥 1석, 광폭 2필, 전貨 1장을 받았다.

성희안은 거사를 도모할 지략이 있었고 박원종은 군대를 동원할 힘이 있었다. 이들은 당시 인망이 높던 이조 판서 유순정을 끌어들였고 연산군의 신임을 받던 신윤무와 무장 출신 장정, 박영문 등의 호응을 얻어냈다.

모든 준비를 완료한 이들은 연산군이 장단의 석벽으로 유람하는 날을 거사일로 잡았다. 그때가 1506년 9월경이었다. 그런데 나들이 계획이 갑작스레 취소되고 말았다. 거사를 미루려고 하던 차에 호남에서 귀양살이를 하고 있던 유빈과 이과 등의 거사를 알리는 격문이 돌자, 선수를 뺏길지도 모른다는 두려운 생각에 그날로 바로 거사했던 것이다.

거사에 돌입한 반군은 먼저 진성대군에게 알리고 신수근, 신수영 형제와 임사홍을 제거하는 데 성공했다. 궁궐에 침입한 반군은 신윤무의 도움으로 대궐을 장악했다. 그리고 진성대군의 생모 정현왕후의 교지를 얻어내었다.

연산군을 왕자의 신분으로 강등시켜 강화도 교동에 위리안치시키고 거사 다음날 근정전에서 즉위식을 거행하니 이가 바로 중종이다. 만약 신수근을 반정군에 끌어들였더라면 무혈입궐도 가능했을 것이다. 신수근의 누이가 연산군의 처이고 딸이 중종의 후비 단경왕후였다.

물론 중종이 대군 시절에 혼인했지만... 박원종이 거사 전날 신수근을 만나 반정에 협조할 것을 종용하자 신수근은 화를 벌컥 냈다.

"비록 임금이 포악하긴 하지만 세자 '황'이 총명하니 염려할 바 아니다"라고 반박했다. 신수근은 권남의 사위로서 고인이 된 남이 장군과 동서지간이다. 고로 단경왕후 신氏는 친가, 외가에 걸쳐서 당대의 명문인 사대부 가문의 딸이었다.

중종은 등극한 뒤 가장 먼저 연산군의 폐정으로 문란해진 나라의 기강을 바로잡고 정치 수준을 끌어올리는 데 역점을 두었다. 왕의 자문을 담당하던 홍문관의 기능을 강화하고 경연을 중시하였으며 사가 독서, 전경典經 등을 엄중히 시행하여 문벌 세가들을 견제하려 했다. 중종은 왕도정치를 내세워 훈신들과 척신들의 세력을 견제하기도 했으나, 반정공신反正功臣들의 세력이 너무 막강하여 임금의 입지가 좁아지기도 했다.

갑자사화로 정치 일선에서 밀려났던 사람들 중에서 고개를 들기 시작한 조광조는 도학적 사상에 근거한 철인군주정치를 펼쳐나갔다. 과거로 인재를 등용하는 데 한계가 있어서 '천거 등용제'인 '현량과賢良科'를 두어 신진사류 김식 등 28명을 요직에 두루 배치하였다. 이러한 조광조의 급진 세력이 훈구 세력의 반발을 초래했고 또한 그의 도학 정치는 임금에게까지 압박을 가하자 중종은 이에 염증을 느끼기 시작했다. 중종의 이런 심정을 헤아린 훈구파인 남곤, 심정, 그리고 홍경주 등이 도학정치를 재고할 필요가 있다고 상소를 올렸다. 홍경주 첩의 소생인 희빈 홍氏는 중종의 사랑을 독차지하고 있었다. 홍경주는 딸을 찾아가서,

"희빈마마, 저잣거리의 백성들은 정암 조광조를 임금처럼 받들고 있나이다."

"그래서요?"

"마마께서 이 사실을 주상(중종)께 주청을 드려 주시옵소서."

"그리하옵지요."

홍경주는 한술 더 떠 교묘한 꾀를 내놓았다.

"똑똑한 시녀를 시켜 유독 벌레를 잘 타는 나뭇잎에 주초위왕走肖爲王이라고 써서 그 글씨 위에 꿀을 발라 놓게 하소서. 이 길만이 아비가 살 길이나이다."

"그렇다면, 아버님 분부대로 따르겠나이다."

주초위왕은 조광조가 왕이 된다는 뜻이고 고려 때 이자겸은 십팔자(十八子)를 써서 이氏가 왕이 된다고 비유하기도 했다. 이 사실을 희빈

홍氏는 중종에게 고했다. 다른 한편으로 심정沈貞(1471~1531)은 경빈 박氏의 시녀를 꼬드겨 궁궐에 소문을 퍼뜨리게 했다.

이로써 조광조는 능주로 유배되어 사사되었고 홍언필, 김정, 김식, 김구, 유인숙 등이 국문을 받았다. 김정, 김식은 유배지에서 자결하고 김구, 홍언필은 귀양을 떠났다. 훈구파의 김전金詮은 영의정, 남곤은 좌의정, 이유청은 우의정에 임명된다.

대개 조광조의 왕도정치 실패를 정치이념의 진보성이나 과격성에서 찾으려고 하지만 더 본질적인 원인은 당시의 정치체제가 왕도정치를 실현할 만큼 성숙하지 못한 데에 있었다고 해야 할 것이다. 이것은 조광조가 물러난 뒤 오히려 성리학이 학문적으로 더 발전되었다는 사실을 간과해서는 안 되기 때문이다.

중종은 여자는 많았으나 진정 사랑한 여인은 단경왕후 신氏였다. 그러나 왕비가 된 지 8일 만에 반정 세력의 압력에 못 이겨 그녀를 폐출시켰다. 폐출되어 인왕산 아래 하성위 정현조의 집에 머물고 있던 신氏가 경복궁을 바라보며 그리움을 달래기 위해 산에 오르던 길에 행여나 님(중종)이 보실까 싶어 '다홍치마'를 바위에 넓게 깔고 하염없이 눈물을 흘리다 산을 내려오곤 했다. 그것도 처소가 죽동궁으로 옮겨지니 그나마 그것도 오래가지 못했다.

진성대군(중종)이 목숨을 부지할 수 있었던 것은 연산군의 부인 신氏의 질녀(조카)가 자신의 부인이었기 때문이다. 이렇게 보면 중종의 일등공신은 단경왕후이다.

○ 조광조 절명시
愛君如愛父 憂國如憂家 白日臨下土 昭昭照丹衷
임금 사랑하기를 어버이 사랑하듯 했고, 나라 걱정을 내 집 걱정하듯 했노라.
밝은 해가 이 세상을 내려다보고 있으니, 내 충성된 마음을 환히 비추리라.

중종 시대에는 사건도 많았고 훌륭한 인재도 많았다. 기라성 같은 인물 속에서도 오로지 학자로서 빛나는 이가 있었으니 그가 바로 화담 서경덕이다. 화담은 그의 어머니가 공자의 사당에 들어가는 꿈을 꾸고서 낳았다. 그는 영특하였으나 가세가 빈곤하여 제대로 교육을 받지 못 하다가, 14세가 되어 글을 대하고 '상서' 즉 '서경'을 사색으로 깨우친 것이다. 18세가 되어 대학의 '격물치지格物致知'를 읽다가 크게 깨달았다. 격물치지란 실제 사물의 이치를 연구하여 지식을 완전하게 익힌다는 뜻이다.

"학문을 하는 데 있어서 먼저 격물을 하지 않는다면 책을 읽어서 어디에 써먹겠는가" 하면서 사물의 이름을 하나하나 규명해 나갔다. 학문은 글 읽는 것이 능사가 아니라 문리가 트여 이치를 찾는 데 주력하였다.

그는 31세 때 조광조에 의해 채택된 '현량과'에 응시하도록 맨 먼저 추천을 받았으나 사양하고 개성의 화담에서 학문에만 열중하면서 후학을 양성했다. 그는 항상 제자들에게 이렇게 말했다.

"나는 스승을 얻지 못해 이치를 깨닫는 데 몹시 공이 들었네. 자네들은 내 말대로 하면 나처럼 수고하지는 않을 걸세."

여기서 '자네들'이란 그의 문하생 강문우와 허엽, 이지함(토정) 말한다. 허엽은 홍길동의 저자 허균의 부친이다. 화담은 어머니의 간청으로 43세(1531)에 생원시에 응시해서 장원급제하였으나 벼슬길에 나가지 않았다.

○ 격물치지格物致知
- 마른 어미 억새풀은 푸른 새끼 억새풀이 다 자랄 때까지 버팀목이 되어 주다가 쓰러진다.
- 반포지효反哺之孝 : 까마귀 새끼가 자라서 늙은 어미에게 먹이를 물어다 주는 것처럼 효도를 한다는 뜻
   반대로 부엉이 새끼는 늙은 어미를 뜯어 먹고 산다.
- 우렁이 새끼는 어미의 살을 뜯어 먹고 성장하며, 빈 껍데기만 남은 어미 우렁이가 물에 둥둥 떠내려 가는 것을 보고 '우리 엄마 시집간다'라고 한다니 가슴이 울컥해진다.
- 가물치는 수천 개의 알을 낳은 후 눈이 멀고 만다. 먹을 것을 찾을 수 없게 된 어미를 위해 자식들이 어미의 먹이가 되어 결국 10% 정도만 생존한다.
   ※ 우렁이 어미의 자식사랑과 가물치의 효심을 보면서 자연의 이치에 탄복할 뿐이다.

중종 말년 김안국의 추천으로 후릉(정종과 정안왕후의 릉) 참봉을 제수받았으나 끝내 사양했다. 그는 스승 없이 홀로 학문을 깨우친 특이한 인물로 오로지 그의 스승은 자연과 서책뿐이었다. 그래서 독특한 학문적 업적을 일궈낼 수 있었다.

특히 물질에 대한 끊임없는 사색으로 서양의 물리학에서 말하는 '에너지 보존의 법칙'을 깨닫게 된 것이다. 살고 죽는 것도 일시적으로 머물러 있던 에너지(氣)가 우주에 반복적으로 환원되어 일어난 변화라고 본 것이다. 말하자면 생사일여生死一如로서 우주와 인간, 우주와 만물은 둘이 아닌 하나라는 것이다. 이것은 훗날 기대승, 이이 같은 학자들에 의해서 조선의 '기철학'으로 발전하게 된다. 그러나 도학에 너무 심취해 정통 성리학자들에게 배척을 받기도 했다.

이 무렵에 송도 기생 황진이는 서화담을 짝사랑했다. 비가 오는 날 서경덕을 찾아간 황진이의 모습은 가관이었다. 비에 젖은 하얀 비단 속옷이 알몸에 밀착되어 가뜩이나 요염한 그녀의 몸을 한층 더 돋보이게 만들었다. 조용히 글을 읽던 화담은 진이를 반갑게 맞았고 몸을 말려야 한다며 아예 옷을 벗겨 알몸으로 눕히고 물기를 닦아낸 다음 이부자리를 펴주었다. 그리고 다시 글을 읽었다.

이윽고 밤이 깊어 삼경쯤 되자 진이 옆에 누워 가볍게 코를 골면서 잠이 들었다. 아침 일찍 눈을 뜬 진이는 화담이 벌써 일어나서 아침밥을 짓고 있는 것을 보았다. 이에 질린 진이는 화담을 오로지 존경과 흠모의 대상으로 보고 사내가 아닌 진정한 스승으로 존경했다. 그러나 화담도 남자인지라 진이를 그리워하며 시를 지었다.

○ 반석평 (1472~1540, 光州 반씨)
　본래 어느 재상 집의 종이었으나, 성품이 어질고 총명하여 주인이 글을 가르쳐주었다. 과거에 급제한 후, 8도 관찰사를 비롯한 여러 관직을 거쳐 형조판서에까지 이르렀다. 연산군 시절, 그의 옛 주인 집안의 도령인 이오성 집안이 화를 당해 노비로 전락하자, 중종 대에 이르러 반석평은 이오성의 명예를 회복시켜주었다. 조선시대에 8도 관찰사를 모두 역임한 인물은 함부림과 반석평 두 명뿐이다.

　※ UN 사무총장을 지낸 반기문의 11대조이다. (탈랜드 반효정은 거제 반씨임)

마음이 어리하니 모든 일이 어리하다.
만중운산에 어이 내 님 못 오는고
지난밤 소슬바람 소리가 행여 내 님 오는 소리인가.

이 시에 화답한 진이의 시는

청산은 내 뜻이요, 녹수는 님의 정이다.
녹수는 흘러간들 청산이야 변할손가.
녹수도 청산이 그리워 울어 예어가는가.

황진이는 홀어머니 슬하에서 자랐지만, 양반집 딸 못지 않게 학문을 익히고 예의범절을 익혔다. 서화에 능하고 가야금에도 일가견이 있었다. 이렇듯 미색이 뛰어난 규수로 자란 그녀가 기생이 된 것은 동네 총각이 그녀를 연모하다가 상사병으로 죽었기 때문이다. 그런데 상여가 그녀의 집 앞을 지나다가 상여꾼들의 발이 땅에 달라 붙어 움직이지 않았다고 한다. 그래서 황진이의 속저고리를 덮어 주었더니 상여가 움직이기 시작했다. 이 청년이 첫 번째 남성이다. 그래서 기생이 되어 송도의 명기 명월이가 되었다.

두 번째 남자는 개성유수 송공이다. 그가 대부인 연회석에 황진이를 초대하자 많은 이들이 그녀의 빼어난 미모에 반했으며 이때부터 진이는 개성의 유명인사가 된다.

세 번째 남자는 선전관 이사종이다. 이사종의 노래에 반해 오히려 황진이가 사랑에 빠졌다.

네 번째는 양곡 소세양이다. 양곡은 남자가 여색에 혹함은 진정한 대장부가 아니라고 호언장담했으나 역시 그녀에게 빠져들고 말았다. '동짓달 기나긴 밤'은 진이가 양곡을 사모하여 지은 노래이다.

동짓달 긴긴 밤 한 허리를 베어내어
춘풍 이불 아래 서리서리 넣었다가
설운 님 오신 날 밤이어든 굽이굽이 펴리라

다섯 번째는 왕족 벽계수이다.

청산리 벽계수야 수이감을 자랑 마라.
일도 창해하면 다시 오기 어려우니
명월이 망공산할 제 쉬어 간들 어떠하리.

앞만 보고 가던 벽계수가 이 노랫소리에 취해 뒤를 돌아보다 말에서 떨어졌다. 이 시는 '벽계수 낙마곡'으로 벽계수의 콧대를 꺾은 노래이다.

여섯 번째는 천마산 도인 지족 선사인데, 면벽하고 30년을 수련한 도승을 파계한 것이다.

마지막 남자가 서화담이다. 30년 면벽 수련한 지족 선사도 무릎을 꿇게 했지만 서경덕만은 그러하지 못했다. 오랜 세월을 교류했으나 육체적인 사랑은 나누지 못하여 그를 진정한 성인으로 존경하였다. 그리하여 할 수 없이 제자가 될 것을 자청했고 서경덕을 포함하여 박연폭포, 황진이 자신을 '송도삼절'이라 불렀다고 한다.

중종의 맏아들 인종은 역대 왕들 사이에 가장 짧은 치세를 남긴 왕이다. 8개월 남짓 왕위에 머물러 있다가 원인 모를 병으로 훌쩍 세상을 떠나 버렸다. 동궁 시절이 꽤 길어 나이 30세에 왕위에 올랐다. 그는 하늘이 낸 효자이고 성인의 덕을 갖춘 인물이었다. 동궁 시절엔 '소년 요순堯舜'이라 칭할 만큼 성군의 덕을 갖춘 임금임에 틀림이 없었다. 즉위한 후 인종을 만난 명나라 사신은,

"조선의 임금은 성인이오. 그러나 조그마한 나라에선 맞지 않는 임금이오, 조선의 대신들이 복이 없소이다. 임금은 오래 가지 않겠소이다."

중국 사신의 말은 적중했다. 이처럼 온화하면서도 자기 주관이 뚜렷한 임금이었지만 하늘은 무정하게도 그를 일찍 세상을 떠나게 했다. 만약에 치세하는 세월이 더 길었더라면 어느 임금보다도 문화정치를 펼쳤을 것이다. 계모 문정왕후가 세자 시절부터 자신을 박해하고 정적으로 대했음에도 친어머니로 깍듯이 모셨다. 인종은 이복동생 경원대군에게 왕위를 물려주기 위해 자식을 두지 않았다고 하니, 이런 효심을 보고 하늘이 내린 효자라고 하는 걸까?

계모와 차 한 잔 나눈 것이 죽음에 이르렀다는 '주다례사건'을 보면서 '심증은 있으나 물증이 없다'는 것이 얼마나 웃기는 말인가. 그는 재위 시절 조광조를 비롯한 기묘사화 때 피해를 입은 사림들을 신원하고 현량과를 복원시켰다.

호남의 신동 하서 김인후는 다섯 살 때 시를 짓고 시경을 읽었다. 훗날 문과에 급제하여 독서당에 들어갔을 때 돌림병인 염병에 걸려 아무도 거들떠보지 않는 데도 관관館官(성균관 관리원)으로 있는 유희춘이 그의 인품에 반해 자기 거처에서 간호해 주었다.

을사사화 때 화를 입어 회령으로 떠나는 유희춘에게 보은의 뜻으로 하서는 변변치 않은 그의 아들을 사위로 맞이하였다. 하서는 인종이 승하하자 식음을 전폐하고 성군을 못 잊어 두문불출하고 여러 날을 통곡했다. 인종은 하서에게 친히 어휘御諱를 하사할 정도로 아끼는 신하였다.

인종이 보위에 오른 지 8달 만에 후사 없이 갑자기 승하하자 이복동생 경원대군이 12세에 그 뒤를 이었다. 명종 역시 인종처럼 효성이 지극했고 우애가 깊었다. 왕위에 오른 명종은 풍류나 여색, 사냥 같은 것을 일체 좋아하지 않았고 좌우명으로 '보는 것은 분명히, 듣는 것은 널리, 어진 이를 따르고 학문을 즐기자'라고 침실 좌우의 벽에 붙여 놓고 마음을 다졌다.

어린 나이(12세)에 왕위에 오르니 수렴청정할 수 있는 서열은 인성왕후(인종의 후비) 박氏가 우선이나 문정왕후가 수렴청정을 하게 되었다. 그것은 회재 이언적이 총대를 메고 풍전 세류에 빠진 조정 중신들을 설득하고 나섰기 때문이다.

중국 송나라 철종 때 태황태후가 수렴청정한 예가 있었다. 형수와 시동생이 함께 정사를 논했는데 이만저만 불편하지가 않았다. 그래서 대윤의 윤임(인종 외숙)은 명분을 찾지 못하고 슬그머니 물러서자 소윤의 윤원형(명종 외숙)이 일선에 나섰다. 문정 왕후의 수렴청정은 하늘이 내린 계기가 되었다.

명종 임금은 남쪽을 향해서 정면에 앉고 왕대비 문정왕후는 발을 친 안쪽에 앉아서 정사를 논하게 된 것이다. 명종은 22년 재위하면서 말도 많고 탈도 많은 생모 문정왕후를 보필하며 34세에 세상을 마감했다. 적자인 외아들 순회세자가 있었으나 13세에 일찍 죽었으니 비통한 심정은 이루 헤아릴 수 없었다.

후사가 없자 이복형 덕흥군의 삼남 하성군에게 왕위를 잇게 하니 이로써 '방계승통傍系承統'의 길이 열린 것이다. 문치주의자였던 선조는 이황, 이이 등 많은 인재를 등용하여 국정쇄신에 노력하였으며 '근사록', '유선록', '삼강행실' 등의 전적을 간행하여 유학을 장려하였다. 당시 문사에만 치우치는 경향이 두드러진 데다가 관리를 뽑는데도 오로지 과거에만 의존하여 이러한 병폐를 없애기 위하여 학행이 뛰어난 사람을 발탁하기 위해 고을을 순행하며 인재를 찾도록 했다.

○ 순회세자(1551~63), 13세 졸
○ 순회세자嬪(공회빈 윤氏) : (1553~92), 40세 졸, 11세에 과부가 됨, 예조판서 윤옥尹玉의 딸
　　　　　　묘는 서오릉 경내에 있는 순창원(순회세자와 합장)
　　　　※조선조 최연소 청상과부(11세때 공회빈 윤氏, 14세때 효장세자 빈 조氏)

한편 조광조에게 동조를 하다가 억울하게 화를 입은 선비들을 신원하였으며 남곤 등의 관직을 추탈하여 민심을 수습하였다. 선조 8년(1575)에 이르러 김효원, 심의겸을 각각 중심 인물로 하는 당쟁이 시작되어 동서로 분당되었는데 동인은 남북 분당 등의 치열한 당쟁 속에 정치기강이 무너져 치정의 방향을 잡지 못 하였고 북방에서는 1583년과 1587년 두 차례에 걸쳐 야인의 침입이 있었다.

남쪽 해안 쪽에는 왜구의 침입이 잦아 통신사 황윤길, 김성일을 일본에 보내어 그곳의 사정을 살피게 하였으나 당파를 달리하는 두 사람의 보고가 상반되어 국방정책을 세우지 못하고 허송하다가 임진왜란을 당하게 되었다. 선조는 의주까지 피난을 해야 하는 시련 끝에 명나라의 원조와 난세의 영웅 이순신 등이 선전하여 왜군을 물리쳤으나 7년에 걸친 전화로 한양을 비롯한 전 국토는 유린되었고, 국가 재정은 파탄에 이르게 되었다.

또한 1597년 명나라와 일본 간에 진행되던 강화회담이 깨지고 왜군이 재차 침입하여 정유재란이 일어났다. 왜란 중에 3궁이 소진되고 실록을 보관하는 춘추관이 불타서 귀중한 도서가 소실되었다.

선조는 재위 41년간 당쟁과 전란에 시달렸고 광해군에게 왕위를 물려주었다. 선조의 둘째 아들인 공빈 김氏의 소생 광해군이 제15대 임금이 되었다. 광해군은 명·청 교체기에 뛰어난 외교술을 발휘하여 초토화된 조선을 재건국하려고 진력을 다한다. 쓰러져 가는 명나라에 지원군을 요청하지도 않았고 후금(청나라)의 비위를 거스르지 않으려는 중립외교를 펴면서 훗날 후금의 침략에 대비하여 전쟁준비를 착실히 다지고 있었다. 그리고 안으로는 왕권을 강화해 나라의 기강을 바로 잡았다. 그래서 창덕궁을 복원하여 인정전에서 집무를 보게 되었다.

강력한 왕권을 바탕으로 세제개혁인 대동법을 실시하여 땅을 가진 지주에게만 쌀을 걷어 땅이 없는 가난한 농민을 구제하게 된다. 선조 때 이이가 대동법을 시행하려 했으나 기득권층의 강한 저항으로 불발로 끝나고 말았다. 그러나 광해군은 경기도 지역에 우선 실시하게 했다.

이때 조식의 제자 정인홍은 초야에 묻혀 상소만 자주 올리고 있었다. 상소문을 받을 때마다 광해군은 정인홍을 한양으로 올라오도록 종용했다. 그것은 서로가 개혁적인 성향을 가지고 있었기 때문이다. 그들은 대동법과 중립외교로써 실리주의 외교를 펼쳐나갔다.

사람들이 명나라에 집착을 하고 있을 때 북인은 실리주의 노선을 택했다. 광해군은 명나라가 '후금'의 공격받을 때 강홍립을 보내어 적당히 대처하다가 후금에게 투항하라고 지시하여 명나라에 대한 의리도 지키고 후금의 성미도 건드리지 않는 노선을 꾀한 것이다. 당연히 서인들은 이런 모습이 마음에 들지 않았다. 그래서 광해군을 정적으로 몰아세웠다.

명에 대한 사대주의에 젖어 있던 사대부들은 후금에 투항한 강홍립을 처벌하라고 항변을 했고, 대동법으로 세금부담이 늘어난 기득권층들은 대동법 폐지론을 들고 나왔다. 광해군을 뒷받침했던 북인 정인홍은 여타 사람들과는 노선을 조금 달리했다. 김육은 효종 때 영의정으로 대동법을 강력히 실행하였으며, 지금도 평택 소사동에 대동법 기념비가 있다.

○ 이순신 장군 어록 : 若無湖南 是無國家 "호남이 없으면 나라도 없다"
　　　　　　　　　必死卽生 必生卽死 "반드시 죽고자 하는 자는 살고, 반드시 살고자 하는 자는 죽을 것이다."
　　　　　　　　　今臣戰船尙有十二 "지금 신에게는 아직도 12척의 전함이 있나이다."
○ 일본장수(고시니 유끼나가) : 戰則戰矣 不戰則假道 (假:거짓 가, 빌릴 가)
　　　　　　　　　　　　　　싸우려면 싸우고, 싸우지 않으려면 길을 빌려달라
○ 송상현 : 임진왜란 당시 동래부사
　　　　　戰死易假道難 (전사이 가도난) 싸워서 죽기는 쉬워도 길을 빌려주기는 어렵다.
○ 왕권강화책
　• 6조직계제六曹直啓制 : 태종, 세조. 6조 판서가 의정부를 거치지 않고 왕에게 직접 보고
　• 비변사 : 임진왜란 후 ~ 갑오경장까지 의정부를 대신한 정치 중추기관
　　　　※ 의정부(11명) : 정1품 (우,좌,영)의정, 종1품 (좌,우)찬성, 정2품 (좌,우)참찬
　　　　　　　　　　　　정4품(舍人, 2명), 정5품(검상), 정8품(사록)
○ 잠곡 김육(1580~1658) : 청풍 김氏, 영의정, 대동법 실시(평택에 기념비)
　　　　　　　　　　　　현종 비 명성왕후(조부:김육, 부:김우명), 정조 비 효의왕후(명성왕후 5대손)

서인들은 1623년 김류, 이귀, 이괄 등을 내세워 인조반정을 일으켰다. 물론 서궁에 유폐되어 있던 인목대비의 윤허를 받아 서열상 도저히 왕이 될 수 없는 선조의 후궁 인빈 김氏의 삼남 정원군의 큰아들 능양군을 왕으로 옹립하니 이가 곧 인조이다.

인조 즉위 2년 반정 공신인 이괄은 논공행상에 불만을 품고 반란을 일으키니 인조는 1624년 공주로 피신했다. 그러나 도원수 장만이 이를 격파한 뒤 환도하였다. 인조는 광해군 때의 중립정책을 지양하고 반금친명 정책을 폈으므로 1627년 정묘호란을 맞이하여 조정 중신들과 함께 강화도로 피신하게 된다. 정묘호란 때 후금과 '형제의 의'를 맺었는데도 불구하고 은연 중 친명 쪽으로 태도를 취하자 1636년 국호를 '청'으로 고친 태종이 이를 이유로 10만 대군을 이끌고 침입했다.

인조는 남한산성으로 피신하여 결사 항쟁하였으나 대패를 하고 삼전도에서 '군신의 의'를 맺는 치욕을 당하게 된다. 이것이 병자호란이다. 이때 소현세자, 봉림대군, 삼학사(윤집, 오달제, 홍익한) 는 선양으로 잡혀가고 조정은 환도하게 된다.

○ 김류金瑬(1571~1648) : 순천 김氏, 인조때 영의정만 세번(107,116,118代) 역임
이항복의 문인, 서인임에도 남인의 정계진출을 용인, 아들 김경징의 전횡을 방조, 인조반정의 총책임자로서 '이이반'이 광해군에게 역모를 고변하겠다고 하자 겁을 먹고 주저하고 있을 때 젊은 장수 '이괄'이 총대를 메고 반정의 선봉장이 되었다. 반정 후 이괄을 2등공신으로 대우하자 이에 불만을 품고 '이괄의 난'을 일으켰다. 김류는 평상시에는 유능했지만 급박한 전시에는 옹졸하고 무능하였다.
○ 황진黃進(1550~93) : 장수 황氏 황희 5대손, 남원출생. 육군의 명장. 1593 8.14 전사.
웅치와 이치 전투에서 호남곡창지대를 사수 (바다에는 이순신, 육지에는 황진)
○ 장만(1566~1629) : 인동 장氏, 병조판서 문무를 겸비, 주화파 최명길의 장인
파부침선破釜沈船의 각오로 전투에 임함
(살아오기를 기약하지 않고 결사의 각오로 전투에 임함)
○ 삼배구고두三拜九叩頭 : 세 번 절하고 아홉 번 머리를 조아리는 예, 삼전도의 굴욕
삼궤구고두三跪九叩頭라고도 함.

인조의 후궁 귀인 조氏와 사돈인 김자점은 척신으로 집권하여 횡포를 일삼고 있었다. 1645년 오랜 볼모생활에서 벗어난 소현세자가 청나라에서 돌아와 얼마 안 되어 의문의 변사를 당한 뒤, 소현세자의 아들을 후사로 삼지 않고 차남인 봉림대군을 세자로 세움으로써 현종, 숙종 때 예론禮論의 불씨가 되기도 하였다.

한편으로는 송시열, 송준길, 김집 등의 대학자나 대정치가가 배출되기도 하였다.

병자호란때 인조가 결사항전을 벌였던 남한산성

삼전도비
'병자년 청의 조선 출병 이유와 조선의 항복, 청 태종의 자비' 등이 3개의 언어(만주어, 몽골어, 한자)로 기록되어 있다.
(송파구 석촌호수변)

후기(後期, 효종~정조)

1649년 인조가 승하하자 창덕궁 인정전에서 효종(봉림대군)이 즉위했다. 볼모의 한을 풀기 위해 북벌론을 내세운 효종은 김상헌, 송시열을 중용한다. 1652년 북벌의 선봉 부대인 어영청御營廳을 대대적으로 개편·강화했으며, 금군禁軍을 기병으로 전환시키고, 모든 금군의 내삼청內三廳을 통합하여 600명의 병사를 1000명으로 늘리는 등 왕권강화에 노력하였다.

또한 남한산성에 있는 수어청을 강화하여 서울 외곽 방비를 튼튼히 하고, 1656년에는 남방지대 속오군을 적극 지원하여 군사력을 증강시키고, 북방은 나선 정벌을 핑계로 국방 경계를 강화했다. 그러나 끝내 북벌 계획은 이상론에 그쳤고 1659년 5월 4일 41세를 일기로 창덕궁에서 세상을 떠났다. 효종의 상례로 인조의 계비 자의대비의 복상문제가 일어나자 남인이 주장하는 3년 설을 물리치고 서인의 기년설(1년)을 채택함으로써 서인이 집권하게 되었다.

효종이 차자로서 왕이 되었으니 '국조오례의'에는 차자와 계모 자의대비(장열왕후 조氏) 관계의 예가 없었기에 문제가 된 것이다. 그리고 자의대비는 소현세자가 죽었을 때 이미 3년 동안 상복을 입었었다.

서인 송시열과 송준길은 효종이 차자인 만큼 기년복을 주장 했지만 남인 측의 윤유와 허목은 효종이 둘째 아들이지만 왕위를 승통하였으므로 삼년상이 옳다고 주장한 것이다. 그러나 현종은 남인인 허적을 영의정으로 유임시키던 중 효종의 후비 인선왕후가 죽자 자의대비의 복상문제가 또 다시 일어나 이번에는 남인의 기년재(1년)를 채택하여 대공설(9개월)을 주장한 서인은 실각하고 남인 정권이 수립되었다.

현종은 처숙부 김좌명에게 명하여 동철활자 10만여 자를 주 조시켰고 송시열의 건의로 동성 통혼을 금하고 방비에 유의하여 어영병제에 의한 훈련별대를 창설하였다. 그리고 이전의 '혼천의'를 개량하여 천문관측과 역법의 연구에 이바지하였다.

현종의 외아들 숙종은 1674년 즉위하였고 이듬해부터 예론에 치우쳐 논쟁이 분분하였고 당쟁이 심하여 서인과 남인의 과쟁이 그칠 날이 없었다. 그 와중에서도 숙종은 숙원 장氏를 총애하여 1688년에 소의로 승격시켰으며 이듬해 장氏가 출생한 왕자(경종)의 명호를 정하고자 하였으나 송시열과 김수항의 반대로 수포로 돌아갔다. 왕비 인현왕후를 폐위하고 장氏를 희빈으로 승격시켜 1690년에 왕비로 책봉하였다. 그러나 인현왕후의 폐위를 후회하던 숙종은 다시 폐비 복위 운동을 꾀하는 서인을 남인인 민암 등이 타도하려 하자 남인을 추방하고 다시 서인을 등용하고 폐위된 민氏를 복위시켰다. (경신대출척, 남인 허적과 유규 처형)

○ 1차 기해예송(1659) : 서인 승리
○ 2차 갑인예송(1674) : 남인 승리
○ 역대 최대 자연 재앙
  • 경신대기근(1670~71) : 극도의 한파로 오늘날 IMF를 겪었다. 전대미문의 기아사태
    (현종개수실록에 165차례 기근현상, 5~6월에도 눈과 우박이 내림. 극심한 가뭄까지 겹침
    전염병(천연두, 이질, 장티무스) 창궐
  • 을병대기근 : 숙종때인 1695~99년까지 8월에도 눈이 내려 농사를 지을 수가 없었다.
○ 허목(1596~1682) : 양천 허氏, 호號는 미수眉叟, 외조부 (백호 임제)
                 부인은 이원익의 손녀(허목의 관상을 보고 오리대감이 선택)

장氏는 희빈으로 강등되고 1701년 무고죄로 사사되었다. 숙종대에는 당쟁이 가장 치열한 시대였다. 즉위 초는 앞서 현종 말년 예론에서의 승리로 남인이 득세하였으나 1680년 영의정 허적의 서자인 허견이 역모와 관련되어 남인이 실각하였다. 이것을 경신환국이라 한다. 서인이 집권하다가 다시 희빈 장氏 아들인 세자의 책봉 문제가 빌미가 되어 서인이 축출되고 남인이 조정에 들어선다. 이것이 기사환국이다. (송시열, 김수항 처형). 폐출된 민비가 복위됨으로써 남인은 완전히 정세에서 제거되고 서인이 재집권하게 된다. 이것이 갑술환국이다.

- 경신환국 (1680. 남인으로부터 서인이 정권을 잡았다)
- 기사환국 (1689. 서인으로부터 남인이 정권을 잡았다)
- 갑술환국 (1694. 남인으로부터 서인이 정권을 잡았다)

서인에서 갈라진 노론, 소론 사이의 불안한 연정 형태가 지속되다가 1716년 노론일색의 정권이 갖추어지면서 소론에 대한 정치적 박해가 나타나게 된다. 이런 상황에서도 숙종은 상평통보를 주조하여 경향 각지에서 통용토록 했으며 특히 버려진 땅, 압록강 주변의 무창, 자성의 2진을 개척하여 영토회복 운동을 전개하였고, 1712년 함경 감사 이선부로 하여금 백두산 정상에 정계비定界碑를 세우게 하여 국경선을 확정하였다. 그리고 영의정 이유의 건의로 1712년 북한산성을 대대적으로 개축, 남한산성과 함께 서울 수비의 양대 거점이 되게 했다.

성삼문 등의 사육신 등을 복관시켰으며 노산군을 복위시켜 단종으로 묘호를 올리고 소현세자빈으로 폐서인이 된 강氏를 복위시켜 강빈으로 하는 등, 주로 왕실의 일들을 왕권강화 측면으로 재정립하는 작업을 충실히 하였다. 오늘날 대통령 특별사면과 같은 효력이다.

소론의 지지를 얻은 경종이 왕위에 오르자 노론의 반대가 적지 않았다. 게다가 경종은 무자다병無子多病하여 세제 연잉군(영조)의 대리청정이 이루어졌다. 그 뒤 대리청정의 부당함을 극간極諫하는 소론 이광좌 등의 의견을 받아들여 친정하였으나 경종은 질환이 점점 심하여져 정무 수행이 어려워 국사를 현명하게 다스릴 수 없게 되었다. 이를 기회로 권신權臣들의 전횡과 당파들의 음모가 날로 심해져 갔다. 그런 와중에 소론 김일경의 탄핵으로 세제 대리청정의 발설자인 김창집, 이이명, 조태채, 이건명 등의 노론 4대 신들을 유배를 보내게 되었다.

1722년 노론의 이이명이 임금을 죽일 계획을 세우고 있다는 목효룡의 고변이 있자 노론의 4대신을 사사하고 노론을 모두 숙청하였다. 이것이 신임사화이다.

경종 대에 획기적인 일은 남구만의 저서 '약전'에 '독도'가 우리의 영토임을 밝힌 일이다. 노론의 4대신 영의정 김창집, 좌의정 이건명, 중추부관사 조태채, 중추부영사 이이명 등과 숙종의 계비 인원왕후(김 대비)의 후원으로 연잉군이 왕위에 오르니 이가 바로 영조이다. 이에 대해 소론의 조태구는 당연히 반대론을 폈다.

영조가 왕위에 오르자 목호룡, 김일경을 극형에 처했다. 1728년 소론과 남인 등의 일부 과격 분자들이 영조의 왕위 자체를 부정하는 반란(이인좌의 난)을 일으켰으나 실패했고 주동자 이인좌와 정희량을 극형에 처했다. 이인좌의 난을 계기로 새로운 왕권확립의 체계가 한 발 더 앞당겨졌다.

○ 운곡 이광좌李光佐(1674~1740) : 경주 이氏, 이항복의 현손, 소론의 거두
○ 소재 이이명(1658~1722) : 전주 이氏, 부인은 김만중의 딸 광산 김氏, 밀성군 8代 孫, 좌의정
　　　　　　　　・이경여(영의정) → 이민적(대사헌) → 이이명(좌의정)
　　　　※ 전주 이氏 3대 대제학 : 이민서 → 이관명 → 이휘지
　　　　※ 대제학보다 문묘에 배향된 대현(18묘현)이고, 종묘에 배향된 공신을 국반으로 최고 예우
○ 목호룡(1684~1724) : 사천 목氏, 동지중추부사, 신임사화가 무고로 밝혀지자 옥중에서 급사한 후
　　　　　　　　당고개에서 효수
○ 김일경(1662~1724) : 광산 김氏, 형조판서, 영조가 경종을 독살했다고 주장.
　　　　　　　　김장생/김집의 방계 후손, ・김익렴 → 김하중 → 김일경
○ 원교 이광사(1705~77) : 전주 이氏, 서예가, 양명학자(강화학파), 나주 괘서사건, 유배생활 23년
　　　　※ 실학자인 장남 이긍익은 부친의 유배지인 완도의 신지도에서 42세부터 타계할 때까지 30년 동안 연려실기술을 저술. 이는 태조부터 현종때까지의 역사를 기술한 최상급의 역사서이다.

영조는 스스로 검약, 절제의 생활을 하는 한편, 재위 중에 여러 차례 금주령과 사치풍조 금단의 조치를 내렸다. 그리고 잔인한 형벌인 압슬형을 1725년, 낙형은 1732년에 폐지하고 1740년에는 얼굴에 글자를 새기는 형벌을 금하였다.

탕평책으로 붕당의 대립과 벌열閥閱(나라에 공이 많고 벼슬 경력이 많은 사람이나 그런 집안)의 발호를 크게 억제하였으나 꺼지지 않은 불씨들이 남아 있었다. 1755년 을사처분으로 귀양 간 윤지 등이 나주 괘서사건을 일으켜 정국이 발칵 뒤집혔고 1762년에는 세자에 대한 지나친 기대와 벌열의 움직임에 대한 과도한 경계심으로 세자를 뒤주 속에 가두어 죽이는 참사를 빚기도 하였다. (임오화변, 1762. 7. 4 윤 5.22)

1776년 영조는 83세로 죽었는데 조선의 역대 왕 중에서 재위 기간이 가장 긴 52년이나 되었다. 생부 사도세자가 죽어가는 광경을 목격해야만 했던 비운의 세손 정조는 영조의 장남 효장세자의 뒤를 이어 종통을 이어간다.

1775년 영조가 노환(치매)으로 세손의 대리청정을 명하자 좌의정 홍인한은 아연실색하였다. 홍인한은 세손의 외척으로 탐욕스럽고 무지한 그를 세손이 비천하게 여겨 멀리하자 화완옹주의 양자 정후겸의 편을 들어 세손과 정적이 되었다.

정조는 영조의 유지에 따라 효장세자를 진종으로 추존하고, 장남 문효세자의 유택인 효창원을 영릉永陵으로 격을 높였다. 또한 생부의 존호를 장헌 세자로 높이고 장조로 추존하였으며 능호도 왕릉으로 격상시켜 융릉이라 불렀다.

정조는 왕통에 관한 정리를 마치고 홍인한, 정후겸을 사사하고 그 무리 70여 명을 처벌하면서 그들의 죄상을 하나하나 밝혔다. 즉위와 동시에 본궁을 경희궁에서 창덕궁으로 옮기고 규장각 제도를 시행하여 후원에 주합루(왕실 도서관)와 여러 서고를 지어 문치의 왕정을 펼쳐나갔다.

세손 때부터 시강원侍講院 설서說書로 자신을 도운 홍국영을 도승지로 임명하고 숙위소 대장도 겸하게 하여 자신의 심복으로 삼았다. 그러나 홍국영이 1779년에 누이 원빈이 사망하자 권력 유지에 급급한 나머지 종통을 바꾸려다 발각되어 귀양살이를 하게 된다. 홍국영은 정조의 이복동생 은언군의 장남 상계군 '담'을 원빈의 양자로 들여 후사를 잇게 하고자 한 것이다.

정조는 재위 5년째인 1781년 규장각 제도를 일신하여 왕정 수행의 중심기구로 삼았다. 다시 말해 조정 문신들의 재교육 기회인 초계문신 강습소를 주관하여 37세 이하 문신들 가운데 재주가 출중한 자를 뽑아 공부하게 한 다음, 시험을 통해 임용 승진의 자료로 삼았다. 왕정에 적극적으로 이바지할 신하들을 이곳을 통해서 근 20년간 10회에 걸쳐 100여 명을 배출했다. 그리고 1791년 무반의 요직인 장용영 등을 설치하여 친위군영을 창설하여 왕권의 기강을 다져갔다.

그는 백성들을 직접 만나는 기회로 궁성 밖 행차를 빈번히 하였으며 역대 왕릉 참배를 구실로 도성 밖으로 나와 백성들의 동정을 살피기도 하였다. 백성들이 부당한 형벌을 받는 일이 없도록 형정의 쇄신을 위해 형방 승지를 의금부, 형조 등에 파견하여 형벌을 감시하도록 했다. 특히 사형수의 결옥안決獄案(판결문)을 밤을 세워가며 10번 이상을 읽어 억울하게 죽는 백성이 없도록 힘썼다. 그리고 '대전통편'을 편찬하여 법치의 기반을 다졌다.

규장각 검서관 제도를 신설하여 북학파의 시조인 박지원의 제자들, 즉 이덕무, 유득공, 박제가, 서이수 등을 4 검서관으로 등용하여 서얼들에게도 벼슬길을 열어 주었다. 이것은 사회적 요청에 부응하는 조처였다. (서얼허통법을 제정)

1791년에 윤지충, 권상연 등이 천주교 신자가 되어 제사를 거부하고 사당의 신주를 불사른 진산사건이 발생하여 천주교 박해를 가하자는 여론이 높아졌으나 정학(성리학)이 신장하면 사학(천주학)은 저절로 억제된다는 말로 설득하면서 극형은 위 두 사람에게만 한정하고 탄압으로까지 발전시키지는 않았다.

　박지원의 손자 박규수는 천주교도를 처벌하기 보다는 선도하자고 주장했다.

　1795년 어머니(혜경궁 홍氏) 회갑연을 아버지(사도세자) 능이 있는 화성 유수부에서 열어 전국의 노인들에게 경로잔치를 열었다. 말년에 지나친 격무와 부스럼병이 피부를 파고들어 1800년 6월 28일 49세를 일기로 일생을 마쳤다. 조선의 개혁군주는 누가 뭐라 해도 정조가 으뜸이라 할 수 있다.

한국 최초의 순교자 윤지충(바오로), 권상연(야고바) 기념비 (전주 전동성당)

말기(末期, 순조~순종)

　11세의 어린 나이로 왕위에 오른 순조는 영조의 계비 정순왕후의 수렴청정으로 경주 김氏 김관주와 심환지 등의 벽파가 정치를 주도하였으나, 1803년 말에 순조가 친정을 시작한 후 여러 차례에 걸쳐 그들을 축출하였다.

　관아에 예속된 공노비를 혁파하고 서얼의 등용을 시행하는 한편 천주교도 박해(신유박해, 1801년)를 명분으로 부왕 때부터 반대 세력인 벽파를 모두 숙청했다. 1815년(을해박해)에는 경상, 충청, 강원도의 천주교 신자를 잡아 죽이고, 1827년(정해박해)에는 충청, 전라도(곡성)의 천주교인을 검거하는 등 혹독한 탄압을 가했다.

　순조 대에는 정조 대의 탕평책에도 꺾이지 않던 소수 명문 가문이 주도하는 정치질서를 혁파하지 못하고 건강을 상한 데다가 1809년(己巳年) 유례없는 가뭄과 기근이 나라를 어렵게 만들었다. 그러자 1811년 평안도의 홍경래, 1813년 제주도의 토호 양제해, 1815년 용인의 이용길이 반란을 일으켰다.

○ 순조는 박약한 의지로 조선의 멸망을 가속화시켰으며, 덕이 없는 군주로서 자연재해로 인한 기근이 계속되었다. 34년간 재위하였으나 인지도가 낮은 왕이다.

○ 10대에 즉위한 왕 : 헌종(8세,최연소), 순조(11세), 단종/명종/고종(12세), 성종(13세), 숙종(14세), 선조(16세), 현종(18세), 예종/연산군/중종/철종(19세)

※ 최고령에 즉위한 왕 : 태조 이성계(58)

민생은 도탄에 빠지고 각종 비기와 도참설이 유행했고 국구 김조순 일족에 의한 안동 김氏의 전횡으로 인사 제도가 문란해 지자 과거 제도는 유명무실하게 되었다.

재위 34년 동안 괴질이 들끓고 19차례의 수재가 일어나는 등 크고 작은 천재지변이 잇달아 발생했다. 순조에게 외아들 효명세자가 있었으나 22세에 세상을 떠나자 세자의 아들 환이 8세에 왕에 올랐는데 그가 헌종이다. 원비는 효현왕후 김氏, 계비는 효정왕후 홍氏, 후궁으로는 궁인 김氏, 경빈 김氏가 있었다.

마누라 4명 중에 경빈 김氏를 가장 총애하여 창덕궁 낙선재를 새로 지어 선물했던 것이다. 경빈 김氏는 김재청의 딸로서 명문가의 여식으로 효정왕후보다 경빈 김氏를 간택하려 하였으나 할머니 순원왕후와 어머니 신정왕후가 홍氏를 간택한 것이다. 왕후가 된 효정왕후는 늘 혼자 지냈으며 경빈 김氏 때문에 남편(헌종)의 그림자 하나 밟아 볼 수 없어서 졸지에 소박을 맞은 셈이다.

헌종은 네 명의 아내가 있었으나 후사가 없이 승하하자, 6촌 이내의 왕족이 하나도 없었으니 순원왕후는 삼촌뻘 되는 강화도령을 데려다가 자신의 양자로 삼아 왕위에 앉히니 결국은 삼촌이 조카의 제사를 지내는 꼴이 되었다. 철종이 이렇게 왕위에 오르게 된 것은 왕족의 씨가 말라 어쩔 수 없는 일이었다. 조선시대에는 왕에게 아들이 없으면 조카뻘 되는 사람을 양자로 삼아 대통을 잇게 했다. (명종은 조카 선조에게 후사를 잇게 함)

○ 태화관의 유례
- 세종대왕 손녀(영응대군 딸 길안현주, 단종과는 친 4촌, 후비 정순왕후는 외사촌)의 집터
- 경빈 김氏의 사당(순화궁)
- 이완용의 형 이윤용이 매입 : 1905(을사늑약), 1910(경술국치)시 매국노들의 모의처
- 황실 요리사 안순현이 요리집 운영 : 태화관
- 명월관 : 안순현의 동생 안순환이 기생집으로 운영하다가 낙화유수 이화룡의 누이가 운영
- 태화관 : 최초의 중화요리집 (60~70년대 졸업을 축하하는 최고의 장소로 유명)
  ※ 현재 종로구 인사동 194-27번지에 태화빌딩이 서 있다.

경빈 김氏는 헌종이 승하하자 궁궐의 법도대로 낙선재에서 쫓겨나 인사동 사가에서 86세에 세상을 떠났다.

효명세자(추존 익종)는 똑똑하였으나 호색가로서 단명하였다. 그의 후비 신정왕후는 풍양 조氏 조만영의 딸이다. 이때 세자의 친위 세력으로 국구(장인)인 조만영과 그 일족인 조인영, 조종영, 조병현 외에 홍기섭, 김노경. 권돈인, 김정희. 이지연, 이기연이 있었다. 효명세자는 이들에게 이조와 병조의 인사권과 경제권을 맡겼고 세도는 일시나마 안동 김氏에서 풍양 조氏로 넘어갔다. 그러나 안동 김氏의 세도정권처럼 일당 독재적 성격은 아니었다. 풍양 조氏는 정치적으로 소외되었던 소론, 남인, 북인계까지도 등용하는 포용력을 보였다.

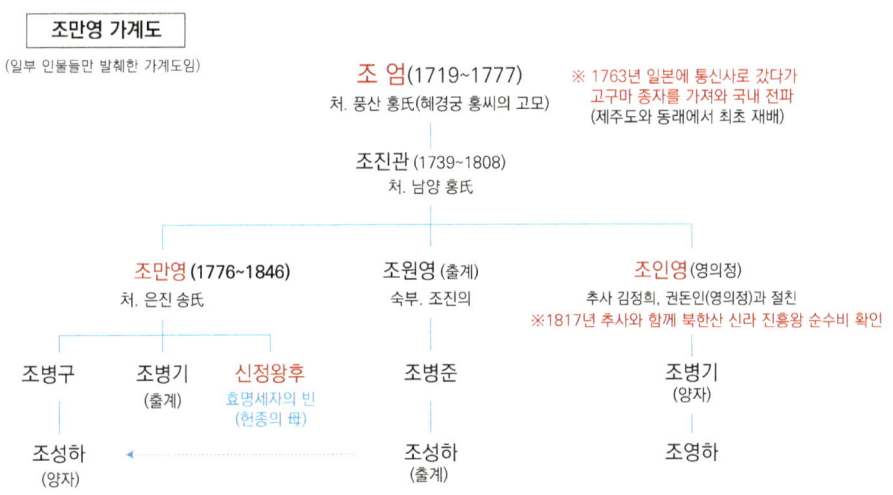

※ 신정왕후(1808~90) : 효명세자의 빈嬪. 헌종의 어머니, 고종의 양모. 조선의 마지막 대왕대비(조대비趙大妃). 조선의 왕비 중 최장수(83세)
※ 신정왕후의 남편인 효명세자는 명성왕후(현종의 비)가 숙종을 낳은 지 150년 만에 왕비의 몸에서 태어난 원자이다. (순조+순원왕후 김氏)
※ 조대비의 장조카인 조성하가 어느날 술에 만취되어 수표교 건달패들에게 망신을 당하고 있을 때, 이하응(흥선군)의 도움으로 위기를 모면하였다. 그후 이하응은 조성하의 소개로 조대비(신정왕후)를 알게 되었고, 이런 인연으로 후에 아들 명복(고종)이 왕통을 전혀 이어갈 수 없는 상황에서 신정왕후의 차남으로 입적하여 왕위를 잇게 된다. 고종이 왕이 되는데 조성하의 역할이 지대하였다.

효명세자가 좀 더 오래 살고 정치적으로 힘을 발휘할 수 있었더라면 조선의 역사는 달라졌을 것이다. 그러나 불행히도 22세에 서거했다. 헌종이 보위에 오른 얼마 후 할머니 순원왕후 김氏가 대리청정하면서 안동 김氏는 또 다시 조정의 권력을 잡았다.

종로구 와룡동에 있는 경춘전은 정조, 헌종이 태어난 곳이고 현판은 순조의 어필이다. 헌종은 후사가 없어 농부에서 제왕이 된 강화도령 원범이 철종이 된다. 대왕대비 김氏가 수렴청정을 하였으며 1851년 순원왕후 근친인 김문근의 딸을 후비(철인왕후)로 삼았다. 1852년부터 철종은 친정하기 시작하였으나 흉년이 들어 그 이듬해 봄, 관서지방의 기근 대책으로 선혜청돈 5만 냥, 사역원 삼포세 6만 냥을 진대(賑貸)하게 하였고, 그해 여름에 또 가뭄이 들었으나 재정이 고갈돼 빈민구제를 할 수 없게 됨을 한탄하기도 했다.

1856년 봄 화재를 입은 약 1,000호의 여주 민가에 은자와 단목을 내려주어 구황하게 하였고 함흥의 이재민에게도 3,000 냥을 지급하는 등 빈민 구제에 적극성을 보였다. 그러나 정치에 어둡고 안동 김氏 일족의 전횡으로 삼정이 문란해지고 민생은 도탄에 빠지고 각처에서는 민란이 일어났다. 이 같은 사회 정세에 최제우가 주장한 동학사상은 학정에 시달리는 민중 속으로 파고들었다. 만민평등을 주장하는 천주교의 사상도 일반 민중은 물론, 실세인 양반층에까지 침투되어 확고한 기반을 구축해 나갔다. 철종은 재위 14년간 세도정치의 소용돌이 속에서 여색에 빠져 정치를 바로잡지 못한 채 병사하고 말았다.

철종 역시 후사가 없었으니 조 대비(신정왕후)의 전교傳敎로 이하응의 둘째 아들 명복이 12세에 왕위에 오르니 이 분이 고종 황제이다. 조 대비의 수렴청정은 1개월에 불과했고 대원군의 10년 섭정 시대가 열렸다. 그는 척신 세도정치를 배제하고 붕당과 문벌의 폐해를 타파하고, 당파를 초월하여 인재를 두루 등용하였다.

그러나 경복궁 중수에 따른 국가 재정이 파탄되자 악화惡貨인 당백전의 주조와 민생의 피폐, 과중한 노역으로 인한 민심의 이반과 소요, 천주교 탄압, 쇄국정책으로 어두운 정치적 자취들을 남기고 1873년 11월 민비의 공작에 따라 대원군은 정치 일선에서 물러났고 고종의 친정 시대로 들어갔다.

이로부터 민비와 그 일족인 민승호, 민겸호, 민태호閔兌鎬로 대표되는 민氏 일족의 세도 정치가 다시 시작되었다. 1875년 운양호 사건을 계기로 쇄국정책을 버리고 일본과 병자수호조약을 체결, 근대 자본주의 국가에 대한 개국과 함께 새로운 문물을 접하게 되자 개화당이 대두, 조정은 개화파와 수구파의 격심한 알력 속으로 빠져든다.

1880년 조선의 수신사 김홍집이 일본으로 건너가 국제정세를 파악할 당시에 일본에 와 있던 청나라 말기의 외교관인 황준헌과 여러 가지 의견을 교환하였으며, 그로부터 조선이 앞으로 세계를 상대로 어떻게 처신해야 할 지를 조언한 '조선책략朝鮮策略'을 전달받았다. 이 책을 조선으로 유입하여 반포를 계기로 개화에 반대하는 위정척사파는 민氏 정부를 규탄하는 등 영남 지방의 유생 1만명이 영남만인소를 제기하기도 하였다. 또한, 대원군의 심복 안기영, 권정호 등에 의하여 고종의 이복형인 이재선을 옹립하는 국왕 폐립 음모가 꾸며졌으나 사전에 발각되어 실패하고 말았다.

1881년 신사유람단을 일본에 파견하여 새로운 문물을 시찰하게 하고 군사제도를 개혁하여 신식 훈련을 받은 별기군을 창설하였으나 이에 대한 반항으로 1882년 임오군란이 일어나 수구파와 개화파는 피비린내 나는 싸움을 벌이게 되어 1884년 갑신정변을 겪고 고종은 개화파에 의해 경우궁, 계동궁등으로 옮겼다.

○ 계동궁 : 고종의 4촌 이재원의 집. 경우궁은 종로구 옥인동 45에 있었으나 지금은 궁터의 흔적만 있다. 지금의 서울시립중부병원 자리이다. 민태호가 죽음을 당한 곳이다.

이런 중에도 한·미, 한·영 수호조약을 체결하여 서방 국가들과 외교의 길을 텄지만, 1885년에는 조선에서 청나라의 우월권을 배제하고 일본 역시 동등한 세력을 갖도록 청·일조약, 즉 톈진조약을 체결토록 하였다. 이 조약의 체결로 일본은 한반도에서 발판을 굳히는 계기가 되었다.

1894년 동학농민운동은 청일전쟁을 유발하였고, 일본이 승리하자 친일파는 대원군을 영입, 김홍집 등의 개화파가 혁신내각을 조직하여 개국 이래의 제도를 바꾸는 갑오개혁을 단행했다. 이로부터 일본이 조선의 내정간섭을 본격적으로 하게 되자 이를 저지하기 위해 조선 최초의 헌법이라 할 수 있는 '홍범 14조'가 선포되어 청나라의 종주권을 부인하고 독립국으로 행세하는 듯하였으나 일본의 내정간섭은 더욱 심해져 관제를 일본에 준하여 개혁하고 조선 8도를 13도로 개편하게 하였다.

그러나 3국 간섭으로 일본이 랴오닝(요동)의 영유권을 포기하게 되고, 조선은 삼국 간섭 이후에 러시아의 힘을 빌려 일본 세력을 몰아내고자 하였다. 이에 큰 위협을 느낀 일본공사 미우라 고로는 1895년 10월, 일본인 자객들을 앞세워 민비를 시해했다. 그리고 고종을 강압하여 친러파 내각을 물러나게 하고 유길준 등을 중심으로 한 제4차 김홍집 내각을 수립했다. 이때 단발령, 양력 사용, 체신 업무 등이 시행된다.

1896년 2월 러시아 공사 베베르의 계략으로 고종과 세자 (순종)가 러시아 공사관으로 피신하는 소위 '아관파천'이 있자, 김홍집, 정병하, 어윤중 등 개화파 인사가 살해되고 다시 친러내각이 들어섰다.

○ 청일전쟁(1894.7~95.4) : 8개월간 조선의 지배권을 놓고 청일이 다툰 전쟁
- 일본군 : 1894.7.23 경복궁 장악
  1894. 7.25 아산만 풍도에 있는 청의 해군 기습공격
  1894. 7.29 성환 전투, 청군은 평양으로 후퇴

※ 왜? 조선땅에서 청과 일이 전쟁을 하고, 그들은 자국의 이익만을 추구할 뿐인데 이렇게 한심한 나라가 있었을까?

1897년 2월 25일 러시아와 일본의 협상으로 고종은 덕수궁(경운궁)으로 환궁하여 8월에 연호를 광무라 하고 국호를 대한제국으로 고치면서 왕을 황제라 하여 즉위식을 가졌다.

1904년(광무8년) 러일전쟁에서 승리한 일본의 요구로 고문정치(자문정치)를 위한 제1차 한일협약이 체결되고, 이듬해 한성(서울)의 경찰치안권을 일본헌병대가 장악하였다. 이해 11월에는 제2차 한·일 협약인 '을사보호조약'이 체결되어 외교권이 박탈당했다. 이에 우국지사 민영환, 조병세, 홍만식 등은 자결했고 일본은 1906년 2월 통감부를 설치하여 본격적인 대행정치(대리정치)를 시작하게 된다.

1907년 고종은 제2회 만국평화회의가 열린 네덜란드 헤이그에 국권을 찾기 위해 이준을 파견하였으나 일본의 방해로 뜻을 이루지 못한 이준은 분사하였다. 이때 일본은 이 사건을 빌미로 고종을 위협하고 황태자(순종)에게 양위를 하게 된다.

1907년 황제의 이취임식이 거행되었으나, 고종은 화가 치밀어서, 순종은 아버지인 고종에게 민망하여 참석하지 않았다. 그러나 이완용과 송병준의 주도로 어떻게든 이취임식을 거행하려고 환관 두명에게 고종과 순종의 황제복을 입혀서 이취임식을 거행하였다. 이게 조선의 마지막 모습이고 나라꼴이었으니 어찌 통탄하지 않으리오. 그리고 이러한 사실이 지금껏 세상에 제대로 알려지지 않은 것도 심히 개탄스런 일이 아닐 수 없다.

그 뒤 고종은 덕수궁에서 1919년 1월 21일 승하했다. 고종의 죽음은 일본인에 의해 독살된 것으로 전해지고 있다. 이후 3.1 만세 운동이

○ 헤이그 만국평화회의 참석자(조선)
- 고종의 밀사 : 이위종(프랑스어, 영어, 러시아어에 능통), 이상설(조선의 마지막 과거시험 급제자) 이준(법관 양성소 1회 졸업생, 최초의 검사)

일어났고, 이틀 후인 3월3일 고종의 국장을 계기로 3.1운동이 전국적으로 확산되는 기폭제가 되었다.

순종은 고종의 둘째 아들이고, 1907년(융희隆熙 원년) 일본의 압력과 이완용 등의 강요로 헤이그 밀사 사건의 책임을 지고 물러난 고종의 뒤를 이어 즉위하자 연호를 융희로 고쳤다. 순종은 후사가 없자 황제皇弟인 영친왕을 황태자로 책립하고 거처를 덕수궁에서 창덕궁으로 옮겼다. 같은 해 한·일신협약을 체결하여 일본인을 한국 관리로 임용할 수 있도록 허용하여 사실상 국내 정치는 일본인에게 넘어갔다.

1907년 8월 1일 일본은 한국군을 해산하고 이해 12월 영친왕을 유학이라는 명분으로 일본에 볼모로 잡아갔다. 1908년 동양척식회사의 설립을 허용하여 경제 침탈의 길을 열어 주었다. 1909년 일본은 한국의 민정을 살펴가며 국권탈취 공작을 추진하여 7월에 군부를, 10월에는 법부를 각각 폐지하여 정치 조직을 통감부 기능 속에 흡수하였다.

통감 이토 히로부미는 본국으로 떠났고, 소네 아라스케를 거쳐 데라우치 마사타케가 후임으로 오면서 더욱 야욕을 드러냈다. 전국 각지에서 나라가 망함을 통탄하고 조정 대신들의 무능을 비난하여 암살을 기도하기 시작, 동년 10월 안중근에 의해서 이토 히로부미가 하얼빈 역에서 암살되고, 동년 12월 이완용이 이재명에게 습격을 당해 중상을 입었다.

일본은 친일 매국노 이완용, 송병준, 이용구 등을 중심으로 한 매국단체 일진회를 앞세워 1910년 8월 29일 국권을 강탈했다. 이로써 조선 왕조는 27대 518년 만에 대장정의 막을 내렸고 일본의 식민지 시대로 들어갔다.

순종은 1926년 4월 25일 창덕궁에서 세상을 떠났다. 같은 해 6.10일은 순종 황제 장례식날이고, 6.10만세 운동이 거세게 일어났다. 이때 구호가,

"이천만 동포여!
우리의 철천지 원수 일본 제국주의를 타도하자." 였다.

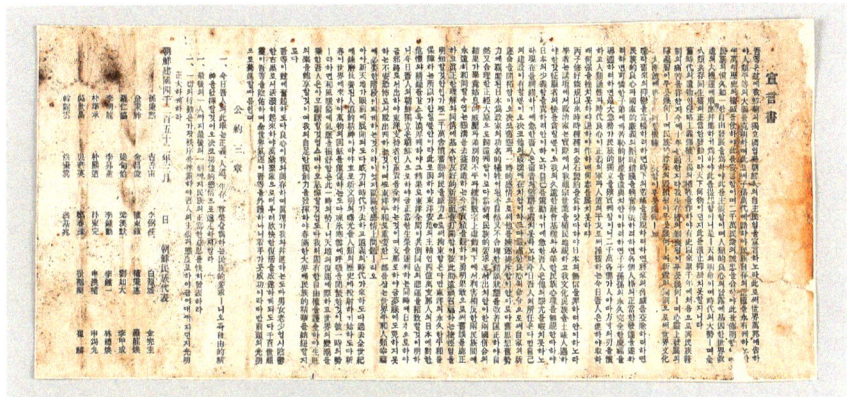

3.1 독립선언서 (기미독립선언서)

3.1 독립선언서는 일본 제국의 식민 통치에 저항하고 조선이 자주독립국임을 세계만방에 알리기 위한 것으로, 육당 최남선이 초안을 작성하고 민족대표 33명이 서명했다. 이 선언서로 전국적인 만세 시위운동이 촉발되는 계기가 되었고, 대한민국 임시정부의 기초가 되었다.

탑골공원내 팔각정

대한제국 때 탑골공원 조성시 함께 지어진 건축물로, 황실 군악대의 음악 연주 장소로 자주 이용되었으며, 대한제국의 애국가도 이곳에서 최초로 연주되었다. 1919년 3.1 운동 당시 수많은 시민들이 모여들어 대한독립만세를 외쳤고, 학생대표인 정재용이 이곳 단상에서 독립선언문을 낭독한 것으로 유명하다.

고종황제 어진

고종즉위 40주년 기념비 (세종로 142-3)
1902.9월 황태자 순종이 세웠다. 비신 몸통의 기념비전記念碑展의
글씨도 순종이 썼으며, 바로 근처에 도로원표 (전국 거리 측정의
기준점)가 있음

대한민국의 상징인 최초의 '태극기' 원형
(1882년 박영효가 일본으로 가는 배에서 제작한 태극기)

제4장
조선왕조 세계도(世系圖)

보학(譜學)은 역사의 보고이다

'조선왕조실록' 요약

조선왕조실록은 1973년 12월 31일, 국보 제151호로 2,077책이 지정되었으며, 태조(1392)에서 철종(1863)까지 472년간의 역사적 사실을 각 왕별로 기록한 편년체 사서이다.

활자본(1893권)과 필사본(888책)으로 되어 있는 가장 오래되고 방대한 역사서이다. 1997년 10월에는 유네스코 기록유산으로 등재되었다. 춘추관 안에 임시로 설치된 실록청(일기청)에서 담당하였다.

실록청 총재관은 재상이 맡았으며 사초를 담당한 사관들은 모든 국가 회의에 빠짐없이 참석하여 왕과 신하들이 국사를 논의하고 집행하는 것을 사실대로 기록하는 동시에 그 잘잘못 및 인물에 대한 비평, 기밀 사무 등을 직필하였다. 조선시대에는 법이 엄하여 사관 이외에는 아무도 볼 수 없었으며 기록의 진실성을 확보하기 위해서 왕까지도 보지 못하게 했다.

'조선왕조실록'은 472년간 총 6,400만 자에 달하는 방대한 분량이다. 반면 청대의 '황명실록'은 296년에 걸친 실록이고, 총 1,600만 자에 불과하다. 지금까지 실록이 보존되어 온 것은 세계사적으로도 그 유례를 찾아보기 힘든 일이다.

실록 편찬이 끝나면 최종 원고 4부를 인쇄하여 춘추관에 보관하고 불의의 사고에 대비하기 위해 깊은 산 속의 사고에 보관했다. '조선왕조실록'은 정족산본 1,181책, 태백산본 848책, 오대산본 27책, 기타 산엽본 21책, 총 2,077책이 현존하고 있다.

2007년 오대산 사고본 47책이 추가되어 현재 2,124책이다. 매일 100쪽씩 읽는다면 4년 3개월이 걸리는 방대한 양이다.

노산군(단종), 연산군, 광해군은 실록이 아닌 일기이다. 그러나 단종은 숙종대에 이르러 단종실록으로 추존되어 기록되었다. 선조실록은 1567~1608년까지 40년 7개월, 재위기간 동안의 국정 전반에 관한 역사의 기록이고 선조 수정실록은 선조실록을 수정보완하여 발행한 것이다. 북인의 세력이 퇴진하고 서인세력이 집권한 인조대에 대제학 이식의 상소로 수정결의한 것이다. 당쟁이후 실록은 당론의 영향을 받기 때문에 이전의 실록은 파기하지 않고 수정하는 일이 있었다.

※ **조선의 법전**
- 경제육전(태조)   - 속육전(태종)   - 경국대전(세조~성종)
- 속대전(영조)   - 대전통편(정조)   - 대전회통(고종)

○ **절체절명의 위기에서 조선왕조실록을 지켜낸 '손홍록'과 '안의'**
임진왜란때 전국 4대 사고중 서울춘추관, 충주, 성주사고가 모두 소실되고, 전주사고(경기전)의 실록과 태조 이성계의 어진만이 온전한 상태였으나, 전란 중이어서 위태롭기 그지 없었다.
이때 태인의 선비 손홍록(56세), 안의(64세)가 가솔(노비와 머슴 등 30여명)을 이끌고 경기전에 가서 모든 것을 수습하여 내장산 절벽 위에 있는 용굴에 숨겼다. 두 사람은 383일 동안을 번갈아 가며 실록을 보살폈으며, 이들 외에도 내장산 주지 '회묵대사'와 승려 4~5명, 무사 김홍우, 의병 100여 명이 전력을 다하여 지켜냈다.
전쟁이 잠잠해지자 정읍→아산→강화도를 거쳐 묘향산으로 옮겨졌고, 전쟁이 끝나자 다시 강화도로 옮겨 부본을 새로 만들어 서울 춘추관(이괄의 난때 소실), 태백산, 적성산(무주), 정족산성(강화), 오대산(평창)에 보관하였다. 그후,
- 오대산 사고본 : 동경 제국대학에 보관중 관동대지진때 일부 소실
- 적성산 사고본 : 북한 김일성 대학에 보관
- 정족산성 사고본 : 서울대학교 규장각에 보관
- 태백산 사고본 : 국가기록원 부산 지원에 보관 중이다.

손흥록, 안의는 이러한 공로로 '별제'직(종6품)에 제수되었다. 사후에는 칠보산 칠보면 시산리 남천사 사당에 모셔졌다. 만약 손흥록과 안의와 같은 의인이 없었다면 조선왕조실록이 모두 소실되어 조선 500년 역사의 기록이 송두리째 사라져 버렸을 것이고, 유네스코에 기록 유산으로 등재되지도 못했을 것이다.

조선왕조 세계도(世系圖)

고 조	증 조	조 부	부	자
안 사	행 리	춘	자 춘	성 계
목 조	익 조	도 조	환 조	태 조
효공왕후	정숙왕후	경순왕후	의혜왕후	신의왕후

이성계가 조선을 세운 뒤에 이안사는 목왕에, 이행리는 익왕, 이춘은 도왕, 이자춘은 환왕으로 추존되었다가 태종시대에 이르러 목조, 익조, 도조, 환조로 다시 추존되었다.

환조 이자춘(1315~61)은 본처 최氏 사이에 이성계와 정화공주를 낳았고 여종 내온장과는 이미 내연관계를 맺어 '이원계'를 낳았는데 이성계보다 다섯 살 위 서장자이다.

그리고 여종 고음가 사이에는 '이화'를 낳았는데 이성계보다 다섯 살 아래이다. 동복누나 '정화공주'는 쌍성총관을 지낸 '조 돈'의 아들 '조인벽'과 혼인하였다. 이화는 조카 방원을 도와 무인정사 때 공을 세워 '병조 판서'에 이르렀다.

○ 이원계(1330~88) : 이성계의 위화도 회군에 반대하고 5개월후 극약을 먹고 자살
　　　　　　　　※ 전 국무총리 이낙연의 선대는 이원계(완풍군)의 차남 이천우(양도공) 후손이다.
　　　　　　　　전남 영광군 묘량면 영양리에 양도공파 종가(이규헌 가옥)가 있다.
○ 이 화(1340~1408) : 정몽주를 죽이고 1등 공신이 됨, 개국공신
　　• 제1차 왕자의 난(1398, 무인정사) : 방번, 방석, 정도전, 남은 살해
　　　※ 남을번 ┬ 남재 (개국공신 1등, 조선 최초의 대사헌, 영의정 역임)→남경문→남휘→남빈→남이 장군
　　　　　　　├ 남은 (이성계의 책사로서 개국공신 1등, 무인정사 때 참형)
　　　　　　　├ 남실 (유배)
　　　　　　　└ 남지 (무인정사때 참형)
　　• 제2차 왕자의 난(1400) : 박포의 불만은 방간을 도와 방원(태종)과 정면 도전했으나
　　　　　　　　　　　　　　방원의 승리(형제간의 골육상쟁)

전기(前期, 태조~예종)

◎ **제1대 태조 이성계(1335~1408), 74세 졸**

58세에 왕위에 올라 재위 기간은(1392.7~98.8) 6년 1개월.
능호는 건원릉이고 동구릉에 있으며 단릉으로 되어 있음.
(정비 2명, 적자녀 8남 3녀. 후궁 5명, 서녀는 2명)

· 부 : 전주 이氏 이자춘(환조대왕)
· 모 : 영흥 최氏(의혜왕후)

◎ **원 비 : 신의왕후 한氏(1337~91), 55세 졸**

안변 한氏이고 '경'의 딸. 조선건국 10개월 전에 사망
능호는 제릉齊陵으로 경기도 개성시 개풍군 대련리에 있다.
· 장남 진안대군 방우
· 차남 영안대군 방과 : 정종
· 삼남 익안대군 방의
· 사남 회안대군 방간
· 오남 정안대군 방원 : 태종
· 육남 덕안대군 방연
· 장녀 경신공주 : 영의정 이거이 아들 '이애'와 혼인
· 차녀 경선공주 : 좌의정 심덕부 아들 '심종'과 혼인

○ 계 비 : 신덕왕후 강氏(1356~96), 41세 졸

곡산 강氏 '윤성'의 딸이며, 21세 연상인 이성계와 혼인했다.
능은 정릉으로 성북구 정릉동에 있다.
- 장남 방번 무안대군(1381~98) : 18세 졸
- 차남 방석 의안대군(1382~98) : 17세 졸
  (11세에 세자 책봉됨)
- 딸 경순공주 : 홍천사의 여승이 됨, 남편은 성주 이氏 (고려말
  실권자 이인임의 조카이자 이인립의 아들 '이제')

○ 후궁 5

  ○ 성비 원氏
  ○ 정경 궁주 류氏(생년몰 미상) : 고흥 류氏, 신덕왕후 사망후 후궁이 됨 ⎤ 1398년
  ○ 화의 궁주 김氏(?~1428.12.14) : 김해의 관기 (칠점선)   ⎬ 옹주로
    · 숙신옹주(?~1453.3.26) : 남편은 남양 홍氏 당성위 홍해   ⎦ 봉해짐
      - 3남 1녀
      - '재산상속 분재기'가 최초로 기록된 문서 받음
  ○ 찬덕 주氏(생년몰 미상)
    · 의령옹주(?~1466.2.24) : 남편 개성 이氏 호안위 이등
      - 4남 3녀
  ○ 궁인 김氏

○ 궁주 : 궁주는 왕족의 거주공간인 '궁'의 주인을 의미하는 고려의 여성 작호 중 하나로 왕비와 후궁뿐만
  아니라 공주나 종실의 아내 등에게 책봉해주던 별칭으로서 조선 초기까지 사용되었다.
  태조 代에는 옹주, 태종 代에는 궁주를 주로 사용하였다.

[年表]
- 1392.7 조선 건국
- 1394.8 한양 천도
- 1397   '경제6전' 간행(하륜, 조준)
- 1398.8 제1차 왕자의 난(이복동생 살해)
- 1400.1 제2차 왕자의 난, 동복형제 싸움, 방간을 토산으로 유배.

이성계는 둘째 아들 영안대군에게 왕위를 물려주고 10년을 더 살면서 씻을 수 없는 상처를 받았다. 계비 신덕왕후를 총애한 태조는 8남 방석을 세자로 책봉했다. 세자의 신분도 뒤에서 옹호하는 자가 없으면 단칼로 끝나는 것이다.

후궁 화의궁주 김氏 소생 '숙신옹주'는 부왕 태조로부터 '숙신옹주 가옥허여문기(家屋許與文記 : 집을 하사하고 자손 후대까지 영원히 거주할 수 있는 문서)라는 가옥문서를 받았다. 이것이 조선 최초의 상속문서(보물 515호)이다.

◎ 제2대 정종(1357~1419), 63세 졸, 태조의 2남

형 방우는 아버지(태조)의 역성혁명이 싫어 해주에 은거하며 폭음을 일삼다가 목숨을 잃었다. 이로써 장자 승계의 원칙이 무너지자 왕자의 난이 두 차례나 일어나 혈육 간에 피를 흘려야만 했다.

태조 7년 8월에 태조가 병석에 눕게 되자, 이 틈을 노려 방원의 정권욕이 발동하여 '난'을 일으켜 이복 동생들을 제거하고, 둘째 형 방과를 용상에 앉혔다. 정종은 동생 방원의 꼭두각시 임금이었다. 정종은 42세에 왕위에 올랐고 재위기간은(1398.9~1400.11) 2년 2개월. 능호는 후릉厚陵이고 개성시 판문군 영정리에 있다.

300년 가까이 묘호도 받지 못한 허수아비 왕에 불과했으나, 1681년 숙종이 묘호를 정종이라 칭함.

(정비 1명, 적자녀는 없음, 후궁 9명, 서자녀 17남 8녀)
- 부 : 태조
- 모 : 신의왕후

◎ **정 비 : 정안왕후 김氏**(1355~1412), 58세 졸

경주 김氏 '천서'의 딸이며, 소생은 없었으며 능호는 후릉이다.

○ **후 궁 9**

○ **성빈 지氏** (생년몰 미상, 언니) : 충주 지氏, 父 지윤
- 2남 : 덕천군 이후생, 도평군 이말생

○ **숙의 지氏** (생년몰 미상, 동생) : 충주 지氏, 父 지윤

- 3남 : 의평군 이원생, 선성군 이무생, 임성군 이호생
- 1녀 : 함양옹주(생년몰 이상) : 정종의 장녀,
  남편 밀양 박氏 박갱

○ **숙의 기氏** (?~1457.7.13) : 행주 기氏, 父 기면,
  동생 기건 (?~1460) - 대사헌, 청백리 (연안군수 시절 지역특산물인 붕어를 입에 대지도 않았다.)
- 4남 : 순평군 이군생, 금평군 이의생, 정석군 이융생
  무림군 이선생
- 2녀 : 숙신, 상원옹주

○ **숙의 문氏** : 1남 (종의군 이귀생)

○ 숙의 윤氏
  • 4남 : 수도군 이덕생, 임언군 이녹생, 석보군 이복생
          장천군 이보생
  • 1녀 : 인천옹주

○ 숙의 이氏 (생년몰 미상) : 평창 이氏
  • 1남 : 진남군 이종생

○ 가의 궁주 유氏 : 고려 우왕 代의 충신이던 임견미 사위 '반복해'의
              후실이었으나, 사후에 정종의 후궁이 됨.
  • 1남 : 불로군佛奴君
    ※ 정종이 사실상의 장자인 불로군을 원자로 삼자 이방원
      (태종)이 怒해 자식의 목숨을 살리기 위해 강제로 머리를
      깎아주고 승려로 살도록 했다.

○ 시비 기매(기생출신) : 1남 (지운군)
    ※ 기매는 많은 남자들과 바람을 피웠으며, 정종은 지운군이 자신의 아들이 아니라는
      것을 알면서도 잘 보살펴 주었다. 지운군이 승려생활을 하면서도 왕자를 사칭해
      행패를 부리자 태종과 세종이 '왕자라는 소리는 입밖에 내지도 말라'고 꾸짖었다.

○ 생모 미상 : 4녀 (함안옹주, 덕천옹주, 고성옹주, 전산옹주)

정종은 방원의 심복 남재와 하륜에 의해 세제 책봉에 관한 압력을 받았다. 그리하여 아들이 열일곱 명이나 되었으나 목숨을 살리기 위해 똑똑한 아들 절반 이상을 강제로 절에 들어가 중이 되도록 할 수밖에 없었다. 서장자 의평군은,

"아바마마, 소자들은 추호도 야심이 없나이다. 그냥 개성에서
  살도록 해주소서."

정종이 이르되,

"오죽하면 너희들을 절에 가서 살도록 하겠느냐? 아비의 심정을 헤아려 다오. 내 앞에서 너희들이 죽임을 당하는 꼴은 보기 싫다."

어떻게 해서라도 그는 자식들의 희생을 막고 싶었다. 왕비 정안왕후는 소생이 없었다. 한시라도 왕비자리를 지키고 싶지 않아서 시동생 방원에게,

"언제까지 우리가 이 노릇을 해야 합니까?"라고 항변했다.
그러면 방원은,
"마마, 기다리소서, 모든 일에는 때가 있나이다."

어느 날 정종은 입직 승지를 불러 선위할 준비를 갖추라고 일렀다. 그러자 방원은 체면치레용으로 반대하는 상소를 올렸다. 1400년 12월 드디어 방원은 왕위에 올랐고 정종은 보위에서 내려앉아 상왕궁으로 물러났다. 날아갈 듯이 몸과 마음이 가벼웠고 정안왕후 눈에도 웃음꽃이 피었다. 자신을 위해 2년간이나 들러리를 서준 형이 방원은 눈물겹도록 고마웠다. 그러나 정종은 속으로 울었다.

절에 보낸 자식들이 눈에 밟혀서였다. 후덕한 정안왕후는 권력의 무상함을 깨닫고 소욕지족을 실천했다. 살얼음판 같은 정국에 마음을 비워 저승길만은 면한 것이다. 정종은 왕위에서 물러나 20년을 더 살다가 세상을 떠났다.

◎ **제3대　태종(1367~1422), 56세 졸, 태조의 5남**

　　34세에 왕위에 올라(1400.11~18.8) 17년 10개월을 재임했다. 능호는 헌릉獻陵이고 서울 서초구 내곡동에 영면하고 있다.
　　(정비 1명, 적자녀 4남 4녀, 후궁 18명, 서자녀 8남 13녀)
　　・부 : 태조
　　・모 : 신의왕후

◎ **정 비 : 원경왕후 민氏(1365~1420) : 56세 졸**

　　여흥 민氏 '제'의 딸로 태종 17세, 19세에 혼인,
　　소생 4남 4녀, 능호는 헌릉이고 태종 바로 옆에 누워 있다(쌍릉)

　　・장남 양녕대군(폐세자) : 광주 김氏 한로의 딸과 가례.
　　　　　　　　　　　　　묘는 상도동에 있는 지덕사에 있음
　　・차남 효령대군(91세 사망) : 해주 정氏 '역'의 딸과 혼인.
　　　　　　　　　　　　　묘는 방배동 청권사에 있음
　　・삼남 충녕대군 : 세종
　　・사남 성녕대군(1405~1418) : 창녕 성氏 '억'의 딸과 혼인
　　　　　　　※ 원경왕후가 41세에 출산한 아들
　　・장녀 정순공주 : 이거이 차남 이백강과 혼인
　　・차녀 경정공주 : 조준의 아들 조대림과 혼인
　　・삼녀 경안공주 : 권근의 아들 권규(권규 → 권담,권총)
　　　　　　　　　권규의 아들 담과 총은 태종의 총애를 받음

　　　　　　　　　　　┌ 권 제(1387~1445) → 권람權擥
　　- 권근(1352~1409) ┼ 권 규(1393~1421) → 담, 총
　　　　　　　　　　　└ 딸 (서미성의 처) → 서거정

- 사녀 정선공주(1404~24) : 남경문의 아들 남휘와 혼인
  - 1남 : 친손자 (남이 장군)
  - 1녀 : 외손자 (신숙권 - 신사임당 조부)

※ 파란만장했던 정선공주의 생애 : 태종과 원경왕후의 사이가 좋지 않아 3세때(외삼촌 민무구, 민무질 유배 : 장단,대구,제주), 4세때(외조부 민재 사망), 6세때(유배간 외삼촌들 사사), 12세때 (외삼촌 민무휼, 민무회 유배후 정선공주 혼인중 사사), 16세때 모친 사망, 18세때 부친 사망,

오늘날 전주 이氏로는 효령군파가 가장 벌족하다. 부인은 태종과 문과 동기인 좌찬성 정역의 딸이다. 태종의 숙부인 이화에 의해서 민무구, 민무질은 유배지에서 사사되고 민무회(영의정 이적의 사위), 민무휼은 자살하였다. 이로써 중전 민氏의 친정 동생 4형제가 모두 죽음으로써, 태종의 계획적인 살인극은 막을 내린다.

○ 후궁 9 (서자녀 8남 13녀)

○ 효빈 김氏
- 1남 : 경녕군 이비 : 5대손 이수광 - 지봉유설 저술 (최초의 백과사전)

○ 신빈 신氏(영월 辛씨, 검교 신영귀의 딸) : 가장 총애받은 후궁, 원경왕후 민氏의 몸종, 원경왕후 사후 내명부 총괄
- 3남 : 함녕군, 온녕군, 근녕군(1411~62)
  ※ 근녕군은 단종이 세조에게 왕위를 양위할 때 동의하지 않고, 관악산 연주대에 올라 단식하며 통곡
- 7녀 : 정신옹주, 정정옹주(조말생의 아들 조선과 혼인), 숙정옹주, 숙녕옹주, 소신옹주, 소숙옹주(?~1456, 윤연명의 처), 숙경옹주

○ 선빈 안氏(검교 안의의 딸)
- 1남 : 익녕군 이치 (유복자, 1422~68)

  익녕군 이치 → 수천군 이정은 → 청기군 이포 → 함천군 이억재 → 오리 이원익
  ※ 이원익(1547~1634) : 우,좌,영의정 및 청백리, 임란시 함경도,평안도 4도 체찰사 (전란시 계엄사령관)

- 2녀 : 경신옹주, 숙안옹주(?~1464, 황유의 처)

- ○ 의빈 권氏
  - 1녀 : 정혜옹주(부원군 박종우와 혼인, 운길산 수종사에 부도가 있음)
    ※ 이복동생인 정혜옹주가 죽자 세종은 즐기던 육식을 끊고 애도함

- ○ 명빈 김氏 : 85세까지 최장수한 후궁 (태종~성종까지 생존)
  - 태종의 총애를 받았으나 자손이 없었음. 불심이 강해 수종사에 5층탑 건립
  - 남동생 김오문의 딸이 세자(문종)의 첫번째 세자빈 김氏

- ○ 소빈 노氏
  - 1녀 : 숙혜옹주

- ○ 숙의 최氏
  - 1남 : 희령군 이타

- ○ 의정궁주 조氏
  ※ 나이가 많았던 태종은 조뇌의 딸 조씨를 궁에 들이지 않은 채, 1422. 5월에 승하하였다.
  상중에 조뇌가 도승지인 김익정을 통해 세종에게 고하기를, "여식이 비록 혼례식을 올리진
  않았지만 '택일하여 입궁하라'는 명이 내려져 있었으니 도리상 당연히 상복해야 합니다"
  현재 서울시 방학동 연산군 묘역에 영면하고 있다.

○ 태종의 아들, 대군들의 뒷이야기
- 장남 양녕대군(1394~1462) : 이승만 대통령의 16대조
  폐세자가 된 후, 여러 여인과 통정(숙부 정종의 애첩(초궁장), 누나인 정순공주의 남편 이백강의
  애첩(칠점생), 중추부사 곽선의 애첩(어리), 자신의 3남(서산군 이혜)의 애첩과 물의를 일으킴.
  '살아서는 동생이 임금(세종)이요, 죽어서는 동생이 부처(효령)' 라고 망언을 하며 방탕한 생활
- 차남 효령대군(1396~1486) : 국회의장 이기붕의 17대조, 전주 이氏중 후손이 가장 많음.
  형인 양녕대군이 폐세자가 될 지도 모른다는 소문을 듣고 책을 읽는 척하자 양녕대군이,
  "야, 충녕이 너보다 학문이 깊으니 헛짓거리 하지 마라,"고 나무랐다.
  그후 효령은 '살아도 부처, 죽어도 부처'라 하며 생불노릇을 하였고, 관악산 연주암에서 수행.
- 삼남 충녕대군(1397~1450) : 세종대왕

○ 현대사의 대군들 후손의 부인
- ※ 박마리아(1906.4.19~60.4.28) : 강릉출신, 이화여대 영문과 졸, 장남 이강석, 이강욱
  영부인 프란체스카(오스트리아 출신)가 한국말을 한 마디도 못 하였기 때문에 이기붕의 처 박마리아가
  통역관을 하였고, 이런 연유로 이승만에게 이기붕을 소개하였다. 박마리아는 최고의 에고이스트
  (남에게 쌀 한 톨도 주지 않으면서 남이 주는 것은 조금도 사양하지 않았다)
- ※ 김마리아(1903.9.5~70.2.10) : 철기 이범석 장군(광평대군의 17대손)의 처
  이범석과 이기붕이 정치적 라이벌 관계였기 때문에 박마리아와 김마리아도 서로 용호상박처럼
  대립하였다.

[年 表]

- 1400   '삼국지'를 지은 명나라 나관중 71세 사망
         '켄터베리 이야기' 저자 제프리 초서 61세 사망
- 1400.1   방간의 난(제2차 왕자의 난) 방간은 토산으로 유배
- 1400.2   방원은 세제가 되고 박포는 처형당함.
- 1400.11 방원 왕위에 오름(태종)
- 1401. 1 하륜의 건의로 저화(종이 돈) 사용
- 1401.7   신문고 설치
- 1401.11 안변 부사 조사의의 반란

태조는 조사의를 앞세워 왕위를 찬탈한 아들 태종에게 무력 시위를 한 것이다. 태종은 아버지 태조를 상대로 또 한 번의 살육전을 벌였다. 조사의가 패하자 이성계의 의욕은 크게 꺾였고, 도성으로 돌아올 수밖에 없는 운명에 처했다.

천운을 갖고 태어난 운명을 어찌할 것인가! 태종은 첫째 후궁으로 효빈 김氏를 맞아들인다. 효빈 김氏는 계모 신덕왕후의 시녀 출신이다. 호랑이를 잡기 위해 호랑이 굴을 탐색하려고 정공법을 폈던 것이다. 이걸 보고 '피붙이보다 살붙이가 낫다'고 하는 것일까?

태종은 신덕왕후의 능을 파헤쳐 석물을 수표교 다리를 놓는 데 사용하게 했으니 얼마나 복수심을 품었으면 죽은 자에게까지 그렇게 했을까?

태종의 후비 원경왕후는 혁명가의 아내로서는 적격자였다. 그러나 투기가 심해 태종의 심기가 편치 않았다. 진정한 사랑이란 용서하고 이해하는 것이라면 강한 집착은 오히려 상대를 힘들게 할 때도 있다.

태종은 형제, 처가, 사돈할 것 없이 다음 왕에게 누가 될 만한 사람은 대숙청으로 정리하였다. 아버지의 희생으로 성왕 세종 임금이 탄생한 것이다.

◎ **제4대 세종(1397~1450), 54세 졸, 태종의 3남**

22세에 즉위하여 재위기간은(1418.8~50.2) 31년 6개월.
능호는 영릉英陵으로 경기도 여주시 능서면 왕대리에 있으며
최초의 합장릉이다.
(정비 1명, 적자녀 8남 2녀, 후궁 5명, 서자녀 10남 2녀)
- 부 : 태종
- 모 : 원경왕후

◎ **정 비 : 소헌왕후 심氏(1395~1446), 52세 졸**

청송 심氏 '온'의 딸, 능호는 영릉이다. 딸 덕에 영의정까지 되었으나 딸 때문에 죽음을 당함. 외척 세도를 염려한 태종의 계획적인 살인극.

- 장남 세자 이향 : 문종
- 차남 수양대군 : 세조
- 삼남 안평대군 : 영일 정氏 정연의 사위
- 사남 임영대군 : 의령 남氏 남지의 사위(첫 부인)
  　　　　　　　　전주 최氏 최승령의 사위(후처)
- 오남 광평대군 : 평산 신氏 신자수의 사위
- 육남 금성대군 : 전주 최氏 최사강의 사위
- 칠남 평원대군 : 남양 홍氏 홍이용의 사위
- 팔남 영응대군 : 해주 정氏 정충경의 사위
  　　　　　　　　여산 송氏 송부원의 사위

　사남 임영대군의 아들 이준(구성군)은 세조 때 조선 역사상 최연소(27세) 영의정이 되었다. 그러나 성종 1년(1470)에 어린 성종을 몰아내고 왕으로 추대받으려다 탄로되어 '정인지' 등의 상소로 경상도 영해로 귀양갔다가 1479년 귀양지에서 사사.

오남 광평대군은 방번의 봉사손으로 출계되었고, 외동 아들(영순군)이 태어어난 지 6개월만에 광평대군이 세상을 떠났다. 손이 끊어질 위기에 처했으나 영순군으로부터 세 아들 (남천군, 청안군, 회원군)이 태어나 가문이 번성하였다. 광평대군의 묘터를 쓸 때, 남좌여우男左女右가 원칙이나 女左男右의 환장법換葬法으로 안장하여 후손이 크게 발복하게 된 것은 대모산 기슭에 정남향 혈처로 천년학이 알을 품는 형국의 명당 터이기 때문이다. 선릉에 있던 광평대군의 유택이 성종의 능터로 결정되어 수서로 천장하게 되었다.

육남 금성대군은 방석의 봉사손으로 출계(입양)되었고 단종복위를 꾀하다 수양에 의해 사사됨.

칠남 평원대군(1427~45)은 홍이용의 딸과 혼인했으나 자식이 없어 예종의 차남 제안대군을 봉사손으로 입적했다.

팔남 영응대군(1434-67)은 부왕의 총애가 지극하여 1450년 영응대군의 집에서 세종은 승하하였다. 중추부부사 구치홍의 아들 구수영은 영응대군 사위이다.

- 장녀 정소공주(1412~24) : 혼담 중 사망
- 차녀 정의공주(1415~77) : 함경도 관찰사 안망지의
                         아들 안맹담과 혼인

○ 수서 무덤박물관 : 세종 5남 광평대군(세종이 가장 총애한 아들, 문장과 음율, 수학에 뛰어남) 묘역
               처는 신자수의 딸 거창 慎氏
           ※ 신자수 → 신승선(연산군 장인) → 신수근(중종의 장인)
               양부 무안대군(방번) 내외의 묘와 700여기의 무덤이 있다.

○ **안견의 몽유도원도**
  1447. 2월 안평대군의 꿈이야기를 듣고 안견이 3일만에 그린 그림으로 화제는 성삼문이 달았다. 숭례문을 짓고 남은 자재로 건축한 종로구 부암동의 무계정사에 안평대군은 만 여권의 책을 갖추고 여러 선비들과 시화를 즐겼다.
  임란 중인 1592.5.1일 남별궁에 보관 중이던 몽유도원도를 일본군 '시마즈 요시히로'가 일본으로 약탈해가서 현재 일본 국보로 지정해 천리대학 도서관에 소장되어 있다. 뻔뻔스럽게도 남의 나라 (조선) 국보급 문화재를 일본 국보로 정해 놓은 게 말이나 되는가?
  이 작품을 1986년 여름에 국내에서 처음으로 전시하였으며, 1996년 호암 미술관에서, 그리고 2009년 국립박물관 100주년 특별전으로 9일간 전시한 것이 세번 째이다. 간송미술관 전형필 선생이 이 작품을 구입하려 하였으나, 하필이면 선생 부친의 장례식이라 구할 수가 없었다. 2023.12월 환수협약이 체결되었으나 일본 국보로 지정되어 있어 국보지정해제 절차에 시간이 걸리고 있다.

○ 후궁 5

  o 영빈 강氏 : 1남 화의군(1425~89), 서장자
  - 처의 백부(박대손)의 노비출신 첩을 겁탈
  - 이복동생 평원대군의 첩(초요갱)과 간통
  - 품행은 문란했으나 성삼문의 죽음을 애도하고, 단종 복위에 가담
    (세조가 유배까지는 보냄), 행초서에 능했다.

  o 신빈 김氏 : 6남
  • 장남 계양군 : 청주 한氏 한확의 딸과 혼인
  • 차남 의창군 : 연안 김氏 김수의 딸과 혼인
  • 삼남 밀성군 : 여흥 민氏 민승서의 딸과 혼인
  • 사남 익현군 : 평양 조氏 조철산의 딸과 혼인
  • 오남 영해군 : 평양 신氏 신윤동의 딸과 혼인
  • 육남 담양군 : 요절 (1439~50)

　영해군은 영해군파의 시조이며, 벽계수는 세종의 서자 영해군의 아들 길안도정吉安都正 이의李義의 다섯째 아들인 이종숙이다. 인종 대에 황해도 관찰사를 역임했다.
　• 육남 담양군(1439~50), 세종의 18 아들 중 막내 아들로 세종의 죽음을 애통해 하다가 세종 승하 후 한 달 만에 죽음(남경우 딸과 약혼했으나 혼례 前 사망). 사후에 계양군 차남 강양군(이숙)을 양자로 삼음. 후손 이경중(퇴계 문인)은 사헌부 집의로 있으면서 조선을 흔든 3鄭(정여립, 정인홍, 정철)에 맞서 동인(이발)을 차별하는 정철과 뜻이 맞지 않아 피를 토하고 죽음

  o 혜빈 양氏
  • 장남 한남군(1429~59) : 안동 권氏 권격의 딸과 혼인
  • 차남 수춘군(1431~57) : 영일 정氏 정자재의 딸과 혼인
  • 삼남 영풍군(1434~57) : 순천 박氏 박팽년의 딸과 혼인

○ 상침 송氏
- 정현옹주(1425~80) : 목사 윤은의 아들 윤사로와 결혼

○ 숙원 이氏
- 정안옹주(1438~61) : 관찰사 심선의 아들 심안과 결혼

후궁 중 총애를 받은 신빈 김氏는 궁녀 출신이다. 세종이 후원을 거닐다 자태가 고운 김氏를 만나게 되었다. 세종은 이 여인과의 동침을 잊지 못했다고 야사는 전한다. 색 궁합이 따로 있나 보다. 세종은 백부인 정종, 부왕인 태종, 모후인 원경왕후, 왕비 소헌왕후 심氏의 국장을 치렀다.

[年 表]

- 1419.6 이종무 쓰시마(대마도) 정벌
- 1420.3 집현전 설립
- 1421. 10 이향(문종) 세자로 책봉
- 1422.6 태종 승하
- 1423. 1 영의정 성석린 타계
- 1423. 2 남산에 봉화대 설치
- 1424.9 조선통보 주조
- 1432. '세종실록지리지'에 독도는 조선 땅이라 명함.
  독도는 서기 512년 '삼국사기'에 의하면 이사부가
  신라 땅으로 확정했다. 일본이 1667년 독도가 일본
  영토라고 주장한 것보다 천 년이나 앞섰다.
- 1434. 김종서 육진 개척
- 1443.12 한글 창제
- 1446.10 한글 반포

◎ 제5대 **문종(1414~52), 39세 졸, 세종의 장남**

　문종은 37세에 왕위에 올랐다. 재위기간(1450.3~52.5)은 2년 2개월. 8세 때 세자에 책봉되어 30년 동안 세자로 있었으니 세자 세월이 너무 길었다. 부왕의 재위 말기 8년 동안은 세자의 치세기간이었으니 10년은 왕 노릇을 한 셈이다. 능호는 현릉으로 동구릉에 있다.

　문종은 병약한 데다 팔자까지 기구했다. 어린 나이에 세자에 책봉되어 일찍 혼인을 했다. 첫 번째 빈궁으로 김氏를, 두 번째 빈궁으로 봉氏를 맞이했으나, 둘 다 과실이 있어 시어머니(소헌왕후)에 의해 쫓겨났다. 그들은 권력에 속고 사랑에 몸부림치다가 역사의 그늘 속으로 사라졌다.

　현덕왕후 권氏는 문종의 세자 시절 세자궁 시녀이었다. 사람 팔자 알 수 없고, 여자 팔자는 더욱 그렇다.

　(정비 1명, 적자녀 1남 1녀, 후궁 2명, 서자녀 1녀)

　・부 : 세종　　・모 : 소헌왕후

◎ 정 비 : **현덕왕후 권氏(1418~41), 24세 졸**

　안동 권氏 '전'의 딸, 문종과 혼인한 현덕왕후의 능호는 현릉으로 동원이강릉이다. 홍위(단종)를 낳은 지 3일 만에 세상을 떠났다. 그래서 홍위와 경혜공주는 서조모 혜빈 양氏의 손에서 자랐다.

　・1남 이홍위 : **단종(1441~57)**
　・1녀 경혜공주(1436~73)
　　　　※ 조선 역사상 가장 불행한 공주 : 5세때 어머니가, 16세때 아버지가 세상을 떠났다. 25세때 남편은 세조에 의해 거열형으로 처형당함. 이때 경혜공주는 임신한 상태였다.

○ 후궁 2
　o 숙빈 홍氏 : 소생 없음

○ 사칙 양氏
- 1녀 경숙옹주(1439~?) : 반성위 강자순과 혼인

[年 表]
- 1451.   김종서 '고려사' 139권 발간
- 1452.   김종서 '고려사절요' 발간
         '고려사'는 기전체, '고려사절요'는 편년체.

참고로 고려 말 김부식은 정사인 '삼국사기'를, 일연은 야사인 '삼국유사'를 지었다.

◎ 제6대 단종(1441~57), 17세 졸, 문종의 외아들

12세에 즉위하여 15세까지(1452.5~1455.윤6) 재위기간은 3년 2개월. 단종 14세, 정순왕후 15세에 혼인. 능호는 강원도 영월읍 영흥리에 있는 장릉莊陵이다. 역대 군왕 중 유일하게 국장을 제때에 치르지 못하고 550년만인 2007년 5월에 영월에서 국장이 치러졌다.
- 부 : 문종
- 모 : 현덕왕후

◎ 정 비 : 정순왕후 송氏(1440~1521), 82세 졸

여산 송氏 '현수'의 딸. 비운의 왕비로서 소생이 없다. 능호는 사릉으로 경기도 남양주 진건읍 사릉리에 있다.

단종은 조부인 세종의 칭찬이 자자할 정도로 어릴 적부터 명석하고 어진 성품이었다. 세손 시절에는 성삼문, 박팽년의 지도를 받았고 세자 책봉 후에는 '이개'와 '유성원'이 그의 교육을 맡았다.

문종의 유명을 받든 이른바 고명 대신인 황보인과 김종서가 있었으나

수양대군의 정권욕 앞에서는 어쩔 수가 없었다. 1453년 10월 계유정란을 일으킨 수양은 걸림돌이 될 만한 신료들을 모두 살해했다. 안평대군은 아들과 같이 강화도에 유배되어 사사되고 황보인, 김종서 등이 죽음을 당했다. 지금도 계룡산 동학사에는 그들의 위패를 모시고 영혼을 달래고 있다.

['초혼적기'의 명단]

　김종서, 황보인, 이양, 민신, 조극관, 윤처공, 이명민, 이경유, 원구, 조번, 김연, 한승, 조수량, 안완경, 정본, 이석정, 지정, 이용, 이우적, 이현로(안평대군 책사), 이징옥, 지신화, 허후, 하석, 이보인, 이의산, 김말생, 김정, 박이영, 이차, 최노, 김상지, 양옥, 조석강, 황귀존, 안막동, 조완규, 고덕칭, 황의헌, 김유덕, 김신례, 유세, 강막동, 정효전, 박계우 등

'이징옥의 난'은 1453년 이징옥이 함길도 '도절제사'로부터 파면되자 스스로 대금황제라 칭하고 조정에 반기를 든 사건이다. 함길도 큰 호랑이 김종서의 부하로 있던 이징옥은 작은 호랑이라 자칭하고, 상관의 죽음에 분개하여 난을 일으켰으나 부하에 의해 죽었고 훗날 이 난은 '이시애의 난'에 영향을 미쳤다.

○ 단종의 세 여인

　왕비와 후궁 2명을 동시에 맞이할 수 밖에 없었던 것은 수양대군이 왕권강화라는 명분으로 획책한 계략이다. 출생 후 3일 밖에 안된 핏덩이 단종에게 젖을 물려 양육했던 서조모 혜빈 양氏까지 동원하여 모양새를 갖추어 양반규수 세명 중에서 1등으로 간택된 송현수의 딸을 왕비로, 2~3등으로 간택된 여인들을 후궁으로 삼았다.

　1454. 1월 여산 송氏 송현수의 딸은 왕비로 간택하고, 권완의 딸 안동 권氏는 숙의 권氏, 김사우의 딸 상주 김氏는 숙의 김氏로 첩지를 내렸다. 그러나 그해 10.10 계유정란을 일으킨 수양대군은 종친의 신분으로는 금기시되었던 영의정 자리에 올라 모든 권력을 장악하고, 2년후에는 단종을 상왕으로 물러나게 하였다. 그와 동시에 왕비는 서인(평민) 신분으로 강등시켜 정업원으로 보내고, 후궁 숙의 권氏는 가산을 적몰하고 도승지(조석문)의 계집종으로, 후궁 숙의 김氏는 사가로 폐출시켰다.

　단종복위에 가담한 역모죄로 송현수는 교살되고, 권완은 능지처참을 당했으나 단종 복위와 무관했던 김사우는 출세 가도에서 꽃길만 걸었다. 여기서 우리는 역사의 아이러니를 느끼게 된다.

◎ 제7대 세조(1417~68), 52세 졸, 세종의 차남

39세에 즉위하여 재위기간(1455.8~1468.9)은 13년 3개월. 능호는 광릉光陵이며 남양주 진접읍 부평리에 있다.

(정비 1명, 적자녀 2남 2녀, 후궁 1명, 서자녀 2남)
- 부 : 세종
- 모 : 소헌왕후

◎ 정 비 : 정희왕후 윤氏(1418~83), 66세 졸

파평 윤氏 '번'의 딸, 수양 12살, 윤氏 11살에 혼인.
능호는 광릉, 동원이강릉이다.
- 장남 의경세자 : 덕종 추존
- 차남 해양대군 : 예종
- 장녀 세희공주 : 가출하여 김종서의 손자와 만남
- 차녀 의숙공주 : 정인지의 아들 정현조와 혼인

○ 후궁 1

○ 근빈 박氏 : 선산 박氏(1425~1504)

세조의 후궁으로서 유일하게 자식을 낳았다. 노년에 여승이 되었다가 다시 입궁하였으나, 연산군이 술시중을 들고 춤을 추라고 하자 그에 따랐다. 묘는 김포시 대곶면에 소재
- 장남 덕원군(1449~98) : 경주 김氏 김종직의 사위
- 차남 창원군(1458~84) : 교화 노氏 노호신의 사위

◎ 추존 덕종(의경세자, 1438~57) 20세 졸

- 부 : 세조
- 모 : 정희왕후

◎ 왕 비 : 소혜왕후 한氏(1437~1504), 68세 졸

   청주 한氏 한확의 딸이자 한치인의 동생, 능호는 경릉으로 서오릉에 있으며 동원이강릉이다.

- 장남 월산대군(1454~88) : 순천 박氏 박중선의 사위
- 차남 자산대군 : 성종
- 1녀 명숙공주 : 홍응의 아들 '홍상'과 혼인

[年 表]

- 1456.6 집현전 폐지
- 1466.8 과전제 폐지, 직전제 실시

◎ 제8대 예종(1450~70), 20세 졸, 세조의 차남

   19세에 즉위하여 재위기간(1468.9~69.11)은 1년 2개월.

   능호는 창릉昌陵이며 서오릉에 있다. 계비인 안순왕후와 합장

- 부 : 세조
- 모 : 정희왕후

◎ 원 비 : 장순왕후 한氏(1445~62), 17세 졸

   청주 한氏 '명회'의 장녀, 예종 12세, 한氏 17세에 혼인

   예종은 12살에 인성대군을 낳았는데 조선조 최연소 아빠가 된다.

   능호는 공릉이며 세자빈 시절에 죽었기 때문에 세자빈 묘로 만들어졌으므로 난간석은 없고 봉분 앞에 장명등과 상석 (혼유석)만 있으며, 능 앞 양쪽에 문인석과 석마를 세우고 석양과 석호는 뒤에 세워졌다.

- 1남 인성대군(1461~63, 조졸)

○ 계 비 : 안순왕후 한氏(1445~98)

청주 한氏 '백륜'의 딸, 능호는 창릉으로 예종과 함께 서오릉에 있다.

- 1남   제안대군(1466~1525) : 순천 박氏 영의정 박중선의 사위
- 1녀   현숙공주(1464~1502) : 임사홍의 장남 임광재와 혼인

　제안대군은 세종의 일곱째 아들 평원대군의 봉사손으로 입적된다. 왕위 계승전에서 밀려난 사람은 언제든지 죽음의 위험에서 시달린다. 이를 모면하기 위해서 일부러 바보처럼 행동할 수도 있다. 이런 보신책으로 60세까지 천수를 누리다가 세상을 떠났다. 그는 예종이 승하하자 왕위 계승 1순위에 올랐으나 이때 그의 나이 불과 4세였으니 후순위로 밀려 사촌형 자산군(성종)에게 왕위를 빼앗겼다.

[年 表]

- 1467.5　이시애의 난
- 1468.10　강순, 남이 처형

○ 한백륜(1427~74) : 우의정, 청원부원군, 한확은 7촌 재당숙
　　　　　　　사위(예종, 구(귀)성군) : 예종과 구(귀)성군은 4촌이면서 동서지간
○ 제안대군 : 정부인 상산(상주) 김氏는 병이 있어서, 계부인 순천 박氏(박중선의 딸)는 여종과 동침
　　　　　하는 추문이 있어 이혼
　　　　※ 상산(상주) 김氏 후손 : 국회의원 김태호, 도지사 김태흠
　　　　　선성 김氏 : 영주 무섬 마을을 본거지로 하는 성氏 - 조지훈의 처 김난희(조태열 외무부장관의 모)
○ 순천 박氏
　　박거소 → 박중선 → 박원종 (중종반정의 일등 공신)
　　(처. 심온의 딸)　(처. 양천 허氏)
　　　　　　　┌ 월산대군 ┬ 정실 : 순천 박氏(박원종의 누이, 소생없음)
　　　　사　　│　　　　　└ 측실 : 원주 김氏 → 덕풍군(처. 윤여필의 딸) → 계림군
　　　　위　　├ 제안대군　　　　　　　　　　　　　　　(외숙 : 윤임, 이모:장경왕후)
　　　　　　　└ 윤여필 ┬ 윤임
　　　　　　　　　　　　└ 딸(장경왕후, 중종 계비)
　　　　※ 월산대군과 윤여필은 동서지간이고, 덕풍군의 처가 윤여필의 딸이므로 이중 겹사돈지간
　　　　　세종과 박거소는 동서지간

◎ 죽어서 왕으로 추존된 왕

- 성종의 아버지 : 의경세자 (덕종)
- 영조의 장남 : 효장세자 (진종)
- 영조의 차남 : 사도세자 (장조)
- 순조의 장남 : 효명세자 (익종)
- 예외로 세자의 신분은 아니지만 인조반정으로 왕이된 인조의 생부인 정원군 : 원종

◎ 왕통을 전혀 이어갈 수 없는 상황에서 아들이 왕이 된 경우

- 선조의 아버지 : 덕흥대원군
- 철종의 아버지 : 전계대원군
- 고종의 아버지 : 흥선대원군

중기(中期, 성종~인조)

◎ **제9대 성종(1457-95), 38세 졸, 덕종의 차남**

　　13세에 즉위하여 재위기간(1469.11~1494.12)은 25년 1개월. 처음에는 정희왕후가 수렴청정하다가 소혜왕후(인수대비)가 7년간 수렴청정했다. 능호는 선릉宣陵이고 서울 강남구 삼성동에 있다. 2계비 정현왕후와 합장

　(정비 3명, 적자녀 2남 1녀, 후궁 9명, 서자녀 14남 11녀)
- 부 : 덕종
- 모 : 소혜왕후

◎ **원 비 : 공혜왕후 한氏(1456~74), 19세 졸**

　　청주 한氏 '명회'의 차녀. 소생은 없고 능호는 순릉이며 경기 파주시 조리읍 봉일천에 있는 공릉 옆에 있다. 죽어서도 자매는 나란히 누워 있다.

○ **제1계비 : 폐비 윤氏(1445~82) : 38세 졸**

　　파평 윤氏 '기견'의 딸 : 성종보다 열두 살 연상이다. (띠 동갑)

- 1남　융(연산군)

○ **제2계비 :** 정현왕후 윤氏(1462~1530) 69세 졸
　　　　　　파평 윤氏 '호'의 딸, 성종 17세, 윤氏 12세 혼인

- 1남　진성대군 : 중종
- 1녀　순숙공주(1478~88)

○ **후궁 9**

    ◦ **숙의 하氏 (생년몰 미상) : 진주 하氏, 영의정 하연의 딸,
묘는 천안시 목천읍 송전리 맬골 계성군 묘와 함께 있다.**

       • 1남 계성군(1478~1504) : 원주 원氏 원치의 사위
          계성군의 양자, 계림군은 장경왕후(중종계비)의 조카이자 정철의
          둘째 매형이다. 계림군은 윤임의 외조카이다.

          - 조부 월산대군 → 덕풍군 → 계림군
                             配. 윤여필의 딸

          - 외조부 윤여필 ┬ 윤임
                         └ 장경왕후

            ※ 월산대군과 윤여필은 동서지간이자 사돈간

    ◦ **귀인 정氏(?~1504.4.14) : 초계 정氏, 정인석의 딸**

       • 장남 안양군(1480~1504) : 능성 구氏 구수영의 사위
       • 차남 봉안군(1482~1505) : 평양 조氏 조기의 사위
       • 정혜옹주(?~1507) : 한형윤의 아들 한기의 처

    ◦ **숙의 홍氏(1457~1510) : 남양 홍氏, 중추부 동지사 홍일동의 딸**
        ※ 7남3녀를 낳았으나 서녀출신이라 嬪(정1품) 대접을 받지 못하고 숙의
          (종2품)로 봉했다.

       • 장남 완원군(1480~1509) : 양천 허氏 허적의 사위
       • 차남 회산군(1481-1512) : 죽산 안氏 안방언의 사위
       • 삼남 견성군(1482~1507) : 평산 신氏 신우호의 사위
       • 사남 익양군(1488~1552) : 영일 정氏 정문창의 사위
       • 오남 경명군(1489~1526) : 파평 윤氏 윤첩의 사위
         ※ 경명군의 사위는 안동 김氏 김생해(김상현의 조부)

○ 홍상직 ┬ 장남 홍귀동
        ├ 차남 홍일동 → 서녀(숙의 홍氏)
        └ 삼남 홍길동(이복동생, 얼자孼子), 모친은 관기 옥영향

을사오적신 이근택은 경명군의 13代 손, 명성황후 충주 피난 시절에
극진히 보살펴서 출세길이 열림

- 육남 운천군(1490~1524) : 안동 권氏 권인손의 사위
- 칠남 양원군(1492~1551) : 문화 류氏 류종손의 사위
- 장녀 혜숙옹주 : 신종호의 아들 신항의 처

    ※ 신숙주 → 신주 → 신종호 : 진사시(18세), 식년시(24세), 중시(30세,장원)
    　　　　　　　　　　　(외조부 한명회)

- 차녀 정순옹주 : 정현의 아들 정원준의 처
- 삼녀 정숙옹주 : 윤섭의 처

○ 숙용 심氏

- 장남 이성군(1489~1552) : 남평 문氏 문간의 사위
- 차남 영산군(1490~1538) : 청송 심氏 심순로의 사위
- 장녀 경순옹주(1482~?) : 남경의 아들 남치원 처
- 차녀 숙혜옹주(1486~1525) : 조무강의 처

○ 귀인 권氏 (1471~1500) : 안동 권氏, 현령 권수의 딸

    ※ 오빠 권주는 참봉에 제수되었으나 여동생 후광이라
    　 생각하여 출사하지 않았다.

- 전성군(1490~1505) : 권건(1458~1501)의 사위
　　　　　　　　　　부제학, 병조참판

○ 명빈 김氏

- 무산군(1490~1525) : 평산 신氏 신수의 사위

○ 숙의 김氏

- 장녀 휘숙옹주 : 임사홍의 사남 임숭재의 처
- 차녀 경숙옹주 : 민종원의 며느리
- 삼녀 휘정옹주 : <u>남섭원</u> 아내
　　　　(경순옹주 남편 남치원과 사촌간)

○ 귀인 엄氏 (?~1504.4.14) : 영월 엄氏 엄산수의 딸
　　　창경궁 뒷뜰에서 귀인 정氏와 같이 몽둥이로 때려서 살해
　・공신옹주(1481~1549) : 한보의 아들 한경침의 처
　　　※ 한명회(조부) → 한보(부) → 한경침(자)

○ 숙용 권氏(생년몰 미상)
　・1녀 경휘옹주(1488~1525) : 영원위 윤내의 처
　　　※ 윤내는 성질이 경망해 많은 물의를 일으킴 (도박, 주색)

[年 表]

- 1470.　　28세에 영의정이 된 구성군 영해로 유배
- 1478.5　 임사홍, 유자광 유배
- 1478.9　 서거정, 노사신 등 '동문선' 편찬
- 1482.8　 폐비 윤氏 사사
- 1483.2음 연산군을 세자로 책봉
- 1492.　　아메리카 신대륙 발견

　구성군의 역모를 계기로 종친의 관료 등용이 법(경국대전)으로 제한된다. 신권 견제를 위한 종친의 등용은 종말을 고하고 신권 정치가 주도하기 시작했다.

　성종이 형인 월산대군이나 사촌동생 제안대군을 누르고 왕위에 오른 것은 한명회와 정희왕후의 정치적 결탁으로 이루어진 것이다. 병약하다. 나이가 어리다. 이것은 한낱 구실에 불과하다. 당연히 장손인 월산대군이나 적자인 제안대군이라야 함에도 왜 하필이면 차자인 자산군인가? 자산군은 한명회의 사위이기 때문이다.

◎ 제10대 연산군(1476~1506), 31세 졸, 성종의 장남

19세에 즉위하여 재위기간(1494.12~1506.9)은 11년 10개월. 중종반정으로 강화도 교동에 위리안치되었다. 그러나 1506년 12월 역질(천연두)과 울화병으로 사망. 묘는 서울 방학동에 있다. (정비 1명, 적자녀 2남 1녀, 후궁 3명, 서자녀 2남 1녀)

- 부 : 성종
- 모 : 폐비 윤氏

◎ 정 비 : 폐비 신氏(1472~1537), 66세 졸

거창 신氏 '승선'의 딸이자 '수근'의 동생

서울 도봉구 방학동 연산군의 묘 옆에 나란히 누워 있다. 인조반정이 일어나 대궐을 빠져 나가는 순간 폐비 신氏의 '비단신'이 자꾸만 벗겨져서 어렵사리 대궐 문을 빠져 나왔다. 자식들을 데리고 청파동 무당집으로 간신히 피신하여 아침 밥상을 대접받았다. 철없는 두 아들이 반찬 투정을 부렸다.

"대궐에서처럼 어찌 새끼 꿩을 올리지 않았느냐?" 유모가 울면서 대답했다.

"내일은 이런 밥이라도 얻어 먹을 지 알 수 없나이다."

폐왕(연산군)은 유배를 떠나야 했고 폐세자는 끼니 걱정을 해야 하는 운명이 된 것이다.

- 장남 황 : 폐세자(1497~1506) - 중종 원년 1506 사사
- 차남 창녕대군(1500~1506) - 중종 원년 1506 사사
- 1녀 휘신공주(1491~?) : 구수영의 아들 구문경과 혼인
    - 아들 구엄 중종반정으로 폐서인
    ※ 연산군 제사 : 구엄 → 딸
          (구수영 → 구문경 → 구엄)

○ 후궁 3

　○ 숙의 이氏(생년몰 미상) : 양성 이氏 이공의 딸, 소혜왕후(인수대비) 시녀로 입궁

　　· 1남　양평군(1498~1506) - 중종 원년(1506) 폐세자와
　　　　　　　　　　　　　　　　함께 사사

　○ 장녹수

　　· 1녀　영수옹주(1502~?) : 서자인 권한에게 몰래 시집감

　○ 궁인 조氏 : 1남 (돈수)

　조선조 최고의 난봉꾼인 연산군은 성종의 피를 받아 '색'을 밝혔다. 헤아릴 수 없이 많은 여인이 있었으나 소생이 있는 후궁은 별로 없었다.

[年 表]

　　· 1497.5　　폐비 윤氏 제헌왕후로 추승
　　· 1498.7　　무오사화
　　· 1504.7　　성균관을 향연장으로 사용
　　· 1504.10　 갑자사화

○ 신자수　→　신승선　→　신수근
　　　　　　(사위 : 연산군)　(사위 : 중종)
　　　　　　　※ 신승선 : 장인 (임영대군 이구), 처남 (구성군 이 준, 영의정)

○ 연산군 묘역 : 상단에 연산군과 폐비 신씨 쌍릉, 그 하단에 의정궁주(태종의 마지막 후궁)
　　　　　　조氏 묘, 맨하단에 구문경과 연산군 딸 휘신공주의 쌍릉
　　　　　　　※ 원래 이 묘역은 의정궁주 조씨의 묘터

◎ 제11대 중종(1488~1544), 57세 졸, 성종의 차남

19세에 즉위하여 재위기간(1506.9~44.11)은 38년 2개월. 능호는 정릉靖陵으로 서울 강남구 삼성동에 있다.

(정비 3명, 적자녀 2남 5녀, 후궁 9명, 서자녀 7남 6녀)
- 부 : 성종
- 모 : 정현왕후

◎ 원 비 : 단경왕후 신氏(1487~1557), 71세 졸

거창 신氏 '수근'의 딸로 소생은 없다. 조선의 역대 왕비 중 제일 짧은 7일간 재위. 능호는 온릉으로 양주군 장흥면 일영리에 외로이 홀로 누워 있다. (국도 39번 일영에서 의정부 가는 길.)

○ 제1계비 : 장경왕후 윤氏(1491-1515), 25세 졸

파평 윤氏 '여필'의 딸, 윤임의 누이동생, 능호는 희릉으로 서삼릉에 있다. 원래는 중종과 나란히 누워 있었으나 문정왕후의 투기로 중종은 삼성동으로 천장되었다.

- 1남 이호 : 인종
- 1녀 효혜공주(1511~31) : 김안로의 아들 김희의 처

○ 제2계비 : 문정왕후 윤氏(1501~65) 65세 졸

파평 윤氏 '지임'의 딸, 윤원로의 동생이자 윤원형의 누나. 능호는 태릉으로 서울 노원구 공릉동에 있다.

- 1남 경원대군(1534~67) : 명종
- 장녀 의혜공주(1521~63) : 한승권 아들 한경록의 처
- 차녀 효순공주(1522~38) : 구순의 아들 구사안의 처
- 삼녀 경현공주(1530~84) : 신의 처
- 인순공주(1542~46) : 조졸부졸

○ 후궁 9

  ○ 경빈 박氏(1480~1533) : 상주출생으로 유배지인 상주에서 사사

  연산군 代에 미모가 뛰어나 채홍사의 눈에 들었으나 중종때 후궁으로 간택되었다. 나인 출신으로 박원종의 먼 친척이었다. 그래서 그의 수양 딸이 되었다. 작서의 변에 연루되어 폐출, 1533 사사.

  - 1남 복성군(서장자. 1509~33) : 윤인범의 사위
      작서의 변에 연루되어 모친과 함께 사사.
  - 장녀 혜순옹주(1512~83) : 김헌윤의 아들 김인경의 처
  - 차녀 혜정옹주(1514~1580) : 홍서주의 아들 홍여의 처

  ○ 숙의 홍氏

  - 해안군(1511~73) : 거창 신氏 신홍유의 사위

  ○ 희빈 홍氏(1494년~1581)

  - 장남 금원군(1513~62) : 해주 정氏 정승휴의 사위
  - 차남 봉성군(1528~47): 동래 정氏 정유인의 사위
      명종비 인순왕후 남동생 서인 수장, 심의겸의 장인

  ○ 창빈 안氏(1499~1549)

  - 장남 영양군(1521~61) : 순흥안氏 안세영의 사위
  - 차남 덕흥대원군(1530~59) : 정세호의 사위
  - 1녀 정신옹주(1526~?) : 한경우의 처

  덕흥군은 하성군(선조)의 아버지이고 덕흥대원군이 되었다. 덕흥군의 처는 하동 정氏 영의정 정세호의 딸이다. 아들은 하원군, 하릉군, 하성군(선조)

선조는 서얼 출신의 아버지에 자신은 장남 아닌 삼남으로서 도저히 왕위에 오를 수 없는 위치에 있었다. 방계 혈족도 왕이 될 수 있다는 방계 승통의 길이 열렸으나 왕의 권위가 한층 격하되었다. 창빈 안氏의 후손이 선조부터 철종까지 대를 이었다.

묘는 서울시 동작구 동작동 국립현충원 경내

○ **숙의 이氏(?~1524)**
- 덕양군(1524-81) : 안동 권氏 권찬의 사위
  - 탈랜트 이정섭은 14대손

○ **숙원 이氏 (?~1520)**
- 장녀 정순옹주(1518~81)
- 차녀 효정옹주(1520~44)
  ※ 조의정의 처. 남편이 효정옹주의 몸종(풍가이)을 첩으로 들여 옹주처럼 대접하였으나 투기를 하지 않았다. 그래서 중종은 효정옹주를 나무라기도 하였다.
  (조의정의 후손 : 악녀로 알려진 인조의 후궁 귀인 조씨)

○ **숙원 김氏**
- 숙정옹주(1525-64) : 구신경의 아들 '구한'의 처

○ **귀인 한氏** : 소생 없음, 예종 비 안순왕후의 조카

○ **숙의 나氏(1489~1514)** : 소생 없음
  ※ 애석하기 그지없는 후궁
  괴산군수 나숙담의 딸, 티없이 아름다운 미모가 조정에까지 알려져 1507년 후궁이 되어 중종의 총애를 받았으나 1514. 10월에 경빈 박氏와 같은 날 출산(혜정옹주)할 수가 없어 궁 밖으로 나가다가 산후통으로 죽음.

[年表]

- 1506.9   박원종, 성희안, 유순정 등이 중종반정을 일으킴
- 1510.4   삼포왜란, 임신조약으로 삼포 개항(재포, 부산포, 웅천)
- 1519.4   조광조 현량과 실시(김식 등 28명)
- 1519.5   조광조 대사헌으로 승진
- 1519. 11 조광조 능주로 유배
- 1519. 12 기묘사화(조광조 사사), 현량과 폐지
- 1527.3   영의정 남곤 사망, 작서의 변
- 1527.4   경빈 박氏, 복성군 유배, 최세진 '훈몽자회' 편찬
- 1543.1   주세붕 백운동 서원 세움

중종은 우유부단한 성격으로 조광조와 같은 인재를 활용하지 못하고 개혁의지를 실천하지도 못했다. 그래서 정국의 혼란만 초래했다. 정암 조광조(1482~1519)는 한양 조氏 조온의 5대손이고 김굉필의 제자로서 성리학에 심취했다. 율곡은 동방 4현에 김굉필, 정여창, 조광조, 이언적을 꼽았다.

윤번(세조의 장인)의 장남은 윤사분, 차남은 윤사윤이다.
- 윤사윤 → 윤보 → 윤여필 → 윤임, 장경왕후(제Ⅰ계비)
- 윤사흔 → 윤계겸 → 윤욱 → 윤지임 → 윤원형, 문정왕후(제Ⅱ계비)
    ※ 윤임은 장경왕후의 친오빠이고, 문정왕후의 9촌 아저씨다.

◎ **제12대 인종(1515~45), 31세 졸, 중종의 장남**

30세에 즉위하여 재위기간(1544.11~45.7)은 윤정월 포함하여 9개월. 능호는 효릉孝陵으로 경기도 고양시에 있으며 서삼릉을 구성하는 왕릉 가운데 하나이다. 인성왕후와 쌍릉이며 조선왕릉 중 유일하게 비공개되어 있다가 최근에 개방되었다.

- 부 : 중종
- 모 : 장경왕후

◎ **정 비 : 인성왕후 박氏(1514~77) 64세 졸**

반남 박氏 '용'의 딸, 능호는 효릉

○ **후궁 2**

　○ **숙빈 윤氏** : 파평 윤氏, 문정왕후의 조카, 소생 없음

　○ **혜빈 정氏** : 소생없음

　○ **귀인 정氏** : 소생없음

귀인 정氏는 정유침의 딸이고 정철의 누나이다. 인종은 여섯 살에 세자로 책봉되어 무려 25년간이나 세자로 있다가 1544년 중종이 승하하자 왕위에 올랐다. 성품이 조용하고 효심이 깊어 20살 아래인 이복동생 경원대군(명종)과 우애가 돈독했으며 하늘이 내린 효자였고 성군의 덕을 갖춘 임금이었다. 조선의 요순 임금이라 칭하였으나 그것도 무용지물인 나라가 조선이다.

[年 表]
- 1545. 1   홍언필 영의정에 오름
- 1545. 윤1   윤인경 영의정
- 1545. 6   현량과 복구
- 1545. 7   인종 승하, 문정왕후 오빠 윤원로 해남으로 귀양
- 1545. 8   을사사화

◎ **제13대 명종(1534~67), 34세 졸**

12세에 즉위하여 재위기간(1545.7~67.6) 22년,

문정왕후가 8년간 수렴청정, 능호는 강릉康陵으로 서울 노원구 공릉동에 있다.

(정비 1명, 적자녀 1남, 후궁 6명, 소생 없음)
- 부 : 중종
- 모 : 문정왕후

◎ **정 비 : 인순왕후 심氏(1532~75) : 44세 졸(위)**

청송 심氏 '강'의 딸, 능호는 강릉으로 명종과 나란히 누워 있다.

- 1남 순회세자(1551~63) : 13세 졸, **이성계의 마지막 嫡統**

의경세자의 예를 따라 국장으로 치렀다. 아홉 살 때 윤옥의 딸 과 혼인, 후사없이 명종이 승하하니 이복형 덕흥군의 삼남 하성군에게 왕위를 잇게 한다.

문정왕후는 중종, 인종, 명종 3대에 걸쳐 전횡을 누렸으나 손자 하나가 없었으니 통곡할 일이 아닐 수 없었다. 종묘사직을 위해 그녀는 무엇을 했

을까. 후덕한 왕비가 되었더라면... 권력을 장악할 때는 수단과 방법을 가리지 않고 쟁취했지만 권력을 사용할 때는 수단과 방법을 가려야 한다.

[年 表]

- 1560. 12   임꺽정 형 '가도치' 체포
- 1560. 12   도산서원 세움
- 1562.1   임꺽정 처형
- 1564.4   심통원 좌의정이 됨
- 1565.6   보우 제주도 유배지에서 장살
- 1565.8   윤원형 삭탈관직
- 1565.12   윤원형 자진
- 1567.7   선조 즉위

정윤겸의 서녀 정난정은 불교의식으로 쌀 서너 석의 밥을 지어 마포나루에 나가 물고기 먹이로 보시하였다. 백성들의 밥을 빼앗아 물고기에게 주는 꼴이었다. 승려 보우는 문정왕후와 정난정을 꼬드겨 무차대회를 회암사, 봉은사에서 두 번이나 열어 수천 석의 보시를 받았다. 이것 또한 백성들의 등골을 빼는 짓이었다.

◎ **제14대 선조(1552~1608) 57세 졸, 덕흥군의 삼남**

16세에 즉위하였고 재위기간(1567.7~1608.2)은 40년 7개월. 명종의 후비 인순왕후가 2년 동안 수렴청정하였다. 능호는 목릉穆陵으로 경기도 구리시 동구릉에 있다.

(정비 2명, 적자녀 1남 1녀, 후궁 6명, 서자녀 13남 10녀)
- 부 : 덕흥대원군
- 모 : 하동부대부인 정氏 (정세호의 딸)

※ 정인지 → 정상조 → 정세호

◎ **원 비 : 의인왕후 박氏(1555~1600) 46세 졸**

반남 박氏 '응순'의 딸, 소생 없음 능호는 목릉

◎ **계 비 : 인목왕후 김氏(1584~1632) 49세 졸**

연안 김氏 '제남'의 딸, 선조 51세, 인목왕후 19세 때 혼인
능호는 목릉
- 1남 영창대군(1606~14) : 9세 졸, 묘 : 안성시 일죽면 고은리
- 1녀 정명공주(1603~85) : 83세 졸, 홍영의 아들 홍주원 처.
  ※ 사도세자의 비인 혜경궁 홍氏, 홍봉한, 홍인환, 홍국영.. 모두 그녀의 후손.
  7남 1녀의 다산, 장수를 누림.
  ※ MBC 월화 드라마 '화정華政'의 주인공 (華政은 서궁 유폐시절에 남긴 글자)

○ **후궁 6**
  ○ **공빈 김氏(1553~77) : 23세 졸**
  - 장남 임해군(1574~1609) : 양천 허氏 허명의 사위
  - 차남 광해군(1575~1641) : 문화 류氏 류자신의 사위

○ 인빈 김氏, 4남 5녀

- 장남 의안군(1577~88) : 조졸
- 차남 신성군(1578~92) : 평산 신氏 신립의 사위, 한때 세자로 옹립하려고 했었다.
- 삼남 정원군(1580~1619) : 인조의 아버지

정원군(추존 원종)의 부인은 능성(능주) 구氏, 구사맹의 딸은 인헌왕후(1578~1626)이다. 소생으로 3남을 두어 장남 능양군이 인조가 되었다. 차남 능원군, 삼남은 능창군이다. 능호는 장릉(章陵)이며 김포시 풍무동에 있다.

- 사남 의창군(1589~1645) : 허성의 사위
- 장녀 정신옹주(1582~1653) : 달성 서氏 서성의 아들 경주의 처
- 차녀 정혜옹주(1584~1638) : 윤방의 아들 윤신지의 처
- 삼녀 정숙옹주(1587~1627) : 신흠의 아들 신익성의 처
- 사녀 정안옹주(1590~1660) : 박동량의 아들 박미의 처
- 오녀 정휘옹주(1593~1653) : 류정량의 처
  영의정 류영경의 며느리

※ 사패산(북한산 북쪽 끝에 있는 552m의 산)을 하사받음

○ 순빈 김氏

- 순화군(1580~1607) : 장수 황氏 황혁의 사위,

※ 선조의 망나니 아들 3인방, 신분 고하를 막론하고 구타와 폭행, 재물 갈취 등 난폭한 행동을 일삼았다.
  - 임해군 : 광해군 동복형
  - 정원군 : 인조의 아버지 (백성들은 정원군을 호랑이보다 더 두려워 함)
  - 순화군 : 연쇄살인범, 무당의 혀를 자를 정도로 포악

o 정빈 민氏

- 장남 인성군(1588~1628) : 해평 윤氏 윤승길의 사위
- 차남 인흥군(1604~1651) : 여산 송氏 송희업의 사위
- 장녀 정인옹주(1590~1660) : 홍식의 아들 홍우경 처
- 차녀 정선옹주(1594~1614) : 권대임의 처
- 삼녀 정근옹주(1599~1613) : 김극빈의 처

공주나 옹주와 결혼하면 임금의 부마로서 국가로부터 저택을 하사받는 것이 관례이다. 홍우경은 단호히 거절할 만큼 성격이 강직했다.

o 정빈 홍氏

- 경창군(1596~1644) : 창녕 조氏 조명욱의 사위
- 정정옹주(1595~1666) : 류시형의 아들 류적의 처

o 온빈 한氏

- 장남 홍안군(1598~1624) : 청주 한氏 한인급의 사위
  이괄의 난때 왕으로 추대되었다가 처형됨
- 차남 경평군(1600~73) : 삭녕 최氏 최윤로의 사위
- 삼남 영성군(1600~49) : 창원 황氏 황리중의 사위,
  경평군과 영성군은 일란성 쌍둥이이다.
- 1녀 정화옹주(1604~66) : 권대항의 처(1610~66)
  아버지는 도승지 권희

[年表]

- 1575.7   심의겸, 김효원 동서 당파싸움
- 1576. 12   홍섬 좌의정이 됨
- 1583.9   이이 이조 판서 승진
- 1584. 1   이이 사망, 이산해 이조 판서가 됨
- 1584. 2   정철 대사헌이 됨
- 1584.3   정여립이 수찬이 됨
- 1589. 10   정여립 모반이 실패하여 자살
- 1589. 12   이순신 정읍 현감
- 1592.4   임진왜란
- 1593.8   이순신 3도 수군통제사
- 1593. 11   유성룡 영의정이 되다
- 1593. 12   정철 사망
- 1597.1   정유재란
- 1597.7   고성에서 원균 전사
  ※ 임진왜란 당시 대표적인 장수 중 한 사람으로 성격이 거칠고 지혜가 부족하여 '칠천량' 해전에서 대패
- 1598. 11   이순신 전사
- 1607.5   유성룡(1542~1607) 66세로 타계

"必死卽生, 必生卽死"
죽고자 하면 살고, 살고자 하면 죽는다
(이순신 장군 친필 휘호)

이순신 장군
'명량대첩'의 대승을 거둔 울돌목에 있는 이충무공 승전공원
(전라남도 진도군 군내면 진도대로 8439-19)

임금이 타계하면 승하이고, 군인은 전쟁터에서 전투하다 죽어야 전사라고 한다. 졸다 죽으면 그것은 개죽음이나 똑같다. 의리와 지조를 위해 죽으면 열사이고, 스스로 목숨을 끊으면 자진 또는 자결이라 한다.

※ 烈士 (이준) : 헤이그 만국평화회의 후 자결
　義士 (안중근) : 제 몸을 바쳐 일하려는 뜻을 가진 의로운 사람
　志士 (남자현) : 국가와 민족을 위해 큰 뜻을 품은 사람

◎ **제15대 광해군(1575~1641) 67세 졸, 선조의 차남**

34세에 즉위하여 재위기간(1608.2~23.3)은 15년 1개월.
폐왕이 되어 18년간 유배생활을 하다가 제주도에서 죽음.
유배지 : 강화도 → 태안 → 강화도(교동) → 제주도 구좌읍

광해군은 강화부 동쪽에, 부인 류氏는 강화부 서쪽에 위리안치되었다. 두 달 후 폐세자 '지祬'는 사약을 받았고 세자빈은 자살하였다. 이들은 20대 중반이었으니 얼마나 애통한 일인가…

폐비 류氏는 성리학적 사상에 기반을 둔 가치관이 뚜렷한 여자였다. 도저히 유배생활이 믿기지 않았던 그녀는 1년 7개월간 위리안치되었다가 생을 마감한다(1624. 10). '다음 세상에 태어나면 다시는 왕실의 며느리는 되지 않겠노라'는 유언을 남겼다. 광해군은 그의 유언대로 어머니 공빈 김氏가 묻혀 있는 남양주 진건면 송릉리에 아내와 나란히 영면하고 있다.

(정비 1명, 적자녀 1남, 후궁 10명, 서자녀 1녀)
- 부 : 선조
- 모 : 공빈 김氏

◎ 정 비 : 폐비 류氏(1577~1624), 48세 졸

문화 류氏, '자신'의 딸, 묘는 광해군 묘역에 쌍릉.

- 1남 : 지祬 (1598.12~1623.7.22(음 6.25) : 폐세자
  ※ 강화도 유배시 탈출하다 붙잡혀 자진하라는 명을 받고 목 메달아 죽음

  ○ 폐빈 박氏(1598~1623.5.23(음) : 영의정 박승종의 손녀이자 박자흥의 딸, 이이첨의 외손녀
  ※ 이이첨의 아들 4형제는 차남 이대엽만 제외하고 모두 참수됨
  (이대엽은 반정공신인 신립 장군의 아들 신경진(1575~1643)의 누이동생이 부인인 관계로 처형대신 옥살이만 했는데 양심의 가책을 느껴 감옥에서 자결)

  ○ 후궁 : 소훈 허氏 (허균의 딸)

○ 후궁 10

○ 숙의 윤氏 : 1녀 (?)옹주 (광해군의 유일한 딸로서, 어머니 숙의 윤氏가 인조반정때 (1623.3.14) 처형되자 외삼촌이 길렀다. 20세가 되자 인조가 혼수를 마련해주어 박징원과 결혼하고, 광해군의 제사를 지냄)

○ 숙의 허氏 : 소생 없음　　　○ 숙의 홍氏 : 소생 없음
○ 숙의 권氏 : 소생 없음　　　○ 숙의 원氏 : 소생 없음
○ 소용 임氏 : 소생 없음(절세의 미인)
○ 소용 정氏 : 소생 없음(애교가 만점)
○ 숙원 신氏 : 소생 없음　　　○ 숙원 조氏 : 소생 없음

○ 상궁 김氏 : 김개시, 머리가 비상했음. 일명 개똥이라 하며 소생은 없었다. 선조의 죽음은 광해군과 김개시의 독살극으로 의심되고 있다. 이이첨과 동급인 최고 권력자
※ 광해군이 총애한 세명의 상궁 : 소용 임氏, 소용 정氏, 상궁 김氏
※ 후궁의 품계 : 숙의 종2품, 소용 정3품, 숙원 종4품, 상궁 정5품

○ 연산군의 스승
1. 조지서(임천 趙氏) : 생원시, 문과 중시 장원, 청백리
   ※ 연산군이 학문을 게을리하자 엄격하게 꾸중, 갑자사화때 연산군이 자신을 꾸짖었다고 소인배로 처형
   • 후손 : 가수 조용필
2. 허침(양천 許氏) : 신동이라 일컬음. 알성시 급제, 직제학, 이조판서
   ※ 연산군에게 유연하게 학습을 지도하자 '성인군자'라 칭했다. 연산군은 이렇게 사리분별도 제대로 못 했을까?
   ※ 趙氏 : 한양, 양주, 임천, 배천(白川), 함안, 순창, 풍양, 평양
   曺氏 : 창녕, 장흥, 수성 등
○ 조선 중기 한문 4대가 : 월. 상.계.택.
- 월사(이정구, 연안 이氏), 상촌(신흠, 평산 신氏). 계곡(장유, 덕수 장氏). 택당(이식, 덕수 이氏)
   ※ 이 중 월사 이정구가 단연 첫번째로 기록됨

[年 表]
- 1608   대동법 실시
- 1610   허준, '동의보감' 완성(25권)
- 1616   일본에서 담배 전래, 누르하치 후금 세움
- 1618   허균 처형
- 1623   김류, 이귀 등 서인들이 인조반정을 일으킴.

◎ 제16대 인조(1595~1649) 55세 졸, 정원군의 장남

29세에 즉위하여 재위기간(1623.3~49.5)은 26년 2개월.
능호는 장릉長陵으로 파주시 탄현면 갈현리에 있다.

(정비 2명, 적자녀 4남, 후궁 3명, 서자녀 2남 1녀)
- 부 : 정원군(추존 원종)
- 모 : 부부인 구氏(추존 인헌왕후)
- 조부 : 선조
- 조모 : 인빈 김氏

※ 선조, 광해군, 인조는 서자 출신

◎ 원 비 : 인열왕후 한氏(1594~1635) 42세 졸

청주 한氏 '준겸'의 딸, 능호는 장릉, 인조와 나란히 영면하고 있다.

- 장남 소현세자(1612-45) : 금천 강氏 강석기의 사위
- 차남 봉림대군(1619~59) : 효종
- 삼남 인평대군(1622~58) : 복천 오氏 오단의 사위
- 사남 용성대군(1624.2~29.3) : 조졸무쭐

인평대군은 시, 서, 화에 능함. 흥선대원군의 아버지 남연군의 6대조, 남연군은 은신군의 양자로 입적.

◎ 계 비 : 장렬왕후 조氏(1624~88) 65세 졸

양주 조氏 '창원'의 딸로 소생 없음. 장렬왕후는 자의대비라 부르며 예송 논쟁의 주역이었다.

○ 후궁 3

　o 귀인 조氏 : 한준겸의 생질(누나의 딸)의 사위(조기)의 딸로서
　　　　　　　 인열왕후와 외사촌간

　　• 장남 숭선군(이징, 1639~90) : 영의정 신익전의 사위
　　　　　　　　　　　　　동평군의 아버지, 동평군은 숙종의 당숙(5촌)
　　• 차남 낙선군(1641~95) : 김득원의 사위
　　• 효명옹주(1638~1700) : 인조의 외동딸, 김세룡의 처.

　　　　　　　김자점 → 김익 → 김세룡

　　　　※ 김자점(1588~1651) : 본관은 안동, 사육신을 고변한 김질의 5대손.
　　　　　임경업 장군을 역모로 몰아 처형당하게 함. 전남 보성군 벌교읍
　　　　　원동리 못등에서 태어남. 현재 낙안읍성 연못자리로 추정

　o 귀인 장氏. 소생 없음

　o 숙의 남氏. 소생 없음

[年 表]

　• 1624. 1　이괄의 난
　• 1627. 1　정묘호란
　• 1636. 11　병자호란
　• 1637. 1　청태종에게 항복(삼전도 치욕)
　• 1640. 1　강석기, 영의정이 됨

- 1641.6 　정온 죽음
- 1641.7 　광해군 죽음
- 1642.　　서인 송시열, 남인 윤휴 당파싸움
- 1645.2 　소현세자, 선양 볼모에서 9년 만에 풀려남

◎ 소현세자(1612~45), 35세 졸

14세에 세자에 책봉되었고 16세에 강석기의 딸과 혼인, 청나라에 볼모로 9년간 있다가 풀려나 귀국 후 2개월 만에 죽음.

소현세자는 강빈과의 사이에 3남을 두었다. 장남 석철, 차남 석린은 어려서 병으로 죽었고, 삼남 석견만 살았다. 석견의 손자 밀풍군은 유일한 적통이다. 그래서 서자 출신 영조를 몰아내고 '탄'을 왕으로 추대하려는 '이인좌의 난'이 일어났다. 이 난이 실패로 끝나자 '탄'은 자살을 했다. (이인좌는 윤휴의 손녀 사위)

세자빈 강氏는 선양에서 9년간 볼모생활을 하면서도 이재에 밝아 쌀 오천 석을 모았다. 그러나 시아버지 인조는 후궁 조氏와 밀약하고 소현세자를 죽음에 이르게 했다. 세자빈은 소현세자가 죽은 후 이듬해(1646)에 사사되었고, 세 아들은 제주도로 유배되어 두 아들은 죽고 삼남 석견만 살아남았다.

인조는 친손자들이 줄줄이 죽어 나가자, 백성들의 비난이 두려워 그 책임을 손자들의 보모인 나인 옥진이에게 돌려 장살을 시켰으니 천인공노할 짓을 저지른 것이다.

조선 왕조 4대 의혹 독살사건은 문정왕후를 의심하게 된 인종의 '주다례사건', 광해군과 개똥이의 계략에 의한 선조의 '찹쌀떡 사건' 인조와 후궁 귀인 조氏의 계획적인 음모로 인한 '소현세자의 비극' 영조가 관련된 사건으로 '게장과 생감'이란 상극물질을 경종에게 권한 사건을 말한다.

1635년 당시 사림의 실력자인 송시열(1607~1689)은 윤휴(1617~80)와 속리산 복천암에서 주자학을 두고 대담을 한 후, 송시열은 "나의 30년 독서가 참으로 가소롭다"라고 윤휴를 칭송하였다.

남인의 거두 윤휴는 주자의 해석방법을 배격하고 중용, 대학 등의 경전을 독자적으로 해석하면서 주석을 수정하고, 나아가 "경전의 깊은 뜻을 어찌 주자만 알고 나는 모른단 말인가"면서 주자의 아성에 도전하는 듯한 말을 하자 서인의 거두 송시열로부터 사문난적斯文亂賊이라 비난을 받은 것이다.

송시열의 제자 윤증은 소론의 영수가 되어 오늘날 충남 논산에 있는 종학당에서 많은 후학을 길러냈다. 송시열은 노론의 영수가 되었다. 오늘날 웅진그룹 회장 윤석금, 한국 야쿠르트 창업자 윤덕병氏는 이 집안의 후손이다.

종 학 당

○ 종학당 : 노송 윤氏(논산), 파평 윤氏 내외처內外妻 3족의 자녀들을 합숙 교육하던 곳으로 1628년 윤순거(1596~1668)가 설립. 340여 년간 46인의 급제자 배출(문과)

○ 논산으로 입향조(파평(노성) 윤氏) : 1538년 논산 거부 류연의 사위가 된 윤돈이 세거하면서 형성

윤돈 → 윤창세 → 윤황(대사간)
(부인:성혼의 딸)
┌ 윤순거 : 큰 아버지 윤수에게 양자
├ 윤문거 → 윤단(송시열 사위), ※ 후손 윤석열 (20대 대통령)
│   배우자 김건희(선산 김氏)
└ 윤선거 → 윤증(소론의 영수, 백의정승)

후기(後期, 효종~정조)

◎ 제17대 효종(1619~59) 41세 졸, 인조의 차남

31세에 즉위하여 재위기간(1649.5~59.5)은 10년, 능호는 영릉이며 경기도 여주군 능서면 왕대리에 있다.

(정비 1명, 후궁 3, 적자녀 1남 6녀)

- 부 : 인조
- 모 : 인열왕후

◎ 정 비 : 인선왕후 장氏(1618~74), 57세 졸

덕수 장氏 '유'의 딸, 능호는 영릉으로 효종과 나란히 누워 있다.

- 외아들 이연(1641~74) : 현종
- 장녀 숙신공주(1634~45) : 조졸부卒
- 차녀 숙안공주(1636~97) : 홍중보의 아들 홍득기의 처
- 삼녀 숙명공주(1640~99) : 심지원의 아들 심익현의 처
- 사녀 숙휘공주(1642~96) : 정제현의 처
- 오녀 숙정공주(1646~68) : 정재륜의 처
- 육녀 숙경공주(1648~71) : 원만리의 아들 원몽린의 처,
  태종의 스승 원천석의 후손
- 양녀 의순공주(1635~62) : 종친 금림군 이개윤의 딸.

  ※ 본명은 이애숙. 청나라 순치제의 섭정왕이자 계부였던 도르곤과 정략결혼한 후 도르곤이 사망한 이후, 청나라 연경에 봉명사신으로 간 아버지 금림군이 순치제에게 요청하여 조선으로 귀국시켰다. 국가의 위급한 상황에 공녀貢女의 신분이 되어 자신을 희생하였지만, '환향년(화냥년)'이란 비난을 받은 기구한 삶을 산 의순공주의 일명 족두리 묘는 경기도 의정부시 금오동 산 45에 소재.

○ 후궁 3

   ㅇ 안빈 이氏 (1622~93)

     · 숙녕옹주(1649~88) : 박필성의 처

      ※ 박필성이 숙빈 최氏 신도비에 새길 글을 씀

   ㅇ 숙의 김氏, 소생 없음

   ㅇ 숙원 정氏, 소생 없음

[年 表]

  · 1649. 8   이경석을 영의정으로 제수
  · 1651. 1   <u>김육</u> 영의정이 됨
      ※ 청풍 김氏 김육의 큰아들은 김좌명, 차남 김우명은 명성왕후의 아버지
        (청풍부원군), 장손은 김석주

  · 1651. 12   인조 후궁 귀인 조氏 사사, 김자점 처형
  · 1653. 8   하멜 제주도에 표류
  · 1654. 4   제1차 '나선' 정벌(속오군)
  · 1656. 윤5   김집 죽음

      김장생 → 김반 → 김익겸 → 김만기 → 김진규 →

        → 김양택 → 김하재(역모사건)

      ※ 김만기의 동생 김만중은 유복자이다.
      ※ 양택의 맑은 물을 가재가 흐려놓다.
        (김하재가 정조의 실정과 사림을 장살할 것을 주청하다가
        역모로 몰려 주살당하고, 양택은 삭탈관직됨)

  · 1658. 6   제2차 '나선' 정벌
  · 1659. 5   효종 승하, 자의대비 복상문제 등장

◎ 제18대 현종(1641~74) 34세 졸, 효종의 외아들

19세에 즉위하며 재위기간(1659.5~74,8)은 15년 3개월.

능호는 숭릉崇陵으로 경기도 구리시 동구릉에 있다. 정비는 하나뿐이고 후궁이 없는 조선의 유일한 임금이다. 명성왕후의 불같은 성격 때문이었다.
- 부 : 효종
- 모 : 인선왕후

◎ 정 비 : 명성왕후 김氏(1642~84) : 42세 졸

청풍 김氏 '우명'의 딸, 능호는 숭릉

현종은 어질고 성품이 곧은 임금이었다. 즉위 원년부터 제1차 예송 논쟁에 시달림을 받았다. 서인이 주장한 기복년(1년)으로 결정되어 효종의 국장을 치르는 동안 계모 자의대비는 상복을 1년 입었다. 내용은 효종은 장자가 아닌 차남으로 인정하자는 서인의 손을 들어준 것이다.

- 외아들 이순 : 숙종
- 장녀 명선공주(1660~73) : 부졸, 괴질로 사망
- 차녀 명혜공주(1665~73) : 부졸, 괴질로 사망
- 삼녀 명안공주(1667~87) : 형조 판서 오두인의 아들 오태주의 처

○ 해주 오氏 안성시 양성면 덕봉리(덕봉서원) 입향조 오경운 (처. 풍산 심氏)
   해주 오氏 시조인 오인유의 12대 손인 오경운이 풍산 심氏와 결혼 후 부친인 오현경이 1525년 역모 사건에 연루되어 아들 오경운과 함께 귀양지에서 죽음을 맞이한다. 오경운의 처 풍산 심氏는 경남 함양군 안의면에서 시아버지와 남편의 시신을 수습하여 양성현 덕봉마을의 고성산에 모신다. 덕봉리에서 태어난 수천과 수억 형제가 해주 오氏 가문을 일으키는 기초가 되었으며, 풍산 심氏의 厚德으로 해주 오氏가 번성케 된 것이다.
- 오두인(1624~89) : 문과 장원
- 오사겸(좌찬성)→오상吳翔(이조판서)→오두인(공조판서)→오태주(현종딸 명안공주 남편) → 오원(양자) → 오재순
　　　　　　　　　　　　　숙부 오숙에게 양자　　　　　　　　　　　　　　　　　　　　　　　父子 대제학
   ※후손 : 오재영(1919~72) 3,4대 국회의원, 추풍회 결성 및 대선출마 (1963.10.15)
　　　　　　(1등 공화당 박정희, 2등 민정당 윤보선, 3등 추풍회 오재영)

[年表]

- 1660.3 　허목이 상소하여 자의대비의 복례를 3년설로 주장
- 1660. 4 　남인의 영수격인 윤선도 귀양
- 1660.5 　제1차 예송 논쟁
- 1662.4 　김수항 대제학이 됨
- 1662.6 　한낱 떠돌이 중이던 '주원장'이 세운 명나라 멸망
- 1674.7 　제2차 예송 논쟁

　효종의 후비 인선왕후의 승하로 자의대비 복상문제로 논쟁하게 된다. 남인의 '장자부기년설(1년)'과 서인의 '차자부대공설(9개월)'로 논쟁을 벌였으나 현종의 장인 김우명과 사촌처남 김석주가 서인 편에 있다가 돌연 남인을 편들고 나섰다. 속셈은 송시열을 제거하고 서인이 주도권을 잡기 위해서이다.

　그래서 남인의 주장대로 기년설이 우세하였다. 현종은 모후(인선왕후)의 장례를 3월에 치르고 동년 8월에 어머니의 뒤를 따라서 승하했다.

○ 윤선도(1587~1671) : 서울 종로구 연지동 출생, 조선 중기의 문신·시인. 치열한 당쟁으로 일생을 거의 벽지의 유배지에서 보냈으나, 경서에 해박하고 의약·복서·음양·지리에도 능통하였으며, 특히 시조에 뛰어나 정철의 가사와 더불어 조선시가에서 쌍벽을 이룸
- 윤두서(1668~1715) : 윤선도의 증손자, 해남 녹우당에서 출생, 정약용의 외증조부

　※ 윤선도 → 윤인미(아들) → 윤이석(손자) → 윤두서(증손자) ┬ 장남 윤덕희(화가)
　　　　　　　　　　　　　　　　　　　　　　　　　　　 └ 차남 윤덕열 → 딸(윤소온)
　　　　　　　　　　　　　　　　　　　　　　　　　　　　　　　　　(정약용 모친)

○ 3代 화가 집안
- 윤두서 → 윤덕희 → 윤 용
- 강세황 → 강 신 → 강이도
- 허 련(소치) → 허 형(미산) → 허 건(남농)
　※ 운림산방 : 조선말기 남종화의 대가인 소치 허련이 창작과 저술 활동을 하던 곳
- 오지호(1906~82, 동복 오氏, 동경대 미대 서양학과 졸업, 서양화가 선구자)
　→ 오승윤(1939~2006, 서양화가, 전남대 예술대학 창설) ┬ 오수경(오방정색의 대가)
　　　　　　　　　　　　　　　　　　　　　　　　　　 └ 오병재(　　"　　)

◎ 제19대 **숙종(1661~1720) 60세 졸, 현종의 외아들**

14세에 즉위하여 재위기간(1674.8~1720.6)은 45년10개월.
능호는 명릉明陵이며 서오릉에 있다.
(정비 3명, 후궁 6명, 적자녀 2녀, 서자녀 6남)
- 부 : 현종
- 모 : 명성왕후

◎ 원 비 : 인경왕후 김氏(1661~80) 20세 졸

광산 김氏 '만기'의 딸로 두 딸을 낳았으나 일찍 죽었으며 왕비 역시 천연두를 앓다가 세상을 떠났다. 능호는 익릉으로 서오릉에 있으며 단릉으로 되어 있으나 가장 아름다운 능으로 단장되었다.

◎ 제1계비 : 인현왕후 민氏(1667~1701) 35세 졸

여흥 민氏 '유증'의 딸, 소생 없음. 능호는 명릉
숙종 15년(1689) 폐위되었다가 1694년 복위

◎ 제2계비 : 인원왕후 김氏(1687~1757) 71세 졸

경주 김氏 '주신'의 딸, 소생 없음. 능호는 명릉, 훗날 인원왕후는
영조를 친자식처럼 돌봐줌.

○ 후궁 10

○ **희빈 장氏(1659~1701)** : 43세 졸, 장형의 딸, 묘는 서오릉 내에 있는 대빈묘이다.

숙종15년(1689) 왕비로 책봉, 1694년 빈으로 강등,
1701 무고의 옥으로 사사됨, 경종의 생모

- 장남 이윤 : 경종
- 차남 성수 : 조졸

○ **숙빈 최氏(1670~1718)** : 49세 졸, 최효원의 딸, 묘는 소녕원

- 장남 영수 조졸무쑤
- 차남 연잉군 : 영조
- 삼남은 조졸

○ **명빈 박氏(?~1719)**

- 연령군(1699~1719) : 5세에 모친을 잃음. 준수한 미남 인종이 부왕 중종에 효도하듯 숙종의 대소변을 받아냈던 효자. 후사를 잇지 못해 양자로 이어옴.

  ※ 연령군 → 낙현군 → 은신군 → 남연군(흥선대원군 父)
  (처 : 상산 김氏)

○ **영빈 김氏**: 김수증의 손녀이자 김창국의 딸, 영의정 김수항은 종조부

○ **소의 유氏** : 소생 없음

[年 表]

- 1678.1 　 상평통보 주조
- 1680. 　 경신환국(남인 출척, 서인 정권 장악)
- 1689.2 　 기사환국(서인 출석, 남인 정권 장악)
  송시열 사사, 김만중 '구운몽' 저술,
  인현왕후 민氏 폐위
- 1694.3 　 갑술환국(갑술옥사) 남인 소멸, 서인 장악
- 1701.10 　 장희빈 사사
- 1712.5 　 백두산 정계비 세움, 백두산 정계비를 세울 때 국경지역을 토문강으로 보면 간도는 우리 땅이고, 두만강 쪽으로 보면 중국 땅이다.

◎ 제20대 경종(1688-1724), 37세 졸, 숙종의 장남

33세에 즉위하여 재위기간(1720.6~24.8)은 4년 2개월. 능호는 의릉懿陵이며 서울 성북구 석관동에 있다.

(정비 2명, 적자녀 없음)
- 부 : 숙종
- 모 : 장희빈

◎ 원 비 : 단의왕후 심氏(1686~1718), 33세 졸

청송 심氏 '호'의 딸. 능호는 혜릉이며 동구릉에 있다.

◎ 계 비 : 선의왕후 어氏(1705~30), 26세 졸

함종 어氏 '유구'의 딸. 경종 31세, 어氏 14세 때 혼인. 능호는 의릉

세자가 14세 되던 해 생모 장 희빈은 사약을 받기 전에 아들의 하초下焦를 힘껏 잡아당겼다. 이때 세자는 세자빈 심氏와 가례를 올린 사이였다. 하초가 부실하게 되었으니 이 일을 어찌할꼬.

남인이던 장희빈에 대한 일을 서인이 집권하면서 과연 올바른 가치관을 가지고 실록에 기록했겠는가? 그래서 역사는 강자의 힘의 논리가 지배하게 된다.

조선왕조실록에 '가히 아름답다'라고 기록된 여인은 양녕대군의 첩 어리와 장희빈 밖에 없다.

◎ 제21대 영조(1694-1776), 83세 졸, 숙종의 차남

31세에 즉위하여 재위기간(1724.8~76.3)은 51년 7개월.
능호는 원릉元陵으로 경기도 구리시 동구릉에 있다.
(정비 2명, 적자녀 없음, 후궁 4명, 서자녀 2남 7녀)
- 부 : 숙종
- 모 : 숙빈 최氏

◎ 원 비 : 정성왕후 서氏(1693~1757), 65세 졸

달성 서氏 '종제'의 딸, 소생 없음, 능호는 홍릉으로 서오릉에 있다. 역대 왕비중 가장 오랫동안 33년간 재위하였으나 시집 온 첫날 영조로부터 소박을 맞은 가장 불행했던 여인

◎ 계 비 : 정순왕후 김氏(1745~1805), 61세 졸

경주 김氏 '한구'의 딸, 영조 66세, 김氏 15세 혼인.
능호는 원릉, 소생 없음.

김한구는 딸 정순왕후를 사주하여 사도세자의 10가지 비행을 나경언으로 하여금 영조에게 고변케 했다. 성질이 불같은 영조는 아들 사도세자를 창덕궁 후원 휘령원에서 뒤주 속에 8일 동안 가두어 놓고 굶어 죽게 하였다. 이것이 '임오화변(1762)'이다. 정순왕후는 세자를 동정하는 시파를 미워하고 세자의 치죄治罪를 주장한 벽파를 옹호했다.

○ 후궁 4

ㅇ 정빈 이氏(1694~1721), 이후철의 딸

- 1남 효장세자(1719~28) : 진종 추존
- 1녀 화순옹주(1720~58) : 영의정 김흥경의 아들
  김한신의 처, 김한신→김이주(양자)→김노경→김정희(추사)

  ※ 영조가 가장 사랑한 첫사랑이 정빈 이氏이고, 효장세자와 화순옹주를 가장 총애하였다.

○ 영빈 이氏(?~1758)

- 사도세자 : 장조 추존, 정조의 父
- 장녀 화평옹주(1727~48) : 박서정의 아들 박명원의 처
  ※ 조선 제일의 미녀로 추앙받음
- 차녀 화협옹주(1733~53) : 신만의 아들 신광수의 처
- 삼녀 화완옹주(1737-1808) : 이조 판서 정우량의 아들
  정치달의 처. 정후겸을 양자로 입적

○ 귀인 조氏

- 1녀 화유옹주(1741~74) : 호조 참판 황재의 아들 황인점의 처

○ 숙의 문氏 : 폐출

숙의 문氏는 사도세자를 증오하였으나, 영조의 총애를 한몸에 받았다. 훗날 정조는 숙의 문氏와 그의 오빠 문성국을 처형하였다. 숙의 문氏는 원래 효장세자 빈의 나인.
영조는 세자빈(며느리) 장례를 치루던 날 시중드는 그녀를 보고 한눈에 반해 버렸다. 어떻게 이럴 수가 있을까?

- 장녀 화령옹주(1754~72) : 영의정 심정지의 아들 심능건의 처
- 차녀 화길옹주 : 조졸

◎ **효장세자(추존 진종, 1719~28) 10세 졸, 영조의 장남**

세자 9세, 세자빈 13세 때 혼인, 세자빈(추존 효순왕후)은 풍양 조氏 조문명의 딸, 능호는 영릉(永陵)으로 파주시 봉일천에 쌍릉으로 되어 있다.

- 부 : 영조   • 모 : 정빈 이氏

  ※ 공순영릉 : 공릉(예종의 妃 장순왕후)
    순릉(성종 妃 공혜왕후)
    영릉(진종-효장세자와 妃 효순왕후)

◎ 사도세자(추존 장조, 1735~62) 28세 졸, 영조의 차남

능호는 융릉, 정비는 혜경궁 홍氏(헌경왕후, 1735-1815)
풍산 홍氏 봉한의 딸, 능호는 융릉
영조는 사도세자를 42세에 낳아 2세에 세자로 책봉했다.
- 부 : 영조   · 모 : 영빈 이氏

◎ 원 비 : 헌경왕후 홍氏(혜경궁 홍氏, 1735~1816), 81세 졸

사도세자의 세자빈으로 책봉되었으나 사도세자가 영조에 의해 죽은 이후 혜빈惠嬪이라는 빈호를 하사받고 사가에 머물렀다. 아들 정조가 영조의 명에 의해 사도세자가 아닌 효장세자의 양자로 입적되어 승통을 계승하였으므로 생전의 신분은 세자빈이었지만, 국왕의 생모로서 정조는 어머니 혜경궁을 자궁(慈宮)으로 칭하며 사실상 왕대비로 대우하였다.

- 장남 의소 세손(1750~52) : 조졸(무후), 유택은 의령원
- 차남 이산 : 정조 → 순조 → 익종(효명세자) → 헌종
- 장녀 청연공주(1754~1814) : 광산 김氏 김상익의 아들
　　　　　　　　　　　　　　　김기성 처
- 차녀 청선공주(1756~1802) : 정인환의 아들 정재화 처
　　　　　　　　　　　　　　　(연일 정氏 정철의 후손)

○ 후궁 2

o 숙빈 임氏

- 장남 은언군(1754~1801) → 전계대원군(광) → 철종
- 차남 은신군(1755~71) : 남연군을 양자로 삼음

[은언군]

- ㅇ 적실 : 진천 송씨(세례명 : 송 마리아)
  - • 상계군 담(1770~86) : 정조의 후궁 원빈 홍氏가 양모
    - 군부인 : 평산 신氏(세례명 : 신마리아)
  - • 풍계군 당(1773~1826) : 은전군 양자

- ㅇ 첩 : 전주 이氏 (이덕희의 딸)
  - • 전계군 광(1785~1841) : 전계대원군

[전계군 광]

- ㅇ 적실 : 전주 최氏
  - • 원경(회평군, 1827~1844) : 민진용 옥사로 사사
    - ※ 민진용 : 원경을 왕으로 추대하는 역모를 꾸미다가 능지처참을 당함

- ㅇ 첩 : 이氏
  - • 경응(영평군, 1828~1902)

- ㅇ 첩 : 용담 염氏

  - • 1남 원범(철종)
    - ※ 가짜 외삼촌 : 염종수(들통이 나서 효수되고 아들 염희영은 제주 관노가 됨)
      진짜 외삼촌 : 염보길(용담 염氏 동생)

철종의 생모인 용담 염氏는 외국사신들이 유숙하던 홍제원에서 떡을 만드는 일을 하다가 원범이 왕이 되자 염氏는 용성부대부인이 되었다.

철종이 어린 유배시절에 살던 곳이 강화읍 동문안 길에 있다. 1849년 봄에서 여름 사이에 밤만 되면 잠저에서 광기가 뻗쳐 보였는데 정원용 (영의정)이 원범(철종)을 모시러 온 하루 전날 광기가 비로소 사라졌다. 그래서 이곳을 용흥궁(용이 흥한다=왕이 출현한다)이라 한다.

※ 계실과 계모는 첩과 다르다. 전처가 죽고 없을 때는 계실, 계모이고, 전처가 살아 있을 때는 첩이라고 한다.

○ **경빈 박氏(빙애)** : 본래 숙종때 인원왕후의 침방 나인 출신.
　　사도세자의 의대증(옷을 입으면 견디지 못하는 병)으로 맞아 죽음.
　　이때 돌이 갓 지난 은전군을 연못에 던져 버렸으나 호위병에 의해
　　익사를 면함.

- 1남 은전군(1759~78) : 풍계군을 양자로 삼음
    ※ 정조에게 반감을 품은 정후겸, 홍계능 등의 노론 벽파들이 정조를 제거하고 은전군을
    　왕으로 추대하려다 실패하고 역모로 사사됨.

- 1녀 청근옹주(1758~1835) : 홍익돈의 처, 홀대받고 살았으나
　　　　　　　　　　　　　　　78세까지 장수

◎ **제22대 정조(1752~1800), 49세 졸, 사도세자의 차남**

　　25세에 즉위하여 재위기간(1776.3~1800.6)은 24년 3개월
　　능호는 건릉健陵이며 화성시 태안읍 안녕리에 있다
　　(정비 1, 적자녀 없음, 후궁 4)
- 부 : 사도세자
- 모 : 혜경궁 홍氏

◎ **정 비** : 효의왕후 김氏(1753~1821), 69세 졸
　　청풍 김氏 '시묵'의 딸. 소생 없음, 능호는 건릉

○ **후궁 4**
　○ **의빈 성氏(1752~86)**, 정조가 일평생 못 잊어 했던 여인이었다.
　　　※ MBC 드라마 '옷소매 붉은 끝동'의 주인공

- 1남 문효세자(1782-86) : 조졸부졸, 능호는 효창원

○ **수빈 박氏(1770~1822)** : 좌찬성 박준원의 딸, 정조의 꿈인 후사를 이루어준 후궁

- 1남 이공 : 순조
- 1녀 숙선옹주(1793~1836) : 영명위 홍현주의 처
  정조의 부마 홍해거(현주)의 부탁을 받고 초의선사가
  '동다송'을 1837년 지었다.
  ※ 숙선옹주 시조부 홍낙성(1718~98) 혜경궁 홍氏의 6촌 오빠
  오빠인 순조에게 무우로 김치를 담궈주었는데 깍두기의 효시가 됨

○ **원빈 홍氏(1766~78)** : 소생 없음, 홍국영의 누이
  ※ 13세에 입궁해 종기로 14세에 요절한 꽃처럼 피었다가 시들어버린 후궁

○ **화빈 윤氏** : 판관 남원 윤氏 창윤의 딸로, 정조의 사랑을 받지 못했다. 질투의 화신

- 1녀 : 조졸
  ※ 화빈 윤氏가 회임했다고 하여 산실청까지 마련해 주었으나, 상상임신으로 드러나자 성질이 거칠어져 정비인 효의 왕후와 정조가 총애한 의빈 성씨에게까지 불손한 태도를 보이고 정조에게 집착을 보임에 따라 사랑을 받지 못하였다.

정조는 서얼 출신의 인재를 등용하여 새로운 조선으로 개혁하고자 했으나 성공하지 못했다. 만약에 세종과 같은 정치 여건이었다면 정조는 훨씬 더 개혁 정치를 할 수 있었을 것이다. 그는 박지원의 제자 중 서얼 출신을 과감히 등용하였다. 박제가, 유형원, 유득공 등을 등용하고 당대의 천재 '이가환', 화해의 달인 '채제공'을 재상으로 두었다.

농업 중심의 실학자인 '유형원'은 '반계수록'을 통해서 농민에게 토지를 나눠 줄 것을 주장하였다. 상공업에 관한 실학자 박제가는 '북학의'를 통해서 중국의 새로운 기술과 문물을 받아들여야 한다고 주장하였고, 백성이 잘 살기 위해서는 화폐의 사용과 개혁이 필수적이라고 주장하였다. 그리고 유득공은 '발해고'를 통해서 발해의 역사를 우리의 역사라고 주장하기도 했다.

정조는 정비 효의왕후가 소생이 없고, 후궁 의빈 성氏 소생의 문효세자마저 일찍 죽자, 자식 복이 없는 자신을 한탄하였다. 그래서 후사 걱정이 은근히 마음을 짓누르고 있었고 조정 중신들까지 후사문제로 고뇌하고 있었다.

그러던 어느 날 정조의 고모부되는 박명원이 말을 꺼냈다. 박명원은 사도세자의 누님 화평옹주의 남편이었다. 은근히 마음속으로 박명원은 자신의 조카딸을 정조의 후궁으로 삼고 싶어 동생에게 넌지시 말을 건네자 펄펄 뛰면서 거절했다.

"임금의 후궁이란, 아들을 낳지 못하면 찬밥 신세가 되는데 딸
 아이를 그런 팔자로 만들기는 싫소이다."

실망을 한 '명원'은 장마철이라서 사랑채 툇마루에 걸터앉아 처마 밑에 떨어지는 낙숫물 소리에 시름을 달래고 있었다. 얼마 후 하인이 헐레벌떡 뛰어와서,

"대감마님, 여주에서 박 생원이라는 분이 찾아왔나이다."

"모셔라."

"형님, 오랜만입니다."

"동생, 한양에 어인 일인가?"

"말씀도 마십쇼. 이번 장마통에 집이고 전답이고 몽땅 다 휩쓸려
 버렸답니다. 그래서 입에 풀칠이라도 할까 하고 형님을 찾아왔습니다."

"큰일이구만. 지금 어디에서 묵고 있는가?"

"남대문 밖 저잣거리에서 묵고 있는데 과년한 딸아이가 걱정
 입니다."

"그렇겠구만."

박명원은 반색을 했다. 동생네 식솔들은 올망졸망 딸린 식구가 여남은 명이 되었다. 박명원은 동생의 과년한 딸을 보고 입이 딱 벌어졌다. 얼굴과 자태가 너무나 고왔다. 명원은 즉시 입궐하여 정조를 알현했다.

"전하, 규수를 보고 왔나이다."

"말썽 없는 집안이오?"

"집안이 천한 것이 흠이옵나이다."

"오히려 잘 된 일이오. 벌족하면 뭘 하오. 그리 하시오."

이렇게 해서 정조는 세 번째 부인으로 수빈 박氏를 맞이한 것이다. 순진무구한 시골 처녀 박氏는 운 좋게 왕자를 낳았으니 훗날 이 왕자가 순조대왕이 된다. 수빈 박氏는 반남(나주) 박 氏 '준원'의 딸이다. 일개 생원에서 딸 덕에 좌찬성이 되었다.

[年 表]

- 1776. 6.　규장각 설치
- 1784. 1.　이승훈 연경에서 천주교 세례
- 1784.6.　대전통편 편찬
- 1792. 10.　수원성 조성, 정약용 기중기 발명
- 1794, 12.　청나라에서 주문모 입국

정조시대에는 청나라에선 '백련교도의 난'이 일어났고, 일본에서는 서양 문물을 받아들이기 시작했으며, 프랑스는 나폴레옹시대를 맞았고, 미국은 독립을 쟁취했으며, 독일은 '괴테', '실러'와 같은 작가와 음악가 '베토벤'이 태어났다.

정조는 창경궁 영춘헌에서 승하했다. 법도에 없는 정순왕후가 유일하게 임종을 지키고 있었다. 정조가 승하하던 날 삼각산도 울었고, 양주와 장단에서는 '벼' 포기가 하얗게 말라 갔다.

'성군이 죽으니 산천이 노한 것이다.'

- 금난전권禁亂廛權 : 육의전, 시전市廛(시장 거리의 가게) 상인에게 특권을 주어 상권을 독점케 한 제도 (종로에만 있었음). 하지만 이로 인한 폐해가 심해 이의 해결책으로 채제공은 통공발매정책을 도입하여 1791년 신해통공으로 금난전권을 폐지하고, 1794년 갑인통공으로 보완해 비전非廛 상인에게도 상권을 허용함으로써 독점상권을 분산시킴
  ※ 육의전 : 비단(선전), 모시(저포전), 명주(면주전), 무명(면포전), 종이(지전), 생선(어물전)을 파는 상점
- 정조의 스승 3인방
  ※ 줄탁동시啐啄同時 병아리가 알에서 부화되기 위해서는 어미 닭이 밖에서 쪼고, 병아리가 안에서 쪼며 서로 도와야 일이 순조롭게 완성됨을 의미 (宋代의 벽암록碧巖錄에서 유래)
  ⇒ 제자가 잘 깨우치도록 도와주는 스승과 제자의 관계
  • 채제공 : 한성판윤, 영의정, 영조의 정신적 아버지
  • 김종수 : 대제학, 좌의정, 동덕회(세상을 바꾼 모임)의 멤버(서명선,홍국영,김종수)
  • 윤시동 : 대사성,우의정, 경서에 밝고 개성이 뚜렷하여 당론을 일삼기 때문에 파란만장한 생애를 살았다.(수차례 유배)
- 3대가 서자 출신
  · <u>은 언 군</u>   →   <u>전 계 군</u>   →   <u>철   종</u>
    (사도세자의 서자) (은언군의 서자) (전계군의 서자)

말기(末期, 순조~순종)

◎ **제23대 순조(1790~1834) 45세 졸, 정조의 차남**

12세에 즉위하여 재위기간(1800.7~34.11)은 34년 4개월.

능호는 인릉仁陵으로 서울시 서초구 내곡동에 있다.

(정비 1, 적자녀 2남 3녀, 후궁 1, 서자녀 1녀)
- 부 : 정조
- 모 : 수빈 박氏

◎ **정 비 : 순원왕후 김氏(1789~1857), 69세 졸**

안동 김氏 '조순'의 딸, 능호는 인릉

- 장남 효명세자 : 추존 익종, 헌종의 부
- 차남 조졸무卒
- 장녀 명온공주(1810~32) : 김한순의 아들 김현근의 처
- 차녀 복온공주(1818~32) : 김병주의 처
- 삼녀 덕온공주(1822~44) : 윤치승의 아들 윤의선의 처
  ※ 공주 작호를 받은 마지막 공주

○ **후궁 4**

  ㅇ **숙의 박氏**
  - 1녀 영온옹주(1817~29) : 13세 졸

◎ 효명세자(추존 익종, 1809~30), 22세 졸

1827년(순조 27년) 2월부터 순조의 명으로 대리청정을 시작. 순조와 신하들은 효명세자가 학문 진흥책을 비롯해 여러 당파를 중용하는 정국 운영으로 왕권을 강화하고, 국정을 쇄신하리라 기대하였지만, 대리청정 4년만인 1830(순조30년) 5월 6일 창덕궁 희정당에서 병으로 세상을 달리 하였다.

◎ 비 : 신정왕후 조氏(1808~90), 83세 졸

풍양 조氏 '만영'의 딸이자 대마도에서 고구마를 전래한 조엄의 증손녀이다. 능호는 수릉으로 익종(효명세자)와 동구릉에 합장했다.
　　　　※ 조엄 → 조진관 → 조만영 → 조대비(신정왕후)

- 1남 이환 : 현종

[年 表]

- 1801. 2　신유박해, 권철신, 이승훈, 정약종 사형
　　　　　　정약전은 흑산도로, 정약용은 강진으로 유배됨
- 1801. 9　황사영 백서사건
　　　　　　※ 황사영은 정약현의 사위로서 명주비단에 서양의 구원을 요청한 글을 썼다가 발각되었다. 이로 인하여 남인 시파는 멸하고, 노론 벽파가 정권을 장악했다.
- 1803. 4　　평양부, 함흥부 화재 발생
- 1804. 3　　갑자년 강원도 대화재 발생
- 1806.10　　이긍익 '연려실기술' 21권을 남기고 죽음
- 1811.12　　세도정권을 부정한 '홍경래의 난'
- 1815.12　　 혜경궁 홍氏 사망
- 1816.　　　김정희 북한산 순수비 해독(금석문화 효시)
- 1818. 8　　정약용 18년 유배생활에서 고향 양주로 돌아옴

정약용(1762-1836) : 75세 졸, 승지 홍화보의 딸과 결혼. 윤두서는 외증조부, 나주 정(丁)씨, 정조 13년(1789) 문과에 장원급제, 형 정약전은 흑산도 유배지에서 '자산어보'를 저술하고 병사, 작은형 정약종(아우구스티노)은 천주교 주요 교지를 만든 열렬한 천주교 신자로 박해를 받아 서소문 밖에서 순교했다.

다산 정약용은 강진 유배생활 중 44세 되던 해, 제자인 혜장스님(백련사 주지)을 통해 일지암에 있는 초의선사(24세)를 알게 된다. 다산의 작은 아들 학유는 동갑인 초의와 자연스럽게 친구가 되었고, 학유는 친구인 추사를 초의에게 소개했다. 그래서 세사 람은 친구가 되었다. (1786년 병오년생)

다산은 조선 후기 차 문화의 거장이 되고, 동다송東茶頌이 출현하며, 소치 허련은 스무 살 막내로서 찻물을 끓였다.

融 雪 煎 香 茗
융 설 전 향 명

눈을 녹여 차를 달인다.

정약용의 차남 '학유'는 '농가월령가'를 지었다.
다산의 가문은 천재적인 문재文才의 집안이다.

다산 정약용

○ 실학의 계보
　1. 반계 유형원(1622~1673) : 실학의 비조, 경세서인 반계수록 저술
　2. 성호 이익 (1681~1763) : 성호사설(백과사전) 저술　　※ 제자 : 안정복(동사강목)
　3. 다산 정약용(1762~1836) : 정전제井田制 - 토지 공개념의 효시

정약용 家系譜(압해, 나주) 丁氏
(일부 인물들만 발췌한 가계도임)

```
정재원(1730~92)    초배 : 의령 남씨    계배 : 해남 윤씨      서모 : 잠성 김씨
진주목사                                윤두서의 손녀         1754~1813, 통지중추부사
                                                            김의택의 서녀
```

- **정약현**(처.경주 이씨) — 이벽의 누이
  - 딸 : 정 * (명련, 난주)
    - 남편 황사영 * (백서사건)
    - 세살 아들을 제주도 유배길에 추자도에 버림(주민 오氏가 양육) 그 아들은 황경한이다

- **정약전** * — 흑산도 유배 (자산어보)
  - 초배 : 한산 이씨
    - 子 : 학초 (결혼후 졸) 다산이 총애한 조카

- **정약종** * — 천주교 골수
  - 초배 : 한산 이씨
  - 계배 : 유소사 * (세실리아)
    - 子 : 철상 *
    - 子 : 하상(바오로) * — 김대건 마카오 신학대 추천
    - 女 : 정혜 * (엘리사벳)

- **정약용** * (1762~1836) — 처.홍화보 딸 (풍산 홍씨)
  - 장남(학연)
  - 차남(학유) — 농가월령가
  - 딸(丁氏) — 남편:윤창모, 윤창모 부친은 정약용의 친구 윤서유(문과급제)
    - 방산 윤정기(1814~79) 다산의 외손자
  - 子 : 약횡 — 한의사, 남산골명의
  - 장녀 丁氏 — 채제공(좌의정)의 서자 채홍근의 처
  - 차녀 丁氏 — 나주목사 이인섭의 서자 이중식의 처

- 딸 : 나주 丁氏 — 정약용 누이 (남편 : 이승훈 *)

*표시 : 천주교 박해시 순교 및 유배

○ 다산 가문의 8代가 옥당(홍문관) 출신 (조선의 Elete 집안)

○ 다산이 1789년(28세에 문과 급제 후 정월 27일 희정당(창덕궁)에서 정조 알현 후 남긴 글
鈍拙難充使 公廉願效誠   공직자의 표상
둔하고 졸열해서 임무수행이 어렵겠지만 공정과 청렴으로 충성을 바치리라

※ 정해인(영화배우) : 다산의 9세손(부.정상진, 모.강유미)
영화 '도깨비' 촬영지 : 안성 석남사 (신라시대 담화가 창건)

○ 하피첩霞帔帖 : 1810년 유배생활 중 아내 홍혜완의 낡은 결혼예복 다홍치마에 그린 화첩 (6.25 전쟁 중 분실되었으나 폐지를 줍던 할머니의 수레에서 발견됨)

※ 황사영(알렉시오) 백서사건에 연루되어 정약용 가문은 멸문지화를 당한다.

※ 1784년 정약용의 큰 형수 친정동생 이벽을 통해서 천주교를 처음 접한다. 최초로 세례를 받은 다산의 매형 이승훈을 통해서 식구들이 세례를 받음

※ 신해박해(진산사건,1791):최초로 천주교를 탄압하기 시작 (윤지충, 권상연 순교)
○ 윤지충이 참수당할 때 피가 튄 돌을 주춧돌로 만들어 지은 성당이 전주 전동 성당이다.

경기도 광주의 마재성지

◎ 제24대 헌종(1827~49) 23세 졸, 익종의 외아들

8세에 즉위하여 재위기간(1834.11~49.6)은 14년 7개월.
능호는 경릉景陵으로 경기도 구리시 동구릉에 있다.
(정비 2, 소생 없음, 후궁 2, 서자녀 1녀)
- 조부 : 순조
- 부 : 익종(추존)
- 모 : 신정왕후 조氏

◎ 원 비 : 효현왕후 김氏(1828~43), 16세 졸

안동 김氏 '조근'의 딸. 소생 없음. 능호는 경릉

◎ 계 비 : 효정왕후 홍氏(1831-1904), 72세 졸

남양 홍氏 '재룡'의 딸. 소생 없음, 능호는 경릉

○ 후궁 4

o 경빈 김氏 : 헌종이 가장 사랑한 여인(낙선재를 지어 머물게 함)
- 1녀 : 早卒

o 궁인 김氏, 소생 없음

[年 表]

- 1839.7   기해박해
- 1842. 10.   김대건 신부 상하이에서 밀입국
- 1846. 7.   김대건 새남터에서 순교

이 당시 청나라는 영국과 아편 전쟁중이었고, 마르크스, 엥겔스의 사회주의 이론이 등장하였다.

기해사옥(1839)에 연루된 사람은 남자보다 여자가 많았다. 특히 권용좌의 딸, 권진이는 20세 규수로서 단정한 용모에 옥사 장(포도청 관리)이 보고 놀랐다. 우의정 이지연이 위관으로 앉아 진이에게 물었다.

"너는 서양 귀신을 믿느냐?"
"나리, 말씀 삼가소서. 저는 주님을 믿었지 서양 귀신을
 믿지 는 않았소."
"너희들은 우리의 미풍양속을 해치고 조상의 제사도 지내지
 않는 걸로 봐서 아마도 서양 귀신에 홀린 것이 아니고 무엇
 이냐?"
"주님의 복음은 우리나라를 금수의 나라로 만들지는 않습니다."

진이의 말에 이지연은 속으로 혀를 찼다.

"아까운 규수로고, 남자로 태어났으면 이 나라의 동량지재
 棟梁之材가 되었을 게야."

다음날 권진이는 '새남터'의 형장에서 사라졌다.

○ 천주교 주요 박해
- 신해 박해 (1791) : 윤지충(정약용의 6촌형), 권상연 순교
- 신유 박해 (1801) : 유배(정약전, 정약용), 순교(이가환(이승훈의 외삼촌), 이승훈)등
- 기해 박해 (1839) : 정하상 순교
- 병오 박해 (1846) : 새남터에서 김대건 신부 순교
- 병인 박해 (1866) : 8천명 이상 처형(절두산)

◎ 제25대 **철종(1831~64) 33세 졸, 전계군의 3남**

19세에 즉위하여 재위기간(1849~63.12)은 14년 6개월.
철종은 순원왕후의 전교로 왕이 되었다.
능호는 예릉睿陵으로 경기도 고양시 덕양구 서삼릉에 있다.
 (정비 1, 적자녀 1남, 후궁 7, 서자녀 4남 1녀)
- 부 : 전계군 광
- 모 : 염氏(용성부대부인)

◎ **정 비 : 철인왕후哲仁王后 김氏(1837~78), 42세 졸**
안동 김氏 '문근'의 딸(철종 21세, 김氏 15세에 혼인)

철인왕후는 탐욕스런 아버지와는 달리 말수가 적고 즐거울 때나 괴로울 때나 표정이 한결같아 왕비로서의 넉넉함이 있었다. 그의 친정은 순조, 헌종, 철종 3대에 걸쳐 60년간 세도정치를 한 셈이다. 정조가 세상을 떠나자 어린 순조를 수렴청정한 정순왕후를 김조순은 적극적으로 보좌했다. 그리하여 그의 딸을 순조의 후비로 맞이하는 데 성공했다.

1805년 정순왕후가 세상을 떠나자 김조순은 본격적인 척족 세도를 시작했다. 원래 세도世道란 조광조가 도학의 원리를 정치 사상으로 펼친다는 뜻인데 안동 김氏 세도勢道는 전횡으로 정치를 이끌어 가는 것이었다.

○ 삼정문란 : 전정, 군정, 환정이 장동 김氏의 60년 세도로 문란해짐
- 전정田政 : 토지에 부과한 세금, 없는 토지와 불모지에도 부과
- 군정軍政 : 징병면제로 걷는 세금, 황구첨정(어린이에게도 부과),
           백골징포(죽은 사람에게도 부과), 인징과 족징
- 환정還政 : 빈민 구휼정책, 그러나 빌려주는 원곡에 모래와 왕겨를 섞는 편법을 자행
           거둬들일 때는 높은 이자율을 적용하여 백성들을 착취

○ **후궁 7**

　ㅇ **귀인 박氏** : 1남(조졸)

　ㅇ **귀인 조氏** : 2남(조졸)

　ㅇ **숙의 방氏** : 1남(조졸)

　ㅇ **숙의 범氏**
　　· 1녀 영혜옹주(1859~72) : 박영효(1861~1939)와 결혼

　ㅇ **궁인 이氏** : 소생 없음

　ㅇ **궁인 김氏** : 소생 없음

　ㅇ **궁인 박氏** : 소생 없음

[年 表]

- 1852.1 　　김홍근 좌의정이 됨
- 1852.8 　　김정희 유배에서 풀림
- 1853.2 　　김좌근 영의정이 됨
- 1856. 10 　김정희 사망
- 1859.1 　　정원용 영의정이 됨
- 1861.4 　　김정호 대동여지도 제작
- 1862. 2 　　진주 민란(삼절 문란)
- 1863. 11 　김문근 사망(철종 장인)
- 1863. 12 　철종 승하
- 1863.12 　조대비 전교로 흥선대원군 아들이 왕이 됨(고종)
　　　　　　(친정 조카 조성하의 영향력이 컸다)

◎ 제26대 고종(1852-1919) 68세 졸, 이하응의 2남

12세에 즉위하여 재위기간(1863.12-1907.7)은 43년7개월
능호는 홍릉洪陵, 경기도 남양주시 금곡동에 있다.
(정비 1, 적자녀 1남, 후궁 6, 서자녀 5남 1녀)
- 부 : 이하응
- 모 : 민치구의 딸 여흥 민氏

※ 고종황제 : 1897년 이조판서 심순택의 주청을 받아 8월14일 광무라는 연호를 정했다. 그해 10월 2일 환구단(원구단)에서 황제 즉위식을 거행하고, 조선을 대한제국으로 개명하였다.
- ㅇ 환구단 : 황제가 하늘에 제사를 지내던 단壇 (조선호텔 內에 있다)

◎ 정 비 : 명성황후 민氏(1851~95), 45세 졸

여흥 민氏 '치록'의 딸, 고종 15세, 민氏 16세에 가례
능호는 홍릉
- 1남 이척 : 순종

○ 후궁 6

ㅇ 귀비 엄氏

- 영친왕(이은, 1897-1970)

엄 귀비는 영월 엄氏이며 명성황후의 시녀 엄상궁이었다. 을미사변(1895) 이후 고종은 러시아 공관으로 자리를 옮겼다. 이것을 '아관파천'이라 한다. 이때부터 엄 귀비는 중전 노릇을 하여 순헌 황귀비로 칭했다. 그리고 교육에 헌신하여 삼일당을 세웠다. (양정, 진명, 숙명) 교복에 백선 한 줄은 양정, 백선 두 줄은 진명, 백선 세 줄은 숙명이다.

순종이 후사가 없자 이은에게 왕위를 잇게 했다. 영친왕은 1907년에 황태자에 책봉되었으나 같은 해 12월 조선 총독 '이토 히로부미'에 의해 일본에 볼모로 잡혀갔다. 1920년 4월 28일 일본 황족 나시모토의 맏딸인 미사코(방자)와 정략 결혼하여 아들 형제를 두었다.
　장남 이진은 일찍 세상을 떠났고, 차남 이구는 박정희 대통령의 주선으로 고국에 돌아왔다. 능호는 영원(英園)이며 금곡동 홍유릉 안에 부인 방자 여사와 영면하고 있다. 2007년에 사망.

○ 귀인 이氏 (1849~1928)

- 장남　완화군(1868~80) : 고종의 서장자, 13세 졸
　　대원군의 총애를 받았고 세자로 책봉하려고 했다.
　　희빈 장氏, 숙빈 최氏를 꿈구었으나 결국엔 花無十
　　日紅의 삶을 살았다.

○ 귀인 장氏

- 1남　이강 : 의친왕(1877~1955), 79세 졸
　　순종의 이복동생이고, 영친왕의 이복형이다.
　　1893. 9. 김사준의 딸과 혼인
　　'비둘기처럼 다정한 집을 지어요'를 노래한 이석은
　　의친왕의 10남이다.

　　※ 이우(1912~45) : 의친왕의 차남으로 이준용의 양자.
　　　　　　　　　당대 최고의 미남, 일본 육사45기,
　　　　　　　　　히로시마 원폭으로 사망,
　　　　　　　　　운현궁의 상속자

○ 소의 이氏 : 소생 없음

○ 귀인 정氏, 소생 없음

○ **귀인 양氏 (1882~1929, 유방암으로 47세에 사망)**

- 1녀 덕혜옹주(1912. 5. 25~89. 4.21) : 고종의 외동딸
  ※ 대마도의 번주인 소 다케유키(宗武志) 백작과 1931. 5. 8일 결혼하여
  1932년 딸 마사에(正惠)를 낳음

유모 변복동 상궁이 누워서 덕혜옹주에게 젖을 물리고 있는데, 고종이 들어왔다. 유모가 일어나 예를 갖추려 하자, 고종은 덕혜옹주가 놀랄까 봐 유모를 일어나지 못하게 하였다. 이 때문에 '천하의 황제 폐하 앞에서도 누울 수 있는 사람은 변복동 상궁밖에 없다'라는 말이 나왔다.

환갑의 나이에 고명딸을 낳았으니, 그 사랑이 어떠했을까?

◎ **흥선대원군(1820~98), 79세 졸**

1881년 승지였던 안기영, 권정호 등이 '재선'을 세자로 추대하려다 발각되어 제주도로 유배되어 일당 모두가 사사됨.
대원군의 묘역은 남양주 진건면에 있다. 명성왕후의 아버지 민치록은 민승호를 양자로 들였는데 민승호는 민비의 오빠가 된다.

- 민승호의 생부 : 민치구(대원군 장인)
- 양부 : 민치록(명성왕후 친부)
- 양자 : 민영익(민태호閔台鎬 아들)

민승호는 1875. 1. 5일 신원미상의 승려가 전해준 상자를 방안에서 열다가 그 안에 들어있던 폭발물이 터져 10살된 아들과 양모 한산 이氏와 함께 폭사했다. 민승호는 온 몸이 시커멓게 타들어 가면서 말도 못하고 운현궁 쪽을 두세 번 가리켰다고 한다. 흥산대원군을 의심한듯… 아직도 미제 사건이다. 민치구는 민승호, 민겸호의 생부이다.

흥선대원군은 1882년 임오군란 배후세력으로 낙인되어 중국의 천진을 거쳐 하북성 보정시에 있는 '칭허따오쑤'(淸河道署)에서 4년간 유배생활을 한 뒤 귀국, 1898년 79세의 나이로 운명했다.

민태호閔台鎬는,
- 장남 민영익閔泳翊(1860~1914) : 민승호에 양자
- 양자 민영린閔泳璘(1873년~1932) : 생부 민술호閔述鎬
- 장녀 순명효황후 민氏(1872년~1904) : 순종의 황후

운현궁은 대원군 부인 민氏(1819-98) 소유였고, 큰아들 재면의 아들 '이준용'이 물려받았다가, 이준용의 계실 광산 김氏(1878~1955)가 소유하게 됨.

대원군의 증손 '이우'氏 부인 박찬주 氏가 마지막으로 살림을 맡았다. 일제가 운현궁을 몰수하고 해방이 되자 대원군의 현손 이청(1936~)은 대한민국 정부와 법정 소송 끝에 승소하여 소유권을 가지게 됨.

운현궁은 덕성여대, 전 TBC 방송국이 일부를 잠식하여 대원 군이 즐겨 사용하던 아재당(我在堂)이 없어졌고 사랑채인 노안 당, 안채인 이로당과 노락당이 남아 있으며 고종이 소년 시절에 자주 오르던 노송은 그대로 남아 있다.

김동인의 '운현궁의 봄'을 읽어 보시라.
1993년 83억 5,000만 원에 서울시가 매입하여 현재까지 관리하고 있다.

- 고종의 할머니 민氏 : 남연군의 처, 좌의정 민정중(민유중 형)의 5대손 민경혁의 딸
- 고종의 어머니 민氏 : 민치구의 딸
- 고종의 부인 민氏 : 민자영(명성황후), 민치록의 딸
- 고종의 며느리 민氏 : 순종비(순명효황후), 민태호(閔台鎬)의 딸

◎ 제27대 순종(1874~1926) 56세 졸, 고종의 차남

34세에 즉위하여 재위기간(1907.7~10.8)은 3년 1개월.
능호는 유릉裕陵이며 남양주 금곡동에 있다.
(정비 2, 적자녀 없음)
- 부 : 고종
- 모 : 명성황후

◎ 원 비 : 순명효황후 민氏(1872~1904), 33세 졸

여흥 민氏 '태호'의 딸, 11세때 세자빈으로 책봉.
1897년 황태자비로 책봉. 순종 즉위 전에 사망. 능호는 유릉

◎ 계 비 : 순정효황후 윤氏(1894-1966), 73세 졸

해평 윤氏 '택영'의 딸, 마지막 황후, 소생 없음, 능호는 유릉이고 여주군 점동면 사곡리에 해평 윤氏 종택이 있다.

순명효황후가 1904년 승하하자 1906년 12월 황태자비로 책봉(13세)되었다. 고종은 1907년 일제의 강요와 친일 세력의 모략으로 왕위를 순종에게 양위했다. 순종은 대한제국의 2대 황제로 등극하여 연호를 '광무'에서 '융희'로 개명했다. 거처를 덕수궁에서 창덕궁으로 옮기고 이복동생 영왕을 황태자로 책립하여 영친왕이라 불렀다.

1910년 일제에 의해 국권이 강탈되기 직전 순정효황후는 국새國璽를 자신의 치마속에 감추고 병풍 뒤에 숨어서 어전회의를 엿듣다가 백부 윤덕영에게 발견되어 옥새를 빼앗기고 말았다.

이것이 조선 왕조 최후의 순간이다.

'고종실록'과 '순종실록'은 일제에 의해서 기록된 것이다. 식민사관의 역사관에서 하루 빨리 벗어나야 한다.

  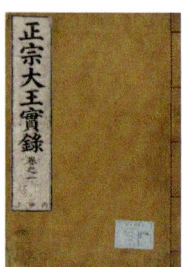

태조실록   세종실록   정조실록

구한말 남대문 시장

○ 연호 : 임금의 자리에 올라 통치하던 연도의 순서
  • 건양建陽 : 1896. 1. 1 ~ 1897. 8. 14 - 고종
  • 광무光武 : 대한제국, 1897. 8. 17 ~ 1907. 8. 11 - 고종황제로 개칭
  • 융희隆熙 : 1907. 8. 12 ~ 1910. 8. 29 - 순종황제

제5장 역사의 뒤안길

◎ 조선시대 임금의 성향

- 성군聖君
    - 세종 : 한글 창제로 문화창달
    - 정조 : 어려운 정치환경을 극복한 개혁군주

- 암군暗君(무능한 임금)
    - 정종 : 꼭두각시 임금
    - 중종 : 도덕군자 조광조 사사
    - 선조 : 임란때 백성을 버리고 의주로 도피
    - 인조 : 병자호란때 삼전도의 치욕
    - 현종 : 예송논쟁으로 허송 세월
    - 순조 : 하늘이 버린 임금 (수많은 질병과 자연재앙)
    - 철종 : 철없는 나무꾼 임금
    - 고종 : 국권을 상실한 우유부단한 임금

- 폭군暴君
    - 태종 : 지나친 정권욕으로 많은 사람 희생
    - 세조 : 장조카인 단종을 폐위시키고 정권을 찬탈
    - 연산군 : 흥청망청으로 국정 혼란 야기
    - 광해군 : 법모法母인 인목대비 폐위 및 이복동생
       (영창대군) 살해

- 준왕俊王
    - 문종 : 조선 최고의 조각 미남
    - 성종 : 카리스마가 넘치는 강인한 근육질의 상남자
    - 효명세자(추존 왕 익종) : 훤칠하고 잘 생긴 외모의 아이돌 왕세자

◎ 인재 등용의 산실 - 과거제도

1. 목적 : 세습귀족이 아닌 사족士族 지식인의 등용을 통해 호족세력을 약화시켜 왕권을 강화하기 위함
2. 효시 : 고려 광종때인 958년 중국 당나라 다음 왕조인 5대십국의 후주 사람 한림학사 '쌍기'가 고려로 귀화하면서 과거제도를 제안.
3. 응시자격 : 서얼(서자+얼자)이나 천민을 제외한 양인은 누구나 응시
4. 과거일자
    - 정시 : 3년(子,卯,午,酉)마다 시행하는 식년시
    - 별시 : 필요에 따라 시행하며 인원과 일자가 미정
        ○ 증광시 : 식년시와 유사
        ○ 알성시 : 임금이 문묘를 배향할 때
        ○ 정시庭試, 춘당대시春塘臺試...등

    ※ 알성시, 정시, 춘당대시는 시험 당일 합격자 발표
    특히, 알성시는 사발통문으로 급하게 시행되기 때문에 지방에 사는 유생들은 이를 접할 기회가 어려워 한양에 사는 유생들에게 절대적으로 유리하였다. 그리하여 예로부터 '사람은 나면 서울로 보내고 말은 나면 제주로 보내라.'라는 말이 생겨났다.

    - 과거에 급제했으나 관직을 못 받은 자를 대상으로 10년에 한번 시행하는 시험으로,
        ○ 발영시拔英試(세조12년, 1466년 시행, 단오절에 현직 중신 重臣과 문무관료에게 실시, 문과장원 김수온, 무과 1등 동래공)
        ○ 중시重試 : 당하관 이하의 승진시험으로 장원하면 4계급 특진, 그외 합격자는 1계급 특진.
        ○ 탁영시擢英試(중종 33년, 1538.9월 시행, 문과장원 나세찬, 무과 1등 전유담)
    - 최고의 경쟁률 : 1800년(정조24년)에 세자(순조) 책봉을 경축하기 위한 경시慶試에서 12명 모집에 215,417명이 응시(17,951대 1)
    - 평균 경쟁률 : 식년시(평균 2,000 : 1 수준)

○ 3대에 걸쳐 과거 급제자가 배출되지 않으면 사대부나 양반에서 배제되었기 때문에 5세부터 30대 중반까지 본인의 입신양명은 물론 가문의 명예를 위해 과거시험에 목숨을 걸고 임할 수밖에 없었다.

※ 영남의 유생들이 과거시험 응시를 위해 한양으로 향하면서 '추풍령은 추풍낙엽처럼 떨어 질 수 있다'고 해서, '죽령은 죽을 쑨다'고 해서 그 길을 피해 멀리 돌아 문경새재(조령)를 통해 과거길에 올랐다고 한다. 문경聞慶이란 지명은 '경사스런 소식을 듣는다'는 뜻이기도 해서 문경새재를 통해 상경했다고 하니 '과거 급제가 얼마나 간절했으면 이런 샤먼적인 것에 연연했을까'하는 연민이 느껴진다.

◎ 문과文科

○ 시험과목

- 소과小科 : 사마시(생원시, 진사시)

· 1차 초시(경전 해석), 2차 복시(詩作)

· 생원시 : 성균관 입학자격 (유생儒生)

· 진사시 : 영예로운 양반 지식인, 관직 진출 가능

※ 선발인원 : 1차 초시(700명)
　　　　　　2차 복시(사마시 : 200명) : 생원시 100명, 진사 100명

- 대과大科 : 과거시험의 진수는 문과

※ 선발인원 : 1차 초시(240명) → 2차 복시(33명) → 3차 전시(어전시, 책문)
　　　　　　　　　　　　　　　　　　　　　　　　순위를 결정(1~33 등)

※ 전시(어전시, 책문) 등급 순위

- 갑과(3명) : 1등(장원, 종6품), 2등(아원, 종7품), 3등(탐화랑, 종7품)
- 을과(7명) : 4~10등(정8품)
- 병과(23명) : 11~33등(정9품)

※ 시험 과목

- 1차(초시) : 시를 짓는다 (초, 중, 종)장
- 2차(복시) :　　　"　　　(초, 중, 종)장
- 3차(책문) : 논술 (시국현안에 대한 대책을 논한다)

사마시(초시, 복시)에 합격한 자로서 대과에서 1차(초시), 2차(복시), 3차(책문, 어전시御前試)를 치러야 했기 때문에 대과에 합격하기 위해서는 5차례의 관문을 통과해야만 했다.

◎ 무과武科 : 1차(경전), 2차(병법), 3차 실기(말타기, 활쏘기)
  ※ 초시(170명) → 복시(28명) → 순위 결정

◎ 잡과雜科 : 중인 선발
  - 역과(역관) : 통역, 번역, 외교, 통상
  - 의과(의관) : 한의사
  - 음양과 : 천문지리
  - 율과 : 오늘날의 법원 서기

  ※ 문과, 무과 급제자의 합격증서에는 어보(임금의 직인),
    잡과의 합격증서에는 예조판서의 직인을 찍음

[교육과정]
  o 서 당 : 사설 초등교육기관
  o 향 교 : 국립 중등교육기관, 전국에 300여개 운영
    ※ 향교는 일반적으로 전묘후학이나 나주향교는 공부하는 학동을
      우선하여 전학후묘前學後廟로 배치
  o 서 원 : 사립 교육기관, 소학~사서오경까지 one-stop 교육
          사액서원은 국가의 재정지원도 받음.
  o 성균관 : 한양에 있는 국립대학으로서 최종 교육기관

화제의 과거 급제자
  o 최연소 과거 급제자 : 이건창(1852~1898), 15세에 합격
  o 최연소 장원 급제자 : 박호(1567~1592), 17세에 합격
                    임진왜란시 상주전투에서 전사(25세)
  o 최고령 과거 급제자 : 정순교 (1890년 마지막 前 과거시험에 합격, 당시 85세)
    ※ 박문규(1805~88)는 1887년 83세로 합격, 그 이듬해 사망

과거에 급제하기 위해 온갖 부정과 비리가 횡행했다. 대쪽같은 선비인 표암(강세황)과 다산(정약용)은 과거 시험장을 난장판이라고 비판했으며, 특히 세도정치 시대(순조~철종)에는 과거시험이 신안동 김氏 세력에 의해서 매관매직으로 타락되어 유명무실한 제도가 되어 버렸다.

이러한 과거제도로 인해 여러차례 과거에 낙방한 홍경래가 매관매직으로 유명 무실해진 과거제도에 격분하고 있었던 차에 서북지역에 대한 차별로 야기된 지역감정 등이 복합적으로 작용하여 홍경래의 난(1811, 순조11년)이 일어났다.

마지막 과거시험은 1894. 5.15일 치러졌고, 시험문제(試題)는 대학에 있는 지어지선止於至善으로, 뜻은 '지극한 선에 머무는 법을 논하라'였다.

- 응시자 : 이승만과 김구는 낙방, 이상설은 병과 2등(전체 12등)

1894. 6.15 갑오개혁으로 과거시험이 폐지되었다.

오늘날의 사법, 행정, 기술고시는 난이도나 준비과정, 경쟁률에서 조선시대의 과거제도에 비할 바가 안 된다. 국가의 백년대계를 바로 세우려면 혈연, 지연, 학연과 같은 썩은 끈을 단호히 끊고, 오직 실력과 인성을 겸비한 진정한 인재를 가려내어 등용시켜야 할 것이다.

○ 3代 기영지가耆英之家 : 70세 이상 장수하고 문과급제한 자로서 정2품 이상
　　　　　　강백연(79세) → 강 현(84세) → 강세황(79세, 단원 김홍도의 스승)
　　　※ 耆老所(기로소) : 나이많은 문신을 예우하기 위해 국가가 설치한 곳
　　　　　　- 최고령 : 윤경(98세), 이구원(97세), 민형남(96세)
○ 조선시대 양반 순위
　1. 동방 18현　2. 종묘배향　3. 대제학,청백리　4. 정승, 호당(독서당)　5. 판서

○ 과거 급제자 지방별 순위   ※ 한양(서울) : 50.2%, 지방 : 49.8%

지역별	합격자수	지역별	합격자수
전남 장흥	204	개성	85
경북 안동	193	강원 원주	85
충북 충주	131	함흥	78
경북 상주	124	경기도 양주	77
충북 청주	104	전북 전주	76
평양	101	경기도 수원	76
전북 남원	100	충남 공주	71
경북 영천	93	전남 나주	67
경기도 광주	90	경북 성주	67

○ 한 가문에서 다섯 아들 등과 (과거급제) 一門五子登科

[고려시대]

父	子
성주 李氏 이장경 광산부원군	李(백년, 천년, 만년, 억년, 조년) 이조년(1269~1343) : 배향공신, 청백리. 문장가 　　　　　　　　　고려말 광평부원군 이인임의 조부

※ 多情歌 : 이화에 월백하고 은한이 삼경인제...

※ 投金灘 : 길에서 황금 덩어리를 주워 형제가 하나씩 나눠 가졌다. 그런데 동생 '조년'이 황금 하나를 강물에 던져 버리면서 하는 말이, '평소에 형(억년)을 독실하게 사랑했는데 황금을 나눠가진 뒤 갑자기 형님이 싫어졌어요.'
형이 곰곰히 생각하더니 '네 말이 참으로 옳다' 라고 한 뒤 자기도 황금덩어리를 강물에 던져 버려 형제의 우애를 돈독히 했다. 지금도 황금을 던져버린 곳이 서울시 강서구 가양동 구암공원 인근에 호수가 있다.

父	子
廣州 이氏 : 이집(李集, 1327~87). 호는 둔촌(遁村) ※ 서울특별시 강동구 둔촌동은 그의 호에서 유래	李 (인령, 원령, 희령, 자령, 천령)
단양 우씨 : 우현보(1333~1400) 　- 태종 이방원의 스승 　- 절친인 정몽주의 시신을 수습	禹 (홍수, 홍부, 홍강, 홍득, 홍명)

[조선시대]

	父	子
세종朝	廣州 李氏 이인손(우의정)	李 (극배, 극감, 극증, 극돈, 극균) 영의정 형조판서 병조판서 호조판서 좌의정
중종朝	함양 朴氏 증 병조판서 박눌 (청백리 김계행 사위)	朴 (종린, 거린, 형린, 홍린, 붕린)
선조朝	남원 尹氏 참봉 윤민신 (김포시 고촌읍 신동리 五龍골)	尹 (구, 서, 길, 철, 탁)
광해군朝	풍산 金氏 김대현 (산음(산청) 현감)	金 (봉조, 영조, 연조, 응조, 숭조)
인조朝	해주 鄭氏 해평군 정효준 (문종의 외손자 정미수의 후손) ※ 세 번이나 상처한 후, 단종이 꿈에 나타나 맺어준 인연으로 친구인 이진경의 딸과 혼인하여 다섯 아들을 둠	鄭 (식, 익, 절, 박, 적)

※ 1767년(영조 43년) 산음현에 사는 7세의 종단이라는 어린 소녀가 임신을 했는데 이를 음탕한 요괴의 짓이라 하여 산음이라는 지명에서 陰陰字 대신에 淸字 써서 산청으로 고쳐 부르게 했다.

ㅇ 한 가문에서 여섯 아들 과거 급제 一門六子登科

	父	子
세종朝	전의 李씨 이사관 한성부윤(서울부시장)	李 (의장, 예장, 지장, 성장, 효장, 서장) 　　武科　　　　　　文科
성종朝	순흥 安氏 안경 한성부윤(서울부시장)	安 (중후, 관후, 신후, 근후, 돈후, 인후) 　　　　　文科　　　　　　　武科
인조朝	원주 元氏 원해굉	元 (집, 식, 격, 적, 철, 절) 文科

o **3대가 장원급제한 가문**
  o 여흥 민氏 : 민광훈(알성시), 민정중(정시), 민진장(별시)
  o 경주 김氏 : 김천령(진사시, 식년시), 김만균(진사시, 별시), 김경원(별시)
  o 안동 권氏 : 권근(문과), 권제(문과), 권람(원래 장원은 영광 김氏
            (김의정)이었으나 寒微한 가문이어서 제외됨)
  ※ 임숙영(1576~1623, 풍천 任氏)은 광해군 책문에 '모든 책임은 왕(광해군) 당신에게
    있다'고 답함 (광해군이 대책문을 보고 크게 노하여 급제를 취소하였으나 시험관인
    심희수가 진언하여 합격시킴)

o **조선시대 최연소, 최장년 급제자**

- **최연소 급제자**

  이건창(1852~98) : 전주 이氏, 덕천군 이후생의 15대 후손.
1866년 15세에 별시 병과에 급제하였는데 너무 어린 나이에 급제한 탓에 조정에서는 그가 19세가 될 때까지 기다렸다가 최고 엘리트 코스인 홍문관 교리로 임명하였다.
  • 조선 후기 최고의 천재로 일컬어짐. 강화학파의 계승자.
  • 저서 : 당의통략 (당쟁의 원인과 전개과정을 공정한 입장에서 기술한 책)
  ※ 충청 우도 암행어사 시절(26세)에 탐관오리 충청감사 조병식의 비행을 척결하였다.

  한말의 대문장가이며 대시인인 김택영이 우리나라 역대의 문장가를 추숭할 때에 아홉 사람을 선정하였는데 최후의 사람으로 이건창을 꼽은 것을 보면 대문장가의 한 사람이라고 해도 과언이 아니다.

- **인간 승리의 표본이 된 최고령 급제자**

  박문규(1805~88) : 전북 순창 출생. 야채 장사로 많은 재산을 모았으나 방탕한 생활로 가산을 모두 탕진하고, 40세부터 면학에 뜻을 두고 시문詩文 수만 편을 외웠다.
  1887년 83세에 별시 병과에 급제하여 조선 최고령 과거 급제자가 되어 고종의 특명으로 보통 20년 이상 걸리는 병조참지, 병조참의를 거쳐, 이듬해인 1888년 가선대부 행용 양위호군에 올랐으나 천명은 어쩔 수 없어 그 해에 고령으로 사망하였다.

40세 이후 급제할 때까지 40여년간 얼마나 많은 도전과 실패를 경험하였을까? 보통 사람으로서는 상상을 초월하는 나이에도 결국에 자기도전에 성공하여 인간승리의 드라마를 연출했으니 실로 놀라운 일이 아닐 수 없다. 요즘같은 백세 시대에 무슨 일이든 포기하지 말고 자신의 꿈을 실현시켜 나가는 노익장을 과시해 보면 어떨까. 만학도들이여 용기를 내시라!!

○ 조선 왕실의 과거 급제자
  - 대군 : 정안대군(태종)
  - 부마 : 세조의 딸 의숙공주의 남편 정현조

단원 김홍도의 삼일유가도三日遊街圖
과거에 급제한 선비는 왕이 하사한 어사화를 관모에 꽂고, 악사와 광대, 재인을 앞세워 거리를 행진하였는데, 이를 삼일유가라 하며, 사흘 동안 시험관, 선배, 급제자, 친척 등을 방문하는 것이 관례였다.

마 패
관리들이 지방출장시 말을 제공받을 수 있는 증표로서 상서원에서 발행하였다. 마패에 새겨진 말의 숫자에 따라 말을 제공받을 수 있고 품계가 높을수록 말의 숫자가 많았다. 암행어사의 인장으로도 사용되었다

○ 250여 년간 면면히 이어온 강화학파
- 양명학은 '지행합일知行合一'의 학풍을 세웠다.
- 하곡 정제두(1649~1736) : 강화학파(양명학)의 거두, 88세 졸, 영일 정氏 정몽주 11代 손
- 원교 이광사(1705~77), 이건창(1852~98) : 덕천군 이후생 후손
  ※ 이광사 현판 : 해남 대흥사(대웅보전), 지리사 천은사, 강진 백련사(만경루)

○ 성씨별 과거 급제자 현황

( )는 해당 문중의 집계

순위	성 씨 별	문과 급제자	상신相臣	대제학	순위	성 씨 별	문과 급제자	상신相臣	대제학
1	전주 이氏	766(873)	22	7	22	연안 김氏	160(163)	6	1
2	안동 권氏	357	8	-	23	의령 남氏	140	6	6
3	파평 윤氏	332	11	-	24	풍천 임氏	138	6	6
4	남양 홍氏	318	12	2	25	문화 류氏	131	8	1
5	안동 김氏	309	19	6	26	창녕 성氏	126(134)	5	2
6	청주 한氏	270(315)	12	1	27	달성 서氏	123(130)	9	6
7	밀양 박氏	250(261)	1	2	28	김해 김氏	121	7	5
8	광산 김氏	248(269)	5	7	29	풍산 홍氏	120	5	3
9	연안 이氏	236(250)	8	7	30	순흥 안氏	119	2	3
10	진주 강氏	232	5	2	31	해평 윤氏	109	6	1
11	여흥 민氏	221(225)	12	-	32	연일 정氏	107(119)	5	3
12	경주 김氏	200	6	2	33	전주 최氏	103	5	3
13	동래 정氏	190(198)	16	2	34	성주 이氏	100(107)	3	1
14	한산 이氏	186(195)	4	2	35	청풍 김氏	100	8	-
15	청송 심氏	186	13	2	36	덕수 이氏	99(105)	7	3
16	廣州 이氏	181(188)	5	2	37	전주 유氏	96	2	-
17	풍양 조氏	181	7	4	38	강릉 김氏	96	-	-
18	반남 박氏	176(215)	7	5	39	여주 이氏	94(109)	-	-
19	경주 이氏	174(178)	8	3	40	양주 조氏	93	8	-
20	평산 신氏	173	7	2	41	의성 김氏	91	-	-
21	전의 이氏	173(178)	5	1	42	한양 조氏	89	1	2

※ 위 통계 수치는 집계 기준에 따라 차이가 있을 수 있음.
1. 정통 대제학은 양관(홍문관, 예문관)에서 공히 인정받는 경우이다. 그러나 가문의 영예를 높이기 위해 양관이 아닌 한 쪽의 지지만 받아도 대제학이라 칭하기도 함.
2. 부문별 최다 배출 성씨 (왕족인 전주 이氏 제외)
   - 인구수 대비 문과 급제자 순위 : 1.연안 이氏 2.풍산 홍氏 3.전의 이氏 4.여흥 민氏
   - 상신(정승) : 안동 김氏 19명
   - 양관에서 추천을 받은 대제학은 광산 김氏 7명이 유일하다.

◎ 조선시대 형벌제도

조선시대의 형벌제도는 유교적 윤리와 법치주의 원리에 기반한 체계적이고도 엄격한 형벌 제도였다. 조선은 경국대전經國大典과 대명률大明律을 근거로 형벌을 시행했으며, 형벌의 목적은 단지 처벌이 아닌 사회질서 유지와 교화에 있었다.

ㅇ 조선시대의 주요 형벌 종류 : 오형五刑
조선은 오형五刑이라는 5가지 기본 형벌 체계를 운영했다.

형벌명	내용	대상
태형笞刑	회초리로 때리는 형벌 (10~50대)	가벼운 범죄자
장형杖刑	곤장으로 엉덩이를 때리는 형벌(100대 이내)	태형보다 무겁고 감금않음
도형徒刑	장형을 받고, 1~3년간 감옥살이	죄질이 장형보다 무거운 경우
유형流刑	중앙에서 먼 지방으로 유배를 보내는 형벌	정치범이나, 신분이 높은 사람
	※ 반드시 곤장을 맞은 다음 죄의 경중에 따라 2천리, 2.5천리, 3천리 등 3등급으로 구분 (위리안치 : 죄인의 집 둘레에 가시 울타리를 쳐서 달아나지 못하게 함)	
사형死刑	사망에 이르게 하는 형벌 (참수 또는 교수)	반역죄, 살인 등 중죄

ㅇ 그 외의 형벌

- 거열형車裂刑 : 사지를 우마에 묶어 찢어 죽이는 극형
 (고려 말~조선 초 등장, 드물게 시행)

- 능지처참凌遲處斬 : 사형 중 가장 극악한 형벌로, 살을 조금씩 베어 죽이는 형벌 (주로 대역죄)

- 참형斬刑 : 칼로 목을 베는 형벌 (사형 중 일반적 방식)

- 부관참시형剖棺斬屍刑 : 이미 죽은 사람을 다시 벌하는 형벌로, 윤리적·정치적 상징성이 강한 형벌

- 교형絞刑 : 목을 졸라 죽이는 형벌 (사형 중 하나)

- 형틀형 : 곤장형 외에 형틀에 가두는 방식 (상징적 수치형)

- 삼형제三刑制 : 관비, 군역, 노비로의 전환 등 형벌과 연동된 신분형

거열형

○ 형벌의 집행 절차

- 형조 : 조선시대 형벌과 재판을 담당한 중앙 관청
- 사헌부, 사간원, 홍문관 : 감찰 기능, 부당한 형벌을 시정하거나 중재
- 의금부 : 왕이 직접 관여하는 중대사건의 수사 및 형 집행
- 전옥서 : 죄수를 관리하던 감옥 관리 기관

○ 조선시대 형벌의 특징

- 신분에 따른 차등 적용
- 양반은 곤장 대신 유배, 관직 박탈
- 상민이나 노비는 태형, 장형 등 신체형 우선
- 여성은 일반적으로 유배나 교수형, 때로는 국문하지 않음
- 가혹한 고문 사용
- 국문鞠問 : 고문을 동반한 신문
- 형문刑問 : 형벌을 겸한 심문 방식
- 가족 연좌제 : 반역죄 등에는 삼족三族을 멸하는 연좌제 적용
- 처자식이나 친척도 형벌을 받는 경우 많음

○ 의례와 절차 중시

- 형벌 전에는 의례적 조사와 문서 절차를 철저히 밟음

  ※ 정조는 사형수의 결옥안決獄案(판결문)을 밤을 세워가며 10번 이상 읽어 억울하게 죽는 백성이 없도록 힘썼다. 그리고 '대전통편'을 편찬하여 법치의 기반을 다졌다.

- 신문 과정, 자백 여부, 증인 확보 등이 중요시됨

○ 특이한 집행사례

- 원주 출신 김금원(1817~53) : 조선 최초의 여류여행가. 여자가 산천에서 놀이를 즐기면 곤장 100대
- 장기 유배자 : 조정철 (29년), 이광사(23년), 노수신(23년), 정약용(18년 5개월)

◎ 舊 안동 김氏와 新 안동 김氏

ㅇ 묵둔재 김계권(1410~58) : 신 안동 김氏(장동 김氏)

큰 아들(김영형)은 황학산 학조 대사(세조), 둘째 아들(김영전)은 사헌부 감찰, 세째 아들(김영균) 진사 , 네째 아들(김영추)은 합천군수 , 오남(김영수)은 영천군수

※ 김영수 → 김번(증 이조판서) → 김생해(신천군수) ┌ 김극효(생부.진사)
　　　　　　　　　　　　　　　　　　　　　　　└ 김대효(양부) →

→ 김상헌(좌의정) → 김광찬 ┌ 김수증(영빈 김氏 조부)
　　　　　　　　　생부 : 김상관 ├ 김수홍 : 영의정
　　　　　　　　　양부 : 김상헌 └ 김수항 : 영의정 → 여섯 아들(6창)
　　　　　　　　　　　　　　　　　(창집, 창협, 창흡, 창업, 창즙, 창립)
　　　　　　　　　　　　　　　　　영의정　대제학

※ 조선의 8대 명당 - 김번 묘

남양주군 와부읍 덕소리 석실 마을에 있는 김번의 묘로 옥호저수형玉壺貯水形이다. 원래는 김번의 처 남양 홍氏 집안의 방앗간 터였으나, 학조 대사가 김번의 묘터로 추천하였다. 이 묘터로 발복하여 후대에 기라성같은 인물들이 많이 배출된 장동 김氏 집안이다.

ㅇ 보백당 김계행 (1431~1517) : 김계권의 동생, 구 안동 김氏

17세에 식년시 2등(진사)에 합격하였으며, 1480년에는 식년시 병과에 급제하여 사헌부 감찰, 홍문관 부수찬, 대사간, 성균관 대사성에 제수되었다. 성균관 입학시부터 김종직과 교유하였고, 성균관 교수로 재직시에는 조카인 학조대사가 숙부에게,

"제가 상부(세조)께 부탁하여 승차하도록 해드리겠습니다."

"내가 관직에 승차한들 무슨 낯으로 세상 사람들을 볼 것이며, 조상님들을 대할 것이냐? 그런 생각은 하지도 마라"고 하며 학조대사를 꾸짖었다.

세조의 계유정란에 실망하여 장인(남상치 : 의령 남氏,사헌부 장령)과 함께 처갓집인 안동으로 낙향해 집 옆에 서재를 짓고 '보백당寶白堂'이라는 편액을 걸었다.

'보백당'의 뜻은 "우리 집에는 아무런 보배가 없으니, 오직 청백의 마음가짐만이 보배일 뿐이다. (吾家無寶物, 寶物惟淸白)"

특히 71세인 1501년에 송암폭포 위에 만휴정을 짓고 말년을 자연과 함께 했다.

◎ 步藏之와 坐藏之

기생방 출입이나 하고 천하 난봉꾼으로 장안에 소문이 난 이항복이 어머니 전주 최氏의 꾸짖음으로 마음을 바로잡고 이율곡 문하에 찾아가서 율곡과의 첫 대면 얘기인즉,

"소생, 이항복이라 하옵니다. 비록 지난 날 학문을 외면하고 못된 일만 일삼다가 비로소 잘못을 뉘우치고 이제라도 고명하신 선생님 밑에서 학문에 전념하고자 하옵니다. 부디 저를 너그럽게 받아 주신다면 소생 열심히 공부하여 그 은혜에 보답하겠나이다."

"이항복이라 했는가?"

"예"

"자네 이름은 익히 들어 알고 있네. 난봉 부리기로 유명하다고 들었네."

"송구하옵니다"

"난, 그저 자네보다 나이가 많을 뿐 학덕이 깊지 않고 아는 것도 많지 않네. 허나 자네가 묻는 것이 있으면 성심성의 껏 답해 줄 터이니 어려워 하지 말고 친숙하게 대하게."

율곡 선생님이 한양 사람이라면 모르는 이가 없는 천하의 난봉군 이항복을 받아들이자 그 자리에 있던 사람들은 크게 놀라며 한 마디씩 하느라 좌중은 크게 웅성거렸다.

그러자 이항복은 주위를 한번 둘러 보고는 율곡에게,

"처음 뵙는 자리에서 무례하다고 생각하시겠지만, 소생이 여태껏 풀지 못 하고 품어 온 의문이 하나 있습니다."

"어서 말해보게. 내가 아는 데까지 대답해주겠네."

"이제껏 제가 기방을 드나 들면서 늘 품어 온 의문이 있습니다. 사람의 생식기를 일러 남자 아이의 그것은 자지라 하다가 어른이 되면 남자의 그것을 무엇이라고 부르는지 참으로 궁금합니다."

"하,하,하! 아니, 자넨 아직까지 그것도 모르면서 기방을 드나들었단 말인가? 우선 여자의 그것은 걸어 다녀야 감춰 진다고 해서 보장지步藏之라 하고, 남자의 그것은 앉아 있을 때 감춰 진다고 해서 좌장지坐藏之라고 하는 걸세. 그리고 남자의 그것은 가지를 치는 것이라 하여 아들 子, 가지 枝를 써서 '자ㅇ'라고 하고, 여자의 그것은 자식을 담아 기르는 보배스런 것이라 하여 보배 寶자와 못 池를 써서 '보ㅇ'라고 하는 것이라네"

"한 번도 들어보지 못한 가르침에 감읍할 따름입니다"

이항복은 율곡의 기상천외한 우문현답에 탄복을 금치 못하였다.

○ **구도장원공九度壯元公** : 아홉 번(九度) 장원급제한 율곡을 일컫는 말
    - 소과 : 초시, 복시(詩作), 진사시 (3회) / 복시(經典), 생원시 (2회)
    - 한성시 : 1회   - 대과(문과) : 초시, 복시, 어전시 (3회)

◎ 율곡 이이와 해주 기생 '유지'의 사랑 이야기

율곡 이이

선조가 이율곡의 학식과 덕망을 높게 사서 여러 번 관직을 제수하였지만 율곡은 병으로 인해 몸이 약해져 사양하였다. 그러자 조정에서는 율곡이 요양을 위해 황해도 해주에 있는 처가나 황주의 누이 집에 자주 간다는 것을 알고 황해도 관찰사를 제수하며 요양을 하라고 권했다.

율곡은 이를 받아 들이고 1574년 황해도 관찰사로 부임하였다. 이때 제자나 다름없는 이원익과 함께 부임하였다. 저녁이 되어 어린 기생과 함께 주안상이 들어왔다. 그녀는 '유지'라는 기생이었는데 나이가 12살에 불과했다. 그때 율곡의 나이가 39세였으니 딸 정도밖에 안 되는 어린 기생이 들어와 율곡을 모시고자 하였으나, 유지가 너무 어려 술시중만 들게 하고 기생이 된 연유를 물어보니,

"소녀의 부친은 선비였고, 모친은 양가집 여인이었는데
　어려서 부모님을 모두 잃고 기적에 오르게 되었습니다."

---

o 이원익(1547~1634) : 150cm 단신, 임진왜란시 함경도,평안도 4도체찰사(전란시 계엄사령관),
　　　　　　　　　　우, 좌, 영의정 및 청백리
　율곡 이이와 함께 1574년 황해도 도사로 부임하여 10년 이상 걸리는 병적업무를 3년만에 완료하고, 죄없는 자가
　처벌을 받거나 죄있는 자가 처벌을 받지 않는 것을 용납하지 않아 신명(神明)이라 불리운 행정의 달인이었다.
　선조, 광해군, 인조 3대에 걸쳐 영의정을 다섯 번이나 역임하였다. 특히 다른 세력에 의해 왕위에 오른 광해군과
　인조때에 첫 영의정이 되었다. 대동법 실시에 크게 기여하였다.
　※ 대동법 : 지방 특산품이 아닌 쌀로만 세금을 내도록 하는 법이며, 산혜청에서 관리하였고, 경기도에서 처음으로
　　　　　　시범 실시하였다. 이원익은 공납 폐단을 제거하고 부역을 고르게 하기 위해 국민의 세금부담을 덜어주었다.
　　　　　　군사제도를 개혁한 인물이기도 하다.
　※ 이원익의 신념과 죄우명 : '뜻과 행동은 나보다 나은 사람과 비교하고, 분수와 복은 나보다 못한 사람과 비교하라.'
o 파주 3현 : 율곡 이이, 우계 성혼, 구봉 송익필

유지의 이야기를 듣고 안타깝게 여긴 율곡은 임기가 끝날 때까지 유지를 딸처럼 아껴 주었다. 관찰사 임기가 끝난 율곡은 서울로 돌아갔지만 유지는 율곡에 대한 그리운 마음을 접을 수가 없었다. 그녀는 '언젠가는 다시 모시겠지'하는 마음으로 기생으로서는 감내하기 어려운 수절까지 하며 율곡을 기다렸다.

세월이 흘러 9년이 지났을 무렵 율곡은 명나라 사신 황홍헌을 맞이하기 위해 평양으로 가는 길에 해주 관아에 들러 하룻밤을 지내는데 어떻게 알았는지 율곡의 침소로 유지가 찾아왔다. 헤어져 있는 사이에 유지는 21살이 되어 만개한 꽃처럼 아름다웠다. 유지는 오랜 세월 동안 사모하며 기다려왔던 율곡을 그 날 밤 모시려 하였으나 율곡은 이를 받아들이지 않았다. 유지는 그리운 님과 또 기약없이 헤어지게 되었다.

이듬해 율곡은 황주에 있는 누님 집을 가려다 해주에 들려 유지를 다시 만나 술을 나누며 시간을 보내고 나서 황주로 갔다가 돌아오는 길에 해주 근처에 있는 절에서 하룻밤을 머물게 되었는데 유지가 또 다시 침소로 찾아왔다.

율곡도 사내인지라 유지의 청을 받아줄 수도 있었지만, 유학자로서 높은 도덕성과 의**義**를 겸비한 율곡은 늙고 병이 들었다는 이유를 들어 유지의 청을 받아들이지 않았다. 율곡은 둘 사이에 병풍을 치고 유지와 하룻밤을 보냈는데 유지의 애끓는 마음에 혹여 상처가 될까 봐 위로의 시를 써 주었다. 그 시의 한 대목이다.

"**閉門兮傷仁 同寢兮害義**"
폐 문 혜 상 인 동 침 혜 해 의

"문을 닫자 하니 인정을 상할 것이요,
같이 자자하니 의리를 해칠 것이다"

1년이 지난 1584년 율곡이 세상을 떠나자 유지는 한양으로 올라가 곡을 하고 삼년상을 치른 후, 출가하여 여승이 되었다. 율곡과 함께 절에서 하룻밤을 보내면서도 몸은 비록 하나가 되지 못 하였지만, 출가하여 마음으로나마 하나가 되었다.

이는 지고지순한 사랑의 표본이 아니겠는가

〈서산대사 연정시〉

夜深君不來 밤이 깊었는데 님은 오지 않고
야 심 군 불 래

鳥宿千山靜 새들이 잠들어 온 산이 고요하네
조 숙 천 산 정

松月照花林 소나무 사이로 맑은 달이 꽃숲을 비추니
송 월 조 화 림

滿身紅綠影 온 몸이 붉고 푸른색으로 얼룩지네.
만 신 홍 록 연

〈이옥봉 여류시인〉 양녕대군 고손자 옥천군수 이봉의 서녀, 조원의 소실

규정閨情 : 님을 그리워하는 여인의 마음.

有約來何晚 돌아온다 약속하시고, 어찌 늦으신가요?
유 약 래 하 만

庭梅欲謝時 뜰에 핀 매화가 시들려고 해요.
정 매 욕 사 시

忽聞枝上鵲 갑자기 들리는 나뭇가지 위의 까치소리에
홀 문 지 상 작

虛畵鏡中眉 부질없이 거울보며 눈썹 그려요.
허 화 경 중 미

◎ 논공행상論功行賞

○ 율곡은 論功行賞에 있어서 功이 있는자가 功의 댓가를 받지 못하면 功이 없는자가 댓가를 얻게된다고 말했다.

  ※ 인조반정 후 논공행상에 대한 불만으로 이괄이 난을 일으켜 조선 최초로 한양을 점령하고, 선조의 아들 흥안군을 왕으로 추대하였으나, 갈마재 전투에서 패한 후 반란은 실패로 끝났다.

○ 율곡 이이와 다산 정약용의 논공행상에 대한 공통점
  - 인재 등용에 있어서는 편견이나 선입견이 있어서는 안된다.
    (應無所住 而生其心)
  - 容儀端正
  - 말은 진실되고 신의가 있어야 한다.
  - 疑人不用 用人不疑   의심 가는 사람은 등용하지 말고, 등용한 사람은 의심하지 말라

※ 정약용의 사의재四宜齋 - 정약용의 첫 체류지(전남 강진군 강진읍 동성리)
황사영의 백서사건으로 탄핵된 다산이 형 정약전과 함께 전라도로 유배되었다. 1801(신유년) 11.22일 나주 율정에서 흑산도로 향하는 형과 헤어져 다음날 강진에 도착하였으나, 유배온 사람이라 반겨주는 이가 없어 거처를 정하지 못했다. 동문 밖에서 주막집을 하는 노파의 도움으로 가까스로 짐을 푼 다산은 그 집의 당호를 사의재四宜齋라고 지었다. '네 가지(생각, 용모, 언어, 행동)를 올바로 행하는 이가 거처하는 집'이라는 뜻이다.

[사의四宜]

- 思宜澹(사의담) : 생각은 깨끗하게,
- 貌宜莊(모의장) : 용모는 씩씩하게,
- 言宜訒(언의인) : 발언은 부족하게,
- 動宜重(동의중) : 행동은 신중하게,

사의재

◎ 용龍에 관한 이야기

예로부터 가상의 동물인 용은 임금이나 지존을 상징한다. 임금의 얼굴을 용안, 임금이 앉는 의자를 용상, 임금의 옷은 곤룡포… 등을 사용해왔다.

○ **완사천浣紗泉** : 전남 나주시 송월동 흥룡마을에 있는 빨래터를 말한다. 태조 왕건이 고려를 건국하기 전 후백제의 견훤과 나주에서 십 여 년간 전쟁터를 누비던 중, 어느날 나주의 진산 금성산 자락에 오색의 상서로운 구름이 있어 가보니 아리따운 여인이 샘터에서 빨래를 하고 있었다. 왕건이 목이 말라서,

"낭자, 목이 말라 그러니 물 한 잔 주시지요"
"여기 있습니다."

낭자가 표주박에 버들 잎을 띄운 물을 왕건에게 건네 주었다. 왕건이 이를 의아하게 생각하여 잠시 머뭇거리자,

"장군께서 급하게 물을 마시면 체하실까 염려되어 잎을 띄워 드렸으니 천천히 드시지요."

왕건은 낭자의 총명함과 미모에 끌려 아내로 맞이하였는데, 그 낭자가 바로 나주 오氏 장화왕후이다. 왕건의 두 번째 부인이자 제2대 혜종의 생모이며 나주 호족 오부순의 손녀이다. 왕건과의 이런 운명적인 만남은 황룡 한 마리가 구름을 타고 날아와 낭자 자신의 몸 속으로 들어오는 꿈을 꾼 후에 이루어진 것이라 전한다. 이런 연유로 그 마을을 용이 승천한 곳이라 하여 흥룡이라 불렀다.

전라남도에 본관을 둔 오氏는 화순 동복 오氏(오지호 화백), 보성 오氏(오유방/3선 국회의원), 나주 오氏(오득인/이순신 휘하의 장수, 오상진

아나운서)등이 있다. 오득인의 고향인 나주시 공산면 상방리에는 그가 최초로 심은 호랑가시나무(천연기념물 제516호)가 있다. 임진왜란때 큰 공을 세운 김천일 장군도 이 마을 출생이다.

ㅇ 강릉 오죽헌의 몽룡실

오죽헌을 정면에서 보면 왼쪽 2칸은 대청이고, 오른쪽 1칸은 온돌방으로 사용하였는데, 이 방에서 율곡이 태어났다. 율곡이 태어나던 날 신사임당은 검은 용이 이 방으로 날아와 마루에 서려 있는 꿈을 꾸었다고 하여 이 방을 "몽룡실(夢龍室)"이라 부르게 되었다.

ㅇ 강화 용흥궁

이원범(후에 철종)이 강화도에서 나뭇군으로 살고 있을 때 자신을 왕으로 옹립하기 위한 행렬이 찾아 오자 이원범은 자기를 잡으러 온 줄 알고 산속으로 도망쳐 버렸다. 영의정 정원용의 설득으로 결국 철종은 임금으로 즉위하게 되었다. 철종이 즉위한 후에 강화도에 그가 살았던 집은 왕의 잠저로서 '용이 흥하게 되었다' 하여 '용흥궁龍興宮'이라 하였다.

◎ 고성 이氏 : 안동 임청각의 종손인 이명의 5남 청풍군수 이고의 무남독녀

고성 이氏는 5세에 눈병으로 시력을 잃은 '청맹과니'이다. 그러나 예지력이 탁월한 異人이었다. 약봉 서성이 세살 때 남편 서해를 잃고 안동에서 서울(한양) 시동생(서엄)이 살고 있는 약현동으로 이사를 하여 약밥, 약과, 약주를 만들어 외동아들인 서성의 뒷바라지에 혼신을 다했다. 서울에서 가장 오래된 중구 중림동에 자리한 약현 성당 자리가 집터이다. 조선시대 3代 정승, 3代 대제학을 일문一門에서 배출하는 전대미문의 기록을 남겼다.

兩眼雖無慧眼猶 書郞未外愛心尤
양 안 수 무 혜 안 유　서 랑 미 외 애 심 우

惜男夭折奔遙往 孤婦殘撐起不躊
석 남 요 절 분 요 왕　고 부 잔 탱 기 부 주

强忍精神新品發 好嚴敎育幼兒投
강 인 정 신 신 품 발　호 엄 교 육 유 아 투

成功子息生前觀 後世熙孫世散稠
성 공 자 식 생 전 관　후 세 희 손 세 산 주

양눈이 비록 없었지만 오히려 혜안이 있었고
책 읽던 남편을 겉 모습이 아닌 마음을 더욱 사랑했네.
애석하게 남편은 요절해서 멀리 떠났지만
외로운 부인은 버티며 남아서 머뭇거리지 않고 일어났네.
강인한 정신으로 새로운 제품을 개발하고
좋고 엄한 교육에 어린 아이를 의탁했다.
성공한 자식을 생전에 보았고
후세에도 빛나는 자손들이 세상에 많이 흩어져 있네.

　서지약봉徐之藥峰이라는 뜻은 행정의 달인 약봉의 후손 중에 현달한 사람이 많이 배출되었다는 데서 유래한 말이다. 그 배경에는 결정적인 순간에 극단적 변화(남인→서인)를 통해 가문을 일으킨 약봉 모친의 異人다운 예지력과 교육열이 있었기 때문이었다.

※ 고성 이氏 가계

- 이 암(단군세기 저자) → 이강(양촌 권근의 장인) → 이원(청백리)
  → 이증(안동 입향조) → 이명(임청각 건립) → 이고(청풍군수)
  → <u>외동딸(고성 이氏)</u> → 약봉 서성(행정의 달인, 증. 영의정)
  　夫. 서해(퇴계 수제자)

  　cf) 소호헌蘇湖軒 : 이고가 서해에게 물려준 집

- 임청각의 앞산 아미문성은 지혜롭고 고매한 인품을 지닌 여성이 배출될 명당. 외손 발복으로 서성, 대원군 집정때 좌의정을 한 류성룡의 8代 손 유희조(좌의정)가 태어난 곳.

  <u>임청각</u> : 99간 저택. 살림집으로 가장 오래된 사대부 가옥

  　※ 고성 이氏 종택 : 후손 석주 이상룡(임정 초대 국무령)
  　　이상룡 후손 3代가 독립운동가 (이상룡 선생의 부인 김우락 여사,
  　　손자 며느리 허은 여사를 합하면 11명이다. 특히, 허은 여사는 독립군의
  　　어머니라 불리운다)

- 서성(대구 서氏)의 후손은 300년 동안 문과 급제자 123명, 그중에서 정승 8명, 판서 34명, 왕비 1명, <u>일문에서 3대 대제학</u>
  　　　　　　　　　(서유신→서영보→서기순)

○ 고성 이氏가 빚은 약주의 유래
　소문을 듣고 이 술맛을 본 도승지가 선조에게 술을 바쳤다. 술을 마신 선조는 이 술을 '술이 아닌 약주'
　라고 명명해주었다. 이후 밥은 약식, 과자는 약과가 됨.

○ 조선의 3代 현모 : 신사임당, 고성 이氏, 장계향

왜, 서지약봉徐之藥峰인가
(서성의 가계)

- 향파 : 판도공파, 달성 서氏 시조 (서진) - 서기준 - 서영
  3代 달성군
- 경파 : 소윤공파, 대구 서氏 시조 (서한)

(일부 인물들만 발췌한 가계도임)

  ※ 1702년(숙종28년) 처음으로 壬午譜를 만들었으나, 합의가 이루어지지 않자 1736년(영조12년)에
    경파단독으로 족보를 만들어 분파되었음

제1대(서한) .... 2代~6代 (자료 멸실)

제7代 서익진(호조참판) → 8. 서의 (병조판서) → 9. 서미성(안주목사)

9. 서미성 + 권근의 딸

10 서거광(안양현감)   서거정(대제학)
    신우지지를 양보받아   (신우지지를 형에게 양보)
    후손이 발복

11 서팽소

12 서고 (참의)

13 서해 + 고성 이氏(청맹과니)
    (퇴계 수제자) (청풍군수 이고의 외동딸)

14 서성 + 여산 송氏(영의정 송질의 증손녀)

15 경우(1573~1645) 경수   경빈   달성위 경주
    (우의정)   (공조정랑)   (선조의 장녀 정신옹주)

16 원리(관찰사)   형리   정리(남원부사)

17 문중(영의정)   문도   문중   문상(추증 영의정)   문유(우참찬)
    (양자, 생부:정리)(장례원 사평)(양자로 감)

18 종보   종제   종태(영의정)   종옥
                  (우의정)

19   명백   정성왕후   명균(좌의정)   보만재 명응   명선
                  (이조판서)   (대제학)   (영의정)

20 신수   지수(영의정)   ★호수(직제학)

21 유녕   유신(대제학)   유본 ★유구(대제학)
                                                   配.빙허각 이氏 (임원경제지)

22 용보(영의정)   영보(대제학)
                                      (서청원 전 당대표는 서영보의 6대 봉사손)

23 후손..   기순(대제학)
    • 서광범
    • 서재필

3대에 걸쳐 발간한 실용후생의 농업총서
보만재총서(서명응), 해동농서(서호수), 임원경제지(서유구)

- 보만재총서(서명응) : 최초의 개인 총서로 60권 31책
- 해동농서(서호수) : 우리 고유의 농학을 중심으로 중국 농학을 선별적 수용하여 한국 농학의 새로운 지평을 열었다
- 임원경제지(서유구) : 36년간 저술한 농업 백과사전, 113권 52책

※ 빙어각 이氏 : 부. 이창수(세종 서자 영해군 후손, 평안감사),
   모. 문화 유氏
- 규합총서(요리서) 저술
- 임원경제지를 저술한 서유구의 형수이자 스승.
  언문지를 저술한 유희와는 외사촌간
  · 유희의 부친 : 유한규(목천 현감)
  · 유희의 모친 (사주당 이氏) : 태교신기 저술

사주당 이氏의 부친 : 이창식(통덕랑) - 태종 서자 경녕군의 10대 손

안동 소호헌蘇湖軒

규장각 4 검사관 : 서이수, 유득공, 이덕무, 박제가
(서얼 출신들 : 서얼허통법에 의해 등용된 인재)

성호 이익(여주 이氏) 가계
(일부 인물들만 발췌한 가계도임)

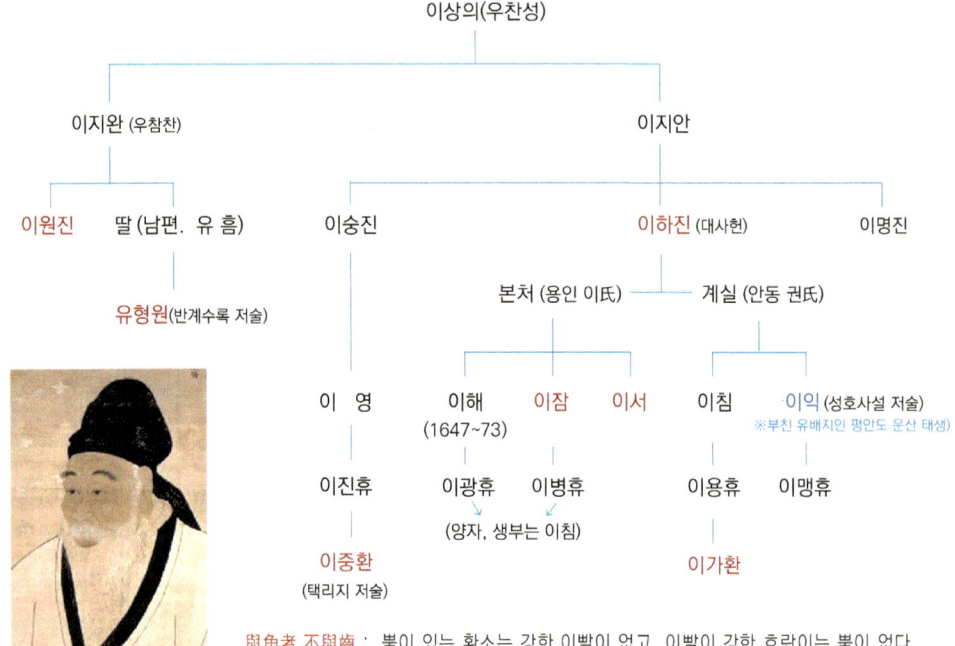

```
                         이상의 (우찬성)
                         ┌──────┴──────┐
                    이지완 (우참찬)      이지안
                    ┌────┴────┐        ┌────┼────┐
                 이원진  딸(남편.유흠)  이숭진   이하진(대사헌)  이명진
                         │                ┌─────┴─────┐
                       유형원           본처(용인 이氏) 계실(안동 권氏)
                     (반계수록 저술)      │             │
                                    ┌──┬─┴─┬──┐     ┌──┴──┐
                                  이영 이해 이잠 이서  이침  이익(성호사설 저술)
                                     (1647~73)              ※부친 유배지인 평안도 운산 태생
                                     │    │    │         │    │
                                   이진휴 이광휴 이병휴   이용휴 이맹휴
                                        (양자, 생부는 이침)
                                     │                   │
                                   이중환                이가환
                                  (택리지 저술)
```

與角者 不與齒 : 뿔이 있는 황소는 강한 이빨이 없고, 이빨이 강한 호랑이는 뿔이 없다.
(한 사람에게 여러 재주나 여건을 허락하지 않는 조물주의 심오한 섭리)

성호 이익

- 이원진(1594~1665) : 이익의 당숙. 제주목사로 있을 때 네덜란드인 하멜을 본국으로 보내 '하멜표류기'를 쓰도록 도와줌
- 섬계 이잠(1660~1706) : 남인으로 서인(노론)의 탄핵으로 희생되고, 멸문지화를 당함. 후손이 벼슬길에 나가지 못하는 불이익.
- 반계 유형원(1622~73) : 반계수록(국가체제에 관한 내용으로 총 26권)을 저술.
  전북 부안 우반동 반계마을은 그의 8代祖로서 세종 때 청백리 류관의 사폐지
- 성호 이익(1681~1763) : 성호사설을 저술. 여주 이氏 가문의 맥을 이음.
  이가환의 종조부(4촌)이자 스승, 이중환(1691~1756, 택리지의 저자)의 재종조부(7촌)
  또한 제자 안정복의 동사강목 저술에 많은 영향을 줌
  외6촌형인 유형원 사후에 태어났지만, 그를 평생 사숙으로 섬기며 유형원의 실학을 집대성함.
- 옥동 이서 : 윤선도 고택(해남)인 '녹우당綠雨堂'의 당호를 동국진체로 써줌. 고산 윤선도의 증손인 공재 윤두서와 절친
- 이중환(1691~1756) : '택리지' 저술. 택리지는 원래 '사대부의 거처'를 뜻함. 평안도, 전라도를 제외한 전국을 주유천하면서
  만든 인문지리서이다. 이잠으로 인해 멸문이 되어 벼슬길에 나가지 못하는 불이익을 받음.
- 이가환(1742~1801) : 정조로부터 '정학사貞學士'라 총애를 받은 천재 재상.
  ※ 외조카인 이승훈(1756~1801) : 한국 최초의 천주교 세례자로서, 1801 신유박해 때 순교
  정약용은 그의 처남

※ 여주 이氏 3大 서예가 : 이지완, 이서, 이익

반계수록

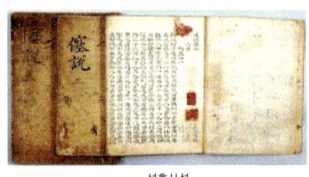
성호사설

택리지

하멜표류기

◎ 아니, 이런 뜻이...?

1. "이비야"

예로부터 어린아이가 칭얼거릴 때 '이비야, 이비, 이비야가 온다'고 하면 이내 울음을 그친다. 얼핏 전라도 방언처럼 들리지만, 이비야耳鼻爺란 귀·코를 베어가는 사람이란 뜻이다. 얼마나 무서웠으면 울음을 금방 그쳤을까?

이비야耳鼻爺란 말은 임진왜란 당시 일본인 승려 '게이넨'의 조선일기에서 처음 사용된 용어이다. 조선을 침략한 일본군은 조선인의 귀와 코를 전리품으로 베어가 무덤을 만들었다고 하니, 얼마나 잔인무도한 일인가? 지금도 일본 교토(경도)에는 이런 아픈 역사를 간직한 이비총耳鼻塚이라는 무덤이 있다.

2. 울돌목

한양에서 임금님이 전라도를 내려다 볼 때 왼쪽을 좌수영(여수)이라 하고, 오른쪽을 우수영(해남)이라 했다.

임진왜란때 충무공이 세운 23전 23승이라는 불패의 신화는 전 세계 역사상 전무후무한 일이다. 그래서 영국은 이순신 장군을 존경하는 의미로 해군제독(A naval admiral)이라 칭한다.

우수영 인근에 있는 '울돌목'은 명량鳴梁해전의 격전지이다. 지형적으로 해협이 매우 좁아 시퍼런 소용돌이가 치는 급류로 어떠한 선박도 난파되기 십상이다. 이러한 지형적 이점을 최대한 활용하여 12척의 배로 330척의 일본 전함을 격파하여 대승을 거둔 곳이다. '울돌목'이란 '울면서 돌아가는 관문'이란 뜻으로 물이 우는 관문이라 하여 명량이라고도 부른다. 울돌목을 전라도에서는 '울둠벙'이라 부르며, 둠벙은 웅덩이를 말한다.

울돌목을 일본말로 '우루 토루 모케오(ウルトルモケオ)'라고 하며, 일본에서도 애들이 울때 'ウルトルモケオ'라고 하면 깜짝 놀라 울음을 멈췄다고 하니 명량해전이 있었던 울돌목이 얼마나 참혹했었는지를 가늠하게 된다.

이는 우는 아이를 달래기 위해 우리가 사용해 온 '이비야'의 일본판이 아닐까?

◎ 화의냐 척화냐의 갈림길에서

병자호란丙子胡亂은 1636년 12월 28일~37년 2월 24일까지 조선과 청나라 사이에 벌어진 전쟁이다. 인조가 남한산성으로 피신하여 최후의 일전을 준비하고 있을 때 척화를 주장한 예조판서 김상헌과 화의를 주장한 이조판서 최명길 사이에 열띤 논쟁이 벌어지자 인조는,

"지금 나라가 위급한 때를 당하여 모두가 나라의 장래를 생각하여 의견을 말하는 것이니 서로 배척하지도 말고 뜻을 한데 모으기 바란다." 하면서 김상헌을 만류하였다.

하지만 논쟁은 다음 날에도 이어져 종실인 인조 숙부 의창군(이광)과 인조 고모부 동양위(신익성) 등이 세자를 볼모로 보내자는 주장을 통렬히 배척하면서 주화론자들의 목을 벨 것을 주청하였다. 이와 함께 여론은 척화쪽으로 기울고 화의 교섭의 중단을 청국측에 통보하였다.

이에 따라 청국 측은 세자 대신 왕자를 볼모로 보내라고 다소 완화된 요구를 하였다. 조정은 이마저도 거절하면서 더욱 더 척화쪽으로 기울었다. 그러나 최명길 등의 주화파들은 여전히 위로는 종묘 사직 아래로는 백성들의 허다한 생명이 위태로워짐을 생각한다면 협상은 불가피하다고 주장하였다.

1월 18일 청국 측이 사신을 보내어 조선 국왕이 속히 성을 나와 항복하거나 19~20일 양일간에 일전을 하자고 최후 통첩을 하였다. 이에 따라 왕명으로 최명길 등이 회군하는 청국 황제를 국왕이 남한산성 위에서 전송하는 예를 취하자는 내용의 국서를 쓰고 있을 때 예조판서 김상헌이 그 국서를 갈기갈기 찢어 내팽개친 다음 최명길에게,

"그대의 선친은 도덕과 의리로 명망이 높으신 분이셨는데 그대는 어찌하여 군부를 욕되게 하는가?"하고 꾸짖었다.

그러자 최명길은 찢어진 국서를 풀로 붙이면서,

"대감께서 나라를 위하는 충정은 모르는 바가 아니나, 나 역시 나라와 백성을 위해 이러는 것이외다. 대감이 또 다시 찢으면 나는 다시 또 붙이겠소이다"하면서 소신을 굽히지 않았다.

결국 척화론자들의 강경한 반대에도 불구하고 최명길은 그 국서를 청국에 전달하였다. 척화를 주장한 김상헌은 식음을 전폐하고 다른 척화론자들도 그를 따르는 자가 많았다.

척화파의 주전론이 일색인 조정에서 홀로 주화를 주장한 최명길은 명나라와의 비공식적인 외교관계가 발각되어 1643년 청나라에 끌려가 억류되었다. 그가 청나라에 끌려가 있을 때 역시 청나라에 끌려온 김상헌과 감옥에서 만나 극적으로 화해하였다.

이를 두고 후세의 사가들은 '이 문서를 찢는 열지자裂紙者도 충忠이요, 붙이는 결지자結(拾)紙者도 충이다'라고 했다.

최명길이 찢어진 종이를 주어 담으면서,

裂書者不可無, 補書者亦宜有
열 서 자 불 가 무 , 보 서 자 역 의 유

"찢는 사람도 없어서는 안 되지만, 다시 붙이는 사람도 반드시
 있어야 한다."

그는 '끓는 물과 얼음은 모두 같은 물인가'라고 반문하면서 명분보다는 전쟁의 참화로부터 백성을 구하고 국가를 보전하는 현실적인 대안을 제시하였다.

역사는 최명길을 송나라의 재상 진회보다 더 한 간신이라 평하지만, 그는 우국우민의 정신으로 현실을 똑바로 바라본 위대한 외교관이자 경세가가 아닌가 한다.

◎ 영조의 염원을 담은 탕평채 요리

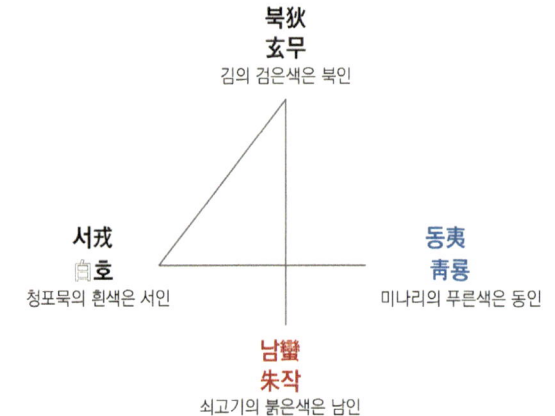

북狄
玄무
김의 검은색은 북인

서戎
白호
청포묵의 흰색은 서인

동夷
靑룡
미나리의 푸른색은 동인

남蠻
朱작
쇠고기의 붉은색은 남인

탕평채 蕩平菜

영조의 탕평책을 상징하는 궁중요리로 각각 다른 색깔과 향의 재료들이 서로 섞여 조화로운 맛을 이뤄내는 것처럼 당파를 없애고자 하는 의미가 담긴 요리다.

○ 최명길(영의정) ─ 초배 (인동 장氏) : 최후량(양자 : 동생 최해길의 아들)
　　　　　　　　　　　　　　　　→ 최석정(영의정), 최석항(좌의정, 숙부 최후원에 양자)
　　　　　　　　└ 계배 (양천 허氏) : 최후상(1631~80, 홍문관 응교)
　※ 후사가 없어 양자를 들인 후 본인의 자식이 생긴 경우 양자를 파양하는 것이 조선의 관습이었으나 최명길은 양자 최후량에게 모든 친권을 부여했음.
　※ 추사 역시 서자 김상우가 있었으나 양자 김상무에게 모든 친권을 부여했음

◎ 개혁군주 정조대왕의 험난한 정치 여정

1. 정조대왕 시해 미수사건

정유역변은 1777. 7.28 밤 11시 경희궁 존현각에 자객이 침입한 정조대왕 시해 미수 사건을 말한다. 그런데 이 사건의 배후 세력은 친모인 혜경궁 홍氏의 숙부인 홍인한과 정조의 고모인 화완옹주, 정후겸(양아들)이 당시 세손인 정조를 비방하는 투서를 영조에게 자주 써 올렸다. 혜경궁 홍氏의 숙부인 홍인한은 대리청정한 세손(정조)에게 三不必知說을 제기했다.

이후 정조는 거처를 보다 안전한 창덕궁으로 옮겼다. 창덕궁으로 옮긴 닷새 후인 8월 11일에 경추문(창덕궁 서문)을 지키던 수포군 김춘득(17세)이 경추문 북쪽 담장을 넘으려는 자객을 발견하고 김세징, 김춘삼, 이복제 등 4명과 합세하여 자객(전흥문)을 붙잡았다.

시해 주모자 홍상범의 아버지(홍술해)가 황해도 관찰사로 있을 때 부정사건(돈 4만냥, 쌀 2500석, 송목 260주)으로 흑산도로 유배되어 위리안치되었던 것에 대한 불만을 품고 은전군(찬)을 추대하려는 역모를 꾀한 것이다. 그 결과 정조 1년(1777년)에 홍술해, 그 아우 필해, 지해, 찬해와 지해의 아들 홍상간은 책형磔刑(찢어서 죽임)에 처해졌다.

- 조부(홍계희) : 삭탈관직
- 부(홍술해), 자(홍상범) : 극형에 처함

○ 삼불필지설三不必知說 : 세손(정조)은 노론과 소론을 알 필요가 없고, 이조판서와 병조판서가 누가 좋은 지도 알 필요가 없으며, 조정의 일은 더욱 더 알 필요가 없다는 말이다.
세손의 정적政敵인 노론의 당론이 세손의 제거였다. 사도세자 제거에 성공한 노론은 세손까지 제거하고 자신들에게 편한 은전군(찬)을 세손으로 정하려는 음모가 숨어있는 계략이었다.

※ 위 역사적 사실을 배경으로 한 영화 '역린'이 2014년 개봉되었다.
역린逆鱗 : 용의 목에 거꾸로 난 비늘이라는 뜻으로 '군주의 분노'를 나타낸 것이다.

2. 상계군(담)을 세자로 추대하려는 음모 사건

구선복(1718~86) : 69졸. 능성 구氏, 인조의 외조부 구사맹의 6代孫, 훈련대장, 한성판윤, 병조판서, 포도대장 역임

문효세자가 죽자 상계군(담)을 세자로 추대하려다가 구선복의 집안은 몰락의 길로 들어섰다. 병권과 사법권을 좌지우지하는 명실상부한 최고의 무신 권력자이며 홍국영과는 협력관계에 있었다.

구선복은 사도세자가 뒤주에 갇혀 사경을 헤매고 있을 때, 뒤주를 감시하는 포도대장이었다. 이때 뒤주에 갇힌 사도세자에게,

"날이 더워 목이 마르고 배도 고플 텐데, 술을 주랴? 떡을 주랴?'고 비아냥거렸으니 정조의 심정이 어떠했을까?

당시 정조는 워낙 세력이 큰 구선복을 어찌할 수가 없어 참고 인내하며 24년(1762년 임오화변~86년 상계군 추대)을 기다렸다. 정조는 구선복을 보면 '손으로 찢어 죽이고 살점을 씹어 먹어도 분이 풀리지 않는다'고 할 정도였으니... '구선복'이 매번 경연에 참석할 때마다 정조는 마음속으로 '복수의 칼'을 갈았다.

상계군의 외조부 송낙휴는 구선복과 그의 사돈인 영의정 김상철(1712~91), 그의 양아들 구이겸 등이 상계군(담)을 세자로 추대하려는 역모를 꾸몄다고 고변을 했다. 그 일당 중 김상철만 삭탈관직하고, 모두 능지처참 및 효수를 당하여 최고의 무신 권력집안인 능성 구氏는 완전히 몰락하였다.

정조실록(정조 16년 윤 4월 27일)

○ 사도세자의 평양원유사건平壤遠遊事件에 책임감을 느껴 자살한 3명의 정승
  - 이천보(1698~1761) : 영의정, 연안 이氏
  - 이 후(1694~1761) : 좌의정, 연안 이氏
  - 민백상(1711~1761) : 우의정, 여흥 민氏

◎ 추사 김정희의 세한도에 얽힌 이야기

■ 윤상도 옥사 사건

윤상도(1768~1840) : 파평坡平 윤氏, 경기도 양주 출생.
과거에 급제하여 副司果(5衛 무관직,종6품)

1830년 윤상도가 아들 윤한모와 함께 효명세자 대리청정 무능과 호조판서(정2품) 박종훈, 어영대장(종2품) 유상량, 강화유수(종2품) 신위 등의 탐관오리라고 탄핵해달라는 상소를 올렸다. 그러나 이 상소는 군신을 이간질하고 반란을 선동했다는 이유로 이들을 추자도로 유배하였고, 이들의 배후로 지목된 김노경은 1830년 전라도 고금도로 유배를 갔다가 1834년 순조의 배려로 유배에서 풀려난 후 1837년 사망했다.

10년 후(1840) 김홍근(대사헌)이 윤상도 옥사 재조사를 상소하여 유배지에서 윤상도와 윤한모 부자를 의금부로 압송하여 국문을 하고 능지처참하였다.

또한, 당시 세력을 쥐고 있었던 안동 김氏 김조순 일파가 윤상도 상소문은 하급관리가 쓸 수 있는 수준이 아니고, 최고의 지성을 가진 사람의 도움이 있었을 것이라고 주장하며, 그 배후로 추사 김정희를 지목하여 추사를 사사하기로 결정했다.

그러나 추사의 절친(동문수학)인 조인영(영의정)의 중재로 관직은 삭탈하고 3천리 유배지인 제주도 대정읍으로 유리안치시켰다. 이것은 신안동(장동) 김氏 일파가 당대 실세인 풍양 조氏, 경주 김氏를 제거하여 독재체제(세도정치)의 연장을 위해 나온 술책이었다.

경주 김氏 김한신은 영조의 장녀 화순옹주에게 장가들어 월성위에 봉해지고 슬하에 자식이 없이 죽자 일가인 김한정의 아들 김이주가 양자로 들어가서 대를 이었는데 슬하에 4남2녀를 두었다. 넷째 아들이 추사 김정희의 부친인 김노경이다. 효명세자가 대리청정할 때 김노경과 추사는 그를 보필했다.

순조는 손자 이한의 외종조부인 조인영에게 왕세손을 잘 부탁한다는 고명을 남겼으며, 1834.11.13일 경희궁 회상전에서 승하하자 효명세자(1830년 졸)의 아들 이환이 8살의 어린 나이로 경희궁 승전문에서 조선 제24代왕(헌종)으로 즉위를 했다.

헌종이 왕위에 오르고 순원대왕대비 김氏(순조 俟妃)가 수렴청정하자 헌종의 외조부 조만영(예조판서), 그의 동생 조인영(이조판서), 조인영의 큰 아들인 조병귀는 대사성이었으나 순원왕후 아버지 안동 김氏 김조순과 세력다툼이 시작되었다. 그래서 김조순은 그의 일족 김홍근(한성판윤)을 사주하여 추사 김정희를 탄핵하게 된 것이다.

추사가 제주도 유배시절 제자인 이상적은 역관 출신으로 청나라를 10여 차례 다니면서 귀중한 서책과 지필묵을 구입해서 보내 주었다.

제자인 허련(소치)가 추사의 유배생활을 돕던 중 숙부의 부고를 받고 육지로 돌아와 초의선사에게 안부를 전하자 초의선사가 유배지를 찾아가 몇 달을 보낸 후 육지로 떠나자 위리안치된 김정희를 외로운 섬 제주도의 대정 초막에서 파도소리를 벗삼아 외로움을 달랬다.

이상적은 1843 청나라를 다녀오면서 황조경세문편(황제가 세상을 다스리는이치를적은책, 하장령賀長齡과 위원魏源 공저) 120권 79책을 직접 전해주며 청나라 문인 (완원, 옹방강)들의 소식도 알려주었다. 이런 변함없는 제자 우선 이상적(1804~65)에게 고마움의 표시로 세한도歲寒圖를 그려 주며 '長毋相忘(오래도록 잊지 말자)'라는 뜻의 인장도 찍어 주었다.

歲寒圖

수묵화의 여러 기법 중 갈필법을 주로 쓰면서 망고풍상을 겪은 송백과 그 아래 창이 있는 초가 한 채를 덩그러니 그려 놓아 삭풍에 살갗을 할퀴고 갈 것같은 유배지에서의 추사의 심사를 잘 나타낸 작품이다. 국보 제180호로 지정된 문인화의 대표작이다. 1844년에 그린 세한도에 새겨진 글은,

歲寒然後知松栢之後凋
세 한 연 후 지 송 백 지 후 조

날씨가 추워진 뒤에야 소나무와 잣나무가 늦게 시드는 것을 안다.

추사는 어려운 지경을 만나고 나서야 진정한 친구의 의미를 알게 되었다는 뜻이다. 이것은 마치 소동파가 혜주(광동성)로 유배되었을 때 어린 아들이 그곳을 찾아오자 아들을 칭찬하며 그려준 언송도偃松圖에서 영감을 얻었다.

소전 손재형(1902~81)

1958년 진도에서 자유당 소속 제4대 민의원. 양정의숙을 졸업하고 외국어학원(외국어大) 독문과 졸업, 중국의 금석학자 나진옥 문하생으로 서화와 금석학을 배움. 서도를 서예로 최초로 사용. 서울 미大 강사, 홍익대 전임교수

1943년 경성대 '후지쓰카 지카시' 교수가 세한도를 가지고 일본으로 귀국해버렸다. 당시 동경은 연합군의 공습으로 밤낮없이 폭격을 받아 세한도에 대한 걱정이 태산같았다. 병석에 누워있었던 '후지쓰카 지카시'를 매일 찾아가 '세한도는 조선 땅에 있어야 한다'고 애원한 끝에 100여일 만에 돌려 받았다. 그런데 정치자금이 필요했던 손재형은 세한도를 저당잡혔고, 그후 개성상인 손세기에게 넘어갔다.

　손재형은 세한도를 되찾기 위해 그가 소유한 목포극장, 서울 효자동 집, 배와 염전까지도 내놓고 찾으러 다녔지만, 찾지 못해 실망한 나머지 골동품 감정전문가로서의 감정에 애착을 잃고 말았다.

　세한도는 그간 여러 사람의 손을 거치는 파란만장한 과정을 거쳐서 최종적으로 손세기의 아들 손창근이 소유하고 있었다. 손재형은 손창근으로부터 세한도를 구입하려고 하였지만, 손창근은 귀한 문화재의 가치를 돈으로 매길 수도 없을 뿐만 아니라 팔 수도 없다고 정중하게 거절하였다.

　세한도의 진가를 알아본 손창근의 문화재에 대한 높은 식견으로 개인이 소장하는 것보다는 온 국민의 문화자산으로서 후대에 전승되어야 한다는 깊은 뜻에 따라 2020.1.29일 국립중앙박물관에 무상으로 기증하여 국보로 지정돼 안전하게 보존되고 있다.

　세한도는 제작이후 네 부분의 두루마리가 더해졌다. 첫번째는 추사의 문인 김준학(1859~1914)이 제목과 시를 적어 넣었고, 두번째 두루마리에는 세한도 제작배경(발문)이 쓰여 졌고, 세번째 두루마리에는 청나라의 대학자 16명이 제題와 찬讚을 하고, 네번째 두루마리에는 오세창, 정인보, 이시영등의 감상문이 더해졌다.

　이렇게 해서 세한도는 원래 가로 70cm, 세로 33.5 크기였으나, 두루마리가 더해져 약 14m로 커졌다.

◎ 조선 후기 3인의 거유巨儒

1. 간재艮齋 전우田愚(1841~1922, 담양 田氏)

- 전주(全州) 덕진 출생
- 전라도 광주가 그림이라면 전주는 묵향서예이다.
  특히 전주의 자부심은 불교의 원효에서 경허스님, 유학은 설총에서 간재이고, 서예는 창암 이산만(1770~1845)의 行雲流水體.
- 간재 선생 제자 송기면의 3남 강암 송성용 선생 (서예대가)
- 간재 선생은 율곡 이이, 우암 송시열의 사상을 신봉하였고, 한일 합병에 통분하여 1910~1922까지 부안 계화도에 들어가 은둔하며 후학을 양성
- 조선 최후의 정통 유학자로 추앙을 받았으나, 나라가 망해도 의병을 일으키려 하지 않고 도학군자만을 자부하고 있었다.
- 전우의 묘소는 익산에 있으며, 계화도 계양祠, 의령 의산祠, 고창 용암祠, 정읍 태산祠에 제향

2. 면우 곽종석郭鍾錫 (1846~1919, 현풍 郭氏)

- 경남 산청 출신
- 4세 때부터 시를 쓰기 시작한 천재 시인
- 3.1운동 시기에 제자 김창숙金昌淑 등과 함께 유림 대표로 독립청원서 (파리장서)를 작성, 발송하는 사건을 주도하여 투옥됨.

○ 전우田遇(1841~1922) : 호. 간재艮齊, 담양 전氏, 전주시 다가동 출생, 스승은 임헌회
• 을사오적 척결 상소문 '請斬五賊' (면암 최익현 청토오적소請討五賊疏)
• 망국의 한을 품고 서해의 고도 왕릉도에 은둔생활을 하였으나, 제자들이 줄을 이어 찾아오자 '고군산도'로 피신, 마지막으로 부안 '계화도'로 옮겨 죽기 전까지 수 천 명의 제자들을 가르쳤다(1912~22). 상복을 입고 2천명의 제자가 그 뒤를 따랐으며 장례에 참여한 인파는 6만 명이 넘었다고 한다.
  ※ 필자의 조부(김상훈), 초대 대법원장(김병노: 비대위원장 김종인의 조부) 역시 간재 문하생이다.

- 을사늑약(1905) 체결 후, 을사오적乙巳五賊의 목을 베어야 한다고
  강력히 주장하는 상소를 올림.
- 현실 참여를 중시한 면우는 상대적으로 현실 참여에 소극적인 간재
  전우를 '도학군자道學君子'라고 비판.
- 실천적 행위가 없는 공리공론空理空言은 관념적 성리학에 불과
  하다고 주장
- 조선 최후의 정통 유학자 중 한 명으로 추앙받음, 179권에 달하는
  방대한 면우집勉宇集을 남김.

    ※ 면우는 이황(안동), 이진상(성주)등의 주리론의 입장인 남인.
       간재는 이이, 송시열의 주기론의 입장인 서인의 노론
       (매국노의 80%는 노론 출신들이다)
    ※ 주리론을 종교처럼 신봉했던 영남의 남인 세력은 중앙 권력에서
       밀려나 재야에서 간난신고艱難辛苦의 세월을 보냈다.

3. 지산志山 김복한金福漢(1860~1924 : 신안동 金氏)

- 호서(충남)의 홍주(홍성) 출신, 한말의 문신, 의병장
- 병자호란 때 강화성에서 순절한 우의정 김상용의 12대손
- 갑오개혁(1894), 을미사변(1895, 명성황후 시해), 을사늑약(1905)
  등 국권 피탈 과정에서 여러 차례 의병을 일으킴
- 1919년 유림 대표로 파리 강화회의에 독립청원서(파리장서사건)
  를 보내는 사건을 주도하여 투옥됨.
- 남당南塘 한원진(韓元震, 1682~1751)의 학통을 계승한 남당학파
  南塘學派의 종장宗匠
- 우암 송시열의 미완성 유고 '주서동이고朱書同異考'를 50여 년만에
  완성

- 기호학파畿湖學派의 주요 학맥 계승 : 율곡 이이 → 우암 송시열
  → 수암 권상하 → 남당 한원진 → 지산 김복한
- 이율곡의 '기발이승일도설氣發理乘一途說' 고수
  (기氣와 이理는 분리되지 않고 상호 작용한다는 뜻)

  ※ 퇴계 이황(1502~71) : 이기이원론, 율곡 이이(1537~84) : 이기일원론
    도산서원에서 퇴계(58세)와 율곡(23세)이 만남을 갖고 나서 퇴계는 後生可畏
    (후학을 두려워함)라고 말함.

◎ 기생 열전

1. 기생세도의 기원과 역사적 배경

　기생 제도는 고려시대부터 존재했으나, 조선시대에 들어와 기생청을 세워 관기제도를 한층 정비했다. 조선은 유교를 국교로 삼아 엄격한 신분제를 유지했으며, 기생은 천민 계층에 속했기 때문에 이들은 주로 지방 관아나 중앙 정부에 소속되어 관리되었다.

　기생은 노래, 춤, 시조를 겸한 종합 예능인으로서 오늘날의 연예인 대접을 받았다. 국가의 공식 행사나 연회에서 춤, 노래, 시, 악기 연주 등의 예술적 재능을 선보였다. 특히, 안동 쪽 기생은 사서삼경을, 관동 쪽 기생은 관동별곡을, 함흥 쪽 기생은 용비어천가를 읊었다. 동북지역은 함경도를, 서북지역은 평안도를 일컬었다. 제주 기생은 말을 타고 기예를 뽐냈다. 관기제도는 1909년 공식적으로 폐지되었다.

- ○ 김유신과 천관녀天官女
- ○ 버닝선 게이트 : 별장 성접대로 사회적 물의 야기

신윤복의 그림 '청금상련'

※ 유녀(몸파는 여자) : 들병장수, 화랑유녀, 갈보蝎甫

※ 守廳들다의 뜻 : 벼슬아치의 시중(심부름)을 들다가 동침하는 것으로 변질됨

2. 기생의 기본 신조

　매창불매음賣唱不賣淫 : 노래를 팔지언정 좀처럼 몸을 팔지는 않았다. 노래, 춤, 기악, 그림, 학문에 능통한 종합예술인이었으나, 일제강점기를 거치면서 저질적인 게이샤 문화로 변질되었다.

3. 신분등급 : 왕족 → 양반 → 중인 → 상민 → 기생
　　　　　　　　(종친)　　(사대부)　(역,한의사)　(평민)　　(천민)

- ○ 일패기생 : 임금 면전에서만 가무를 하는 기녀, 매춘불가
- ○ 이패기생 : 관기와 민기로 구분, 원칙적으로 매춘이 불가하나
　　　　　　　음성적으로 매춘(사대부의 첩살이)
　　　　　　　※ 관기는 문무백관을, 민기는 일반 양반을 상대로 가무
- ○ 삼패기생 : 평민을 상대로 가무하며, 매춘도 병행

4. 일제시대, 제3,4,5공화국 시대에 기생문화가 변질되어 매춘행위가 성행

- ○ 왕실 기생 초요갱은 세종의 세 아들(평원대군, 계양군, 화의군)을 매료시킨 화제의 기생으로 조선왕조실록에 16번이나 실림

- ○ 일제시대 공창지역
    - 혼마찌(명동), 신마찌(중구 쌍림동), 미도리마찌(일본에서 건너온 유녀들이 부산 완월동에서 활동)

- ○ 일제 강점기 유명 기생들
    ※ 가수출신 기생과 노래
    - 왕수복 : 가수출신 기생 (울지 말아요)
    - 이화자 : 정식으로 권번 교육을 받지 않은 작부 (화류춘몽)
    - 선우일선 : 대한팔경, 능수버들

    ※ 배우출신 기생 : 석금성, 유신방, 김난주 등

5. 평양기생, 진주기생 : 의기義妓

- 계월향桂月香 : 평양의 논개로 불리움. 평안도 병마절도사 김응서의 애첩으로 왜장 고니시 유키나가의 부하 장수에게 마음을 주는 척하며 유인하여 김응서에게 적장의 목을 베게 하고 자결

- 朱 논개(1574~93) : 경상우도 병마절도사 최경회의 후처로 임진왜란 때 기생으로 분장하고 왜장 게야무라 로쿠스케를 꾀어서 남강에 함께 투신하여 자살(義岩). 전북 장수군 장계면 대곡리 출생

- 진주기생 산홍 : 만냥을 내놓으면서 자신의 첩이 되어 달라는 매국노 이지용을 준엄하게 질타(1906)
  > "천한 백정과 동거할지언정 세상사람들이 을사오적이라고 지탄하는 역적 우두머리의 첩이 되겠습니까?"

- 장연홍(1911~?) : 일제 강점기 얼짱 기생으로 미모, 재능, 정조관념까지 갖춘 일급 기녀로 어떤 벼슬아치나 재력가도 그녀를 탐하지 못 했다.

- 이난향 : 일패기생으로 순종 앞에서만 공연하였으며 춘원 이광수, 육당 최남선이 흠모했던 여인

6. 조선 3대 시기詩妓 : 황진이, 이매창, 김부용

- 황진이 (1506~67) : 妓名 명월. 송도3절이란 송도의 뛰어난 존재로 도학의 서경덕, 미색의 황진이, 절경의 박연폭포를 이름. 수 많은 남정네를 만났으나 말년에는 의지할 남자가 하나 없어 벽계수에게 의탁하려 했지만 거절당하고 인생을 비관하며 방황 끝에 객사.

- 이매창 (1573-1610) : 본명 향금, 묘 : 부안읍 서외리(매창공원) 당대의 대시인이요 풍류객. 강화 유氏 劉希慶을 흠모했으나 이별 후 재회를 못하고 상사병을 앓다가 세상을 마쳤다.

○ 김부용(1814~1861) : 성천(평안도) 기생, 성천 5절(산,바람,물,달,운초) 김이양 대감을 만나 녹천당 마님 대우를 받고 일생을 마쳤으니 가장 행복한 말년의 삶을 누렸다.

※ 김이양(1755~1845) : 신안동 김氏. 우의정 김상용의 8대손. 헌종은 그에게 궤장을 하사하고 봉조하奉朝賀로 예우. 최고의 관직을 두루 역임하였으나, 자식이 없어 동생의 아들(김한순)을 양자로 함. 김한순의 아들 현근은 순조의 장녀 명온공주와 혼인

* 김이양 대감과 운초 김부용의 사랑 이야기

77세에 평안도 감사로 부임한 김이양 대감의 축하행사를 대동강변 연관정에서 열었는데, 제자인 성천부사가 19세된 운초(기생)를 스승의 부임길에 함께 하게 했다. 턱수염이 하얀 김이양이 붉은 연지를 바른 부용에게,

"허허, 부질없는 노욕을 세상이 비웃지 않겠느냐?"

"대감 어른, 붉은 꽃이나 흰 꽃이나 봄날에 피는 것은 매 한가지 아닌지요? 마음이 같다면 나이가 무슨 벽이 있겠습니까? 세상에는 30객 노인도 있고, 80객 청년도 있지 않사옵니까?"

이렇게 해서 두 사람이 마음의 문을 열었다.

〈도연명의 사계로 문답〉

대감 :	춘	春水滿四澤 (춘수만사택)	봄물은 연못에 가득하고
운초 :	하	夏雲多奇峰 (하운다기봉)	여름 구름은 기이한 봉우리도 많도다
대감 :	추	秋月揚光揮 (추월양광휘)	가을 달은 밝은 빛을 드날리고
운초 :	동	冬嶺秀孤松 (동령수고송)	겨울 산마루에 외로운 소나무 빼어나네

〈연천 고향으로 떠난 김이양을 그리며 운초의 시〉

空山秋意會淸宵	공산추의회청소	빈산 가을 빛 맑은 밤과 어울리니 (시각)
野草蟲吟轉寂寥	야초충음전적료	들풀벌레 소리에 적막이 더하네 (청각)
枕席單凉仍不寐	침석단량잉불매	잠자리가 단출하니 잠못이루고 있소 (교태)
獨看斜月掛松梢	독간사월괘송초	기우는 달 솔가지 끝에 걸렸네 (그리움)

저 소나무와 달은 새벽일망정 저렇게 만났는데 우린 이게 뭐요?
나는 잠을 도둑맞아 외로운데
당신은 천연덕스럽게 쿨쿨 주무시는지요?

〈운초의 보탑시〉

별	別	헤어져
사	思	그립고
로원	路遠	길은 멀고
신지	信遲	소식 늦어
염재피	念在彼	마음은 그곳에 있고
신유자	身留玆	몸은 여기 있네

　이 詩를 받은 김이양은 운초를 남산 기슭 녹천당에 소실로 맞아 노년을 유유자적했다.
　김이양이 죽은 후에도 운초는 김이양만을 그리워하며 16년을 더 살았다. 임종이 다가오자 운초는 "내가 죽거든 김 대감님이 묻혀있는 천안 광덕산 기슭에 묻어주오."라는 유언을 남겼다. 끝까지 절개를 지킨 그녀의 소원대로 천안 광덕산 김이양의 묘 인근에 묻혔다.

〈三湖亭 시단의 5인의 기생〉

삼호정은 김금원의 남편 김덕희가 한강이 바라다 보이는 용산에 세운 정자

- 김금원 : 병부시랑 김덕희 소실
  ※ 김금원은 14세때 남장을 하고 금강산, 관동팔경을 유람. 이 당시 영국은 산업혁명, 프랑스는 시민혁명 시대. 김금원은 파리에 최초로 문학살롱을 연 '마담 랑베르'와 같은 여인

- 김부용(운초) : 김이양 소실 (기생 시절에 만난 친구)
- 김경산 : 화사 이정신 소실 (이웃사촌)
- 박죽서 : 송로 서기보 소실 (고향친구)
- 김경춘 : 주천 홍태수 소실 (친동생)

※ 당시에 시문을 즐기던 선비 : 김덕희, 홍한주, 신위, 서유영

〈시조 동호회〉

* **영남가단(강호가도)** : 16세기 중엽 이후 영남 지역을 중심으로 활동한 시조 동호회로 이현보, 이황, 황준량 등

* **호남가단(계산풍류)** : 16세기 중반, 호남 지역을 중심으로 활동한 시조 동호회로 송순의 면앙정, 임억령의 식영정, 김성원의 서하당, 양산보의 소쇄원 등

※ 가단歌壇이란 노래(시조)를 부르는 장소

◎ 청년 장인, 연상 사위

구 분	성 명	본 관	출생년도	딸 (왕비) 출생년도	나이 차	장인과의 나이 차
장 인	김제남	연 안	1562	인목대비(왕후) : 1584	22살	-
	김한구	경 주	1723	정순왕후 : 1745	22살	-
	윤택영	해 평	1876	순정효황후 : 1894	18살	-
사 위	선조(이연)	전 주	1552	선조 56세, 인목왕후 19 (가례)	37살	10살 연상
	영조(이금)	전 주	1694	영조 66세, 정순왕후 15세 (가례)	51살	29살 연상
	순종(이척제)	전 주	1874	순종 34세, 순명효황후 14세 (가례)	20살	2살 연상

※ 조선시대 왕비 중 친부와의 나이 차이가 가장 적은 왕비는 순정효황후(해평 尹氏)로 18살 차, 장인과 사위(왕)과의 나이 차가 가장 많은 왕은 영조로 정순왕후와 51살 차가 난다.

◎ 忠臣不事二君, 烈女不更二夫 – 멸문가滅門家를 일으킨 헌신적인 내조

1. 울산 김氏 중흥조 김온(양주목사)의 부인 여흥 민氏

여흥 민氏(1351~1421)는 원경왕후(태종비)의 4촌 언니. 무학대사에게 풍수학을 익혀 여성 최초의 풍수책인 '하소결'을 지어 하소부인이란 칭호를 얻음.

태종이 처가를 탄압할 때 김온은 사사되고, 민氏 부인은 호남땅 장성 황룡면 맥동 마을까지 아들 3형제를 데리고 피신하였다. 풍수에 조예가 깊었던 민氏는 '내가 죽거든 장성군 북이면 달성리'에 있는 명장산 기슭에 묻어 달라'는 유언을 남겼다. '이곳은 身後之地로서 나의 후손들이 옥관자를 달고 명마를 탄 걸출한 인물이 가득하리라'고 했다.〈覆釜穴〉

〈후 손〉
- 김인후 : 동국 18현(유일한 호남인) – 장성 필암서원
- 김성수 : 부통령, 동아일보 창간
- 김연수 : 삼양그룹 창업
- 김병로 : 초대 대법원장
- 김상협 : 국무총리. 고려대 총장

2. 광산 김氏 중흥조 양천 허氏 (김장생 7代祖)

한림학사 김문과 혼인하였으나 17세에 청상과부가 되었다. 대사헌이던 친정 아버지 허응은 딸의 개가를 원했으나 임신한 몸으로 몰래 도망쳐 개성에서 시댁이 있는 연산까지 내려 가는 도중에 호랑이의 보호를 받으며 무사히 도착하여 유복자 김철산을 낳았다.

김문 → 김철산 → 김국광 → 김극뉴 → 김호 → 김계휘 →
처: 허氏   처: 황보신의 딸   대사간
            (황희의 손녀)

→ 김장생 ┬ 김집 (김장생, 김집 부자 : 동방 18묘현)
  예학의 종장 └ 김반 → 김익겸 ┬ 김만기 → 김진규 → 김양택
                              3代 대제학
                              └ 김만중 (구운몽, 사씨남정기, 서포만필 저술)

※ 김만기의 딸(인경왕후 김氏 : 숙종의 정비)

※ 김극뉴의 묘 : 광산 김氏 중시조묘. 조선 8대 명당 중 하나로, 천마가 하늘을 가르는 바람을 향해 울부짖는 형국과 같다 하여 천마시풍형天馬嘶風形이라함. 원래 함양 박氏 처가의 산소자리였음. 후손 발복에 좋은 명당으로 광산 김氏가 조선 최고의 양반 가문중 하나로 성장하는데 영향을 주었다고 전해지고 있다. (순창군 인계면 마흘리 소재)

〈서포 김만중의 한글 소설과 서포만필〉

사씨남정기

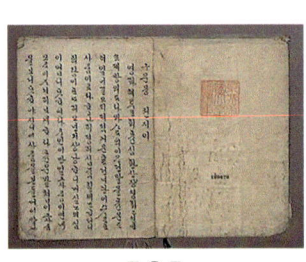
구 운 몽

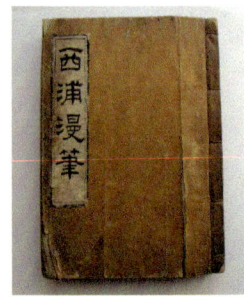
서포만필

○ 서포 김만중(1637~92) : 병자호란때 강화도에서 청에 맞서 싸우다 순절한 김익겸의 유복자로 태어남. 숙종의 정비인 인경왕후의 숙부. 외부의 스승없이 가정교육만으로 14세에 향시, 16세에 진사 1등, 29세에 정시 1등으로 합격한 후 여러 관직을 거쳤으나, 숙종 때 당파싸움의 영향으로 세 번의 유배 생활중에 한글 문학작품을 저술하였다.

- 구운몽 : 선천 유배 시절에 어머니를 위로하기 위해 하룻밤만에 쓴 한글 소설
- 사씨남정기 : 남해 노도 유배 시절에 숙종과 장희빈을 풍자하여 쓴 한글 소설
- 서포만필 : 노도에서의 유배생활로 고립된 삶과 심경을 그린 산문집

3. 남원 楊氏 맥을 이은 개성 이氏 부인

고려말 양이시(父)와 양수생(子)이 과거급제를 한 후 1379년에 차례로 세상을 하직하였다. 양수생과 혼인한 이氏는 개가를 원하는 친정의 권유를 뿌리치고 남편 고향인 남원으로 과거 합격증 홍패와 족보를 가지고 내려 갔다. 그러니 왜구 '아지발도'의 침략으로 위험에 처하자 유복자인 양사보를 데리고 무작정 순창군으로 향하여 동계면 구미리 무량산 기슭에 자리(金龜曳尾形)를 잡았다. 이로부터 6백여년간 남원 楊氏 집성촌을 이루었으며, 전국에서 유일한 씨족학교인 '구미초등학교'가 있다.

양이시 → 양수생 → 양사보(입향조) → 양영 → 양자첩
2代 문과급제　　　　　　　3代 사마시 합격

◎ 인재의 산실 – 上月亭

전남 담양군 창평면 월송산 중턱에 고려 경종 1년(976) 창건한 대자암이 있던 터에 세조3년(1457) 언양 김氏 홍문관 교리 김자수가 상월정을 창건하였다.

그의 후손이 끊어지자 외손인 함평 이氏 황해감사 '이경'에게 양도하였고, 또 직손이 없자 사위인 장흥 고氏 고인후의 아들에게 양도하여 400여년 동안 종친들의 공부방 역할을 하였다. 조선시대에 대과(문과) 84명, 무과 94명이 급제했으며 오늘날에도 고시 합격자가 수십명에 이른다. 1997. 8. 6일 괌에서 발생한 항공기 사고로 사망한 광주 출신 신기하 4선 국회의원도 이곳에서 사법고시 준비를 하였다.

이곳 창평에 입향조가 된 고인후는 제봉 고경명의 차남으로 임진왜란이 발발한 그해에 호남의 곡창지대를 사수하기 위한 금산전투(1592.7)에서 父子가 함께 전사하고, 장남 고종후는 제2차 진주성 싸움(1593.6)

에서 대승을 거두었지만, 그 이후 전세가 악화되자 나주 의병장 김천일, 화순현감 최경회와 함께 진주 남강에 투신 자살하였다.

上月亭

특히 고경명은 식년시 문과에 장원급제하고 동래부사를 마지막으로 고향인 광주로 낙향하였다가, 임진왜란이 일어나자 60세의 노구에도 불구하고 '마상격문'으로 의병들의 사기를 고취시켰다. 고종후, 인후 형제도 문과에 급제한 부전자전의 명석한 인재들이었으나, 3부자가 함께 희생된 것은 우리나라 전쟁사에서 유일한 사례이다.

장흥 고氏를 창평 고氏라고도 하는데 학봉 고인후의 호를 따서 장흥 고氏 학봉파라 하며, 그 후손들 중에 기라성같은 인물들이 많이 배출되었다.

녹천 고광순(1848~1907)은 보수파로서 의리와 명분을 중시하여 기우만과 함께 의병을 일으켜 일본군과 싸우다가 지리산 연곡사에서 전사하였다.

춘강 고정주(1863~1933) : 규장각 직각(정3품), 개화파로서 신교육을 통한 부국강병을 주장하였다. 상월정을 영어를 가르친다는 뜻으로 영학숙英學塾 (창흥의숙)으로 개칭하여 1906년부터 영어를 가르치다가 이후 창평초등학교로 개명하였다. 영학숙을 설립한 춘강은 만석꾼 부호로서 운영비를 자비로 부담하여 후학양성에 헌신하였다.

[영학숙 출신]

- 설립자 차남 고광준 : 아들 고재욱(전 동아일보사장)
- 사위 김성수(처 : 고광석) : 전 부통령
- 고하 송진우 (고비산 기슭에서 출생했다 하여 스승인 기만연이 '고하'로 지어줌)
- 현준호(현정은 조부)
- 수당 김연수(모친은 장흥 고氏) : 김성수의 동생
    ※ 차남 김상협 : 전 고려대 총장
- 가인 김병로 : 초대 대법원장 (정치인 김종인의 조부)
- 양태승 : 고창 고보 설립자, 민족교육에 헌신
    ※ 당시 최고의 명문으로 남쪽은 고창고보, 북쪽은 오산 고보
- 이 한기 : 전 국무총리 서리

※ 근현대의 장흥 고氏 인물
- 고재욱 : 前 동아일보 사장
- 고재필 : 前 보사부장관
- 고재혁 : 김대중 5.18 내란음모 사건 국선 변호인
- 고재일 : 전남 법대 교수
- 고재청 : 前 국회부의장
- 고재호 : 前 대법관   (사위 : 前 대법원장 최종영)
- 고재량 : 前 광주고법 부장판사
- 고정석 : 前 산업은행장
- 고정운 : 前 천도교 교령
- 고문석 : 前 한양대 교수
- 고윤석 : 前 서울대 부총장
- 고중석 : 前 헌법재판관

◎ 타인능해他人能解의 류이주 선생

1776년 낙안군수 류이주가 전남 구례군 토지면 오미리 103번지에 있는 금환락지金環落地의 명당터에 지은 '운조루'는 '구름 속에 새처럼 숨어 사는 집'이라는 뜻을 가지고 있다.

류이주 선생은 '운조루' 안에 나무로 만든 쌀 독을 비치하고, 그 안에 항상 쌀을 채워 두었다. 쌀독에는 손이 들어갈 만한 조그마한 구멍을 내고 '他人能解'(타인도 열게 하여 주위에 굶주린 사람이 없게 하라)라는 글귀를 써 두어 가난한 이웃들이 쌀을 가지고 가서 생명을 이어갈 수 있도록 배려함으로써 우리 조상들의 나눔의 삶, 베품의 정신을 실천하였다.

他人能解의 나무로된 쌀 독

◎ 일제때 반골성향이 강해 일본인이 정착하기 어려웠던 곳

전라남도 3성 (보성, 장성, 곡성), 3평 (창평, 남평, 함평)
(특히 창평 사람들의 반골성향이 더욱 강했다)

일본인의 '게다짝' 소리가 담 밖에서 들려오면 아낙네들이 뜨거운 물을 담장 밖으로 쏟아 부어 그들을 난처하게 했을 뿐만 아니라, 일본 순사가 야간 순찰을 돌면 집단으로 폭행을 가했다. 이로 인해 야간 순찰을 중지하고 밤에는 창평을 피해 광주에서 숙박하였다고 한다.

일본인 '하고니'가 알사탕 가게를 창평에서 운영하다가 쫄딱 망해 빈털털이가 되었다. 그 이유는 애들이 일본인이 만든 사탕을 사먹지 못하도록 집집마다 엿을 만들어서 먹이니 망하지 않을 수가 있었겠는가?

그래서 지금도 호남에서는 사업을 하다가 빈털털이가 된 사람을 '하고니 신세'가 되어 버렸다고 한다.

부 록
APPENDIX

경복궁 꽃담

부록 목차

- 혼란의 시대, 비국의 군주 궁예 _ 341
- 구한 말 을사 5적신 _ 342
- 안중근 의사 _ 343
- 격변기주요 인물 암살 일지 _ 345
- 벌교에서 주먹자랑하지 말라는 말의 유래 _ 346
- 카오스(chaos) 시대의 뒷 이야기 _ 346
- 구한 말 조선의 5대 갑부 _ 349
- 우리나라 3대 정원 _ 354
- 천진조약과 하관(시모네세끼) 조약 _ 355
- 인격없는 교육, 노동없는 富의 축적은 언젠가는 _ 358
- 일제강점기 친일 경찰들의 용서받지 못할 만행 _ 359
- 명리 도사 열전 _ 363
- 세계적으로 유례를 찾아보기 힘든 博士 마을 _ 367
- 천상병 시인 _ 370
- 저자의 애송 詩 _ 371
- 인생 길, 나그네 길 _ 374
- 친구야! _ 375
- 옛날과 오늘날 _ 376
- 인생만사 새옹지마 _ 377
- Noblesse oblige 정신을 실천한 송기태 선생 _ 379
- 불이문해사不以文害辭 _ 379
- 사람은 환경의 자식이다. _ 380
- 역설적 PARADOX _ 381
- 너도 스승, 나도 스승 _ 383
- 훌륭한 지도자를 위한 필독서 _ 384
- 심금心琴의 녹명鹿鳴 _ 385
- 보학 – 역사학의 보고 _ 387
- 희소한 성씨와 연예인의 본명 _ 390

[중국편]
- 중국 역사의 변천 _ 394
- 사숙私淑 _ 395
- 합종연횡合從連衡 _ 398
- 삼국지의 3대 대전 _ 399
- 알쏭달쏭한 중국의 사마氏 이야기 _ 400
- 수불석권手不釋卷 _ 402
- 담배, 술, 여자, 마약과 수명 _ 402

◎ 혼란의 시대, 비극의 군주 궁예

　신라 말기, 중앙의 힘이 약해지자 각지에서 지방 호족들이 세력을 키우며 후삼국 시대(892~936)가 시작되었다. 이 시기에 견훤의 후백제, 여전히 명맥을 이어가던 신라, 그리고 궁예가 세운 태봉국이 각축을 벌였다.
　- 후백제 : 1代 王 견훤(869~936), 2代 王 신검(885~?)
　- 태봉국 : 궁예(869~918)가 1代 王이자 마지막 王, 재위 901~918
　- 신　라 : 진성여왕(?~898), 재위 887~897

　궁예는 신라 제48대 경문왕의 서자로 태어났다고 전해진다. 단오날 태어난 그를 불길하게 여겨 누대 아래로 던져졌으나, 유모가 누대 아래에서 갓난아이를 받아 극적으로 목숨을 구했다. 그러나 그 과정에서 유모의 손가락에 눈을 찔려 한쪽 눈을 실명하게 되었다.
　10세 무렵, 유모로부터 출생의 진실을 듣고 집을 떠난 그는 영월 세달사에서 출가해 선종이라는 법명을 받고 승려가 되었다. 출가 후에도 궁예는 이러한 출생의 상처를 평생 품고 살았고, 신라에 대한 깊은 원한과 적개심을 지니게 되었다.

　이후 궁예는 안성 국사봉(저자가 이 글을 집필하고 있는 심향헌心香軒이 소재)에서 무예를 연마하였다. 신라 선덕여왕 5년 자장율사가 창건한 안성의 '칠장사' 명부전 벽화에 지금도 궁예의 흔적이 남아 있다.
　다시 세속으로 내려온 궁예는 죽산 일대에서 활동하던 군벌인 '기훤'에게 의탁했지만, 성격이 포악한 그를 떠나 원주의 군벌인 '양길'의 휘하로 들어갔다. 양길에게서 신임을 얻은 그는 1천여 명의 병력을 이끌고 강릉(명주)으로 진출했고, 세력을 계속 확장하여 화천, 금화, 철원 일대를 장악하였다. 지금은 비무장 지대인 철원 풍천원에 왕궁을 짓고, 901년 태봉국을 세워 스스로 왕이 되었다.

개국 초기에는 능력있는 지도자로 많은 지지를 받았지만, 집권 말기인 915년경부터 성격이 극도로 포악해졌다. 어느 날, 왕비 강씨가 그의 폭정을 간언하자, 그는 "네가 다른 남자와 간통하고 있지 않느냐? 나는 관심법으로 너의 심장을 꿰뚫어 보고 있다"라며 분노를 터뜨렸다. 결국 불에 달군 쇠몽둥이로 왕비의 음부를 지져 죽이고, 두 아들까지도 죽이는 만행을 저질렀다.

918년, 궁예에게 환멸을 느낀 부하 장수 홍유, 배현경, 신숭겸, 복지겸 등이 반란을 일으켜 그를 폐위시키고, 새로운 지도자로 왕건을 추대하였다. 궁예는 역사 속에서 짧고 강렬한 빛을 내었으나, 끝내 비극적 결말을 맞은 군주로 남고 말았다.

이로써 궁예의 꿈은 무너졌고, 태봉은 고려로 전환되었다. 그러나 지금도 강원도 철원읍 일대에는 그가 세운 나라의 흔적을 뜻하는 '태봉'이라는 지명이 간판이나 도로명에 남아 있어, 역사의 한켠에서나마 그의 이름을 기리고 있다.

◎ 구한말 을사 5적신

- 학부대신 이완용(1856~1926) : 매국의 원흉
- 외부대신 박제순(1858~1916) : 충청감사로 동학군 진압
- 농상부대신 권중현(1854~1934) : 개화파, 친일로 변절
- 군부대신 이근택(1865-1919) : 독립협회 해산
- 내부대신 이지용(1870~1928) : 도박으로 소일한 친일 백작
                        고종은 5촌 당숙

※ 을사 5적신보다 더한 매국노
- 송병준 : 개마고원 장진군 출신, 배우 김희갑과 동향
- 이용구 : 경북 상주 출신, 일진회장

※ 최남선, 이광수가 친일행보를 보이자, 어느날 홍명희가 한용운을 찾아가, "그들은 개같은 놈들이다"라고 하자, 한용운은 "개는 주인을 배신하지 않지만, 그들은 조국과 민족을 배신했으니 개만도 못한 놈들이네. 자네가 지금 한 말을 개들이 들었다면 얼마나 섭섭해 하겠나?"라고 일침을 가했다.

※ 개화기 동경유학생 3대 천재 : 최남선, 이광수, 홍명희

'혈의 누'의 저자 이인직은 이완용의 비서였다. 그래서 친일파라는 비난을 받고 있다. 역사는 냉정하다. 이순신은 성웅이란 역사를 남겼고, 이완용은 역적이라는 이름을 남겼다.

◎ 안중근 의사

안 중근 (1879. 9.2~1910. 3.26)은 순흥 안氏. 해주 출생으로 가슴과 배에 7개의 점이 있다 하여 '응칠'이라는 예명을 갖게 되었다. 천주교 세례명은 '도마'. 할아버지 안인수는 진해 현감, 아버지는 진사 안태훈이다. 어머니는 조마리아.

안중근은 문무를 겸비하여 사격과 서예에 능했 다. 또한, 근대적 사고와 숭무적 기상을 지닌 민족 청년으로 성장하였고, 이를 바탕으로 역사의 현장에 뛰어들었다. 그래서 1909년 10월 26일 만주 하얼빈 역에서 이토오 히로부미 암살후 여순 감옥에서 교수형을 받았다.

(박정희 대통령 시해 : 1979. 10. 26)

〈안중근의 법정 최후 진술〉

"교전시 적대국 장수를 살해하는 것은 정당행위이다"
(이것은 형법상 위법성 조각 사유에 해당한다.)

사형집행 5분 전의 안중근 의사

국가 안위에 대한 걱정과 안타까움이
깊게 배어있는 안중근 의사의 휘호

○ 에이브러햄 링컨 (미 16대 대통령) : 1865. 4.14일 워싱턴 DC에 있는 포드 극장에서 '존 윌크스 부스'가 암살
　　　　　　　　　　(링컨이 암살된 날은 바로 예수 그리스도가 십자가에 못박혀 죽은 성 금요일이었다.)
　　※ 링컨 → 17대 대통령 : 앤드루 존슨(1808년생, 남부출신). 암살범 부스는 1838년생으로 배우
○ 존 에프 케네디 (미 제35대 대통령) : 1963.11.22일 댈러스에서 '오즈왈드'가 암살
　　※ 케네디 → 36대 대통령 : 린든 B. 존슨(1908년생, 남부출신). 암살범 오스왈드(1939년생)

◎ 격변기 주요 인물 암살 일지

피살자				암살자				암살장소
성명	본관	생몰	학력/경력	성명	본관	생몰	학력/경력	
김옥균 (급진개혁자)	신안동	1851 ~94.3.29	· 알성시 문과장원(22세) · 홍문관 교리 · 아들 김영진(관찰사)	홍종우 수구파	남양	1850~1913	· 문과 과거급제 · 최초로 파리 유학	중국 상해
백범 김구	구안동	1876 ~1949.6.26	· 임시정부 주석 · 300년전 김자점의 역모 사건이후 가문이 몰락됨	안두희	순흥	1917~1996	· 육군 포병 소위 (복귀하여 소령으로 예편)	경교장
몽양 여운형 (중도파)	함양	1886 ~1947.7.19	· 건국준비위원장 (실질적 대표) · 난징 금릉대학(난징大)	한지근 본명 이필형	미상	1927 ~ ?	· 백의사 단체(극우파) ※ 중국 남의사 단체 모방	혜화동 로타리
고하 송진우	신평	1890 ~1945.12.30	· 한민당 당수 · 동아일보 사장	한현우	청주	1912 ~2007.11.24	· 와세다大 졸 · 조선독립연맹 최고의원	종로 원서동 자택
설산 장덕수	결성	1894 ~1947.12.2	· 컬럼비아大 정치학박사 · 동아일보 주필 · 한민당 정치부장	백광옥	수원	?	· 종로경찰서 형사 (23세)	제기동 자택
				배희범	미상	?	· 연희대 상대2년. 초등교사(20세)	
안두희	순흥	1917 ~1996.10.23	· 명치大 법학과3년 중퇴 · 육군 포병 소위	박기서	반남	1948 ~2025.7.10	· 부천 소신여객 기사 ※ 40cm 몽둥이(정의봉)로 살해	인천 중구 신흥동 자택

○ 몽양 여운형 (1886~1947.7.19) : 경기도 양평 출신. 1945. 8월에 건국준비위원회 위원장. 당시 가장 신망있는 정치인이었다.
　　1945. 8.15 광복 전날 밤, 총독부의 2인자인 정무총감 엔도 류사쿠의 관저(중구 필동)에서 한국 대표 자격으로 5개항의
　　보장을 전제로 '재한국 일본인의 안전귀환 문제'를 수락.
　　　　※ 당시 주요 지도층의 정치 성향 : 좌우 합작(여운형, 안재홍, 김규식), 우익 (김구, 이승만), 좌익 (박헌영)

○ 조소앙 (1887~1958) : 함안 조氏, 1919.2.1 대한독립선언서를 작성, 곧바로 일본으로 건너가 2·8 독립 선언문 작성 지도, 4.11 중국
　　상해에서 임시정부 수립을 결의하고, 삼균주의에 입각한 첫 헌법인 대한민국 임시헌장을 작성. 강제로 납북되어 평양 애국열사
　　묘역에 안장, 남북한 정부에서 공히 건국훈장 추서　　※ 함안 조氏 생육신 조려의 16代 손

○ 조봉암 (1899~1959.7.31) : 창녕 조氏, 서울 성북구에서 조병옥과 경합하여 국회의원 당선, 초대 농림장관
　　1958년 상인 양명산을 통해 조선민주주의인민공화국으로부터 정치자금을 수수했다는 날조된 혐의로 진보당 사건에 연루되어
　　국가변란 및 간첩혐의로 사형선고(재판관 김갑수)를 받고 교수형에 처해졌다. 당시에도 그의 사형집행은 '사법살인'이라는 비판이
　　제기되었으며, 그로부터 52년이 지나 재심이 받아들여져 2011.1.20일 대법원(주심 박시환)에서 무죄판결을 받아 복권되었다.

※ 인혁당 사건 (사법살인) : 중앙정보부의 조작으로 유신반대 성향이 있는 도예종 등
　　8명을 국가보안법/대통령 긴급조치 위반으로 기소하여,1975.4.9일 인혁당 사건
　　관련 피고인 8명에게 사형 선고를 내린 지 18시간 만에 형을 집행했다. 이로 인해
　　국제 사법계에서 '사법 살인'이라는 비난과 함께 이 날을 '국제 사법계 암흑의 날'로
　　선포했다.
　　　그로부터 30년이 지난 2005.12.27일 이 사건에 대한 재심이 받아 들여져
　　2007.1.23일 서울중앙지법은 인혁당사건 피고인 8명에 대해 모두 무죄를 선고했다.

인혁당 사건 재판

김옥균　　김구　　여운형　　송진우　　장덕수　　안두희　　조소앙　　조봉암

◎ '벌교에서 주먹자랑하지 마라'는 말의 유래

　안규홍(1879. 4.10~1911.6.22) : 죽산 안氏로서 보성읍 우산리 태촌 마을에서 출생하여 머슴살이를 하다가 의병장이 되었다. 홀어머니를 모시고 어렵게 살아가던 중 사소한 잘못으로 벌교 일본 헌병대에 끌려가 구타를 당하자, 분하고 억울해서 그 헌병에게 주먹을 날렸는데 그대로 절명해버렸다. 이 일로 대구형무소에서 교수형을 받고 숨을 거두었다. 지금도 이를 기리기 위해 보성군 득량면에 안규홍 송덕비가 서 있다.

◎ 카오스(chaos) 시대의 뒷 이야기

- ○ 배정자(1870~1952) : 문성 배氏 (가수 탁재훈의 본관)
  - 아버지(배지홍)는 김해 고을의 아전 출신이며, 이등박문의 수양딸이 되었으나 양녀를 가장한 내혼녀였다.

    ※ 이등박문은, "술에 취해서는 미인의 무릎을 베고 눕고, 깨어서는 천하의 권력을 잡는다"고 내뱉었다. 이등박문은 살아서는 배꼽 맞추기를 좋아하더니 결국에는 배에 총알을 맞고 죽었다.

  - 두번 째 남편인 현영운은 현진건의 친 삼촌
    - 딸(현송자)는 윤치오(윤보선의 백부)의 부인

- ○ 이루어질 수 없는 사랑을 현해탄에 던지다
  - 윤심덕 : 1897.7.25~1926.8.4 평양출생, 동경음악대학 성악과졸 우리나라 최초의 소프라노 가수, 어려운 환경에서 가장 노릇, 단성사 공연.　※ 사의 찬미 (죽음을 예견한 노래)
  - 김우진 : 1897.9.19~1926.8.4 장성군수 김성규의 장남, 목포의 갑부 와세다대 영문과 졸업, 20세기를 빛낸 한국의 예술인 중 한 명이다. 1926년 동경에 건너가 5월 '난파', 7월에 '산돼지' 집필 이후 8월에 윤심덕과 현해탄에서 투신자살

○ 지하련의 지고지순한 사랑
- 임화 : 1908~53 서울출생, 보성고보 중퇴(소설가 이상,
　　　　정치가 이강국과 입학동기), 조선프롤레타리아예술가
　　　　동맹(KAPF) 멤버, 극작가, 월북
- 지하련 : 1912~60, 경남 거창 출생(부농), 본명은 이현욱
　　　　도쿄 경제전문학교 졸업, 소설가, 월북
　　　　(한때 미당 서정주 시인이 짝사랑한 연상의 여인)
　　　　※ 마산의 한 결핵요양소에서 이혼남인 임화를 만나 결혼

○ '사랑의 화신' 나혜석 (1896~1948)

- 나주 나氏. 진명여고 졸. 동경여자미술학교 서양화과 졸. 화가이자
　　시인, 제1代 페미니스트.　　※ 탤런트 나문희의 고모 할머니

　- 첫사랑 : 오빠 나경석의 절친 최승구(25세로 요절)
　- 두번째 : 춘원 이광수(이광수는 허영숙을 사귀면서 양다리를 걸침)
　- 세번째 : 이혼남인 변호사 이우영과 결혼
　- 네번째 : 남편의 친구 '최린'을 파리에서 사랑. 불륜으로 이혼을
　　　　　당한 후 서울 시립병원 무연고자 병동에서 영양실조로
　　　　　사망

○ '유행가의 여왕' 왕수복
- 김광진 : 1903. 6.23, 평양출생, 동경상과대학 졸업
　　　　고려대, 김일성종합대학교 교수
　　　　밤이 새도록 학문에 몰두한 篤學者, '마른 나무에 이슬'
　　　　이라 칭할 만큼 인간미가 넘쳤던 인물

- 왕수복 : 1917.4.23~2003.6.1 평양출생, 명륜여자공립
  보통학교 3년 중퇴하고 평양기생학교(권번)에 입학

  ※ 17세에 최초로 콜롬비아 레코드사에서 '울지말아요' 취입
    - 1935년 '삼천리' 잡지에서 1위로 선정 발표 (2위는 선우일선, 3위는 이난영)
  ※ 조선일보 기자였던 노천명(23세)이 櫻花園(벚꽃동산)이란 연극에서 '라네프 스카야(모윤숙 역)'의 딸인 '아냐'로 출연하였는데, 김광진(31세, 유부남)이 노천명에게 매료되어 결혼약속까지 했지만, 김광진의 이혼이 어렵게 되자 사랑이 흐지부지 끝나 버렸다.
    - 노천명은 양주동 박사와 황해도 장연 동향.
    - 이효석 : 1940년 아내와 사별하고, 1942. 5월 숨을 거둘 때까지 왕수복이 임종을 지켰다.

○ 사랑을 위해 목숨까지 걸었던 한국의 '마타하리'

- 이강국 : 1906~56, 경기도 양주 출생, 경성대학교 법문학부 2년 중퇴
  보성고보 수석 졸업, 일제 강점기 노동사회운동가, 월북 후
  북한 외교관 겸 정치인, 1956년 경 총살형

- 김수임 : 1911~50.6.15 개성출생, 이화여전 영문과 졸업

  ※ 미 군정청 헌병감(대령) 베어드와 종로구 옥인동에서 동거를 하면서 빼낸 각종 기밀을 이강국과 남로당에 제공하였다가 1950.4월 간첩혐의로 체포되어 6.15 고등군법회의에서 사형을 선고받음.
  　베어드와 동거할 때 낳은 아들 김원일은 미국 로스엔젤레스에 있는 라 시에라 대학 교수를 지냄. 김수임의 절친인 모윤숙이 소개한 이강국은 그녀의 가슴 속 영원한 남자였다. (순애보적 사랑)

○ 박목월의 '이별의 노래'

　박목월 시인이 모 대학 재직중 제자인 여대생과 사랑에 빠져 어느날 홀연히 종적을 감추었다. 시인의 아내(유익순)는 남편이 제주도에 있다는 소식을 접하고 찾아가 아무런 내색도 하지 않고 돈과 겨울옷을 내밀고 서울로 돌아왔다. 아내의 그 모습에 감동한 시인은 사랑을 접고 애인에게 詩 한 수를 전했으니 '이별의 노래' 이다.

기러기 울어 예는 하늘 구만리
바람이 싸늘 불어 가을은 깊었네
아아~ 아아 너도 가고 나도 가야지

한낮이 끝나면 밤이 오듯이
우리에 사랑도 저물었네
아아~ 아아 너도 가고 나도 가야지

산촌에 눈이 쌓인 어느날 밤에
촛불을 밝혀두고 홀로 울리라
아아~ 아아 너도 가고 나도 가야지

◎ 구한 말 조선의 5대 갑부

구한 말에서 일제 강점기까지 조선 5대 갑부를 열거해 보면,

■ 경주 최 부자

경주 최 부잣집은 진사 벼슬 9대를 이어왔고 만석꾼으로 12대를 이어왔다. 이 기록은 좀처럼 깨기 어려운 전무후무한 기록일 성싶다. 다음은 200년 이상 전승되어 온 최 부잣집의 가훈이다.

- 흉년에 논밭을 매입하지 마라
- 과거를 보되 진사 이상은 하지 마라
- 재산은 만석이상 모으지 마라
- 과객을 후하게 대접하라
- 사방 백리 안에 굶어 죽는 사람이 없게 하라

부불삼대富不三代란 말이 있다. 최근 우리 주변에 우르르 무너지는 재벌들을 보면서 최 부자의 가훈을 되새겨 보게 된다.

'졸부는 졸망猝亡'이라는 말이 허언은 아닌 듯싶다.

경주시 교동 69번지에 있는 최 부잣집은 원래 신라 요석공주가 살던 곳이었다. 집터 오른쪽에는 계림향교가 있고 뒤쪽에는 박혁거세의 탄생 설화가 서린 계림이 자리잡고 있다. 왼쪽 뒤쪽으로는 내물왕의 무덤을 비롯한 5개의 커다란 봉분이 작은 동산처럼 누워 있고 거기서 좀 더 왼쪽으로는 김유신 장군이 살던 재매정이 있다.

수신제가修身齊家를 위한 육연六然이 있다.

- 자처초연 自處超然 : 스스로 초연하게 지내고
- 대인애연 對人靄然 : 남에게는 온화하게 대하고
- 무사징연 無事澄然 : 일이 없을 때는 맑게 지내며
- 유사감연 有事敢然 : 일이 있으며 용감하게 대처하고
- 득의담연 得意淡然 : 뜻을 얻었을 때는 담담하게 행동하고
- 실의태연 失意泰然 : 실의에 빠질 때는 태연하게 행동하라.

이 집안의 장손인 최염 氏는 생존해 있으며 어려서 조부의 방에 문안을 드리러 가면 육연을 매일 익혔다고 한다. 시오노 나나미의 '로마인 이야기'를 보면 로마가 천 년을 지탱하도록 받쳐 준 철학이 '노블레스 오블리주'라고 했다. 번역하면, 혜택을 받은 자들의 책임, 또는 특권층의 솔선수범이다. 로마의 귀족들은 전쟁이 나면 귀족들이 솔선수범하여 최전선에서 피를 흘렸는가 하면 금쪽같은 자기 재산을 사회에 환원하곤 하였다.

이것이 로마를 이끌어 가는 리더쉽에서 나온 것이다. 옛말의 '적선지가 필유여경積善之家必有餘慶'은 좋은 일을 많이 하는 집에 반드시 경사가 있다는 뜻이다. 세계 역사를 통틀어 천 년을 이어온 나라는 로마와 신라 이외에는 없다.

최 부잣집의 '육연'과 로마 제국의 '노블레스 오블리주'는 일맥 상통하고 있다. 육연은 불어로 톨래랑스(Tolerance)이다. 관용과 용인의 정신이 배어 있는 것이다. 삶의 통찰력에서 지혜가 나오고 이 지혜를 후손에게 전승하기 위한 제도적 장치로 마치 종교의 계율처럼 육연의 정신은 계승되고 있다.

최 부잣집 터는 해동 성자 설총이 태어난 곳이다. 최염 氏의 13대조인 최진립(1598~1636)에서 7대조 최언경(1743~1804)에 걸쳐 오늘에 이른 것이다.

사람이 사는 집터인 양택은 안대가 제일 중요하고, 망자의 묘터인 음택은 내룡來龍이 가장 중요하다. 안대는 땅 위의 기운으로 양의 기운이라면, 내룡은 땅 속으로 전달되는 음의 기운이다. 물론 음양의 기를 모두 받으면 더욱 좋을 것이지만 최 부잣집은 이중안대二重案帶가 교과서적이다. 재물과 귀貴가 겹쳐 흐르는 수맥이 합수되어 앞산의 안대를 감고 흐른다.

이 집터는 임좌壬坐로 남향집이고 안대는 경주 남산이다. 부지 2,000평에 1만여 평의 후원과 노비 100여 명이 살던 아흔 아홉 칸의 민간 궁궐이다. 수백 정보의 땅과 장서 8,000권을 영남대학 재단에 희사하였다.

현재 최염 氏의 큰 누님은 동계 정온 선생의 종부로 시집갔고, 둘째 누님도 서애 유성룡 선생의 종부로 시집을 갔다. 경주법주는 이 집안의 손님 접대용 가주였으나 오늘날 경주법주로 판매되고 있다. 최염 氏의 장남 최성길은 판사로 재직한 적이 있는데 이것은 과연 가훈을 어긴 것일까.

(조용헌의 글을 참조)

경주 최부자댁

■ 공주 김갑순

남의 땅을 밟지 않고 공주 일대를 다닐 만큼 대지주였으나 친일적인 사람일 뿐만 아니라 정신적인 소양이 부족한 사람이다.

· 김갑순의 사위 윤명선(1900~46) : 동경제대 법학부 졸업
  윤보선 전 대통령의 사촌 동생

어려서 고아나 다름없이 어렵게 성장하여 공주관아의 관노가 되었으나 충청관찰사의 애첩과 의남매를 맺은 인연으로 부여군수가 되었다가 종2품 가선대부에까지 오른 인물. 대전이 충남도청이 된다는 정보를 얻고 대전 땅의 2/3를 매입하여 막대한 부를 누렸다. 원래 이름이 김순갑淳甲이었으나 고종이 김갑순甲淳이라는 이름을 하사했다.

■ 칠곡 장부자

초대 외무부 장관을 지낸 창랑 장택상 氏의 집안이다. 장택상 氏의 형님 장길상 氏를 가리킨다. 도쿄 유학생 장병천은 장길상 氏의 장남으로 1920년대 명월관 기생인 평양 출신 강명화의 미색에 반한 애정행각으로 유명하다.

그들의 사랑은 끝내 1923년 온양 온천장에서 동반자살로 비극적으로 끝이 났다. 쌀농사로 수만 석은 물론 밭농사로 참깨를 3,000석을 수확했다. 창랑 역시 부잣집 차남으로 태어나 그 당시 영국 유학을 다녀왔다.

※장석룡(1823~1908) → 장승원(1852~1917) → 장길상(1874~1936) : 규장각 직각
　(정시문과 장원, 공조판서)　　(증광시 병과 급제, 경상도관찰사)　→ 장택상(1893~1965) : 수도청장,
　　　　　　　　　　　　　※ 장석룡의 양자　　　　　　　　　　　　외무부장관, 국무총리

　박정희 대통령의 아버지 '박성빈'은 한때 장승원과 알고 지내는 사이였는데, 그 인연으로 박정희의 둘째형 '박무희'가 장승원의 소작 관리인인 마름에게 씨암탉을 뇌물로 주고 소작을 사정하였다. 결국 박무희는 7:3이라는 가혹한 비율로 도지세를 지불하는 비참한 소작인 생활을 여러 해 반복해야 했다.

　당시 소작인의 생활상은 '목구멍이 포도청'이었다. 먹고 살기 위해서는 체면이나 원칙을 무시하고 때로는 범죄까지도 저지를 수밖에 없는 상황을 비유적으로 표현한 말이다.

　四書의 하나인 大學에서,
　心不在焉(심부재언)이면 視而不見(시이불견)하며
　聽而不聞(청이불문)하고 食而不知其味(식이부지기미)니다.

**"마음에 있지 아니하면, 보아도 보이지 않고,
　들어도 들리지 않고, 먹어도 그 맛을 알지 못 한다."**

　그후 박정희가 대통령이 되었을 때, 장택상은 자기 집안의 마름도 아닌 일개 소작인 집안 출신인 박 대통령을 무시하여 '박정희 군'이라고 낮춰서 불렀다. 얼마간의 시간이 지난 후 장택상이 미국으로 외유를 떠나려 했지만 알 수 없는 사유로 출국이 금지되는 사태가 발생하였다. 장택상의 하대에 심기가 불편해진 박정희의 회심의 복수였거나, 음지가 양지 되고 양지가 음지되는 이치가 아니었을까?

- **담양의 국채웅**

    국채웅은 명월관 기생들을 불러 생일잔치를 했을 정도였으니 그 부를 가히 짐작할 만하다. 조선 초 노송당 성희경이 개발한 궁중음식 '떡갈비'를 제대로 전수받은 가문으로도 유명하다. 오늘날 담양하면 '떡갈비'가 트레이드 마크이다. 많은 미식가들이 이곳을 찾고 있다.

    그 밖에 화신 재벌 '박흥식' 氏가 있다.

- **줄포의 김성수**

    인촌 김성수는 상하이 임시정부에 정치자금을 후원했으며, 양부 김기중의 후원으로 1915년 중앙고보를 인수, 1919년 경성방직회사를 창립, 1920년 언론사의 상징인 동아일보를 설립하고, 1932년 고려대학교를 인수하여 운영하였으니 부에 대한 상상은 여러분이 해보시길...

    ※ 생부는 김경중, 처는 고경명의 후손 고정주의 딸(창평 高氏)
    ※ 1941년 학병제 및 징병제를 찬양한 사실이 있어 2018. 2월 건국공로훈장이 박탈됨
    - 창평(담양) 의숙 동문 : 현준호, 송진우, 김성수
    - 김성수 동생 김연수 : 삼양설탕, 삼양라면 창업

◎ 우리나라 3대 정원

- **부용원**

    윤선도의 민가 정원이다. 보길도의 지형은 자궁혈이다. 포구는 질구이며 포구에서 시내로 가는 길이 질이며 시내가 시작하는 부용동은 정자가 착상하는 자궁 뒷벽에 해당한다. 윤선도는 인조가 청나라에 항복했다는 소식을 듣고 제주도에 은둔코자 내려가는 뱃길에 우연히 보길도를 발견하고 정착하게 되었다.

부용동, 동천 석굴, 세연정, 옥소대 등의 이름은 선가仙家의 용어들이다. 윤선도는 부용동에서 잠을 자고 아침에는 동천 석굴에서 태양공을 수련하고 저녁에는 세연정에서 신공神功을 하며 선도인의 이상향을 펼쳤다. 특히 동천 석굴은 보길도의 유일한 혈 자리(선도인의 수행처)이다.

■ 서석지

경북 영양군 임암면 연당리에 있으며, 석문 글씨는 광해군 때 정영방이 썼다. 병자호란 이후 나라가 어지러워 이곳으로 이주하여 산자수명한 자연을 벗삼아 유유자적하였다. (중요 민속자료 제108)

■ 소쇄원

전남 담양군 남면 지곡리, 조선 중기의 정원. 양산보(1503~57)가 기묘사화로 스승인 조광조가 화를 입자 낙향해 은거지로 꾸민 정원. 소쇄라는 말은 '깨끗하고 시원하다'라는 뜻이다.

◎ 천진 조약과 하관(시모노세끼) 조약

○ 천진 조약

천진은 대원군이 볼모로 잡혀갔던 곳이기도 하고, 주은래의 모교인 난까이 대학이 있는 곳이다. 1885. 4.18 청나라 리홍장(수석 전권대신)과 일본 이등박문(특파 전권대사)이 맺은 조약이다.

갑신정변(1884) 실패의 결과로 청일간의 동북아 세력균형을 위해 맺은 조약으로 어느 한쪽의 일방적인 우위가 없어 합의가 이루어지지 않음에 따라 후일 청일전쟁의 원인이 되었다.

○ 구례 3대 고택
 · 쌍산재(마산면 사도리) : 반월형半月形 · 운조루(토지면 오미리) : 금환낙지형金環落地形
 · 곡전재(토지면 오미리) : 금구몰니형金龜沒泥形
○ 3대 누각 (영남은 누각 문화, 호남은 정자 문화) : 밀양의 영남루, 진주의 촉석루, 평양의 부벽루
 · 호남 : 강진 백운동 정원(유상곡수流觴曲水), 담양 면앙정(송순), 식영정(임억령)
    ※ 호형견제虎兄犬弟 : 동생 임백령은 간신 윤원형의 심복

※ 갑신정변 (1884.12.4~6, 3일 천하) : 개화파들이 청나라에 의존하는 척족(민씨) 중심의 수구세력을 몰아내고 개화정권을 수립하려다가 청군의 개입으로 실패한 쿠데타이다.

ㅇ 하관조약(시모노세끼 조약)

1895. 4.17 청나라 리홍장과 일본 이등박문이 맺은 조약이다. 동학란을 진압하기 위해 조선에 진군한 청일간의 전쟁(1894.7.25~1895.4.17)이 발발하였으며, 그 뒷처리를 위해 청일간에 체결된 조약이다. 이때 일본은 전쟁배상금 3억냥을 2억냥으로 줄여주고, 천진 대신에 요동반도와 대만을 일본 정부에 양도한다는 내용의 조약이다.

청일전쟁에서 일본이 승리함에 따라 조선은 일본의 식민지가 될 운명에 처하게 되었다. 이완용은 을사늑약(1905.11.17), 정미7조약(1907.7.24), 기유각서 (1909.7.12), 경술국치(1910.8.29)를 주도한 역적 4관왕이다. 기유각서는 이완용이 단독으로 행한 각서이므로 조약이 아니며, 이로 인해 사법권이 박탈당했다.

동학란(갑오 농민혁명)은 1894. 3.20~11.27 기간중 전라도와 충청도를 중심으로 발발한 농민봉기이다. 수운 최제우가 창시한 동학의 이념은 보국안민, 제폭구민이었다. 세도정치와 탐관오리의 수탈로 허덕이던 농민들은 새로운 세상을 만난 듯 동학사상에 매료되어 일어난 혁명이다.

ㅇ 리홍장(1823~1901) : 부국강병을 위한 양무운동의 주도자
ㅇ 위안스카이(원세계, 1859~1916) : 임오군란 당시 청나라 광동수사제독 오장경이 4500여명의 군인들을 이끌고 임오군란을 진압하기 위해 조선에 입국. 그 중에 23세된 원세계가 있었으며, 갑신정변 때 25세의 나이로 조선정책을 간섭하는 최고의 책임자가 되었다.
고종 앞에서도 예를 갖추지 않은 무뢰한이었다. 원세계의 배후에는 리홍장과 오장경의 든든한 후원이 있었다. 그래서 청일전쟁에 패하고도 책임을 지지 아니하고 북양군벌의 지도자가 되었고 1911년 손문이 총통에 부임하였으나, 그를 밀어내고 1912. 3 중화민국 임시총통의 자리에까지 올랐다.

전라도 고부(정읍)에서 조병갑의 횡포를 막기 위해 전봉준의 부친 전창혁(훈장)이 전라도 관찰사에게 상소를 하였다가 곤장을 맞고 죽음을 맞게 되었다. 이에 분노한 전봉준은 동학의 선봉장이 되어 동학혁명을 주도하였다.

동학혁명은 조병갑에게 반발한 농민들이 중심이 되어 일어났으며, 3.20일 전봉준, 손하중이 무장(고창)에서 시작하여 11.17 공주 우금치에서 김개남의 패전으로 막을 내렸다. 사실 조병갑보다 더 한 탐관오리는 그의 사촌형인 충청 관찰사 조병식이었다.

※ 김개남 : 도강(강진) 김氏, 전 국회의장 김원기도 도강 김氏

전봉준은 1895.4.24일 새벽 04:00에 참형에 처해졌다. 전봉준은 2남 2녀를 두었으나, 장녀는 이름과 성을 바꾸고 비구니가 되었고, 장남은 폐결핵으로 사망하였다. 차남 전용현은 도박으로 가산을 탕진하고 행방불명이 되었고 오직 차녀만이 후손의 대를 잇고 있다.

우리 옛말에 선한 자는 흥하고, 악한 자는 망한다고 했고 하늘은 스스로 돕는 자를 돕는다고 했지만, 이것은 위정자들의 술책이 아닌가 한다. 선한 자는 망하고, 악한 자는 흥한다. 이것이 현실이고 인간의 역사이기도 하다.

○ 박은식의 한국통사 : 韓國痛史는 통할 通자가 아닌 아플 '痛'자이다.
일제강점기 황성신문과 대한매일신보 주필로, 언론을 통한 애국계몽운동을 전개하고, 임시정부 제2대 대통령 등을 역임한 독립운동가. 한국통사는 한국근대사를 일반근대사, 일제침략사, 독립운동사의 세측면에서 일제 침략을 중심으로 서술하였다. 대외적으로는 일본제국주의 침략의 잔학성과 간교성을 폭로 규탄하고, 대내적으로는 국민들에게 민족적 통분에 기초한 독립운동의 정신적 원동력을 제공하였다.

◎ 인격없는 교육, 노동없는 富의 축재는 언젠가는 망한다.

반민족 친일 행위자의 아이콘인 윤덕영(1873~1940)은 순종비 순정효황후의 백부로서 서울 종로구 옥인동(현재는 서촌)의 땅 절반을 소유한 자로서 자신의 호를 따라 2만평의 대지 위에 벽수산장을 지어 한 시대를 풍미했다. 친일 행위의 댓가로 받은 뇌물과 백성들의 고혈膏血을 짜내 만든 것이다.

고종의 독살에 윤덕영과 민병석(前 대법원장 민복기 부친)이 주도자라고 송병준이 말했는가 하면, 항일투사 송상도의 '기려수필'에도 한상학, 윤덕영, 이완용이 두 궁녀를 사주하여 식혜와 커피에 독약을 넣어 시해했다고 쓰여 있다.

고종은 1919. 1. 21 새벽 06:00에 식혜와 커피를 마시고 난 후 심한 경련을 일으켜 69세로 승하했다. 이때 이빨이 모두 빠지고 혀가 닳아지면서 몸이 퉁퉁부어 있었다고 한다. 그러나 공식적인 사인은 덕수궁 함녕전에서 심장마비에 인한 자연사로 기록되었다.

고종은 1907년 헤이그에서 열린 만국평화회의에 을사늑약(1905)의 불평등을 호소하기 위해 특사단에 이상설(정사), 이준(부사), 이위종(통역관), 이들을 돕기 위해 미국 선교사 호머 헐버트를 파견했다.

이 사건을 빌미로 일본은 고종을 강제 퇴위시키고, 1907. 7.21일 순종에게 양위를 했다. 일본은 궐석재판으로 헤이그 밀사 이위종과 이미 자결한 이준에게 무기징역형, 정사 이상설에게 사형을 선고했다.

---

o 호머 헐비트 (1863~1949) : 미국인 선교사, 독립운동가
주시경 선생과 함께 한글 표기에 띄어쓰기와 쉼표, 마침표 같은 점찍기를 도입하는 등 한국인보다 한글을 더 사랑한 외국인.
- 묘소 : 서울특별시 양화진외국인선교사 묘원

◎ 일제강점기 친일 경찰들의 용서받지 못할 만행
피가 거꾸로 치솟는 친일 경찰의 천인공노할 작태

1. 김태석(1882~1950) : 평안남도 양덕군 출생, 고문 王(고문치사의 달인)
- 경력 : 한성사범학교 졸업→평양보통학교 교사→일본 니혼대학 법대 졸업
- 경찰 통역관(1912, 과장급)으로 시작해 총 33년 경력
- 사이토 총독 암살을 시도한 강우규 의사(당시 64세) 체포 및 고문
- 대한민국 임시정부가 죽여야 할 7명에 포함시킴(七可殺로 규정)
- 고문왕이면서 행정 관료(가평,연천군수 및 경남 부지사)로 있을 때 '공출왕'으로 악명을 날림
- 6.25 전쟁 당시 인민군에게 체포되어 총살됨

2. 최연 (1887~1958) : 함흥출생
- 경력 : 경기도 경찰부 경무과장(경시)
- 혜산경찰서 고등계 형사(1938)로 재직시 조선광복회 소속. 박달, 박금철을 비롯하여 300여명을 체포, 고문하였고 이로 인해 훈장을 받았으며, 해방 후 장택상 경찰청장을 보필하면서 경찰 인사에 개입 (당시 남한에 있던 고등계 형사 다수가 최연의 졸개)

3. 김덕기 (1890~1950) : 강원도 양양 출생, 관립 한성외국어학교 졸업
- 별명 : 고문황제(김태석보다 더 악랄했으며, 나치때 인민재판소장인 '롤란트 프라이슬러'와 비교됨)
  - 주요 악행 : 조봉암, 안창호 선생 체포를 비롯하여 오동진(광복군 총영장,옥사), 편강열(의열단 단장,옥사), 장창헌(참의부, 옥사), 김형출(정의부,총살), 이진무(일목장군,사형)

- 최후 : 정릉 인근 삼각산에서 등산 중 추락사
(人生花無十日紅, 權不十年)

4. 최석현 (1893~1956) : 경북 봉화출생
- 1927년 상해에서 독립운동가인 김창숙 선생을 체포하여 모진 고문으로 다리를 부러뜨려 평생 불구로 만들었고, 박정희 전 대통령의 친형 박상희를 체포하여 투옥시킴
- 경찰을 은퇴하고 해방직전(1945. 7) 영월군수를 지냄
- 독립운동가들을 체포, 구속시킨 뒤 '웬일인지 기쁜 눈물이 뺨을 적신다'고 내뱉으며 조선인으로서는 보기 드문 경시라는 고위직에 오르고 이후 경찰의 꽃이라는 도경찰국 과장으로 승진

5. 노덕술(1899~1968) : 울산(장생포) 출생, 울산보통학교 중퇴
- 호랑이 경찰이라는 별명으로 악명이 높았음. 평양경찰서장까지 진급했을 뿐만 아니라 이승만의 비호 아래 경기도 경찰국 수사과장을 지냄
(그 당시 군에는 김창룡, 경찰엔 노덕술이라 했음)
- 의열단장 약산 김원봉 선생을 서울 청계천변에서 체포하며 뺨을 때리는 등 모욕, 이로 인해 김원봉 선생이 울분을 참지 못해 3일간 통곡
※ (물, 전기)고문의 계보 : 노덕술 → 박처원(치안감) → 이근안(경감)
※ 박종철 고문 치사사건(1987.1.14) : 박처원, 이근안 등이 남영동 대공분실에서 서울대 선배인 박종운의 행방을 실토케 할 목적으로 갖은 고문을 가해 박종철을 치사

6. 유승운(1900~1945) : 평안남도 출생, 종로경찰서 고등계 창설자
- 노덕술보다 한 수 위로 평가될 정도로 악랄했던 고문 경찰
(유승운 > 하판락 > 노덕술 순으로 악랄)

- 주요 악행 : 김상옥, 나석주를 체포.
            신민부 소속 독립운동가 신현규를 체포하여 잔인한
            고문 끝에 뇌진탕으로 사망케함. 정치깡패 김두한을
            '긴도깡'이라 호칭
- 폐결핵으로 은퇴 후 병사했다는 설과, 해방 이후 김두한에게 남산
  신사神社로 끌려가 구타당해 사망했다는 설이 공존함

7. 노주봉 (1900~1945) : 전남 나주출생, 광주농고 졸업
- 주요 악행 : 광주학생항일운동(1929) 당시 수사 담당으로 260명을
            구속하고, 3천명을 퇴학시킴
- 1945.10.15일 광주청년단원 김영일 외 2명에게 이마와 복부에
  총격을 받아 사망

8. 전봉덕(1910~1998) : 평남 강서출생
- 경력 : 경성사범 → 경성제국대 법과 졸업(재학중 고등문관 시험
        (행정/사법과) 합격하고, 해방 후에 육군 헌병사령관(대령),
        대한변호사협회 회장 역임
- 연루된 사건 : 국회 프락치 사건 (1949.6 국회부의장 김약수 등 다수 체포)
- 1980년대 미국으로 이주, 1998년 88세로 사망.
- 가족 : 장녀 전혜린(1934. 1. 1~1965.10)
        ※ 서울법대 재학중 뮌헨대 유학(독문학)/서울대, 이화여대 강사
        대표저서 : 그리고 아무말도 하지 않았다. 루이제 린저의 '생의 한 가운데' 편저

○ 김상옥金相玉(1889~1923.1.22) : 독립투사, 1923. 1.12 종로경찰서에 폭탄 투척 후 효제동 사거리에서
                              1.22 순국자결 (대학로에 추모 동상이 있음)
○ 나석주(1892~1926) : 1926.12.28 동양척식주식회사 사옥에 폭탄을 투척하고, 경찰과의 총격전 중
                      10발 가량의 총상을 입고 순국 자결
○ 김상옥金相沃(1920~2004) : 통영출신, 한국 서정시를 대표하는 시인. 대표시로는 '봉선화'
        ※ 통영출신 문인 : 김기림, 김춘수, 유치환, 박경리
          장흥출신 문인 : 이청준, 송기숙(녹두장군), 한승원(한강의 부친), 이승우

9. 최운하(1910?~1950) : 서울출생(?)

- 경력 : 일제강점기 고등계 형사로 사상범 수사 담당, 서대문과 용산경찰서장 역임
- 주요 악행 : 백범 김구 암살 당시 수도청장 장택상, 수사과장 노덕술, 사찰과장 최운하

  ※ 소설가 임화(1908~1953, 마산 요양중 지하련과 결혼) 체포

- 최후 : 6.25 전쟁 중 한강 인도교 폭파(1950.6.28.)시 사망

※ 보성고 출신 문학예술인 : 현상윤(4회), 염상섭(6회), 현진건(10회),
　　　　　　　　　　　이상/임화/이강국(17회), 조세희(51회), 조정래(52회),
　　　　　　　　　　　도올 김용옥(55회), 문성근(62회), 김진명(66회), 신해철(68회)

10. 하판락 (1912 ~ 2003) : 진주 출생, 진주고 졸, 대지주

- 별명 : 착혈귀搾血鬼

  (고문 시 주사기로 독립운동가의 피를 뽑아 얼굴에 뿌렸다는 증언이 있을 정도로 극도의 잔혹성을 보임)

- 독립운동가 이광우 선생에게 혹독한 고문을 가해 평생 불구로 만들고, 축재(뇌물수수 등)한 재산으로 국회의원에 두 차례 출마했으나 모두 낙선 (2003년 92세의 나이로 사망)

※ 일제강점기 한국인 경찰로서 고위직인 경시(오늘날의 총경 직급)까지 승진한 9명
　- 일제강점기 경찰의 직급 : 순사 → 순사부장 → 경부보 → 경부 → 경시)
　- 김덕기, 김태석(경기도경 형사과장), 최 연(경기도 경무과장),
　　노덕술(수도청 수사과장), 전봉덕(헌병사령관), 최경진(평남 보안과장),
　　최운하(용산서장), 윤기병(수원서장), 노주봉(전남경찰 부장),

※ 친일 경찰의 대명사인 4대 악질 : 김태석, 노덕술, 하판락, 유승운

◎ 명리 도사 열전

명리命理란 하늘이 내린 목숨과 자연 이치의 합성어이다.
A study on analysis of evaluation method of resident using Saju-myungli-hak.

萬事分已定 浮生空自忙
만 사 분 이 정　부 생 공 자 망

만사는 이미 다 정해져 있는데
부초같이 떠도는 인생들이 공연히 바쁜 척하며 살아간다

○ 陶溪 박재완朴在玩

　1903~92, 대구 출생, 명리학자이면서 한학자, 수학자, 철학자이다. 대전에서 주로 활동, 저서 명리요강

　완화자분玩火自焚 - 불을 가지고 놀다가 자신을 불태워 버린다는 뜻으로 '무모한 짓을 하지 말자'는 것이 그의 좌우명이었다.

　그는 무당이 하는 굿이나 부적, 개명같은 것은 사이비나 하는 짓이라고 하였다. 유년기엔 면우 곽종석 한학자에게 사서삼경을 사사받았으며, 19세때 중국으로 건너가 역학계의 대가 왕보 선생에게 태을수, 황극수를 10여 년에 걸쳐 수학했다.

　천지의 이치를 통해 길흉화복을 예견했다. 사주에는 518,400개(年 60간지 x 12個月 x 日 60간지 x 時 12간지 = 518,400) 의 四柱(年月日時)가 있는데, 한 날 한 시에 태어난 쌍둥이도 팔자가 다르다. 그 이유는 幻.魂.動.覺이 서로 다르기 때문이다.

- 幻 : 같은 날 같은 시각에 태어나더라도 짐승으로 태어나느냐, 사람으로 태어나느냐에 따라 다르다. 길흉화복은 인간에게만 있는 것이고, 사람으로 태어난 것이 철학의 주체이다.
- 魂 : 조상이 적선을 많이 해야 후손이 잘 되는 법이다.
  할아버지, 아버지, 나 자신으로 이어진다.
- 動 : 유국연후에 유민이 있다.(有國然後有民). 일제 강점기에 태어났다면 무슨 큰 일을 할 수 있었을까? 역적이나 간신노릇을 하지 않으면 아무 일도 할 수 없었을 것이다. 어떤 세상에 태어나느냐에 따라 인생이 달라질 수 있다. 시대가 영웅을 만든다.
- 覺 : 본인의 깨달음을 통해 어떻게 행동하느냐에 달려 있다.

○ 주요 고객 : 이승만, 장면, 장택상, 신익희, 이병철, 전두환 등

○ 예지 사례
- 육영수 여사 부친 육종관 댁에서 당시 고3 여고생인 육영수 여사 관상을 보고 국모가 될 상이라고 일러 줌..

- 10.26 예언 : 楓飄落葉 車覆全破,
  이 말을 들은 김재규는 이를 잘못 해석하여 운전기사에게 "조심해서 운전해라!"고 강조하였다. 한문 풀이는 '단풍이 들어 낙엽이 흩날리면 차가 전복되어 전파된다'는 뜻이고, 본래의 뜻은 '박정희와 심복 차지철이 모두 깨진다.'는 것이다.

  ※ 김재규는 박정희 62회 생일(79.11.4) 선물로 파텍이라는 스위스 시계를 건네주지도 못하고 거사를 일으켰다.

- 신군부 전두환 일행 : 지금은 운이 좋다(12.12사태). 그러나 10년 후에는 액운이 따른다. 財越嶺卽 爲災而還(재가 재를 넘으면 재가 돌아온다), 당시 전두환은 거액의 비자금을 만들었다.

도계의 제자로는 노석 유충엽과 조철수가 있다. 당시 도계를 만나기 위해 문전성시를 이루어 돈을 많이 벌었지만, 땅투기는 결코 하지 않았다.

"내 자신의 사주가 무재無財 팔자라 그 짓을 하면 나는 죽네."

역학은 귀신에게 사람의 운명을 묻는 점술 차원이 아니고, 자연의 이치를 밝히며 자신을 성찰하는 학문이라고 강조했다. 사이비 역술인에게 걸려 가산을 탕진하지 말라고도 타일렀다.

○ **自彊 이석영**
1920~83, 64세 졸, 평북 삭주군 삭주면 남평리에서 부농의 아들로 출생. 저서 : 사주첩경(6권)
환단고기를 세상에 알린 이유립 선생을 재정적으로 후원하였음.

조부 한학자 이양보로부터 5세때 조기교육으로 천자문을 독파하여 신동이라고 불리웠다. 1927년 자강이 8세가 되던 해에 9살 연상인 누님 혼사문제로 조부와 부친간에 언쟁이 있었다.
조부가 사주단자를 받고 예비 매형의 사주를 보고, 단명할 팔자이니 혼사를 없던 것으로 하라고 일침을 놓았지만, 부친은 사윗감의 학벌과 가문이 좋다고 결혼을 성사시켰다.

그러자 할아버지는,

"만약 네가 내 말을 듣지 않으면 네 딸이 내 무덤에 와서 머지 않아 통곡을 할 것이다"라고 말씀하셨다.
그 후 할아버지의 이 말씀이 귀신같이 맞아 떨어지자 자강은 운명이 있다는 것을 알게 되어 역술의 세계에 빠져 들었다. 그래서 맹인 김선영 선생을 찾아뵙고 역술계에 눈을 뜨게 되었다. 김선영 선생은 "네가 남방에 가면 역술의 대가가 될 것이다"라고 하여 해방 후 월남, 청주에서 활동하다가 서울 정동에서 역술의 대가가 되었다.

- 자강 이석영(청주 법대 졸)의 제자
  김석환(중앙대 법대 졸) → 임정환(성대 법대 졸)

○ 霽山 박재현 (부산 도사)

1935~2000, 66세 졸, 경남 함양군 서상면 극락산 자락 출생, 몸이 약하고 내성적이나 천재성을 지녔음, 진주농고 장학생으로 입학하고 거창농고에서 졸업. 물상론 사주명리 간명 사례집 저술

○ 제자 : 청원 이용백 (부농의 아들로 태어났으나 단명팔자라서 절에서 성장)

○ 주요 고객 : 박정희, 박태준, 이병철, 정주영 ... 등

○ 예지 사례

- 부산 군수기지에서 일등병 시절에 사령관 박정희의 상을 보고
  제왕상이라 예견. (5.16 혁명후 함양군수로 추천했지만 사양)

- 박정희가 1972. 10월 유신을 추진하면서 유신에 대해 묻자,
  일행에게 "維新은 幽神이 된다"라고 담배값에 낙서하며 얘기.
  이 일로 남산 지하실에 연행됨.

  ※1970년대 남산 지하실은 민주 투사만 끌려간 것이 아니라,
  지리산 솔바람이 키워낸 박도사도 초대받은 곳이다.

- 1971년 합천 해인사 처녀 살인사건 : 범인을 찾지 못해 미제사건
  으로 남을 뻔 하였으나 사정기관에서 박 도사를 찾아가 자문을
  구했는데 답하기를,

一木撑天(일주문)　木子之行(목수 이氏)
일 목 탱 천　　　목 자 지 행

"합천 해인사의 일주문을 수리했던 목수 이氏가 살인범이다."는 뜻.

- 삼성에서 임원을 채용할 때 박 도사가 면접장에 입회하여 관상을 보고 채용여부를 자문해줌

◎ 세계적으로 유례를 찾아보기 힘든 博士 마을

○ 강원도 춘천 서면 출신 박사 : 2024. 1월 말 현재 203명

지방 소도시에서 박사를 이처럼 많이 배출한 곳은 전세계를 통틀어 유일무이하다. 토질이 비옥해서 각종 채소를 재배하여 신매 나루터(오미나루)를 교통수단으로 춘천 근화동 번개시장의 노점 장사로 학자금을 마련했던 엄마들의 교육열이 오늘날 박사마을의 밑거름이 되었다.

주변에 산세가 아름답고 장절공 신숭겸 묘터가 있는 방동리를 비롯하여 100대 명산에 뽑힌 삼악산, 그리고 등선폭포가 있다. 대표적 인물로 한승수 국무총리, 한승주 외무부장관, 송병기 경희대 한방병원장 , 류갑희 산림청장 …. 등 등이 배출되었다.

춘천 서면 박사마을 선양탑

○ 전북 임실군 삼계면 출신 박사 : 2024. 1월말 현재 201명

오수천, 율천, 사매천의 하류라 하여 三溪面이라 칭함. 무오사화(1498)등을 피해 낙향한 유학자 가문, 특히 경주 김氏, 청주한氏, 풍천 노氏, 양천 허氏 등 선비출신이 많았고 향학열이 남달리 높았다.

산자수명한 자연환경에 어울린 조상들의 덕망을 이어받아 명석한 두뇌를 갈고 닦아 국가의 동량지재棟梁之材가 된 박사들을 많이 배출했다. 어은리 육우당은 숙종의 정비 인경왕후의 외갓집이다. 10세 어린 나이로 세자빈으로 간택되어 입궐한 후에도 외가 마을에서의 어린 시절 추억을 그리워 했던 곳이다.

특히 후천리 풍천 노氏 8박사 가옥은 전북대 학장을 지낸 노상순 박사와 그의 아들 4형제, 손자 3명이 있다. 삼계면 박사골은 전통 쌀엿이 유명하다.

임실군 삼계면 박사골 체험관

○ 경북 영양군 일월면 주실마을

문필봉에 연적봉이 있어 선비의 氣가 느껴지는 길지이다. 특히 한양 조氏 '東'자 항렬만 해도 청록파 시인 조동탁(지훈), 조동걸(국민大 역사학), 조동일 (서울大 국문학), 조동원(성균관大 역사학), 조동택(경북大 미생물), 조동길 회장(한솔그룹)이 있다. 그리고 조운해(강북삼성병원장), 조근해 대장(공군참모총장 재직 중 헬기사고로 타계) 등도 모두 이곳 출신이다.

두메산골의 밭에서 고추농사, 산비탈의 계단식 논에서 벼농사를 지어서 어떻게 자녀들의 교육 뒷바라지를 했을까? 지금은 안동 하회마을과 영남권 실학마을로 손꼽히는 영양 주실마을이 유교 전통문화의 본산이 되고 있다. 특히 김대중 정부 시절에 117억원의 예산을 들여 민족문학 시인 조지훈 선생의 동상과 시비 건립, 고택 등을 정비하면서 관광객들의 발길이 이어지고 있다.

이곳에 세거지를 이룬 한양 조氏는 칼날같은 남인 집안이라 하여 검남劍南이라 불렸고 일제강점기에도 끝까지 창씨개명을 하지 않은 지조가 베어 있다. 이러한 대쪽같은 지조가 대를 이어 내려오면서 조치훈의 수필 '지조론'이 등장한 것이 아닐까.

주실마을의 '선비문화 선양회', 스페인의 '에스펠러트 고추 축제', 미국의 농업축제인 '미시시피 페스티벌'같은 멋진 산골마을 축제로 발전되길 기원한다.

조지훈 문학관이 있는 영양군 일월면 주실마을

○ 가훈 : 三不借 (세 가지를 빌리지 말 것) - 財(재물), 人(양자), 文(학문)
　※ 조지훈 부친(조헌영 : 한의사, 제헌 국회의원) : 납북되어 조지훈보다 장수(1988년 작고)
　　조운해 : 장인은 이병철, 딸 이인희가 처, 아들 조동길(한솔그룹 회장)

◎ 천상병 시인 : 1930.1.29~93.4.28, 일본 고베에서 출생

중국 하남성 영양 千氏(임진왜란 이후 귀화한 성씨). 마산에서 성장하여 서울상대 중퇴, 1967년 동백림 사건에 연루되어 남산 지하실에 끌려가 심한 고문을 받아 정신분열 후유증으로 고생하였다. 멀쩡하던 청년은 그렇게 폐인이 되었고, 길에서 마주친 누구에게나 '막걸리 사 먹게 천 원만 다오'라며 넋두리처럼 말을 건넸다. 그 시대의 가혹한 고문은 한 사람의 삶을 송두리째 파괴해버린 독재정권이 남긴 서글픈 초상이었다.

귀 천

나 하늘로 돌아가리라
새벽빛 와 닿으면 스러지는
이슬 더불어 손에 손을 잡고

나 하늘로 돌아가리라
노을빛 함께 단둘이서
기슭에서 놀다가 구름 손짓하면은

나 하늘로 돌아가리라
아름다운 이 세상 소풍 끝내는 날
가서, 아름다웠더라고 말하리라...

인사동 '귀천' 찻집에서

※ 영양 천氏 후손 : 천관우(동아일보 논설위원), 천경자(화가),
　　　　　　　 천용택(중앙정보부장), 천정배(정치인), 천하람(정치인)

◎ 저자의 애송 詩

■ 野言 : 사나이의 지조

桐千年老恒藏曲　오동나무는 천년이 지나도 항상 곡조를 간직하고
동 천 년 노 항 장 곡

梅一生寒不賣香　매화는 평생을 춥게 살아도 향기를 팔지 않는다.
매 일 생 한 불 매 향

月到千虧餘本質　달은 천번을 이지러져도 본 바탕은 변하지 않고
월 도 천 휴 여 본 질

柳經百別又新枝　버들가지는 백번을 꺾여도 새 가지가 돋는다.
류 경 백 별 우 신 지

> ※ 신흠申欽 : 1566~1628. 조선 중기의 문인, 정치가
> 　본관은 평산 平山. 호는 상촌象村. 아버지는 개성도사 승서承緖이며,
> 　어머니는 은진 송氏로 좌참찬 인수麟壽의 딸.
> 　- 신흠의 장인 : 이제신(증.영의정)
> 　- 상진 → 상봉남 (이제신의 장인)

■ 사나이의 大望 … 양성군수 安挺에게

君何先達我何遲　그대는 어찌 먼저 출세하고 나는 어찌 더딘가
군 하 선 달 아 하 지

秋菊春蘭各有時　가을엔 국화, 봄에는 난초 각각 때가 있는 것이네
추 국 춘 란 각 유 시

莫道當年先折桂　당년에 먼저 계수나무 꺾었다 말하지 말게
막 도 당 년 선 절 계　　(道 : 말씀 도)

廣寒猶有最高枝　광한전에는 여전히 가장 높은 가지 남아 있다네
광 한 유 유 최 고 지

> ※ 나세찬羅世纘(1498~1551)
> 　금성 나氏, 조선 전기 대사간, 대사헌, 한성우윤 등을 역임. 두 차례의 장원급제
> 　(탁영시擢英試, 중시重試)로 문명文名을 떨쳤으며, 권신을 서슴지 않고 탄핵하는
> 　기개가 있었다. 나주의 송재사松齋祠에 배향.

■ 낙조(落照, 저녁 노을) / 초립동이 알려 준 예지몽豫知夢

落照吐紅掛碧山 　(낙조토홍괘벽산)
寒鴉尺盡白雲間 　(한아척진백운간)
問津行客鞭應急 　(문진행객편응급)
尋寺歸僧杖不閒 　(심사귀승장불한)
放牧園中牛帶影 　(방목원중우대영)
望夫臺上妾低鬟 　(망부대상첩저환)
蒼煙古木溪南路 　(창연고목계남로)
短髮樵童弄笛還 　(단발초동농적환)

지는 해는 푸른 산에 걸려 붉은 빛을 토하고
찬 하늘에 까마귀는 흰 구름 사이로 사라지네
나루터를 묻는 길손의 말채찍이 급하고
절로 돌아가는 스님의 지팡이가 바쁘구나
풀밭에 풀어놓은 소 그림자는 길기만 하고
망부대 위엔 여인의 쪽진 그림자가 나지막하다
개울 남쪽길 고목엔 푸른 연기가 서려 있고
짧은 머리 초동이 피리를 불며 돌아오더라

박문수가 과거를 보러 가는 도중에 주막에서 잠을 자는데 한 초립동이 나타나서,

"선비님, 어디를 가시나요?"

"한양에 과거 보러가네"

"과거는 사흘 전에 끝났다고 하더이다"

"그럼, 시제가 뭐라고 하던가?"

"예, 낙조라고 하던데... 1연부터 7연까지는 줄줄 외우는데 8연은 잊어 먹었습니다..." 하고 홀연히 사라졌다.

이튿날 과거 장소에 당도하니, 놀랍게도 "낙조落照"라는 시제가 걸려 있었다. 박문수는 초립동이 알려주지 않은 마지막 8연을 완성하여 병과에 급제하였다.

경기도 안성시 죽산면 칠장리에 있는 칠장사 나한전에는 박문수처럼 합격을 기원하는 발길이 이어지고 있다.

칠장사 나한전 입구에 있는 '어사 박문수 합격다리'에는 각종 시험에 합격을 기원하는 수많은 리본들로 장관을 이루고 있다.

역사 탐방 길에 칠징사 나힌전 앞에서 포즈를 취한 저자

○ 박문수(1691~1756) : 고령 朴氏, 호조판서, 母는 이세필의 딸(경주 李氏)
　　　　　　　　※ 박장원(이조판서) → 박선(공조정랑) → 박항한(증 좌찬성) → 박문수
○ 이세필(진위현령) → 이태좌(좌의정) → 이종성(영의정), 소론의 명문 가문

◎ 인생 길, 나그네 길

　69세에 작고하신 우리 부친이 꽤 오래 사셨다고 생각했었는데, 그 나이를 훌쩍 넘어 70代를 살면서도 내가 늙었다거나 나이가 많다는 생각이 전혀 안드니 어떤 까닭일까.

　80代도 이렇게 친한 척하며 다가 오겠지요?

내가 10代일 때 70代는 완전 꼬부랑 할배, 할매인 줄 알았고
내가 20代일 때 70代는 인생 줄을 놓은 마지막 노인인 줄 알았고
내가 30代일 때 70代는 어른인 줄 알았고
내가 40代일 때 70代는 대선배인 줄 알았다.
내가 50代일 때 70代는 큰 형님인 줄 알았고
내가 60代일 때 70代는 작은 형님인 줄 알았고

그랬던 내가 막상 70代가 되고 보니...
'아, 70代는 매우 젊은 나이구나'라는 생각이 든다.

항상 아득하고 멀게만 느껴졌던 70代
소리없이 나에게 친한 척 다가왔었는데...
80代도 그렇게 다가 오려나?

100세 인생 시대!
아직도 나는 싱싱하네
저녁 노을 고운 빛깔처럼 잘 익어가는 인생
우리의 삶도 그렇게 살아 가는 게 아닌가!

◎ 친구야!

붙잡아도 어차피 가는 세월,
나이 계산일랑 하지 말고 그저 주어진 일에 열심히 살고,
재지말고, 여행도 다니며, 소박하게, 즐겁게 살자구나.

내가 흘려 보낸 것도 아니고 내가 도망쳐 온 것도 아닌데,
세월이 제 자랑하며 흘러가 버렸으니
청춘이란 꽃밭은 아득히 멀어져 잊혀지고
흰머리, 잔주름, 검버섯같은 세월의 흔적만 남았구려

이제부터는 외로운 외길,
피할 수 없을 바에는 홀가분하게 걸어가세
욕심과 아집, 버겁고 무거운 마음의 짐일랑 다 내려 놓고
가벼운 몸, 즐거운 마음이면 족하지 않겠나.

같이 하는 가족에게 감사하고
함께 걷는 친구들에게 감사하고,
인연이 닿는 모든 분들께 감사하며 살아가세.

인생은 일장춘몽, 하룻밤 꿈이라 하지 않던가
불지 않으면 바람이 아니고,
늙지 않으면 사람이 아니고,
가지 않으면 세월이 아니지.
흐르는 세월따라 잊혀져간 얼굴들이 왜 다시 또 떠오르나
정다웠던 그 눈길, 그 목소리들은 다 어디로 갔나

◎ 옛날과 오늘날 - 늙은이의 푸념
    오늘날 달나라는 가까워 졌지만 마주보는 이웃은 멀어지고 있다.

옛날에는 먼 길을 발로 걸어서 어른을 찾아뵈었지만, 오늘날에는 자동차가 있어도, 부모님을 찾아뵐 줄 모른다.

옛날에는 병원이 드물어도 아픈 곳이 적었지만, 오늘날에는 병원이 많아도 아픈 곳이 더 많아졌다.

옛날에는 정열적인 사랑없이도 어린애가 많았지만, 오늘날에는 사랑을 많이 해도 어린애가 줄고 있다.

옛날에는 짧게 살아도 웃으며 행복하게 살았지만, 오늘날에는 길게 살아도 울상으로 살아간다.

옛날에는 대가족이 함께 살아도 별로 싸우지 않고 살았는데, 오늘날에는 소가족으로 살아도 싸우는 것을 벼슬로 알고 살아간다.

옛날에는 범죄가 별로 없어 법 없이도 살아갈 수 있었지만, 오늘날에는 범죄가 들끓어 법없이는 살아갈 수가 없다.

옛날에는 콩 한 쪽도 나누기를 즐겼지만, 오늘날에는 콩 반쪽도 빼앗으려 한다.

옛날에는 어른이 대접을 받고 살았지만, 오늘날에는 어린애나 애완동물이 대접받는 세상이다.

눈 한번 질끈 감고 너털 웃음을 웃을 수 밖에 없는 세상이구려 !
쥐꼬리만큼 남은 재산을 아끼느라 아프지 말고 건강하게 살아갑시다.

人性이란 사람의 성품으로서 각 개인이 가지는 사고, 태도 및 행동의 특성으로 세상을 바꾸는 것은 사람이고 사람을 바꾸는 것은 인성교육이다. 고로 인성이 세상을 바꾸고 변화시킨다.

인문교육이란 언어, 문화, 예술, 법률, 역사, 철학…
이를 통한 文, 史, 哲이 중심교육이 되어야 한다.

◎ 인간만사새옹지마 人間萬事塞翁之馬

It's true that in life there's always ups and downs.

인생에서 행복이나 불행을 예측하거나 단정하기가 어렵다. 위기가 곧 기회일 때가 있다. 궁하면 통한다(窮則通). 세상만사 뜻대로 풀리지 않는다고 낙심할 필요가 없. 개똥밭에 굴러도 이승이 저승보다는 낫다.

일본 강점기때 강제징용에 끌려갔다가 해방이 되자 고향인 충북 음성군 금왕면으로 돌아온 최규동은 살던 집은 흔적도 없이 사라졌고 가족은 뿔뿔이 흩어져 찾을 길이 없었다. 의지할 가족도 없고 모든 희망이 사라져버린 최규동은 강제징용으로 혹사당해 만신창이가 된 몸을 이끌고 무극천 다리 밑으로 자살하려고 내려갔다.

그런데 그곳에는 거동조차 할 수 없는 걸인들이 거적을 치고 살고 있었다.

"밥 좀 얻어다 주세요,"

방물장수 당시의 최규동

힘없는 목소리가 들렸왔다. 그래서 죽을 생각에 앞서 이들에게 밥을 얻어서 목숨이라도 살려야겠다는 생각이 들었다. 그때부터 그는 방물장수를 하면서 30여년 동안 그들을 돌보며 살다가 1976년 무극성당에 부임해온 오응진 신부를 만나 음성 꽃동네를 만들게 되었다. 성당 입구에 '얻어 먹을 수 있는 힘만 있어도 그것은 주님의 은총입니다" 라고 푯말에 쓰여있다.

최규동 씨야말로 이 시대의 살아 있는 진정한 성자이다.

희극배우 찰리 채플린은 '인생은 멀리서 보면 희극이고, 가까이서 보면 비극이다'라는 명언을 남겼다. 강 건너 멀리서 보면 아름다운 푸른 초장도 가까이서 보면 듬성 듬성 나있는 풀 포기일 뿐이다. 주위에 나보다 행복한 사람들이 많이 있어 보이지만, 나보다 불행한 사람들도 많다.

살아야 할 목적이 분명하면 어떠한 난관에 봉착하더라도 삶을 이어갈 수 있는 용기가 생기는 법이고, 누구나 궁핍해지면 초라해지게 마련이다. 자기도 모르게 심성이 꼬이고 거칠어진다. '곳간(광)에서 인심이 난다'고 하지 않던가. 그래서 돈이 있어야 '자유라는 선물'을 누릴 수 있게 된다. 제 목숨을 구하고자 하면 잃을 것이요, 제 목숨을 잃고자 하면 얻을 것이다.

'자신을 버림으로써 얻게 된다'는 역설이 영원한 진리가 아닌가.

◎ Noblesse oblige 정신을 실천한 송기태 선생

　선생은 여산 송氏로서 경기도 안산시 옥산동에서 선친의 유업을 이어받아 1950년부터 농업에 종사하면서 힘든 여건 속에서도 4남1녀를 서울에서 대학까지 졸업시키고, 불우한 이웃을 물심양면으로 보살폈다.

　특히 그는 6.25 전쟁 당시 금화전투의 숨은 영웅이다. 참전용사로서 마땅히 국가보훈 혜택을 받아야 했지만 모두 거절했다. 국민으로서 조국을 지키는 것은 당연한 의무이고, 다른 전우들이 수없이 희생되었는데 살아 있는 것만으로도 더 이상 바랄 것이 없다는 뜻에서였다.

　전투중에 박힌 총탄을 죽을 때까지 제거하지 않고 몸 속에 가지고 살았으며, 오히려 자신보다 더 어려운 이웃을 찾아다니며 그들 몰래 양식 등을 나누었다. 이러한 부친의 모습을 보고 자란 막내 딸 송천숙 氏도 아버지의 노블레스 오블리주를 대를 이어 실천해 오고 있다.

　송기태 선생이 유명을 달리했을 때 그로부터 도움의 손길을 받은 수많은 사람들이 찾아와 명복을 빌었다.

◎ 불이문해사 不以文害辭   문자에 구애받아서 말의 뜻을 그르쳐서는 안된다.

學而時習하니 不亦說乎아, 有朋自遠方來하니 不亦樂乎아
학 이 시 습　　불 역 열 호　　유 붕 자 원 방 래　　불 역 낙 호

※ 說 : 말씀 설, 기쁠 열 (悅과 동의어)

배우고 때때로 익히니 이 또한 기쁘지 아니한가!
벗이 있어 멀리서 찾아오니 이 또한 즐겁지 아니한가!

人不知而不慍이면 不亦君子乎아   (논어)
인 부 지 이 불 온   불 역 군 자 호

다른 사람이 알아주지 않아도 성내지 않으니 이 또한 군자가 아닌가!

知者樂水이요 仁者樂山라 (도덕경)
지 자 요 수   인 자 요 산

※ 樂 : 노래 악, 좋아할 요
知 : 알 知 보다도 지혜 智로 해석

지혜있는 자는 물을 좋아하고, 어진 자는 산을 좋아한다.

柔弱勝剛强 (도덕경)
유 약 승 강 강

부드럽고 약한 것이 굳세고 강한 것을 이긴다.

◎ 사람은 환경의 자식이다

百萬買宅 千萬買隣   백만금은 집값으로 지불했고, 천만금은 인격이
백 만 매 택   천 만 매 린   높은 여승진과 이웃이 되기 위한 값이다.

중국 南宋시대의 역사서인 여승진전에 나오는 말이다. 중국 남북조시대 송계아라는 사람이 군수를 그만 두고 자신이 살 집을 보러 다녔다. 지인들이 추천해 준 몇 곳을 다녀보았으나 마음에 들지 않았던 그가 집값이 백만금 밖에 안 되는 집을 천만금을 주고 여승진呂僧珍이라는 사람의 이웃집을 사서 이사했다. 그 집의 원래 가격은 백만금이었다. 이 얘기를 들은 이웃집의 여승진이 그 이유를 물었다. 송계아의 대답은 간단했다.

'백만금은 집값으로 지불했고(百萬買宅), 천만금은 여승진과 이웃이 되기 위한 값(千萬買隣)'이라는 것이었다. 좋은 사람과 가까이 지내는 데는 집값의 열배를 더 내도 아깝지 않다는 의미다.

※ 여승진은 중국 남북조시대 양무제 때의 관리로서 청렴하여 백성들에게 존경을 받았던 청백리이다.

蓬生麻中 不扶自直   삼밭 속의 쑥은 붙들지 않아도 저절로 곧아진다.
봉 생 마 중   불 부 자 직

白沙在泥 不染自汚   흰 모래도 진흙과 같이 있으면 스스로 더러워진다.
백 사 재 니   불 염 자 오

향기로운 꽃밭에 오래 있으면 옷에 향기가 배듯,

좋은 사람 곁에 머물면 내 삶에도 빛이 스며든다.

◎ 역설적 Paradox

배워서 남주자 (희극인 전유성)

'나 하나쯤이야'가 아닌 '나 하나만이라도' (필자)

桃李不言下自成蹊 (史記)
도 리 불 언 하 자 성 혜

복숭아(桃)와 자두(李)는 꽃이 곱고 열매가 맛이 좋으므로 오라고 하지 않아도 찾아오는 사람이 많아 그 나무 밑에는 저절로 길이 생긴다는 뜻으로, 덕이 있는 사람은 스스로 말하지 않아도 사람들이 따름을 비유한 말이다.

工夫란?

"工"은 하늘(ㅡ)과 땅(ㅡ)을 이어주는(l) 형상으로 인간 혹은 도道의 상징이며, 우주 질서를 구현하는 중심축이다. 하늘과 땅으로 비유되는 아비와 어미가 자식을 책임지는 행위이다. 그러나 오늘날의 공부工夫는 속이 빈 "空夫"가 되어 버렸다.

오늘날 사회 전반에 만연되어 있는 학벌 위주의 교육보다는 인성과 자질을 강조하는 孟子의 大丈夫論를 음미해볼 필요가 있다.

居天下之廣居 거 천 하 지 광 거	세상에서 가장 넓은 삶의 터전에 거하고,
立天下之正位 입 천 하 지 정 위	세상에서 가장 바른 자리에 서며,
行天下之大道 행 천 하 지 대 도	세상에서 가장 바른 길을 따라 행동한다.
得志與民由之 득 지 여 민 유 지	뜻이 이루어지면 백성과 함께 그 길을 걷고,
不得志獨行其道 부 득 지 독 행 기 도	뜻이 이루어지지 않더라도 혼자 그 길을 간다.
貧賤不能移 빈 천 불 능 이	가난이나 천한 처지에도 뜻이 흔들리지 않고,
威武不能屈 위 무 불 능 굴	권력과 위협 앞에서도 굴복하지 않으니,
此之謂大丈夫 차 지 위 대 장 부	이런 사람을 일러 진정한 대장부라 한다.

2천 여 년 전의 고전인 맹자에 나오는 말이지만, 현재에도 여전히 유효한 가르침이다. 진학, 취업, 결혼, 사업 등의 모든 인간사 중에서 혈연, 학연, 지연, 빈부, 직위, 학위 등에 얽메어 문제를 풀어가는 것과 '나만 잘 먹고 잘 사는 식'의 인성은 시대착오적이고 이치에도 맞지 않는 전근대적 유산일 뿐이다.

우리 나라가 세계를 선도하는 선진국이 되려면 개인, 국가, 사회 시스템 등 모든 영역에서 이러한 병폐로부터 하루 속히 벗어나야 한다. 예의, 효도, 정직, 책임, 배려, 소통을 통해 내면 세계의 올바르고 건전한 인성과 자질을 길러내는 살아있는 교육이 절실하다. 이와 함께 올바른 사회적 가치관의 정립과 페러다임의 대전환이 절실히 요구되고 있다.

◎ 너도 스승, 나도 스승

환경미화원을 보면서 깨끗한 거리의 청결함을 배우고, 세일즈맨을 통해서 기필코 팔아야 한다는 의지를 배우며, 마라톤 선수를 보면서 강인한 인내심을 배운다.

도처에는 스승도 많고 배울 것도 많다. 리더는 리더쉽을, 운동선수는 스포츠맨쉽을 꼬리표처럼 달고 살아야 한다. 2002년 월드컵 4강 신화를 만들었던 '거스 히딩크 감독은 "나는 아직도 배가 고프다'는 명언을 남겼다.

21세기 혁신의 아이콘 '스티브 잡스'는 Stay hungry(굶주린 것처럼 계속 추구하고), Stay foolish(바보처럼 계속 시도하라)라는 명언을 남겼다. 쉼없는 항구적인 연구와 노력을 강조한 말이다.

우리도 이젠 심기일전하여 근면 성실한 끈질긴 노력으로 일등국민으로서 자질을 발휘하여 세계가 추앙하는 일등국가를 만들어 가자. 우리는 할 수 있다. 그리고 할 수 있기 때문에 할 수 있을 것이다.

○ 초극단적 이기주의 현상
　- NIMBY (Not in my backyard) : 혐오시설(쓰레기 소각장, 장애인 시설 등) 유치반대
　- PIMFY (Please in my front yard) : 제발 좀 설치해주세요(지하철, 공공시설, 공원)

◎ 훌륭한 지도자가 되기 위한 필독서

　퇴계 이황은 '**성학십도**'를, 율곡 이이는 '**성학집요**'를 집필하여 선조대왕에게 바쳤다. 이는 군주로서 만백성을 대하는 지침서이다.

　3천 년 前 강태공(여상)은 주나라 문왕을 보필할 때 六韜三略(6도3략)을 저술하여 실천했던 명재상이었다. 또한 병법서 중 최고의 전술책인 '**손자병법**'을 집필한 손무는 춘추 전국시대 오나라왕 합려를 보필한 맹장이었다. 그는 '주위상走爲上', 즉 '삼십육계 줄행랑이 최고의 계책'이라 하였다. 이는 2보 전진을 위해 1보 후퇴하라는 전술로, 상황이 불리할 때 무모한 공격으로 아군이 몰살당하는 것보다 전략적인 후퇴가 상책임을 뜻한다.

　우리가 흔히 말하는 지피지기,백전백승知彼知己,百戰百勝이 아니고, 지피지기,백전불태知彼知己,百戰不殆이다. 지피지기백전불태란 상대를 알고 나를 알면 백 번 싸워도 위태롭지 않다는 뜻이다. 싸워서 이기는 것보다, 싸우지 않고 이기는 것이 진정한 승리이다. 외교의 달인 서희는 거란의 소손녕과 담판을 통해 피 한방울 흘리지 않고 강동6주를 회복하였다.

　제갈량 또한 다양한 전술 중 퇴각 전략을 적극 활용하였다. 그는 이를 통해 뒤쫓아온 위나라의 장수 장합과 왕상을 전사하게 하였다. 맹목적인 공격만이 능사는 아닌 것이다.

　四書의 하나인 大學의 핵심적 교훈은 '格物致知','誠意','正心' 그리고 '修已治人'이다. 즉, 修身齊家治国平天下이다. 사물의 이치를 연구하여 지혜와 지식을 얻고, 뜻을 바로 세워 마음을 바로 잡아 수신하고, 집안을 다스리며, 나라를 이끌고 세상을 평화롭게 해야 한다. 지도자는 모름지기 백성의 바람이 무엇인가를 깊이 성찰하고 실천해야 한다.

'소년등과일불행少年登科一不幸'이라는 말이 있다. 젊은 나이에 일찍 과거에 급제하여 안하무인격으로 남을 깔보거나 오만방자하게 행동하는 것은 장래를 그르치는 것이다. 오늘날에도 이러한 식의 지도자는 반드시 경계하고 철퇴를 내려야 한다. 고전을 통해 오늘의 현명한 지혜를 창조하길 바란다.

'지어지선止於至善'을 늘 마음에 새기자.

※ 지어지선止於至善은 명명덕明明德, 친민親民과 함께 四書중 하나인 大學의 3대 강령 중의 하나이다. 말 그대로 '지극한 선에 머문다'는 것을 의미하며 선의 도덕적 상태에 몸과 마음이 머물러 있는 상태를 가리킨다. 이는 생각과 행동이 항상 언제나 선을 지향하고 있음을 의미한다. 어진 생각을 늘 지니고 있다는 뜻이 아니라 어진 생각을 언제라도 즉각 행동으로 옮길 수 있는 상태에 있다는 의미이다.

◎ 심금心琴의 녹명鹿鳴

슈베르트의 '아베마리아'를 열창한 조수미의 神의 목소리, 바이올린의 女帝 정명화가 연주하는 '베토벤 바이올린 협주곡'에서 울려 퍼진 선율, 페루의 민요 '엘 콘도르 파사(El condor pasa)'를 노래한 사이먼 & 가펑클과 잉카 고유의 보칼 하모니가 어울린 청아한 조화음. 굶주린 자식의 입에서 음식을 씹는 소리, 바짝 마른 논바닥으로 물 흘러 들어가는 소리, 개도 울고 닭도 울고 심지어 바람도 운다.

그러나 가슴 속 깊은 곳까지 심금을 울려주는 소리는 녹명鹿鳴일 것이다. '녹명'은 사슴의 울음소리이다. 먹이를 발견한 사슴이 다른 동료에게 알리는 소리이다. 같이 먹고, 즐기자는 생사고락의 동반자로서의 배려의 음이다.

고전인 詩經에 '鹿鳴'이란 구절이 나온다. 사슴의 무리가 푸른 초장에서 평화롭고 한가하게 풀을 뜯고 있는 모습은 어진 임금이 마치 만백성과 함께 어울리고 있는 것에 비유한 것이다.

그렇다면 우리 인간의 현실은 어떠한가? 먹을 것이 있으면 혼자 먹기에 여념이 없고, 남는 것은 은밀한 곳에 숨겨 두기에 급급할 뿐이다. 엄마들의 극성으로 소위 좋은 대학에 입학하고, 졸업해서는 좋은 직장을 찾아가는 모습들은 마치 먹을 것만을 찾아 모여드는 개떼들을 연상시킬 뿐이다.

카인은 동생 아벨을 돌로 쳐서 죽인다. 이것은 인류 최초의 살인사건이다. 오늘날에도 상속문제로 골육상쟁이 벌어지고 있는 것은 어려서부터 상대를 배려하고 용서하는 심성을 교육받지 못하고 타인을 짓밟아야만 내가 살아 남는다는 '에고이스트'로 성장했기 때문이다. 이제는 가정이나 사회에서 정신을 바짝 차리고 인성 교육의 중요성을 절실히 인식해야 한다. 사람다운 사람을 길러내는 것만이 참교육이다.

가장 사랑해야 할 부모, 형제, 부부, 동료, 연인 사이에서도 얼핏하면 복수심으로 살인을 심심찮게 행하고 있는 것이다. 권력과 돈 앞에서는 그 무엇도 필요가 없다. '나만 잘 먹고 잘 살면 그만이다'라는 짐승보다 못한 모습을 접하게 되면 가슴이 답답할 뿐이다.

옥스퍼드 대학교수 '리처드 도킨스'는 '이기적 유전자'라는 책에서 이렇게 말한다. '남을 배려하고 보호하면 남도 내가 될 수 있다'고 했다. 약육강식의 세계에서 강자의 유전자만 살아 남는 것이 아니라 상부상조한 종種이 더 우수한 형태로 살아남는다고 했다.

이런 경우를 보고 사람이 꽃보다 더 아름다운 것이라 한다.

◎ 보학譜學 – 역사학의 보고

보학譜學이란 전통 가문의 조상과 姓氏의 기원, 조상의 계보, 항렬行列등을 체계적으로 정리하는 일명 족보학이다. 보학을 역사 연구에 적용하는 것은 단순한 족보 이상의 가치를 지닌다.

이는 개별 인물, 가문, 지역, 사회 구조의 흐름을 정밀하게 추적할 수 있는 유용한 방법이며, 특히 조선시대와 같은 신분제 사회의 이해에 필수적인 도구로서 역사를 입체적으로 조망해볼 수 있는 유익한 시도이다.

○ 보학을 통한 역사 연구의 장점

1. 인물 중심의 입체적인 역사 재구성 가능

족보는 수많은 인물의 출생, 혼인, 사망, 관직, 자손 등을 상세히 기록하고 있어, 이를 통해 역사서나 문집에 드러나지 않는 무명 인물의 생애까지 추적하여 역사를 입체적으로 재구성할 수 있음.

2. 혈연·혼맥 관계 분석을 통한 권력 구조 이해에 필수

혼인 관계를 통해 가문 간 정치적 동맹을 밝힐 수 있으며, 특정 시기에 권세를 가진 가문의 흥망성쇠나 세력 교체를 가계도의 흐름으로 파악 가능. (예: 경주 김씨와 풍양 조씨의 혼맥을 통한 세도정치 분석)

3. 지방사 연구의 1차 자료

지방 유력 가문의 족보는 해당 지역 사회의 형성과 지배 구조를 밝히는 열쇠로, 특정 성씨의 이동 경로와 정착 양상, 분파 형성 등을 통해 지역사 연구 가능.

4. 세대별 시대 인식·가문 정체성 추적

족보의 발간 연도, 서문, 행장(行狀), 묘갈명 등은 그 시대의 역사 인식과 가치관을 보여줌. 가문의 이상과 정체성이 어떻게 변화했는지 확인 가능.

5. 문벌과 신분제 연구에 결정적인 역할

　보학은 곧 양반-중인-천민의 구분과 밀접히 연결되어 있어. 족보 등재 여부, 등재 방식(정실/첩실), 서얼 차별 등이 당시 신분제도의 실상을 이해하는 데 도움이 됨　(예 : 족보에 등재되지 못한 서얼들의 사회적 차별 연구)

○ 기본적인 개념과 용어들

- 본관 : 성氏의 고향 (경주 김氏, 남평 문氏)
- 시조 : 첫 조상
- 중시조 : 쇠퇴한 가문을 일으킨 조상
- 世(세) : 시조를 1세로 하여 아래 후손으로 내려간다. (예:11세손)
- 代(대) : 자신(본인)을 빼고 아버지를 1대로 하여 윗대로 올라간다.

　　　나 → 부 → 조부 → 증조부 → 고조할아버지 → 5대조
　　　　　　　　　　　가제(집에서 제사)　　　　　　　시제(10월)

- 行列(항렬) : 같은 혈족 사이의 世系의 순서(보통 오행의 목, 화,
　　　　　　토, 금, 수 순서에 따른다.)
- 出系출계 : 양자로 보냄.
- 系子계자 : 양자로 맞음(생부의 함자를 반드시 기록)
- 봉사손 : 조상의 제사를 받는 후손, 흔히 詞孫사손이라고도 함
- 친족 : 민법제777조에 따라 8촌 이내의 혈족, 4촌 이내의 인척,
　　　　배우자를 말한다.
- 존속 : 부모, 조부... ┐
　　　　　　　　　　├─ 직계 존비속
- 비속 : 아들, 손자... ┘

　　※ 상속 순위 : 아들/딸 → 손자/손녀 → 부모 → 조부모

　※ 성리학의 중심사상은 忠과 孝 : 나라(임금)에 충성하고 부모에 孝道를 반드시
　　　　　　　　　해야한다. 임금, 스승, 부모는 君師父一體

○ **호칭 방법**

- 銜(함)자 : 극존칭으로 높인 말 (생존시)
- 諱(휘)자 : 고인의 이름을 여쭐 때
- 兒名(아명) : 어린 시절 부른 이름
- 冠명(관명) : 20세 이상 관례를 올릴 때 부른 이름
  (일반적으로 字라고 함)
- 號(호) : 부모가 지어준 이름은 임금, 부모, 스승과 존경하는 어른 앞에서만 쓰이고, 동년배나 친구, 그외 사람들은 字로 부른다. 호는 허물없이 부르는 extra호명이다.
- 諡號(시호) : 신하가 죽은 뒤에 임금이 내려주는 호

요즘은 삼강오륜이 땅에 떨어지고 족보가 거꾸로 물구나무 서는 세상이 되어 버렸다.

◎ 희소한 성씨와 연예인의 본명 (가나다 順)

- 소주 賈氏 : 가애란(KBS 아나운서)
  ※ 賈 : 성氏 가 / 장사 고 (商賈船 상고선)
- 가평 簡氏 : 가수 간미연
- 남양 葛氏 : 갈봉근(1932~2002) 헌법학자, 정치인
- 회산 甘氏 : 배우 감우성
  (한석규, 박철, 곽진영 : MBC 20기 공채 동기)
- 신천 康氏 : 강경화(전 외무부장관), 강용석(변호사), 강석우(배우)
- 곡산 康氏 : 강윤성(태조비 신덕왕후 父)
- 진주 姜氏 : 가수 남인수(본명 강문수), 가수 현철(본명 강상수)
- 전주 甄氏 : 견훤(후백제), 견미리(배우) ※사위 : 가수 이승기
- 청주 慶氏 : 경대승 (1154-83) 고려중기무관. 정치가
  경대수 (충북 증평,진천, 음성 전 국회의원)
- 태인 景氏 : 경상현(1937~2016) 초대 정보통신부 장관
- 수안 桂氏 : 계연수(묘향산 용굴에서 천부경 발견), 가수 계은숙
- 김포 公氏 : 공병우1907~95) 안과의사, 한글타자기 발명
- 평해 丘氏 : 구인환(1929~2019) 소설가. 국문학자
- 담양 鞠氏 : 국쾌남(1922~2002) 대한극장 설립, 전 국회의원
- 봉화 琴氏 : 금진호(1932~현재) 정치인, 노태우 손아래 동서
- 해평 吉氏 : 야은(길재), 길재호(군인. 정치인) 가수 길은정,
  길환영(전 KBS사장)
- 강릉 金氏 : 설잠(김시습), 소설가 이상(1910~37, 본명 김해경)
- 개령 金氏 : 앙드레 김 (본명 김봉남)
- 경주 金氏 : 가수 소찬휘(1972. 본명 김경희)
- 고령 金氏 : 김용판(서울경찰청장, 전 국회의원)
- 공주 金氏 : 시인 김소월(1902~34, 본명 김정식)
- 광산 金氏 : 배우 김용건, 아들 배우/감독 하정우(본명 김성훈)
- 김녕 金氏 : 대통령 김영삼, 지휘자 금난새 (김난새)

- 김해 金氏 : 가수 남진 (본명 김남진)
- 수안 金氏 : 김창룡 (이승만 정권 방첩대장)
  목사 김재준 (1901~87, 한신대 설립에 공헌, 교수)
- 전주 金氏 : 북한 김일성 ※ 선대의 묘소가 전주 모악산에 있음
- 함창 金氏 : 가수 고봉산(1920~90, 본명 김민우), 용두산 엘레지
- 제주 高氏 : 가수 고운봉(1920~2001, 본명 고명득), 선창
- 함열 남궁氏 : 가수 남궁 옥분
- 강음 단氏 : 단사천(계양전기 창업자)
- 밀양 唐氏 : 당성증(前 대구FC 축구감독), 당우증(판사)
- 남원 독고氏 : 독고준(독립운동가)
  ※정선 전氏 : 배우 독고성(1929~2004, 본명 전원윤)
  　　　　　　배우 독고영재(본명 전영재)
- 광천 董氏 : 가수 김지애(본명 동길영)
- 연안 明氏 : 배우 명계남, 명세빈
- 함평 牟氏 : 모태범(쇼트랙 선수), 모은희(KBS 기자)
  　　　　　※ 시인 모윤숙(1910~90, 廣州 毛氏)
- 사천 睦氏 : 목효상 전 국회의원, 목영자 산부인과
- 여흥 閔氏 : BTS 슈가(본명 민윤기)
- 강릉 朴氏 : 배우 박영록(야인시대)
- 경주 朴氏 : 시인 박목월 (1916~78, 본명 박영종)
  　　　　　아들 박동규 (서울大명예교수)
- 밀양 朴氏 : 가수 싸이 (본명 박재상)
- 순천 朴氏 : 박팽년 사육신, 가수 요요미 (본명 박연아)
- 영해 朴氏 : 박헌영 (1900~56) 남로당 북한 초대 부수상
- 춘천 朴氏 : 퇴계 이황의 모친
- 光州 潘氏 : 반기문 UN사무총장
- 거제 潘氏 : 배우 반효정(본명 반만희)
- 남양 房氏 : 배우 고은아(1988.12.6출생, 본명 방효진, 전남 장성군 북하면 출생)
- 온양 方氏 : 방우영, 방상훈(조선일보 사장)
- 문성 裵氏 : 가수 탁재훈(본명 배성우)

- 성주 裵氏 : 조선 개국공신 배극렬
- 초계 卞氏 : 시인 변영로(詩 논개), 변영만(판사), 변영태(국무총리)
- 달성 賓氏 : 트롯가수 빈예서(12세)
- 효령 司空氏 : 전 재무부장관 사공일
- 경주 昔氏 : 시조 석탈해, 전 야구감독 석수철
- 충주 石氏 : 석해균 선장(아덴만에서 피납되어 총상을 입은 선장)
- 태원 鮮于氏 : 조선일보 논설고문 선우휘, 배우 선우은숙, 선우재덕
- 평해 孫氏 : 아나운서 손범수 (부인 진양혜는 풍기 秦氏)
- 파평 尹氏 : 대통령 윤석열, 시인 윤동주, 윤재옥 국회의원
　　　　　　가수 윤시내(본명 윤성례)
- 해주 吳氏 : 독립운동가 오경석 (추사 김정희의 제자, 화가 오세창의 父)
　　　　　　오세훈(서울시장), 오세용(서예가, 고서화 수집가), 오연수/오달수(배우)
- 공주 李氏 : 가수 박재란(본명 이영숙), 축구선수 이강인
- 합천 李氏 : 성철 스님(본명 이영주), 소설가 이병주, 이만섭(국회
　　　　　　의장), 배우 이대엽, 씨름선수 이만기
　　　　　　　이순갑(필자의 절친, 박사학위를 받고 연천에서 농장 경영)
- 영일 鄭氏 : 가수 신혜성(본명 정필교/신화의 멤버), 포은 정몽주의 후손
- 경주 崔氏 : 가수 나훈아(본명 최홍기)
- 탐진 崔氏 : 최송찬(우주도인 침법 창안자), 최욱(매블쇼), 최성용(축구
　　　　　　선수), 최예나(걸그룹)
- 전주 崔氏 : 작곡가 길옥윤(본명 최치정)
- 해주 崔氏 : 배우 최불암(본명 최영한)
- 곡산 韓氏 : 가수 한혜진(본명 한명숙)
- 남양 洪氏(당홍계) : 배우 남궁원(본명 홍경일)
　　　　　　　　　아들 홍정욱(전 국회의원, 사업가)

○ 비슷한 성씨
　- 梁(들보 량) : 남원 량씨, 제주 량씨, 충주 량씨
　- 楊(버들 양) : 남원 양씨, 청주 양씨

○ 본항이 나주인 정씨
　- 나주(압해도) 丁氏 : 정약용(丁若鏞)
　- 나주 鄭氏 : 정가신(鄭可臣, 1224-98)

중국편

◎ 중국역사의 변천

```
                    선사시대
三皇 五帝 ─────────┼──────→ 하 → 상(은) → 주 → 춘추전국시대
```

※ 대만은 炎黃世冑
　중국은 炎黃子孫

三皇　天　地　人
　태호(복희)　염제(**신농**)　황제黃帝(**헌원**)
　※ 대만은 炎(신농), 黃(헌원), 世冑(子孫주)
　　중국은 炎, 黃의 자손
五帝 : 소호, 전욱項, 고신, 당요(**요임금**)
　　　　우순(**순임금**)

갑골문자(은허문자)
하남성河南省 박물관 소장
한자는 동이족(한국)에서 전래
紫氣東來
자색의 기운이 동쪽에서 왔다.
(중국 심양 봉황루 현판)

→ 진秦 → 초 → 한 → 전한 → 후한 → 위진晉 → 남북조 → 5胡16國 → 수
→ 당 → 五代十國 → 송 → 북송 → 남송 → 원 → 명 → 청 → 중화민국 → 중국인민공화국

※ 5胡16國(304~439, 135년간 존속)
　- 5胡 : 西晉이 '팔왕의 난'으로 혼란해지자 주변 민족들이 거병하여 생긴 나라 : 흉노, 선비, 저, 갈, 강
　-16國 : 전량, 전조, 성한, 후조, 전연, 전진, 후연, 후진, 서진, 후량, 남량, 북량, 남연, 서량, 북하, 북연
　　　　(전량, 서량, 북연은 漢族이고 나머지 13국은 오랑캐 族)

※ 五代十國(903~979, 76년간 존속)
　- 五代 : 후량, 후당, 후진, 후한, 후주
　　　　　　　(고려 광종때 후주에서 귀화한 쌍기가 과거제도 도입을 제안)
　- 十國 : 오월, 민, 형남, 초, 오, 남당, 남한, 북한, 전촉, 후촉

■ 종 족

- 서융西戎족 : 秦나라
- 흉노족 : 5호16국 시대의 최초의 유목민
- 말갈족(숙신족) : 6세기 만주족 계통(퉁구스족)
- 거란족 : 요나라
- 여진족 : 금나라
- 몽골족 : 원나라
- 만주족 : 청나라

　※ 漢族이 지배한 나라 : 周, 漢, 宋, 明
　　　선비족이 지배한 나라 : 隋, 唐

　※ 발해(해동성국, 628~926) : 고구려인과 말갈인

◎ 사숙私淑

직접 가르침을 받지는 않았으나 마음속으로 그 사람을 본받아서 道나 학문을 닦음

o **노자老子** (BC571~BC471, 100세 卒)
- 본명 : 이이 (귀가 유난히 커서 李耳라 함)
    ※ 율곡 이이는 李珥
- 사 상 : 통치사상 즉 정치적 무위無爲 사상
    무위자연無爲自然, Let it be!
    상선약수上善若水   최고의 善은 물과 같다
    물은 만물을 이롭게 하면서 다투지 않고 낮은 곳으로 흐른다

o **장자莊子** (BC369~BC286, 83세 卒)
- 사 상 : 개인사상, 유유자적하는 삶의 철학, 즉 자연적 무위사상
- 나무를 보고 쓸모가 없다고 불평하자, 그늘에서 쉬면 되지 무슨 걱정이냐…
- 소요유逍遙遊 : 장자가 내편內編, 후학과 추종자가 外編, 雜編을 씀

    ※ 逍遙遊의 세 글자는 모두 辶(책 받침)를 쓰는데, 이는 辵(쉬엄 쉬엄 갈 착)과 같은 의미다. 소요유는 별다른 이유나 목적없이 유유자적 한다는 뜻이다.

- 노자는 도덕경, 장자는 도가사상
    장자는 자신보다 202년 전의 노자로부터 사상과 철학을 이어 받아 도가사상을 확립하므로써 노자를 사숙으로 섬김

---

o 사사師事 : 누군가를 자신의 스승으로 섬긴다는 뜻으로, '사사하다'가 옳은 표현. '사사받다'는 잘못된 표현
o 혜존惠存 : 흔히 책이나 예술품 등을 주고받을 때 '잘 간직해주십시오'라는 의미로 사용되고 있지만 정확한 뜻은 '받아서 소중히 간직하겠습니다'이다. 따라서 받는 사람 입장이 아닌 주는 사람의 입장에서 '○○○ 惠存'이라고 쓰면 틀린 표현이 된다.
    이럴 때는 '○○○憑'라고 쓰면 좋다. (憑 권할 용)

○ 공자孔子 (BC551~BC479, 72세 卒)

- 인생삼락人生三樂

學而時習之면 不亦說乎아
배우고 때때로 익히면 또한 기쁘지 않겠는가?

有朋自遠方來면 不亦樂乎아
친구가 있어 먼 곳에서 찾아 온다면 또한 즐겁지 않겠는가?

人不知라도 而不慍이면 不亦君子乎아
다른 사람이 알아주지 않더라도 성내지 않는다면 역시 군자다움이 아니겠는가?

- 사상 : 仁(人+人) - '사람은 사람다워야 한다'는 뜻

君君 臣臣 임금은 임금다워야 하고 신하는 신하다워야 하고
父父 子子 아버지는 아버지다워야 하고 자식은 자식다워야 한다

※ 仁 : 人之安宅也 - '仁'은 사람의 편안한 집

○ 맹자孟子 (BC372~BC289, 83세 卒)

- 군자삼락君子三樂

父母俱存 兄弟無故 一樂也 부모구존 형제무고 일락야
부모가 살아계시며 형제들이 아무런 탈이 없는 것이 첫번째 즐거움이다.

仰不愧於天 俯不怍於人 二樂也 앙불괴어천 부부작어인 이락야
하늘에 우러러 부끄럽지 않고 굽어 봐도 사람들에게 부끄럽지 않은 것이 두 번째의 즐거움이다.   ※ 윤동주 '서시'의 한 구절이기도 하다.

得天下英才 而敎育之 三樂也 득천하영재 이교육지 삼락야
천하의 뛰어난 인재를 얻어서 가르치는 것이 세번째 즐거움이다.

○ ※ 성악설 : 순자와 영국의 철학자 토마스 홉스가 주장한 학설로 인간은 선천적으로 악하다는 학설
성선설 : 맹자와 영국의 존 로크가 주장한 학설로 인간은 선천적으로 선하다는 학설

- 역성혁명易姓革命(맹자) : 덕이 없어 군주답지 못한 군주는 내쫓고, 새로운 군주로 바꿔야 한다는 이론

- 왕도정치王道政治(맹자,순자) : 도덕의 근원인 하늘이 많은 덕을 지닌 사람에게 군주의 지위를 내리므로 통치자는 하늘의 뜻을 실현하고자 도덕에 바탕을 둔 왕도정치의 실현을 강조.

  ※ 공자와 그의 제자인 유가儒家가 주장

- 패도정치覇道政治 : 법가法家와 최고 권력자 층에서 주장.
  유가의 왕도정치가 인仁과 의義로 백성을 교화하자는 반면,
  패도정치는 힘으로 상대를 굴복시키자는 이론

민본(백성이 근본)과 위민(백성을 위함)이 정치의 근본이므로, 가장 귀한 것이 백성이고, 그 다음이 국가이며, 가장 가벼운 것이 통치자(임금, 대통령)이다.

- 사상 : 義(善+我) – '내가 착하다'라는 뜻

  義 : 仁之正路也 – '義'는 사람의 바른 길이다.

  맹자는 자신보다 179년 전 공자의 仁 사상과 철학을 이어받아 의義 사상을 확립하여 공자를 사숙으로 섬김

- 이루離婁편 – 易地思之

禮人不答反基敬　　사람을 예우해도 답례가 없으면 나의 공경하는 태도를 돌아보고
愛人不親反基仁　　사람을 사랑해도 친해지지 않으면 나의 인자함을 돌아보고
治人不治反基智　　사람을 다스려도 다스려지지 않으면 나의 지혜를 돌아보라

※ 맹자 어머니의 자식교육

- **맹모삼천지교孟母三遷之敎** : 맹자의 어머니 급仂氏가 맹자의 교육을 위해 세 곳으로 이사했다는 것에서 유래
- **맹모단기孟母斷機之敎** : 맹자가 학업을 중단하고 돌아왔을 때, 그 어머니가 짜던 베를 잘라서 학문을 중단하고 그만 둔 것을 훈계한 일을 이르는 말.

※ 한석봉 어머니의 자식교육

한석봉을 교육시키기 위해 개성에서 머나 먼 영암땅 덕진면까지 내려와 다리 밑에서 떡을 만들어 팔며 유명한 스승(신희남) 밑에서 교육을 받게 했다.

어느날 한석봉이 자만하여 학업을 중단하고 집으로 돌아와 버리자, 이에 크게 실망한 어머니는 한석봉에게 "촛불을 끌테니 너는 글을 쓰고, 나는 떡을 썰어 누가 더 바르게 하는 지 겨뤄보자"고 했다. 결과는 어머니의 완승이었다.

결국 한석봉은 크게 뉘우치고 더욱 정진하여 조선 최고의 명필이 되어 후세까지 그 이름을 떨치게 되었다

◎ 合縱連橫

* 합종설 : 균형유지 전략. 약소국 여섯나라(한.위,조,연,초,제)가 강대국 진秦나라에 공수 동맹하여 대항하자는 이론
  '소꼬리가 되느니 닭의 머리가 되자.' (소진의 주장)

* 연횡설 : 진나라와 6개국이 연합하여 살길을 찾자는 이론.
  '시류에 따르자 : Bandwagoning(우세한 세력에 편승하자) : (장의의 주장)

※ 결과는 장의의 연횡설이 우세 (소진, 장의는 제나라에 은둔중이던 귀곡자의 제자들)

※ 우리나라에서도 선거철만 되면 후보들은 자신의 이익에 따라 이합집산離合集散하고, 합종연횡合縱連橫한다.

◎ 삼국지의 3대 대전

○ 관도대전 (200년 2~10월) – 북방 패권의 분수령이 된 대전

관도대전은 북방 패권을 놓고 조조와 원소가 벌인 일대 결전이었다. 당시 원소는 병력과 세력 면에서 우세했으나, 조조는 황제를 보호하며 허창에서 세력을 키우고 있었다. 양측은 하북과 하남 사이에서 대치하다 관도에서 전면전을 벌였다.

조조는 정보전과 기습전으로 열세를 극복했으며, 특히 원소 진영의 허유가 투항해 오소의 위치를 알려주자 조조가 기습해 군수품을 불태우며 승기를 잡았다. 이 승리로 원소는 몰락하고 조조는 북방 통일의 기반을 마련했다.

○ 적벽대전(208년 11월) – 삼국 분립의 서막

적벽대전은 조조가 형주를 차지하고 남하하면서 시작된 전투로, 손권과 유비가 연합해 맞섰다. 조조는 80만 대군을 이끌었지만 기후, 수군 운용 문제, 병사들의 질병 등으로 고전했다.

손권·유비 연합군은 황개의 고육지계와 주유의 화공 전략으로 조조를 기습했다. 동남풍을 이용한 불붙은 군선 공격으로 조조의 수군은 궤멸되고, 조조는 가까스로 퇴각했다.

이 전투 이후 조조는 남진에 실패했고, 유비는 형주를 차지해 세력을 넓혔으며, 손권은 동오의 독자 체제를 강화했다. 적벽대전은 삼국 분립의 서막이 되었다.

○ 이릉대전(222년) – 복수심이 낳은 참패

이릉대전은 유비가 관우의 죽음에 대한 복수를 명분으로 손권을 공격하며 시작되었다. 유비는 수십만 대군을 이끌고 동진해 초반에는 오군의 방어선을 돌파했으나, 손권 진영의 젊은 장수 육손이 지휘를 맡으며 전세가 바뀌었다. 육손은 시간을 끌며 유비 군을 지치게 한 뒤, 화공으로 진영을 불태워 대승을 거두었다.

유비는 가까스로 백제성으로 퇴각한 후 병사하였고, 이 전투로 촉한은 큰 타격을 입었으며, 이후 제갈량이 정치를 주도하는 계기가 되었다.   * 손권의 여동생은 유비의 처 (유비 49세, 손권 누이 동생 20세)

◎ 알쏭달쏭한 중국의 사마氏 이야기

○ 사마천

BC 145년경 출생하여 BC 86년경 사망. 중국 전한의 역사가이자 '사기'의 저자로 동양의 역사학을 정립한 사람으로 서양의 헤로도토스와 비견된다. 흉노와의 전쟁에서 중과부적으로 패배한 이릉을 변호하다가 한 무제의 노여움을 사서 궁형을 받았다.

○ 사마휘(?~208)

중국 후한 말 사람으로 호는 수경. 그는 감정능력과 인재발굴 능력이 특출하였으며, 누구의 말에도 항상 '좋다, 좋아!'라고 대답을 해서, '호호선생好好先生'이라 불리웠다. 사마휘는 유비에게 제갈공명과 방통(봉추)를 천거하면서,

"제갈량은 8척 장신에 호남이며 행정과 정치에 달인이지만 군사전략가로는 미흡합니다. 반면 방추는 외모는 볼품없지만 군사전략가로는 손색이 없습니다."

그러면서 사마휘는 제갈량과 방통 중 한 사람만 얻어도 유비는 능히 대업을 이룰 수 있을 것이라고 알려주었다. 결국 사람을 외모로만 판단해서는 안된다는 말씀...!!

○ 사마의(179~251.8.5)

하내군 온현溫縣 출생. 조조를 시작으로 조비, 조예, 조방까지 4대에 걸쳐 위나라를 섬겼으며, 그의 최대 라이벌인 제갈량과의 치열한 지략싸움 끝에 결국 제갈량의 북벌을 막아냈다. 위나라의 명제가 죽은 후 실

권을 장악하여 서진 건국의 토대를 마련하였다. 진나라를 세운 사람은 손자인 사마염이지만 그의 조부와 백부 代에서 이미 대권이 넘어왔다.

참는 자에게 복이 온다....!!

o 사마의 ─┬─ 장남 사마사
　　　　　└─ 차남 사마소 → 사마염

※ **사마사(208~255년)** : 중국 삼국시대의 정치가로, 동생인 사마소가 진왕에 봉해지자 경왕으로 추존 추존되었으며, 조카 사마염 즉위 후 황제로 추존되었다.

사마소(211~265년) : 형인 사마사가 일구어 놓은 사마씨의 지배체제를 이어받아 위나라의 실권을 장악했으며, 황제를 시해하고 새 황제를 옹립하는 등 무소불위의 권력을 휘둘렀다. 촉한을 정벌하여 천하통일의 초석을 마련한 공로로 진왕에 봉해져서 군주나 다름이 없는 지위에 올라 이후 서진 왕조 건국의 기반을 다졌다.

사마염(236~290) : 조환에게 선양을 받아 황제로 즉위하면서 위나라를 멸망시키고 서진을 건국한 이후 아버지인 사마소를 묘호와 존호를 더해 태조 문황제(文皇帝)로 추존하였다.
천년만년 존속될 것같았던 秦시황도 말년에 아방궁의 향락에 빠져 불과 15년만에 망했듯이 서진국을 세운 사마염 역시 36년만에 멸망하였다. (궁녀가 1만 명)

o **사마광(1019.11~86)**

북송의 유학자, 역사가, 정치가. 어릴 때 친구들하고 놀던 중 한 친구가 발을 헛디뎌 물 항아리에 빠졌다. 모두 당황해서 어쩔 줄 모르고 있는데 사마광은 침착하게 돌을 들어 물항아리 아래에 구멍을 내어 친구를 구했다(破甕求友). 자치통감 편찬

※ 염일방일拈一放一 (하나를 얻으려면 하나를 버려야 한다)

---

o 사마천과 이릉은 서로 얼굴 한번 본 적이 없었다. 그럼에도 한 무제는 이릉을 합리적으로 변호한 사마천을 사형시키고자 했다. 사형을 면하려면 지금 돈으로 천억 원을 내놓거나, 자결 아니면 궁형(거세형) 이외에는 다른 방법이 없었다. 결국 사마천은 치욕을 감수하고 궁형을 택했다. 선대로부터의 과업인 사기史記를 완성하기 위한 불가피한 선택이었다.

o 중국 현대사에 족적을 남긴 송氏 가문
송가수는 광동성의 대부호로서 세 딸들을 십대 때에 미국의 명문대인 웨슬리대학에 유학시킴
　　　┌→ 장녀 송예령 : 대부호인 공상희와 결혼 (부를 추구)
　　　├→ 차녀 송경령 : 손문(쑨원)의 혁명 동지이자 부인 (조국을 사랑하여 혁명을 추구)
　　　│　　　　※ 손문 49세, 송경령 22세때 결혼
　　　└→ 삼녀 송미령 : 장개석의 부인 (권력을 추구)

才盛于德 謂之小人　재주가 덕보다 크면 소인이다 하고
德盛于才 謂之君子　덕이 재주보다 크면 군자라 하고
德才兼備 謂之聖人　덕과 재주가 겸비되면 성인이라 일컫는다.

※ 총명함의 '아이콘' 제갈공명은 유비의 덕에 눌려 세상밖으로 나와 충성을 다한다.

◎ 수불석권手不釋卷 - 전쟁과 같은 극한 상황에서도 독서

　전쟁과 같은 절박한 상황 속에서도 학문을 포기하지 않고, 책을 놓지 않았던 위인들은 역사 속에서 깊은 감동과 영감을 주는 인물들이다.

- ○ 국내 : 세종대왕, 성종, 정조, 이순신, 정약용 등
- ○ 중국
  - 광무제 (BC6~AD57) : 재위 25~57
  - 조조(165~220) : 재위 216~220
  - 여몽(178~219) : 손권의 권유로 전쟁터에서도 공부, 문무겸전
  - 모택동
- ○ 유럽미국 : 나폴레옹, 링컨

◎ 담배, 술, 여자, 마약과 수명

- 술과 담배를 멀리한 '린뱌오(임표)'는 64세에 죽었고
- 담배를 멀리하고 술만 즐겼던 '주은래'는 78세에 죽었고
- 술을 멀리하고 담배만 즐겼던 '마오쩌둥(모택동)'은 83세에 죽었고
- 술과 담배를 즐긴 '덩샤오핑(등소평)'은 93세에 죽었고
- 술과 담배는 물론 여자와 마약까지 즐겼던 '장쉐량(장학량)'은 101세까지 살았다.

※ 장학량(1901~2001) : 서안사변(1936.12.12) 당시 동북군 사령관.
　당현종과 양귀비가 온천을 즐겼던 화청지의 오간청에서 장개석을 체포하여 총살하려고 했으나, 한 때 사랑했던 송미령의 남편인 것을 알고 총살 직전에 방아쇠를 멈췄다.

조선의 법궁인 경복궁의 근정전勤政殿
태조 4년(1395) 10월 7일 정도전에게 새로 지은 궁궐 전각의 이름을 짓게 하였다.
근정전은 '천하의 일은 부지런하면(勤) 잘 다스려진다(政) 뜻'에서 붙여진 이름이다.

이제, 세계사에 길이 남을 '위대한 대한민국의 시대'가 열리고 있다.

○ 대홍포차大紅袍茶, 냉전의 빙벽을 녹이다

1972. 2.21~28까지 북경의 다오이다이 국빈관에서 미국 대통령 리처드 닉슨과 모택동(마오쩌둥)이 역사적인 정상회담을 가졌다. 냉전 한 가운데에서 이뤄진 이 만남은 세계 질서를 뒤흔든 외교적 전환점으로 기록된다. 이 회담 현장에 한 잔의 차가 있었다. 바로 중국의 최고급 명차로 알려진 대홍포다. 대홍포차는 복건성의 무이산에서 생산되는 암차巖茶로서 황제들이나 마실 수 있는 희귀한 명차였다. 이때 주은래가 200g의 대홍포차를 닉슨에게 선물로 전달하면서,

"대홍포차는 1년에 400g만 생산되는 황금보다 귀한 차로서 중국 영토의 절반을 드리는 것"이라고 조크를 던졌다. 주은래의 외교적 수사에 불과하다고 할 수도 있지만, 이 역사적인 회담을 통해 냉전의 빙벽을 녹이는 계기가 되었으며, 그 중심에 대홍포차가 있었다.

| Epilogue]

역사는 미래의 거울

눈보라가 휘몰아치는 벌판을, 아! 그렇게도 허덕이며 길을 찾아 헤맨 것은 '장려한 코다'를 위한 의지의 몸부림이었고, 또한 줄기찬 생명력의 싸움이었다. 닥터 지바고의 설원, 아니면 '레 미제라블'의 일대 로망을 연상해도 좋을 것이다. 죽음보다도 처절한 그 길을 찾아 떠나는 것이다. 이제는 아무도 그 길을 막지는 못 하리라.

바다 —
나는 바다를 알고 있다. 망망대해의 그 의연함을…
태풍이 휘몰아치고, 광란의 파도가 대양을 분노로 삼키던 날,
그 인자한 바다의 모습은 용호의 상박이 그 다한 표현이랴!
산채 같은 파도가 암벽을 때릴 때 투쟁은 비로소 태초의 음향을 인간에게 일러주는 것이다.

바다 —
그것은 끝없는 동경의 대상이다. 신기루 따라 무지개 채색구름이 수평선 너머 뭉게뭉게 떠오를 때, 아! 나는 미칠 것같은 포부로 가슴을 앓았다. 알알이 말이다.

부둣가에서 어머님의 배웅을 받을 때, 구슬프게 울려 퍼지는 뱃고동 소리에 난, 핏물보다 진한 눈물을 흘렸다. 진하고 진한 끈질긴 집념에 원유하는 농액이 폐부로 스며들었다.

하염없이 이어지는 상념 속에서 새삼 내 자신을 돌이켜 보게 되었다. 이는 두꺼운 껍질을 벗기 위한 삶의 원시적 진통이었다. 마치 회색의 미로 속을 단지 하나의 더듬이로 더듬어 가는 지루함과 안타까움의 연속이었다.

분노가 낳은 것, 그것은 하나의 집념이었고,
집념이 낳은 것, 그것은 나와의 처절한 투쟁이기도 했다.
만신창이가 된 절규는 목에 걸리고, 갈갈이 찢긴 심장은 독사의 생리를 닮아 갔다. 그대로 주저앉아 있기에는 '정열이 곧 적'이었다.

나는 결심했다.
이왕지사 이 세상에 태어난 이상, 무언가 의미 있는 흔적 하나쯤은 남겨 두고 싶었다. 그래서 오랫동안 염원해 왔던, 승자와 패자의 역사를 가감 없이 쓰고 있는 것이다.

근·현대와 이어지는 조선의 역사는 과거에만 머물러 있지 않다. 역사는 과거와 현재가 이어지는 대화이며, 미래의 거울이다. 우리가 곧 마주하게 될 미래에 대한 지침과 교훈인 것이다.

이 풍진 세상을 뒤로 하고 서울 근교의 북한산을 찾았다. 험준한 절벽 아래 움막에서 칠흑같이 어두운 수많은 밤을 희미한 촛불에 의지하면서, 해묵은 국사대전과 씨름하며 십여 년간의 각고 끝에 초고를 완성하고 하산하여 안성 국사봉 자락 심향헌에 자리를 잡았다.

수없는 검증과 답사, 그리고 가필과 교정을 거쳐 드디어 『조선왕조 파노라마』를 출간하게 되었다. 이것은 산모의 고통이자, 입에서 단 내음과 쓴 내음이 교차한 끝에 이 책을 세상에 내놓게 되니 후련함과 동시에 보람을 느낀다.

차가운 겨울 밤, 뚝배기 속의 된장찌개 맛 같은 어머님의 참사랑을 기억하면서 이 글을 맺는다.

안성 국사봉 자락의 심향헌

晩悟 김 동 일
010-7233-4045

조선왕조
파노라마

초판 인쇄 2025년 7월 17일 초판 발행
저　자 | 김 동 일
펴낸이 | 문 정 주
편집장 | 이 인 자
펴낸곳 | 도서출판 (주)이너젠
주　소 | ⓤ 08600 서울시 금천구 금하로1길 85
전　화 | (070) 4113-0337(代)
팩　스 | (0504) 391-3342
이메일 | innozen88@naver.com

값 35,000원
ISBN 979-11-993668-1-7

※ 잘못 만들어진 책은 구입하신 서점에서 친절하게 바꿔드립니다.
　 본 도서 내용의 전부 또는 일부를 무단 복사하거나 전재하는 것은 저작권에 위배됩니다.
　 반드시 저희 출판사의 사전 허락을 서면상으로 받으시기 바랍니다.